東方微笑

麥積山石窟

Maijishan Grottoes
The Oriental
Smile

绽放在麦积绝壁上的

东方微笑，

穿越旷野，力透时光，

或说艺术，或说宗教，

千百年来，

它们在麦积烟雨中时隐时现，

在历史沉淀中酝酿永恒。

不需要任何语言，

就已打动世界，

抚慰人心！

侯楠山 孙苑 著

东方微笑 麦积山石窟

Maijishan Grottoes
The Oriental Smile

支持单位：麦积山石窟艺术研究所
策　划：李天铭 董广强
出　品：南山供秀 问弗文化工作室

山西出版传媒集团
三晋出版社

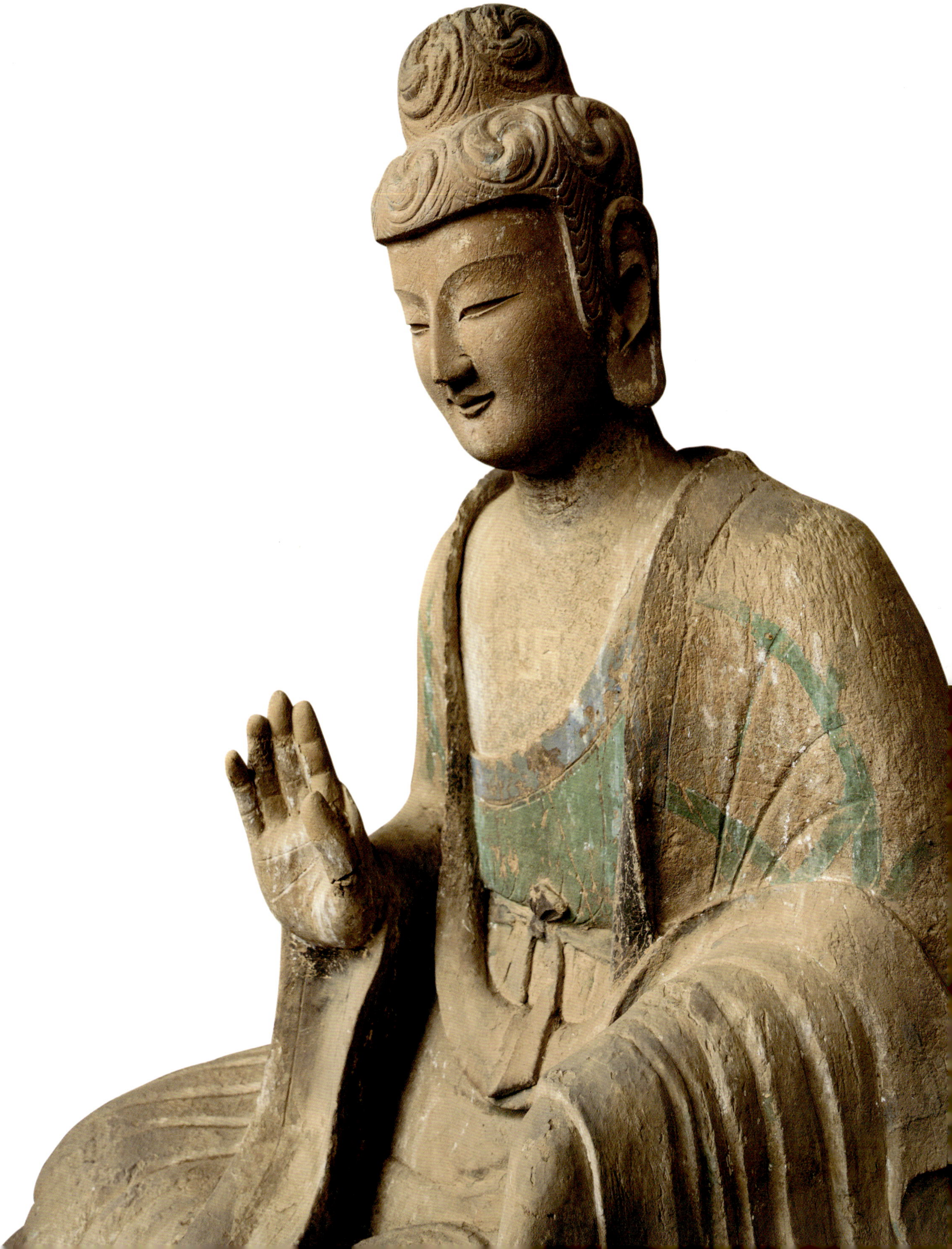

金申
中国艺术研究院美术研究所教授
国家博物馆研究院特聘馆外研究员
中国美术家协会会员

靈壁梵影

舍中
甲辰秋

五代诗人王仁裕《玉堂闲话》：

麦积山者，北跨清渭，南渐两当。五百里冈峦，麦积处其半。崛起一石块，高百万寻，望之团团，如民间积麦之状，故有此名。其青云之半，峭壁之间，镌石成佛，万龛千室。虽自人力，疑其鬼功。隋文帝分葬神尼舍利函于东阁之下。石室之中，有庾信铭记，刊于岩中。古记云：六国共修。自平地积薪，至于岩巅，从上镌凿其龛室佛像。功毕，旋旋折薪而下，然后梯空架险而上。其上有散花楼、七佛阁、金蹄银角犊儿。由西阁悬梯而上，其间千房万屋。缘空蹑虚，登之者不敢回顾。将及绝顶，有"万菩萨堂"，凿石而成，广若今之大殿。其雕梁画栱、绣栋云楣，并就石而成，万躯菩萨，列于一堂。自此室之上，更有一龛，谓之"天堂"。空中倚一独梯，攀缘而上。至此，则万中无一人敢登者。于此下顾，其群山皆如培楼。王仁裕时独能登之，仍题诗于"天堂"西壁上曰："蹑尽悬空万仞梯，等闲身共白云齐。檐前下视群山小，堂上平分落日低。绝顶路危人少到，古岩松健鹤频栖。天边为要留名姓，拂石殷勤手自题。"时前唐末辛未年，登此留题，于今三十九载矣。

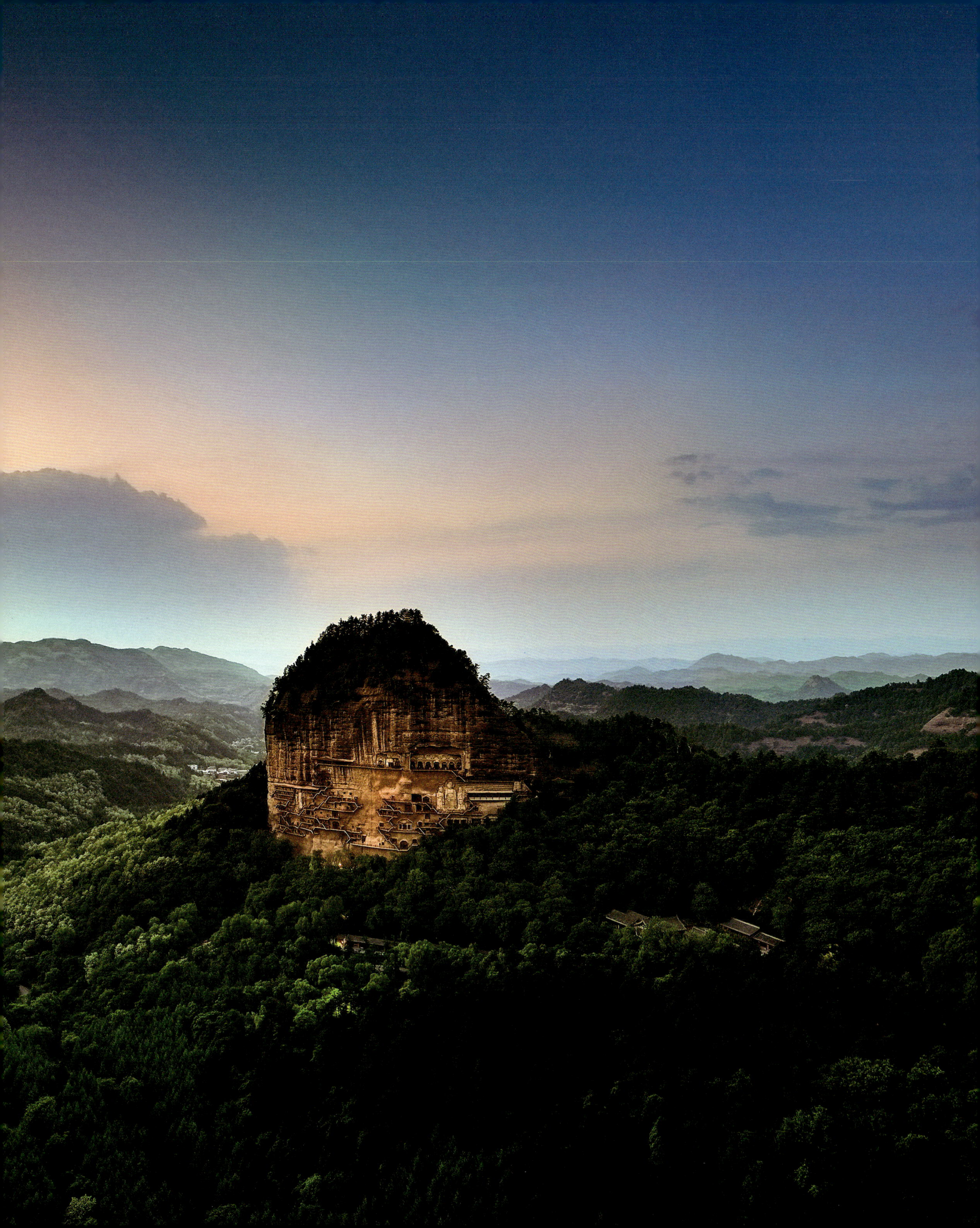

清代诗人吴西川《麦积烟雨》：

麦积峰千丈，凭空欲上天。最宜秋雨后，兼爱暮时烟。
境胜端由险，梯危若未连。钟声路何处，遥想在层天。

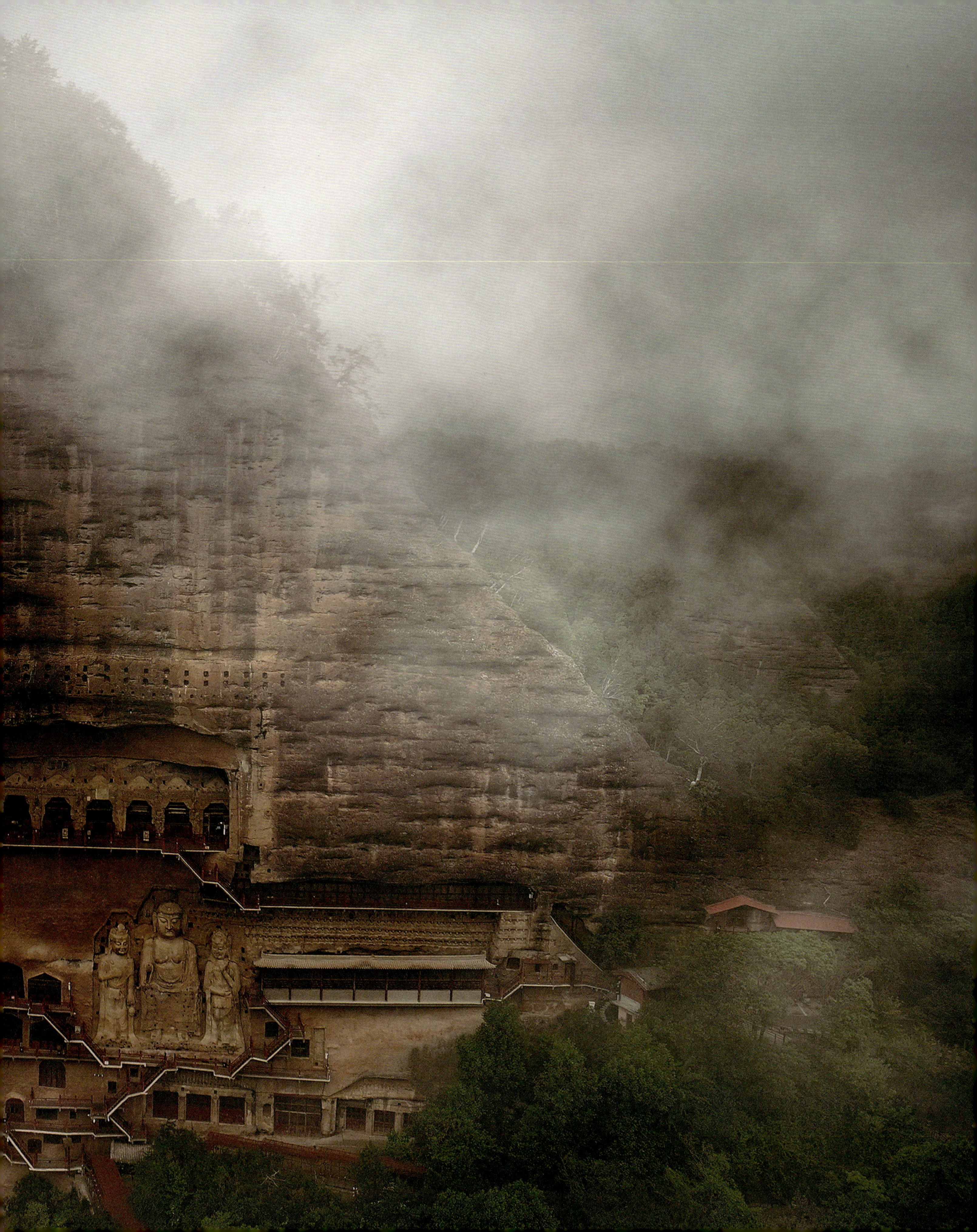

目录

Contents

I 序言

II 缘起

VI 麦积山石窟艺术

XVI 重生——麦积山石窟的保护和传承

001 石窟造像选

355 库藏造像选

383 壁画选

427 后记

383-
壁画选

384- 睒子本生（部分） 西魏
　　　第127窟 窟顶前披左侧

386- 睒子本生（部分） 西魏
　　　第127窟 窟顶前披右侧

387- 睒子本生（部分） 西魏
　　　第127窟 窟顶前披中部

388- 萨埵那太子本生（部分） 西魏
　　　第127窟 窟顶左披

390- 飞天 北魏
　　　第092窟 窟顶

391- 因缘故事 北魏
　　　第115窟 正壁左侧

392- 供养比丘 北魏
　　　第076窟 左壁

393- 弟子像 北魏
　　　第071窟 正壁左侧

394- 骑龙、骑虎仙人图 北魏
　　　第133窟 前室东侧窟顶

396- 飞天 北魏
　　　第142窟 窟顶

398- 飞天 北魏
　　　第142窟 窟顶

399- 力士 北魏
　　　第142窟 窟顶

400- 千佛及供养人 北魏
　　　第023窟 正壁右侧

401- 菩萨 西魏
　　　第044窟 龛内右壁

402- 涅槃变 北周
　　　第026窟 窟顶正披

404- 薄肉塑飞天 北周
　　　第004窟（散花楼） 3龛外上壁

406- 薄肉塑飞天局部 北周
　　　第004窟（散花楼） 4龛外上壁

407- 飞天 北周
　　　第004窟（散花楼） 6龛外上壁

408- 出行图 北周
　　　第004窟（散花楼） 前廊平棋内

410- 佛传故事 北周
　　　第004窟（散花楼） 前廊平棋内

411- 赴会图 北周
　　　第004窟（散花楼） 前廊平棋内

412- 菩萨弟子赴会图 北周
　　　第004窟（散花楼） 前廊平棋内

413- 佛传故事 隋
　　　第005窟（牛儿堂） 前廊平棋内

414- 飞天 隋
　　　第076窟 窟顶

416- 伎乐飞天 隋
　　　原位于第078窟 残高50厘米

417- 火头明王及供养人 隋
　　　原位于第078窟 残高50厘米

418- 净土变及供养人 唐
　　　第005窟（牛儿堂） 第3龛上部

420- 莲花童子 明
　　　第009窟（中七佛阁） 第4龛

421- 共命鸟 明
　　　第009窟（中七佛阁） 第4龛

422- 迦陵频伽 明
　　　第030窟（下七佛阁） 第2龛

423- 菩萨及八卦图 清
　　　第002窟 窟顶

424- 地狱变十王图 清
　　　第002窟 左壁

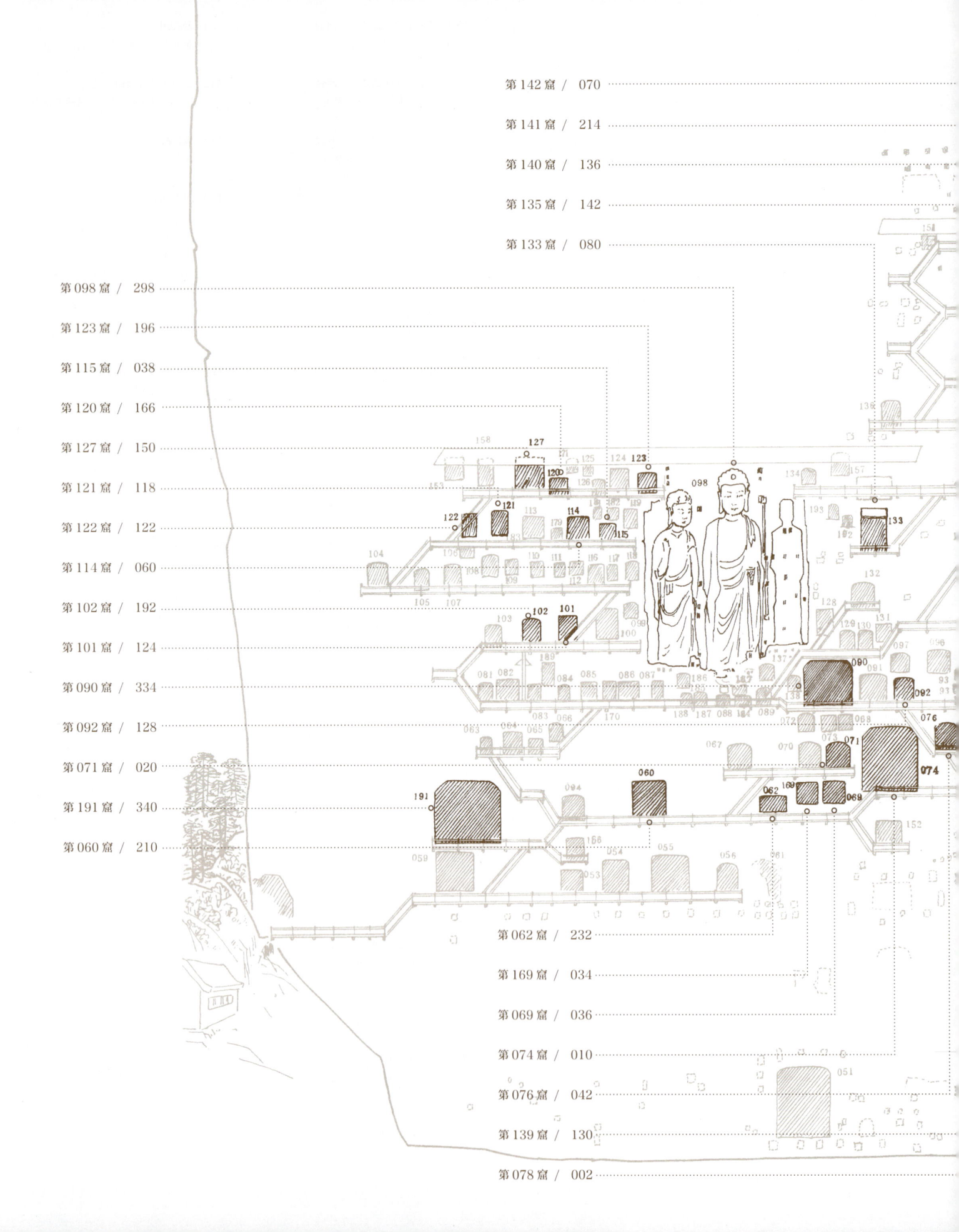

第 142 窟 / 070
第 141 窟 / 214
第 140 窟 / 136
第 135 窟 / 142
第 133 窟 / 080

第 098 窟 / 298
第 123 窟 / 196
第 115 窟 / 038
第 120 窟 / 166
第 127 窟 / 150
第 121 窟 / 118
第 122 窟 / 122
第 114 窟 / 060
第 102 窟 / 192
第 101 窟 / 124
第 090 窟 / 334
第 092 窟 / 128
第 071 窟 / 020
第 191 窟 / 340
第 060 窟 / 210

第 062 窟 / 232
第 169 窟 / 034
第 069 窟 / 036
第 074 窟 / 010
第 076 窟 / 042
第 139 窟 / 130

第 078 窟 / 002

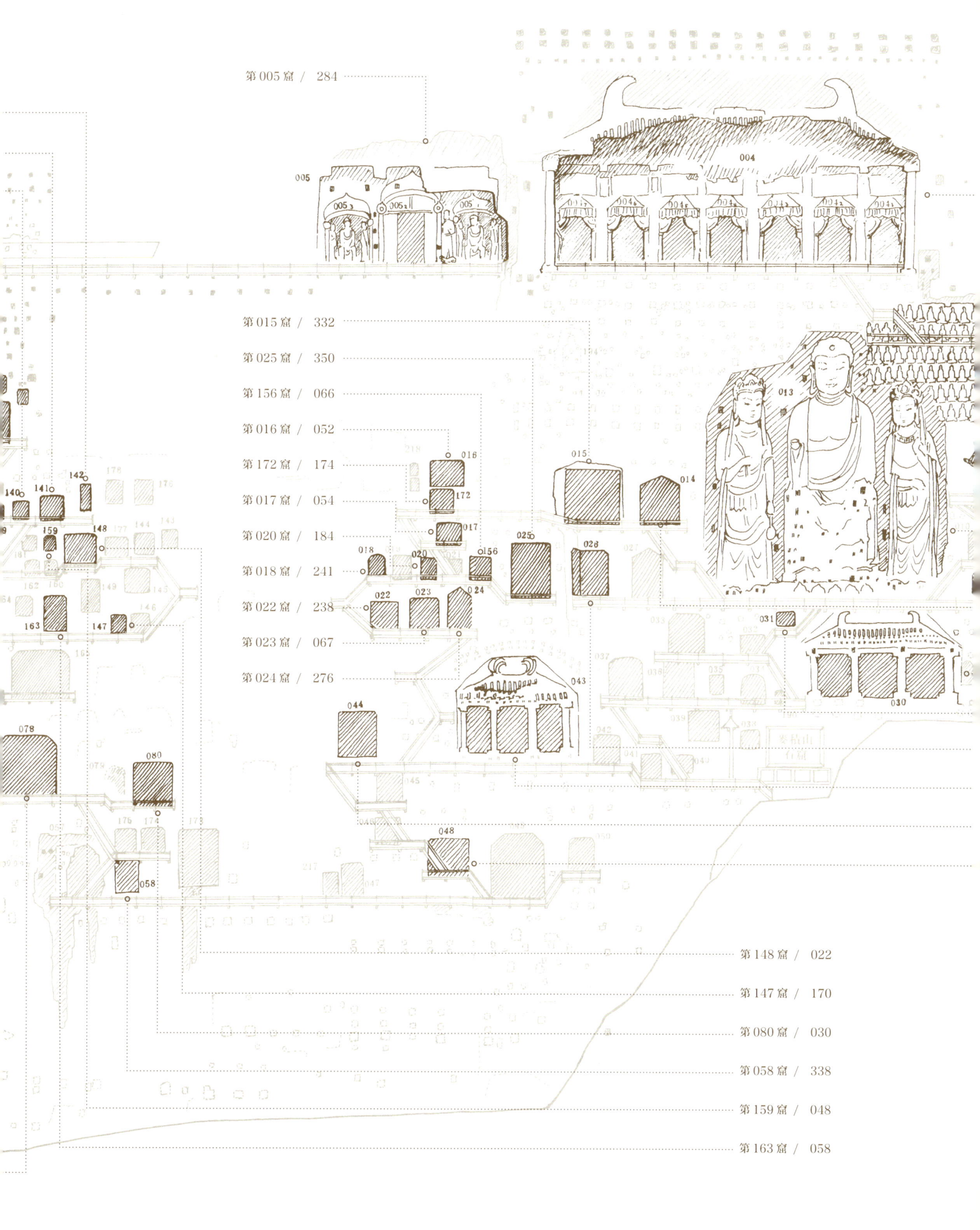

第 005 窟 / 284

第 015 窟 / 332

第 025 窟 / 350

第 156 窟 / 066

第 016 窟 / 052

第 172 窟 / 174

第 017 窟 / 054

第 020 窟 / 184

第 018 窟 / 241

第 022 窟 / 238

第 023 窟 / 067

第 024 窟 / 276

第 148 窟 / 022

第 147 窟 / 170

第 080 窟 / 030

第 058 窟 / 338

第 159 窟 / 048

第 163 窟 / 058

第 004 窟 / 242

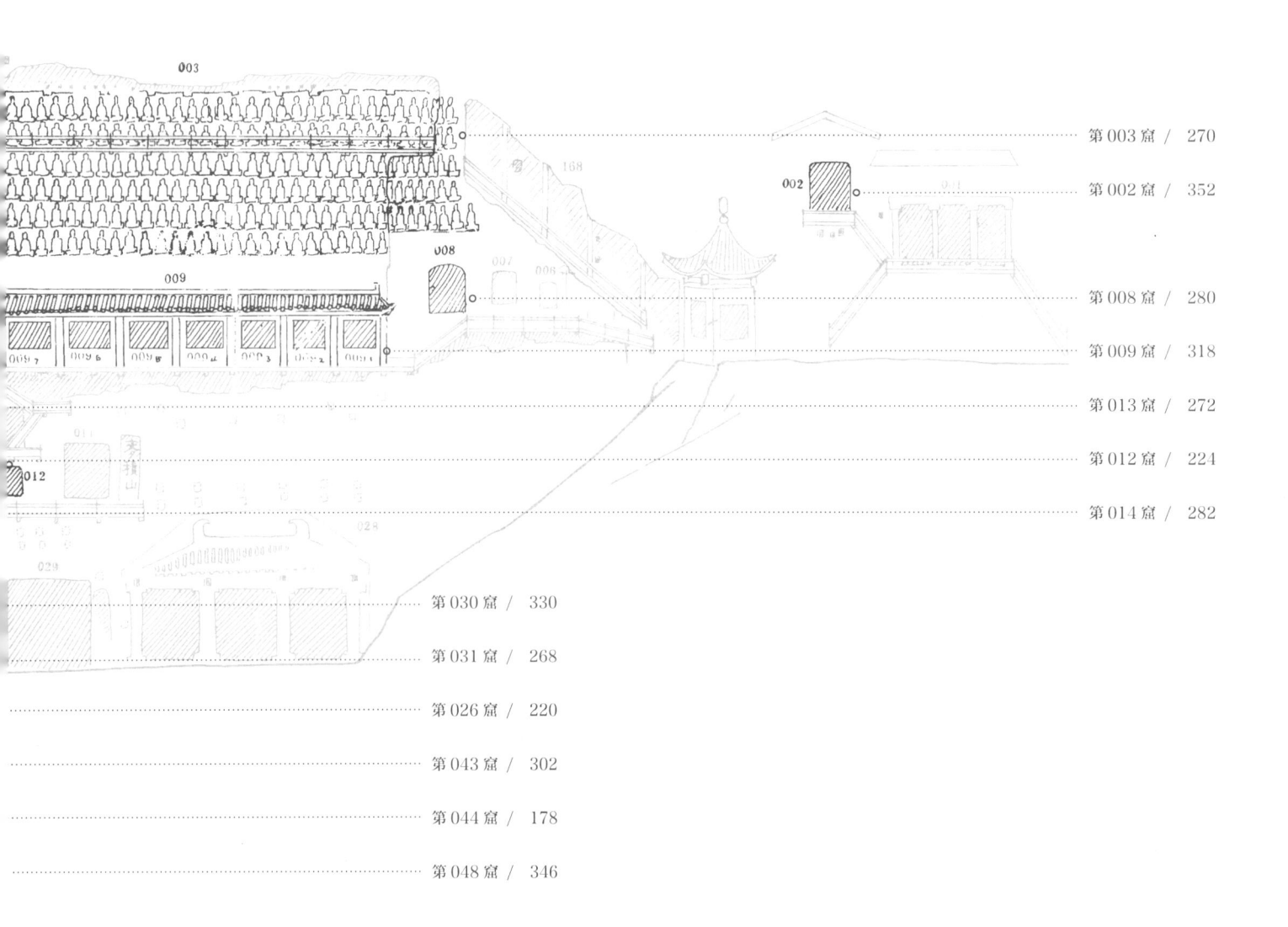

第 003 窟 / 270
第 002 窟 / 352
第 008 窟 / 280
第 009 窟 / 318
第 013 窟 / 272
第 012 窟 / 224
第 014 窟 / 282
第 030 窟 / 330
第 031 窟 / 268
第 026 窟 / 220
第 043 窟 / 302
第 044 窟 / 178
第 048 窟 / 346

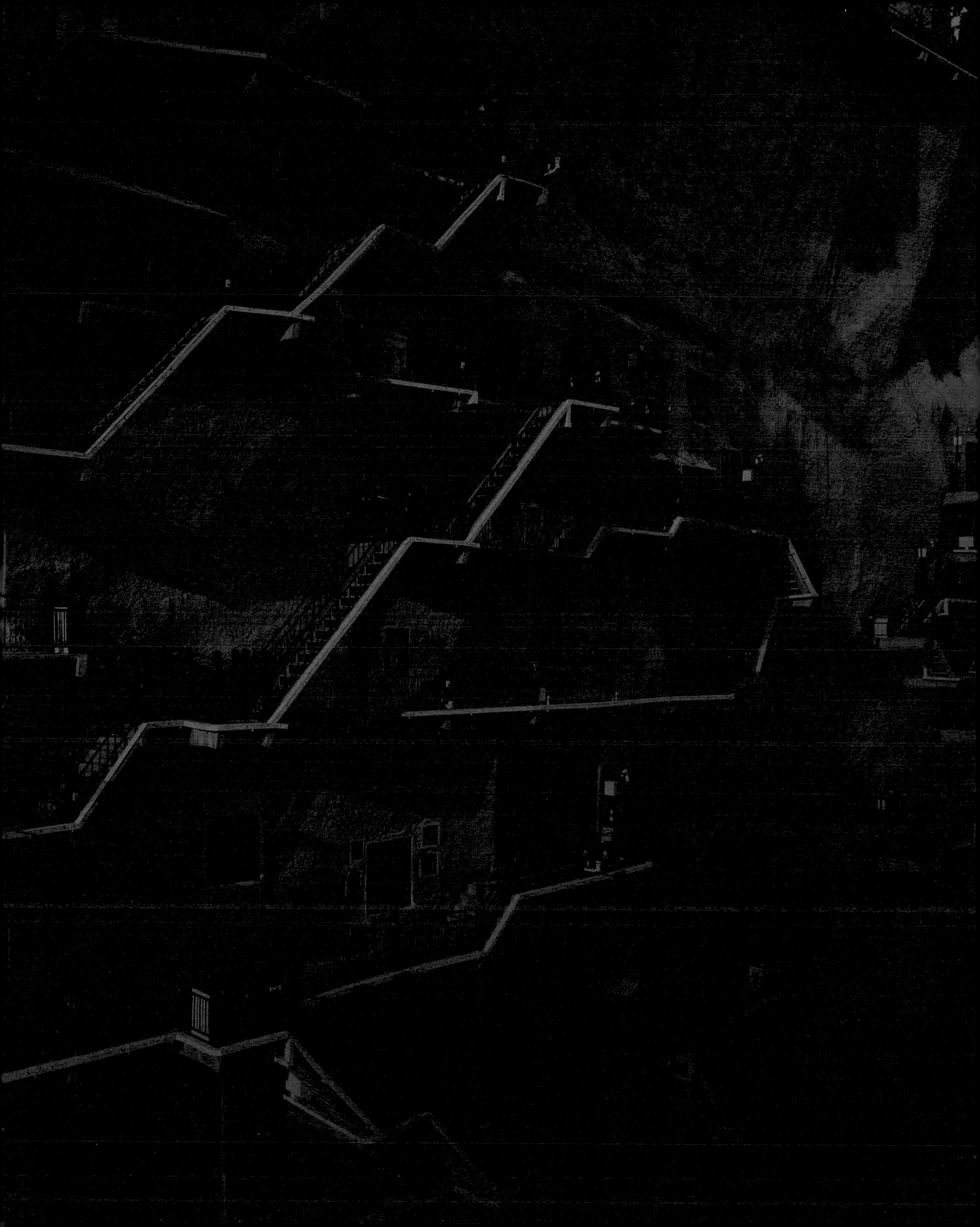

微笑，

是我们知难而上的坚韧。

是我们苦尽甘来的喜悦。

是我们拥抱生活的表情。

麦积山石窟，以微笑闻名遐迩。

从被誉为"东方微笑"的小沙弥，到"窃窃私语"中微笑着的佛弟子。

佛国到人间的千年微笑，

无一不被镌刻在麦积山的崖壁之上、龛窟之中。

即便是威严肃穆的佛陀，也微笑着……

这些微笑，

便是麦积山石窟普撒世间的温情。

"和合南北，泽被天下"的秦岭是中华民族的祖脉。

麦积山则是秦岭西端的璀璨明珠。

苍翠之中，麦积山崖，一峰孤立，如麦垛高耸。

绝壁之上，镌石为佛，万千窟龛，似佛国凌空。

窟龛棋布，密若蜂房，栈道飞设，千回百转，蔚为壮观。

第 133 窟"东方微笑"之称的小沙弥，

第 044 窟"东方美人"之誉的主佛，

第 121 窟"窃窃私语"的菩萨与弟子，

第 004 窟独一无二的北周薄肉塑飞天，

……

这些在中国雕塑史上具有重要影响和地位的作品，

带您穿越千年时光，

一睹东方微笑之美。

序言

Preface

以镜头为笔，绘就光影史诗

李天铭
麦积山石窟艺术研究所 所长

在时间的织网中，艺术如同一颗颗璀璨的珍珠，串联起人类文明的记忆。麦积山位于秦岭西端古蜀道与丝绸之路的交会处，不同文化与民族在这里碰撞融合。贯通东西南北的地理位置，汇集了四面八方的信众与匠人。他们禅观修行，搭栈凿窟，修崖建阁，造像绘影，共同塑造了这座古老而神秘的佛教艺术殿堂。那些带着神秘微笑的佛国塑像，静默于中国西北的群山怀抱之中，诉说着千年的信仰与匠心。

在这漫长的岁月里，一批又一批的优秀人才来到这片圣地，他们以匠心独运的技艺塑造它，以声情并茂的诗文赞扬它，以无尽的热忱传播它。他们用一双双善于发现的眼睛，将麦积山尘封的秘密和历史，将它的雄壮和秀美一幕幕呈现在我们面前。本书的两位作者便是其中的佼佼者，因为对佛教造像艺术的热爱，他俩的镜头充满虔诚和执着，能够穿透石壁的冷峻，触摸到那些造像的灵魂。

摄影，作为一种强大的视觉传达手段，在文物保护、传承和展现文物之美方面发挥着不可替代的作用。楠山的摄影作品，通过对光影的敏感捕捉，不仅再现了造像的细节，更传达了一种超越视觉的艺术感受，为文化遗产提供了一种全新的解读方式。孙苑女士以女性的细腻和专业的眼光，为本影集增添了更多的深度与温度。她与楠山的合作，使得这本书在展现麦积山石窟造像之美的同时，可以跨越时间和空间的界限，以全新的视角深入解读这些造像背后的历史与文化。

古代的信徒和俗众在麦积山开窟造像时，将自己的信仰与情感寄托在造像这一"不朽"的载体上。这其中包含的人文故事，有些记录于史料，更多的则深藏于那些无言的塑像和壁画，需要我们静下心来，去把握、去理解、去体会那些历史人物的悲欢离合。我在文博界深耕多年，很欣喜地看到越来越多的年轻人投身于石窟文化的保护和传承。希望大家能通过这本书，一同走进秦地林泉之冠，揭开云烟缭绕的山寺面纱，追溯麦积山石窟历代兴衰的时空之径，探微艺术杰作中的风姿与造诣。

习近平总书记强调，要"让收藏在博物馆里的文物、陈列在广阔大地上的遗产、书写在古籍里的文字都活起来"。现代社会，如何把悠久的石窟文化和现代文化相结合，诠释文物遗产蕴含的历史文化，起到"以文化滋养社会"的目的，是我们一直孜孜以求的目标。吾辈当不断努力！

缘起

Origin

麦积情怀

麦积山石窟与敦煌石窟、云冈石窟和龙门石窟并称为"中国四大石窟",在中国佛教史、雕塑史、绘画史、建筑史等诸多领域占有重要地位。与其他开凿在横长的山崖或河崖壁上的石窟不同,麦积山为一座屹立的山峰,洞窟开凿在悬崖峭壁之上,"密如蜂房",令人目不暇接。最高处的洞窟距地面 80 余米,栈道"凌空飞架",层层相叠,惊险陡峻为世罕见。麦积烟雨更使麦积山时隐时现,如入仙境。麦积山陡峭的崖壁地势、险峻的栈道交通,也让大量罕见的北朝至隋唐时期的泥塑造像得以保存至今,唐以后,五代、宋、元、明、清等朝代又屡有增塑,从而使其拥有了中国石窟寺中保有时代序列最为完整的泥塑造像体系,被誉为"东方雕塑陈列馆"。

由于开窟的供养人多为地方豪族、僧侣和信众,来自民间的工匠在塑造佛国世界时,将普通人的情感投射到这些造像身上,把佛教神灵人性化,用人间的情感和世俗的眼光诠释宗教人物,这使麦积山石窟的造像极富写实性和人情味,成为人们美好愿望的化身。神性和人性在麦积山的造像上达到高度和谐统一,不论是佛祖,还是菩萨;不管是弟子,还是供养人;不

凡例:

· 本书中的洞窟信息,包括窟号、位置、尺寸以及造像描述,主要参照 2023 年文物出版社出版的《麦积山石窟内容总录》。

· 麦积山石窟的分期比较复杂,特别是前期洞窟,因此本书中北魏洞窟的分期在结合前人论述的基础上,以孝文帝迁都为界,分为前、后两期;第 074、078 窟的断代,学界尚无定论,本书将它们划分在北魏前期。

· 本书图录展示以洞窟现存造像大致时代为主顺序;洞窟中后期增塑的,如 133 窟释迦会子及 135 窟北周造像等,罗列在所在洞窟中展示;整个洞窟为后期大修或补塑的,如 090、098 窟开窟时间为北魏,但塑像整体为宋塑或宋修,则按宋代洞窟排序。

· 为丰富内容,本书增加了部分库藏造像,并单列一章;另把壁画部分也单列一章。

管是老者，还是幼童，都有一种沉静安详的表情。这种沉思的姿态出自信众虔诚的发愿和匠人热烈的内心迸发，以更多向内的自省、更多慈悲与谦逊形成的动人力量，让人赏心悦目、心生喜欢。当我用摄影的方式重返礼佛之路，目光停留的瞬间，仿佛能听到弥散在山峦间的阵阵礼佛声，感受到古人的智慧和匠心，古与今就这样不期而遇……

对于古代造像情有独钟的我，造访过云冈、龙门、敦煌，深入过新疆腹地，游历过山东、河南、巴蜀、陕甘等地的石窟遗存，足迹遍布大江南北。深藏于山西大小寺观的彩塑和壁画，更是让我孜孜以求、学而不怠，它们提升了我对造像艺术审美的高度，自认为眼光非常挑剔。然而，当我每次踏上麦积山的栈道，面对那些向我微笑、好似迎接我到来的佛像时，都会被它们的魅力所震撼，并深深吸引！那淡淡的微笑，不仅仅是一种表情，更是一种超越物质存在的精神象征，给人以心灵的慰藉和力量。这种微笑所展现出的恬静平和，鼓舞着千余年间的每一个过客在喧嚣的人世间找到内心的宁静与从容。

这些年，我十余次到访麦积山，一次次举起相机，想要把最美的麦积微笑定格，通过光影诠释麦积山造像之美，但每次都无奈地发现我的镜头面对麦积微笑时是那么的局限和无力。它们指引着我，一次次兴致勃勃地到来，一次次意犹未尽地离开。直到一次我恋恋不舍地下山时，回头望着阳光下熠熠生辉的麦积山，瞬间醍醐灌顶。最美的麦积微笑在晨曦的微光中、在蒙蒙的细雨中、在忽隐忽现的云雾中、在兵荒马乱中、在岁月静好中……麦积微笑的美是流动的、多维的、丰富的，岂是一张照片能完美诠释的？

麦积山石窟不仅是一座石窟艺术的宝库，更是中华民族智慧和精神的结晶。千余年来，麦积微笑饱含着看尽人间苦难的哀伤、阅尽人世沧桑的从容、度尽世间苦厄的豁达、聆听世人悲欢的慈悲、抚慰凡人心灵的温暖……千年的风雨揉进造像的肌骨，散发出别样的历史韵味，向世界展现着这来自东方的微笑。

麦积山石窟的造像浸润着人间的温度，佛、菩萨清秀优雅，弟子生动有趣，充满人情味。它们穿越千年，微笑着和每一位前来瞻仰的世人对话……

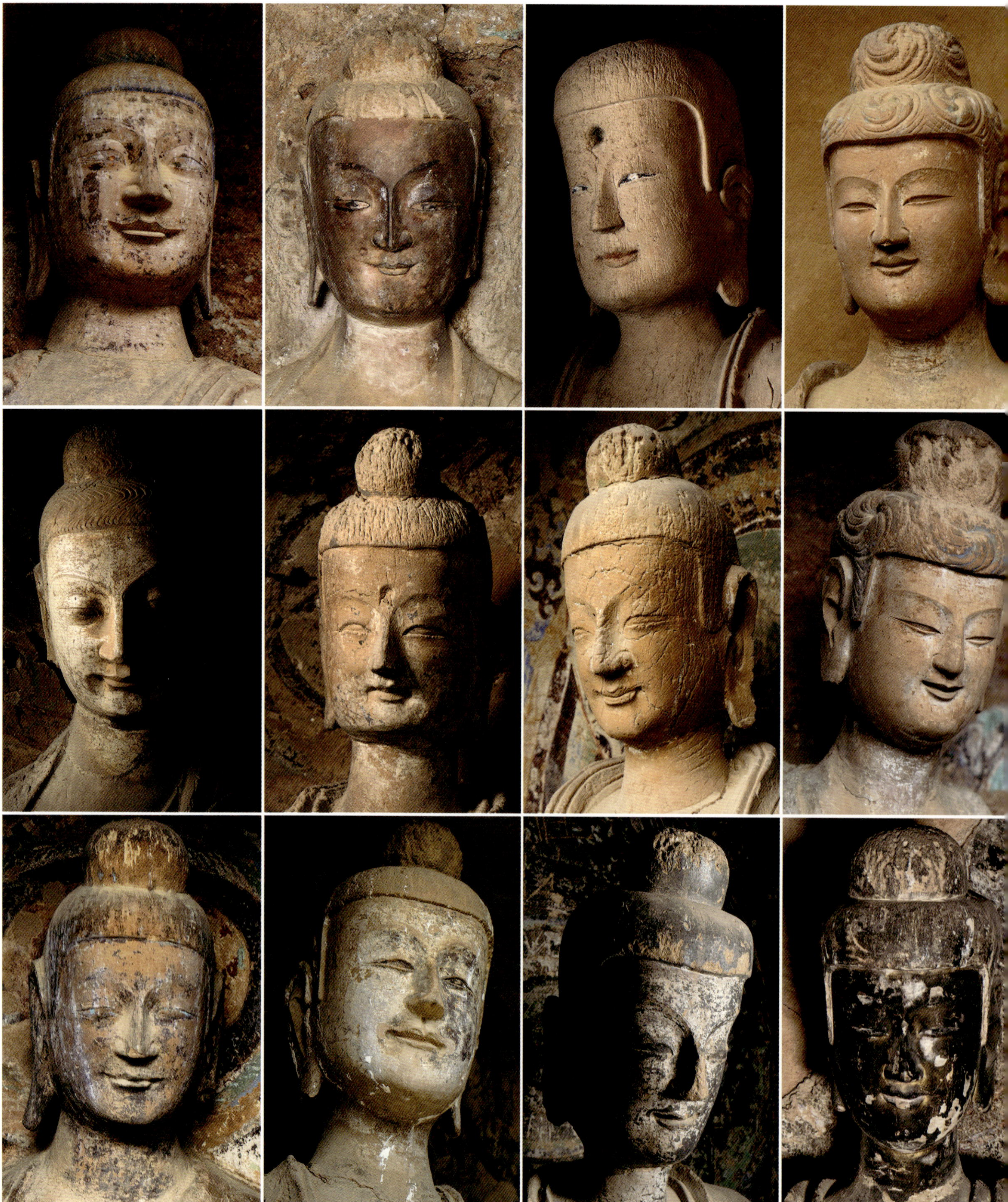

麦积山石窟佛像面部特写 北魏—宋

喜龙仁曾在《五世纪至十四世纪的中国雕刻》中写到：那些佛像有时表现坚定自信；有时表现安详幸福；有时流露愉悦；有时在瞬间唇角带着微笑；有时好像浸在不可测度的沉思中，无论外部的表情如何，人们都可以看出静穆与内在的和谐。

麦积山石窟艺术

麦积山石窟艺术,以其精美的泥塑艺术闻名中外,大大小小的雕塑,体现了千余年来各个时代的特点,系统地反映了中国泥塑艺术发展和演变过程。麦积山的塑像,除早期作品外,几乎所有的佛像都是俯首下视的姿态,有和蔼可亲的面容,虽是天堂的神,却像世俗的人,是人们美好愿望的化身。从塑像的体形和服饰看,也逐渐在摆脱外来艺术的影响,体现出汉民族的特点。

——李天铭

麦积山,又名麦积崖,位于甘肃省天水市东南35千米,秦岭西端的北麓。因地处南北气候的分水岭,冬无严寒、夏无酷暑,素有"陇上小江南"之称。麦积山石窟始凿于公元4世纪,历经后代不断地开凿、重修、营建,洞窟密如蜂房,栈道凌空穿云,现保存大小窟龛221个,造像10632身,壁画1000余平方米。麦积山造像多为泥塑作品,手法洗练、工艺精湛、形神兼备,序列完整地展示了中国雕塑艺术发展和演变过程,被誉为"东方雕塑陈列馆"。

麦积山石窟遗迹主要由洞窟及其造像、壁画、摩崖题刻等崖面遗存,寺院、舍利塔等建筑遗存及馆藏文物、古代文书等组成,是典型的文化遗产综合体。1961年被国务院公布为第一批全国重点文物保护单位。2014年,作为"丝绸之路:长安—天山廊道的路网"其中的一处遗产点,荣登《世界遗产名录》。

佛教创立于古印度,在公元元年前后传入中国,三世纪以后成为丝绸之路上传播的主要宗教。甘肃天水,古称秦州,是"丝路"上的重要节点,东通关中,西接陇右,南贯汉中入蜀。从长安、陇南或汉中前往河西走廊,天水都是必经之地,这一重要的交通地理位置为佛教的传播与弘扬创造了条件。沿"丝路"东来的西域高僧、从中原西行的求法者,都在天水留下了弘扬佛法的足迹。

据史料记载,西晋时期,高僧竺法护在天水译《普曜经》八卷。长安高僧帛法祖则常年在关陇一带弘扬佛法,他在信徒中影响很大,史称"崤函之右,奉之若神"。十六国时期,天水曾先后被后赵、前秦、后秦、北凉等崇奉佛教的政权统治,这些少数民族政权希望通过佛教巩固统治。前秦的苻氏和后秦的姚氏都发迹于秦州,在他们对佛教的推崇下,天水的佛教发展日益隆盛。而频繁更迭的政权,造成社会动荡、民不聊生,一定程度上也促进了佛教在民间的传播。

在天水市东南的连绵山脉中,麦积山一峰独秀,五代时期的诗人王仁裕在《玉堂闲话》中记载:"麦积山者……望之团团,如民间积麦之状,故有此名。"这里位于我国气候南北分水岭的北侧,故而兼具南方的秀丽与北方的雄浑,气候宜人,环境清幽。雨天的麦积山雾气弥漫,烟雨朦胧,如梦似幻,被称为"麦积烟雨",是著名的秦州八景之一。麦积山优美的自然环境、重要的地理位置,再加上统治者的加持,集天时、地利、人和,成为开窟造像、弘扬佛法的理想之地。据《高僧传》卷十一《玄高传》记载:"高乃杖策西秦,隐居麦积山,山学百余人。"可知最晚在西秦统治秦州时期(417—420),麦积山已有禅僧在此修行,其规模已达百人之多。长安高僧释昙弘此时也隐居在麦积山,教习禅道。可见当时麦积山佛事活动之盛。后经一千多年的营造,麦积山上窟龛密如蜂房,栈道凌空飞架,成为隐匿在秦岭西脉的佛国圣地。

第078窟正壁主佛

关于麦积山石窟的始创年代，目前学术界主要有两种观点：一种观点认为开凿于十六国后秦时期。主要依据是麦积山东崖第003和第004窟梯道崖壁上南宋绍兴二年（1132）摩崖石刻题记："麦积山阁胜迹，始建于姚秦，成于元魏，约七百余年，四郡名显……"这与南宋嘉定十五年（1222）《四川制置使司给田公据》碑记载对应。宋代官方编撰的《方舆胜览》称："……麦积山。后秦姚兴凿山而修，千崖万象，转崖为阁，乃秦川胜境。"明代姚隆运在崇祯十五年（1642）《麦积山开除常住地粮碑》上也说："其古迹系历代敕建者，有碑碣可考。自姚秦至今一千三百余年，香火不绝。"据史料记载，后秦姚兴大力弘扬佛法，迎请鸠摩罗什入长安，以国师礼待。并在长安组织了规模宏大的译场，请鸠摩罗什主持译经事业，奉之如神。跟随鸠摩罗什坐禅修行的僧人达千人之多，后秦境内信佛者有十之八九。姚兴的弟弟安成侯姚嵩，曾任秦州刺史，也十分精通佛理。同时，麦积山早期石窟的艺术风格和永靖炳灵寺169窟造像有很多类似之处，该窟有明确的"西秦建弘元年（420）"的题记。从窟龛实例上看，麦积山西崖第078窟壁画存在重层现象，其底层作品疑为后秦原作。由此推断，078窟及毗邻的074窟等当为后秦开凿。北京大学的韦正教授也持此观点，他认为麦积山的三壁三坛、密集衣纹、紧裹菩萨腿部的大裙等样式几乎不见于云冈，但见于新疆热瓦克佛寺遗址和吐峪沟石窟，这些遗址的年代都早于北魏。另一种观点认为麦积山现存最早的窟龛开凿于北魏时期。根据第078龛内"凹"字形佛坛基右侧壁画供养人题记"仇池镇□（经）生王□□供养十方诸佛时""仇池镇杨□□□养□□□□□"，以及仇池镇的设废年代，供养人身着汉化改制前的服饰，这些供养人很可能绘于北魏太武帝太平真君七年（446）至孝文帝太和十二年（488）之间。此外，通过对窟龛形制、造像题材、壁画内容等进行考古类型学意义上的分期排年，再结合相关历史背景和文献材料的综合考证、分析而得出这一结论。

实际上，由于麦积山石窟开凿在陡峭的崖壁上，当地潮湿多雨，历史上又经历过多次地震，部分崖面坍塌、雕塑损毁、壁画脱落，没有留下能够准确判断麦积山开凿时间的记载。对于麦积山窟龛开凿的准确时间，还需要更多令人信服的实物资料支撑。因此，本书结合前人论述，暂将第078、074窟等早期洞窟归在北魏前期。

北魏前期：胡风梵貌 魁伟雄健

太延二年（436），北魏正式占据秦州。北魏王朝极其尊崇佛教，上至王公贵族，下到黎民百姓，开窟造像、礼佛供佛成为一时风尚。麦积山石窟受崇佛风尚的影响，迎来了历史上第一次开窟造像的高峰，开窟造像数量多达92个。以孝文帝迁都洛阳为界，北魏时期麦积山石窟的开凿大致可以分为前、后两个时期，主要分布于麦积山西崖。

北魏初期，虽然经历过太武帝的灭佛运动，但佛教信仰在北魏根深蒂固，经历了短暂的沉寂，在文成帝即位后，佛法再度兴盛。北魏前期窟龛主要有第071、074、078、090、148、128、165等窟。其中第074、078、090、165等窟龛属于较早的洞窟，主要分布于麦积山西崖中下部，均为平面略呈方形的穹窿顶，敞口型大龛。龛内正、左、右三壁设"凹"字形高坛基，造像主要有三世佛、半跏思惟菩萨、交脚菩萨等。造像风格方面，整体上呈现出较浓郁的中亚和西域文化特征。佛作水波纹或旋涡纹高肉髻，脸型方圆，身材魁梧，目光坚毅。内穿僧祇支，外披覆肩袒右式袈裟，佛衣紧裹身体，袈裟边缘刻连续的三角形折带纹，与云冈第20窟大佛相似。

偏晚阶段的洞窟有第071、128、148等窟，主要分布于麦积山西崖中部。窟龛形制方面，洞窟规模开始变小，正壁坛基上设一佛座，两壁开龛，四壁上部出现列龛，龛内影塑造像。造像题材以三世佛为主，还有交脚思惟菩萨，释迦、多宝二佛并坐、七佛、千佛等内容。思惟菩萨与交脚菩萨对称开小龛的组合样式在麦积山石窟多处出现，流行时间为五世纪中期至六世纪初。造像风格上，面相开始变得圆润，佛的体量感逐渐变小，整体趋于民族化。

第078窟坛基右侧壁画供养人

供养人旁原都有题记，现已模糊，难以辨认，依据前期可辨认"仇池镇□（经）生王□□供养十方诸佛时"等信息，结合仇池镇的设废年代，以及供养人身着改制之前的服饰，这些供养人很可能绘于北魏太武帝太平真君七年(446)至孝文帝太和十二年(488)之间。

第115窟正壁台座前墨书张元伯开窟造像发愿文

发愿文中"大代景明三年（502）"是麦积山石窟现存北魏唯一的开窟纪年题记，对研究麦积山石窟的分期断代具有重要价值。

北魏后期：改梵入夏　秀骨清像

北魏孝文帝迁都洛阳后，引发了一系列政治文化上的巨变。体现在佛教造像上，最明显的变化便是佛衣由袒右肩式变为双领下垂的褒衣博带式，造像的面容、气质、塑造手法等方面向汉民族靠拢。第017、023、076、115、159、163等窟相继开凿于此时。其中115窟有"北魏景明三年(502)"的题记，为麦积山石窟的分期断代提供了重要历史依据。窟龛形制方面，窟龛体量相对较小，平面多为方形，平顶，有三壁两龛和三壁三龛，窟内各个壁面多开凿有横向或竖向排列的小耳龛，呈现出汉化特征。造像题材方面，以三世佛为主，附属造像有半跏思惟菩萨和交脚菩萨对称，兼有一佛二菩萨的一铺三身式组合。胁侍弟子像也开始出现。壁面上贴着影塑佛、菩萨、弟子、飞天、供养人等，虽然大多数为模制，但也姿态各异、塑作精美。第115窟内出现佛弟子像，门楣上塑有七佛，均是新出现的内容。造像风格方面，出现风格新旧过渡的现象，既有新的汉化因素，旧的西来风格也有所保留。主尊佛像还保留早期的风格特点，着圆领通肩袈裟或双领下垂袈裟，衣纹以阴刻为主。有的窟内飞天已经成为体态轻盈的汉式飞天。总体而言，造像的面部表情转向清秀安详，身材也不再如早期那般魁梧，造像开始表现人物内在的精神世界，体现出秀骨清像的早期特征。

经过汉化改革，北魏的社会、经济稳步发展，民族逐步融合，为佛教的进一步发展奠定了基础。宣武帝（483—515）后期一直到北魏灭亡，麦积山洞窟及造像艺术趋于成熟，受到以洛阳为中心的中原佛教造像风格的影响，造像面容清瘦，神态疏朗洒脱，服饰繁缛华美。麦积山石窟造像在中国化的审美趣味上不断深化，呈现出世俗化、生活化的特点，成为麦积山石窟最具特色的佳作。此时开凿的窟龛主要有第121、122、133、139、140、142等。窟龛形制方面，以方形平顶窟及圆拱顶小龛为主，正、左、右三壁开三龛或筑方形佛座，个别窟内开始出现套斗式藻井。出现了超大窟，如第133窟内部前侧为横向长方形结构，后侧并列开两个长方形后室，为仿汉代崖墓式佛窟。造像题材方面，除了三世佛外，一佛二弟子二菩萨、一佛一弟子一菩萨二力士或一佛二弟子二菩萨二力士的组合逐渐增多，佛、菩萨、飞天、供养人、瑞兽、宝相花等影塑造像直接贴于壁面上，成为窟龛造像的重要组成部分。造像风格方面，已基本脱离了早期外来风格的影响，转变为汉化的褒衣博带、秀骨清像式的造型特点。佛像多为磨光高髻，着双领下垂式袈裟，腰间系带，服饰表面阴刻有稀疏刚劲的衣纹线，衣裾繁复，造型精美。菩萨束高发髻，身穿"X"状天衣，脚蹬高履，一手持莲蕾，一手持帔帛，表情恬静。弟子多穿双领下垂的僧衣，

面部表情生动形象，富有生活情趣。出现了许多经典的造像，如第121窟菩萨与弟子"窃窃私语"组像，造像细腻、生动传神，既是静止的雕塑，也是互动的生命；第133窟第9龛"小沙弥"像，脸型圆润，眉目清秀，嘴角含笑，面露童稚般的真诚和愉悦，既天真聪慧，又憨厚纯朴，身体比例协调，造型简洁质朴，用概括简练的手法刻画出人物微妙的情感。在造型手法、艺术风格上与洛阳永宁寺塔遗址出土的佛教造像有很大的相似性。这些作品以现实生活中的人物为素材，加以艺术的夸张、想象、凝练而创作出具有浓郁生活气息的宗教人物，将人性的光辉带进宗教的世界。

第133窟第9龛小沙弥

沙弥，佛教中指七岁以上、二十岁以下的出家男子形象。这尊小沙弥身高不足1米，弯眉细目，面容清俊，头略微下低，天真活泼又憨厚纯朴，五官都洋溢着幸福的微笑。造像造型简洁，没有任何多余的刻画，却将小沙弥喜悦和羞涩的神情刻画得惟妙惟肖。造像的设计巧妙地捕捉了小沙弥聆听佛诲的专注神情，细眯的双眼似乎在沉思，而他的微笑则透露出对佛教教义的深刻领悟，整体刻画出了人物天真无邪的性格和恬静安详的内心世界，能让人感受到小沙弥身处佛国的宁静与祥和。这尊沙弥不论是外形塑作还是内心情感的刻画与表现，都属于北魏时期的经典作品。是麦积山石窟最有魅力的造像之一，东方微笑的代表。

第044窟正壁

窟内正中主佛是麦积山石窟西魏时期的雕塑精品，据说是按乙弗氏形象所塑。乙弗氏是西魏文帝元宝炬的皇后，史籍上称她"美容仪，少言笑""性好节俭，蔬食故衣"。文帝和乙弗氏感情和睦，但是迫于北方游牧政权柔然的压力，文帝迎娶了柔然首领之女郁久闾氏为皇后。乙弗氏被废出家为尼，在麦积山修行。文帝依然对乙弗氏念念不忘，悄悄命人让乙弗氏蓄发。郁久闾氏得知后醋意大发，本来就对西魏虎视眈眈的柔然，借口为郁久闾氏撑腰而大举进兵，西魏无力抵抗。文帝悲愤之中被迫赐死乙弗氏。据史籍记载，乙弗氏临死时挥泪道："愿至尊享千万岁，天下康宁，死无恨也。"与其子武都王元戊诀别，并"遗语皇太子（元钦，乙弗氏另一子），辞皆凄怆，因恸哭久之。侍御咸垂涕失声，莫能仰视。召僧设供，令侍婢数十人出家，手为落发。事毕，乃入室，引被自覆而崩，年三十一。"年轻的乙弗氏香消玉殒，换来西魏边境短暂的和平。元戊为她在麦积崖凿龛为陵而葬，号为寂陵，就是现在的第043窟。其子元钦（西魏废帝）继位后，将乙弗氏的陵墓迁至长安永陵，与文帝合葬一处。第043窟随之被废置，唯有建筑遗迹留存，残存的鸱吻飞檐和石柱阁廊无声地述说着千年前的悲伤往事。

西魏：南北交融 俊秀清朗

公元534年，北魏分为东魏、西魏。元宝炬在以宇文泰为首的诸臣支持下登基为帝，史称"西魏"，建都长安。秦州由于特殊的地理位置，成为西魏南通巴蜀、西控诸戎的军事重镇，文化交往频繁，长安及南朝的造像形式很快在麦积山生根，并在王公贵族的支持下发展壮大。据麦积山现藏宋代《秦州雄武军陇城县第六保瑞应寺再葬佛舍利记》碑记载："西魏大统元年（535），再修崖阁，重兴寺宇。"可知西魏初，开启了大规模的开窟造像活动。《北史·后妃列传》记载，西魏文帝文皇后乙弗氏被废后出家为尼，曾在麦积山修行，乙弗氏死后"凿麦积崖为龛而葬"，号寂陵，其子武都王元戊在麦积崖附近为其母坐禅守陵。这一历史事件也掀起麦积山石窟开窟造像的高潮。开凿于此时的窟龛包括第020、043、044、102、123、127、135、147等近20个。

这一时期的窟龛形制比较多样。一种为继承了北魏晚期盛行的平面方形窟顶，三壁三龛，耳龛基本消失，窟内沿四壁凿倒凹形浅台基，如第105、123、127、135窟等，第135、127两个窟在北魏晚期大型窟龛的基础上又进一步发展，135窟前壁上方开三个明窗，平顶，顶部前侧凿一半圆形涡阙；127窟为仿帷帐四面坡式盝顶窟，在窟内四壁及顶部转角连接处，浮雕仿木帐架结构，异常华美；第043窟比较特殊，为仿殿宇式崖阁，分前廊后室，在后室后侧还开凿一盝顶长方形墓室，是现存北朝时期珍贵的寝陵遗存。还有一种为第044窟四角攒尖顶的形式。

造像题材方面，除三世佛外，开始出现反映世族文化精神的维摩诘像，如第102、123窟正壁塑说法的释迦牟尼佛，左、右两壁塑表现《维摩诘经·文殊师利问疾品》内容的维摩诘和文殊对坐。窟内壁面影塑造像消失，代之以彩绘佛、菩萨及供养人形象。造像风格方面，逐渐脱离了北魏晚期秀骨清像的风格，脸型丰润饱满，身躯逐渐趋于圆润，刻画出一种宁静安详的气质。人物服饰依然保留着褒衣博带的风格，但质感更加厚重，层次繁缛，线条流畅，尤其是佛衣的下摆，层层叠叠，具有自然的韵律感。佛和菩萨表现出女性化特征，佛像发髻有涡旋纹、水波纹和螺纹，低垂双眼，微笑嫣然，好似一位慈祥温柔的母亲。菩萨像面容清秀，眉眼细长，体态修长苗条，俨然婀娜多姿的少女，反映了当时南朝与中原地区佛教造像艺术的交流与融合。第123窟的童男、童女胁侍像活泼可爱，表现出未经世事的天真纯洁，焕发着恬静的青春之美。第044窟主佛刻画细腻、生动感人。从它们身上，可以看到麦积山石窟雕塑艺术正在走出宗教范式的束缚，更趋成熟，造像艺术已完全中国化、民族化和地方化。

第043窟外景

此窟是一座佛龛和墓窟相结合的大型单檐庑殿顶崖阁式窟。外观为仿木结构建筑，前檐三间四柱，檐柱内有廊，平脊两端处的平行线脚上翘并内弯成鸱尾形。这是麦积山现存的9个北朝石雕崖阁建筑之一。窟内分为前廊及前、后室，因其结构特殊，被断为西魏皇后乙弗氏安厝的墓室，号寂陵，俗称"魏后墓"。

北周：承上启下 珠圆玉润

557 年，西魏权臣宇文泰之子宇文觉废帝自立，建立北周，与同样代东魏而立国的北齐对峙。574 年，北周武帝宇文邕曾发动了我国历史上第二次灭佛运动，但政策相对温和，僧众得以藏匿佛经、造像，第 133 窟存放的造像碑应为当时逃避灭佛运动而存放。时隔不到五年，武帝之子周宣帝便下令"复佛像及天尊像"，恢复了佛道二教的地位。而且当时崇信佛教的皇室宗亲宇文导、宇文广父子相继任秦州刺史，秦州地区在北周时期佛事活动更加兴盛。天水附近的武山水帘洞石窟即开凿于此时，其中一组高四十余米的一佛二菩萨巨幅造像，是亚洲地区最大的摩崖大佛。宇文广的下属秦州大都督李允信在麦积山营造的上七佛阁（第 004 窟）及其附属建筑千佛廊（第 003 窟）和石斛梯（现编第 168 号）亦建于此时。麦积山在北周时期开凿洞窟 42 个，占全部洞窟总数的五分之一，造像多达 1270 身。这些造像主要集中在麦积山东崖，其窟龛形制、造像题材、艺术风格等都发生了很大变化。

这一时期的窟龛形制较为复杂，洞窟内部以四角攒尖顶窟为主，多为平面方形的中小型窟，有少量平面马蹄形穹窿顶窟。其中有三壁无龛窟，如第 018、052 等窟；三壁三龛窟，如第 062 窟；三壁一龛窟，如第 012、026、032、036 等窟；三壁七龛窟，如第 027、141 窟，等等。第 003 窟为摩崖千佛龛。殿堂式窟龛依然流行，如东崖上部第 004 窟，俗称"上七佛阁"或"散花楼"，为大型仿木式洞窟，庑殿顶，采用前廊后室、七间八柱式结构，立柱为八棱大柱，覆莲瓣形柱础，非常宏伟。后室为 7 个并列开凿的帐形大龛，帐幔层层重叠，饰以火焰纹、宝珠、鳞片等花饰及流苏图案浮雕，华丽高贵。

其造像题材以七佛为主，现存可以确定为七佛窟的最少有 14 个。也有三佛、千佛、交脚弥勒菩萨等题材。布局形式较为灵活，有的在窟内正壁置一身，左、右壁各并列置三身。殿堂窟内则并列置七身，每尊又单独构成一佛二弟子六菩萨或一佛八菩萨的组合。造像风格方面，上承两魏风格，下启隋唐新风，开始具有北方粗犷、豪放、浑圆、质朴的风格。造像敦厚、简练，肌肉感强，人物形象饱满，注重细部刻画。佛像肉髻低平，短颈宽肩，脸型越发圆润，除了表现温婉的女性形象外，还出现质朴俊美的男性形象。身体逐渐变得浑圆，着通肩或双领下垂式袈裟。菩萨头戴花冠，披巾横于胸腹两道或垂挂长璎珞，身姿在直立中略有扭动，双肩不再瘦削、变得浑圆。造像质朴，具有秦地风格，无论是佛、菩萨、弟子，还是飞天和力士，服饰均表现为薄衣贴体、阴刻圆润流畅的褶皱纹，体现出珠圆玉润的特点，为麦积山石窟增加了浓墨重彩的一笔。

北周洞窟现存壁画不多，第 026 和 027 窟顶部绘涅槃经变、法华经变，是北朝时期不多见的大型经变画。影塑造像出现在第 004、031 窟两个洞窟中。第 004 窟各龛外部上方绘有七幅"薄肉塑"飞天组画，即身体裸露的地方用浮雕手法塑造，其他地方直接用绘画表现。其中第 6、7 龛中"薄肉塑"部分已脱落，其余五幅保存较好。这种将平面和立体两种完全不同的艺术手法巧妙地融合在一起，立体感极强，有一种破壁欲出之感觉。绘画的部分线条流畅，行云流水，虽是静止的画面，但却给人一种满壁生风的感觉。目前，这种将绘塑巧妙结合的做法在全国仅见此处，被称为"古代壁画艺术的绝品"。

当时著名诗人庾信在《秦州天水郡麦积崖佛龛铭并序》中写道："……似刻浮檀，如攻水玉，从容满月，照曜青莲……载辇疏山，穿龛袈岭。……壁累经文，龛重佛影。雕轮月殿，刻镜花堂。横镌石壁，暗凿山梁。……方域芥胜，不变天宫。"生动形象地描绘了第 004 窟这座凝聚无数能工巧匠智慧和心血的艺术殿堂。

隋唐：盛世气象 饱满敦厚

公元 581 年，隋承周祚，杨坚称帝，改国号为隋。隋结束了南北朝的分裂局面，建立了大一统的封建政权。隋文帝杨坚从小崇佛，仁寿元年（601），他在麦积山顶敕建舍利塔，并赐寺院名"净念寺"。其第三子秦孝王杨俊曾任秦州总管。在隋氏父子的支持下，麦积山石窟在隋代继续发展。现存洞窟主要有第 005、008、014、024 窟等，第 005 窟为唐代续修的洞窟，属于初唐作品。唐朝初年，奉行抑佛扬道的国策，佛教发展受到一定程度的遏制。后又有安史之乱、吐蕃入侵，秦州社会经济陷入动荡，开窟造像活动一度停滞。因躲避安史之乱而流寓秦州的杜甫，在诗中描述了当时麦积山"野寺残僧少，山圆细路高。麝香眠石竹，鹦鹉啄金桃"的凄凉景象。而且在隋开皇二十年 (600) 和唐开元二十二年 (734) 秦州地区经历了两次大地震，持续性地震导致麦积山中区部分窟龛坍塌，致使第 005、044 窟以西，第 078、135、142 窟以东形成了一大片空白区域，整个石窟被分为东、西崖，散花楼及摩崖大佛损毁严重。

窟龛形制方面，体量较小的洞窟多为平面马蹄形穹窿顶，环壁一周设低坛基。第 005 窟俗称"牛儿堂"，是规模宏大的仿殿堂式窟，三间四柱、前廊后室结构。后室并列开凿 3 个大龛，中间为平面马蹄形穹窿顶大龛，两侧均为圆拱形敞口浅龛。造像题材方面，以一佛二弟子二菩萨的一铺五身式组合为主，第 005 窟中龛造像为一佛二弟子四菩萨。该窟唐代续凿的两个圆拱形侧龛内各塑一佛二菩萨，一为倚坐的弥勒佛像，一为跏趺坐的佛像，与中龛内隋代的主尊佛像构成三世佛。造像风格方面，整体上体积饱满、造型敦厚、手法朴实，采用大体积、大块面的塑作手法，刻画精练、概括，剔除了繁琐的细节和装饰，体现出丰满圆润的艺术风格。第 005 窟造像、第 014 窟的胁侍菩萨和力士，造型生动、塑作精致，具有很高的艺术水准。第 013 窟东崖大佛是麦积山第一大佛，也是麦积山隋代造像的杰作。主佛和左、右二胁侍菩萨为石胎泥塑，体态丰腴，神情雍容大度，服饰华丽，虽经后世修复，但依然展现出隋唐王朝的盛世风貌。

第 004 窟后室大龛之间的墙壁上方保存有多幅唐代绘制的佛说法图、供养菩萨、跪拜供养人形象。第 005 窟外壁面上的西方净土变和供养人行列，场景壮观、人物众多，是唐代壁画的杰作。据文献记载，隋代还修复了大量被前代破坏的佛像。

五代宋：人间佛国 写实求变

五代更迭，十国并立。在又一个分裂割据的动荡时期，秦州成为各个政权争夺的焦点，几度易主，先后被后蜀、后周等多个政权统治。后周世宗发动了我国历史上第四次灭佛运动，限制佛教的发展。这种情形下，麦积山的营建进入萧条期。五代时期造像仅见第 043 窟重塑的胁侍菩萨像，此像挺胸、扭胯，头略偏，面相丰腴，身姿婉约，服饰装束繁琐，神态上依然保留有唐代造像特征。在第 062、085、117、123 等窟内尚存有五代时期游人题记。

公元 960 年，赵匡胤建立北宋，中国再次进入大一统时期。北宋时秦州属于边防重地，受到朝廷重视，总体上形势稳定，经济得到恢复和发展。秦州寺院也得到进一步发展，宋大观元年（1107），秦州官员将麦积山所产灵芝敬献朝廷，灵芝原所属的应乾寺被敕赐更名为"瑞应寺"。麦积山高僧法秀应诏至御前讲演宗乘，赐号"圆通禅师"，由此可见两宋时期麦积山仍具有一定影响力。

两宋时期是麦积山石窟百年衰败后又一个发展时期，大部分北朝至隋唐时期的洞窟及其造像在此时得到了重修。其中西崖窟龛内造像以北宋时期修缮居多，东崖则以南宋时期修缮为主。第 004、009、011、013、090、098、100、133、136、191 等窟的造像都被重修过。麦积山东、西崖大像也进行了大规模的重新修缮，第 004、043 窟各增塑一组力士，第 090 窟内重塑三佛二弟子，第 127 窟增塑一坐佛二胁侍菩萨。第 165 窟内重塑的三菩萨二供养人、第 100 窟正壁重塑的大日如来像、第 133 窟增塑的罗睺罗授记，都可称为传世精品。

造像题材方面，这一时期出现了密宗题材的造像，如第 100 窟正壁主尊被重修后变为大日如来，第 011 窟原来为北周窟，造像可能为七佛，重修后成为卢舍那佛像及八大菩萨，这反映了麦积山佛教宗派及信仰上的变化。造像风格方面，表现出人间化和世俗化倾向，追求写实和精致细腻的风格。总体上看，造像脸型方圆，斜眉吊目，悬鼻小口，神情庄重典雅。佛低平螺髻，前置肉髻珠，身穿垂领袈裟。菩萨束发高髻或戴风帽，面庞丰满，眼睑下垂，小嘴厚唇，身材比例协调、准确。力士表情生动，造型夸张，体形孔武雄健，具有一种威严震慑的气魄。第 191 窟的交脚菩萨，低首垂目，头戴花冠，颈饰精美的项圈，交脚坐于须弥莲花座上，姿态舒展，神情端庄，气度不凡。

"是无等等"匾额

悬挂于第 004 窟第 4 龛龛楣之下，长 197 厘米、高 105 厘米，清康熙十四年（1675）王了望书写，内容出自《心经》。"是"指"正确的事"，"无"意为"错的事情"，"等等"是指"不过如此"。连起来就是对错得失，都不过如此。简简单单的四个字诠释了世间种种，让人闻之便释然豁达。

元明清：繁缛僵化 世风浓郁

元明清时期，由于政治中心东移，秦州地位下降，麦积山佛事活动时兴时废，步入开窟造像的衰落期，自此没有重新开窟，只是对大量前期洞窟及造像进行了妆彩修缮，并重塑了部分洞窟中的造像。

元代的塑像体现出佛教密宗的特点，如第035窟正壁坐佛、第048窟四臂观音和第133窟残存的影塑坐佛等。

明代对东崖中下部及散花楼的造像进行了重新妆彩，对部分洞窟的造像做了重塑，如第002窟重塑菩萨和地狱十王像、两侧壁绘制了十王地狱图，第025窟重塑菩萨坐像等。但在艺术水准上已无法超越前代。第001窟原来的造像不详，明代重塑的涅槃佛、举哀弟子及供养人像算这一时期的杰作，这组石胎泥塑运用夸张手法，在佛与众弟子的表情和动态处理上形成强烈对比，增强了艺术感染力。

清代在思想、文化方面更加专制，麦积山石窟的塑像、壁画都表现出一种程式化特征，如第074窟和第080窟正壁主尊的头部，为清代重塑，艺术水准欠佳，破坏了原造像的神韵。文人墨客游览麦积山，在第004窟的门楣上留下"西来圣人""菩提场""慧光普照""是无等等"四块匾额。其中"是无等等"由清代书法家王了望书写，出自《摩诃般若波罗蜜多心经》，笔法雄浑恣肆、筋健骨藏、雅逸豪迈，是当时书法中的精品。清代中期以后，麦积山渐渐变得不为人知。

结语

麦积山石窟处于丝绸之路的交通要塞上，东、西、南、北的文化不断在这里交流融合。从公元五世纪到十八世纪，每朝每代的人们，都将那个时代人们对美的诠释，附加在这些宗教偶像身上。作为宗教雕塑，麦积山石窟的造像手法传神、形神合一，每一组、每一尊像，哪怕是影塑像都具有个性化特征。其造像神态独具神韵，没有因为高高在上而显得冷酷无情，也没有因为追求人性美而显得俗气。在理想神圣性及现实生活感的结合上，达到了高度协调与统一。这些雕塑作品倾注了古代工匠对现实生活的认知和对美好生活的向往，充满着浓郁的生活气息和地方特色，具有鲜明的人性化、民族化倾向，在佛教造像的中国化方面，达到炉火纯青的艺术高度。

重生——麦积山石窟的保护和传承

岁月沉降,山川已改。明清时期,佛教的发展逐步走向衰落,佛教世俗化的进程进一步加快。佛寺活动主要集中在城镇附近的寺院,偏远的石窟逐渐淡出信徒的视野。明末,麦积山的木质栈道受到大火焚毁,很多洞窟无法登临。清代,随着石窟寺文化的衰落,麦积山石窟盛景不再,周边寺院逐渐没落,偶有零星的香客,无力对石窟栈道进行修复。据传,同治年间因民族纠纷,附近的山民躲进麦积山的石窟中生活,烧火做饭给很多洞窟留下烟熏的痕迹。同时,潮湿气候引发的霉烂、虫鼠野燕的剥伤污染,让麦积山石窟失去往日的风采,渐渐消隐在陇山的密林中。而麦积山石窟也由此躲过了清末民国初西方列强对中华文物的觊觎和掠夺。

待麦积山石窟再次出现在人们的视野,已经到了 1941 年。当时,天水籍学者冯国瑞先生因避乱归乡,他在家居住期间整理地方历史文献,从史料中看到不少关于麦积山的资料。由于当时土匪猖獗,冯国瑞先生选定四月初八庙会前一天出发,携友人寻访麦积山,他们以"对证古本"的方式寻找古迹,其时麦积山石窟的山体栈道已大多损毁坍塌,除了东崖的少数洞

冯国瑞先生
冯国瑞(1901—1963),字仲翔,甘肃天水人,是麦积山石窟保护与研究的开拓者,其著作《麦积山石窟志》是麦积山石窟研究的发轫之作。

麦积山石窟勘察团留影
1953 年 7 月,文化部组织以吴作人为首的"麦积山石窟勘察团"对麦积山石窟做了深入的勘察研究,勘察工作分研究、临摹摄影、测绘翻模等三组。

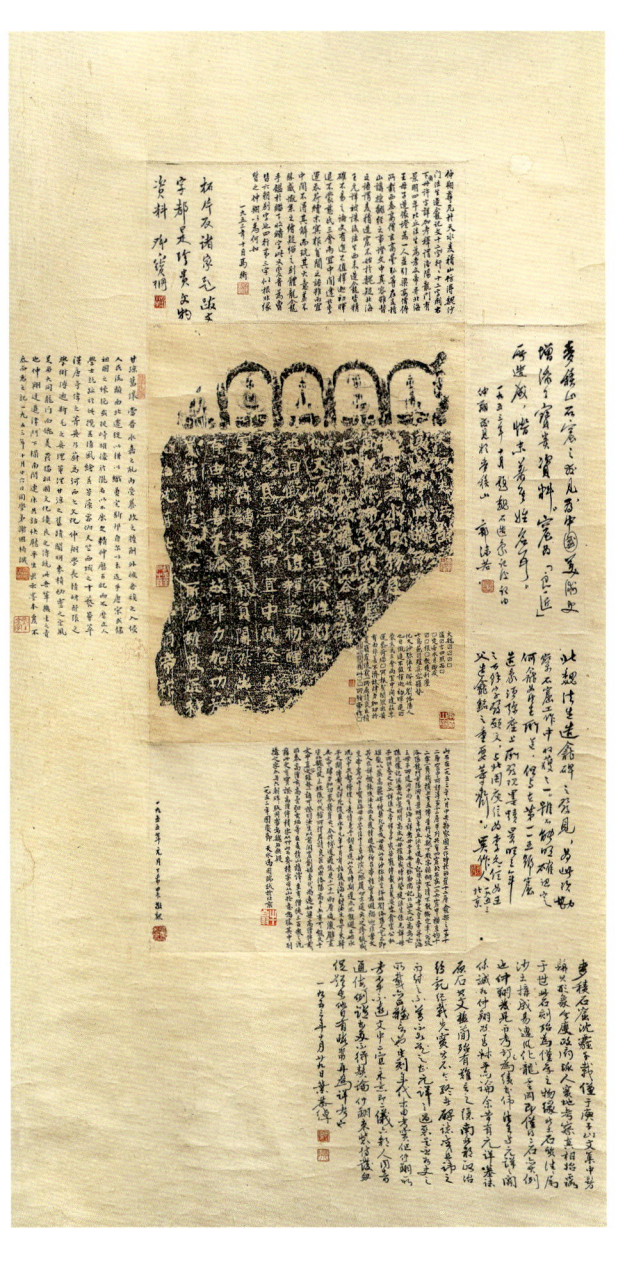

窟能登临以外，绝大多数洞窟难以登攀，但他们还是发现了不少洞窟和壁画。尽管很多塑像已是断颈折臂，壁画也毁损严重。但冯先生依然完成了对麦积山石窟的初步考察，对洞窟进行了编号，撰写了《麦积山石窟志》一书，对麦积山石窟的历史沿革、造像、壁画、建筑及有关碑文做了全面的介绍和考证。此书由陇南丛书编印社石印300本发行，由此掀开了麦积山石窟勘察、保护、研究等工作的时代序幕。

1943年，王子云先生带领的西北艺术文物勘察团对麦积山石窟进行了调查、拍照和拓印等工作，并完成麦积山石窟简图的绘制。此次考察团的拍摄工作是目前可知的对麦积山石窟的首次拍摄。

1949年8月，天水解放，麦积山石窟自此纳入人民政府管理。1952年，由常书鸿先生带领的西北考察团对麦积山石窟进行了为时40天的摄影、测绘和临摹工作，共编号洞窟157个。此次勘察还架设了部分栈道，为后续对西崖的考察提供了方便。

1953年7月，文化部组织以吴作人为首的"麦积山石窟勘察团"对麦积山石窟做了深入的勘察研究。勘察团撰写了《麦积山石窟勘察团工作报告》和《麦积山勘察团工作日记》，并编录了《麦积山石窟内容总录》。《总录》中编录窟龛194个，对每个编号洞窟的记录内容包含窟形、时代、建筑、造像、壁画、题记等。洞窟测绘图纸、临摹作品、文物照片等勘察工作成果，于1954年编入《麦积山石窟》图册并刊印。此次考察还在西上区的第127窟中发现了法生造像碑，上刻"大魏、沙弥法生俗姓刘"等文字，是极其珍贵的历史资料，为麦积山石窟的分期断代提供了依据。这些资料和研究成果，引起了国内外佛教美术史和雕塑史等学界人士的极大关注，麦积山石窟的重要性得到了一致肯定。同年9月，麦积山文物保管所成立，保护工作逐步正规化。

大魏洛阳法生造像碑拓片
此拓片初拓本为蝉翼拓，纵179厘米、横73厘米。在碑拓下部是冯国瑞所录原文及考跋。周围有郭沫若、吴作人、马衡、谢国桢、叶恭绰、丁希农、邓宝珊等名人题跋。原由冯国瑞收藏，1953年捐赠给麦积山文管所保存。

大魏洛阳法生造像碑
此碑现藏于麦积山石窟艺术研究所的文物库房中，1953年中央勘察团在麦积山石窟考察时于西崖第127窟中发现。此碑通高43厘米、宽37厘米、厚6厘米。左下角残损，方额，上刻小浅龛一列5个，内有浮雕坐佛，无碑题，碑文13行，满行12字。碑文记载："沙弥法生俗姓刘，洛阳□（人）也……麦积崖造龛一所。"在龙门石窟古阳洞中也有一通《法生造像题记》，有"景明四年十二月一日比丘法生造像"题记。两名法生是否为同一个人，在学术界曾引起了一定的争论，至今尚没有一个明确的结论，但这通碑从另一个方面揭示了北魏时期秦州与洛阳之间存在着密切的文化联系。

1952年至1953年的勘察结束后，麦积山石窟已经架通了800多米栈道，数百年不通的洞窟再次通达，也搭建起与千年前石窟造像沟通的天梯。

1961年3月4日，麦积山被列为第一批全国重点文物保护单位。1977年至1984年，经过长时间的勘察和准备工作，国家文物局批准并投资麦积山山体的加固工程，将所有危岩采取"捆吊、快锚、喷粘"的方法进行加固施工。沿用历史上栈道的走向和位置，用钢筋混凝土重新架设了永久性栈道，一直使用至今。

随着加固工程的推进，文物修复工作也在20世纪70年代同步展开。1978年，在清除078窟佛座周围的泥土和碎石时，发现火头明王(乌刍沙摩明王)、伎乐两块壁画，为北朝晚期至隋代的画风。

1982年，工作人员对第013窟的摩崖大佛进行保护性修复时，发现了南宋绍兴二十七年（1157）重塑时的两件装藏物品。一件是在大佛白毫中发现的宋定窑瓷碗，高5.40厘米、口径16.40厘米、底径6.40厘米，敞口、浅腹、圈足，碗外有环形题记"甘谷工匠高振同，是绍兴二十七年八月廿五日"，为判断重修造像的工匠及时间提供了重要信息。另一件是在大佛头部发现的晚唐手抄本《金光明经》一卷，佛经为手写楷体，宽25厘米、长760厘米，保存较好，是麦积山现存最早的手本经卷，弥足珍贵。同年，修缮第098龛大佛时，在大佛胸部发现一幅幡状钱币璎珞，钱幡长123厘米、宽28厘米。由292枚汉、唐、宋等不同时期的钱币用麻绳串联而成，其中以宋钱居多。自上而下分别扎束呈等腰三角形、长方形、菱形、圆形、方形和六边形等几何图案，工艺精巧，较为罕见。

第020窟20世纪70年代照片
麦积山石窟早期栈道以木结构为主，1977年至1984年，文物部门实施了为期8年的加固工程，此照片为加固之前拍摄。（图片引自《中国石窟·天水麦积山》）

第013窟大佛修复现场
1982年，工作人员在013窟前进行勘察和修复，发现了南宋绍兴二十七年（1157）重塑时的两件装藏物品。

1	3
2	

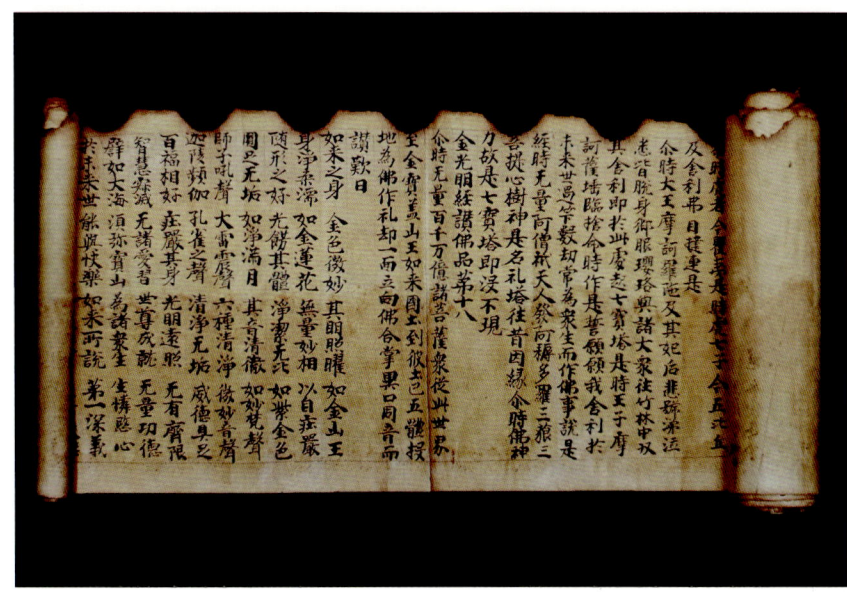

宋定窑瓷碗
高 5.40 厘米 口径 16.40 厘米

金光明经
宽 25 厘米 长 760 厘米

钱币幡
长 123 厘米 宽 28 厘米

1983 年，对麦积山山顶的舍利塔塔身的缝隙进行了修补。该塔自隋朝始建以来，曾于宋、清有过重修。2008 年，受汶川地震影响，舍利塔的塔身再次出现缝隙，塔基下沉。在抢救性拆除维修过程中，于塔之天宫出土了清代瓷罐、钱币等，于塔身发现了宋代铭文砖以及宋代藏入的北朝石雕造像 10 余件。2009 年，按原状对舍利塔进行了重修。

对麦积山石窟的研究工作在 20 世纪 50 年代和 80 年代取得了丰硕成果。50 年代，文化部社会文化事业管理局出版了《麦积山石窟》，日本岩波书店出版了日本著名学者名取洋之助的专著《麦积山石窟》；80 年代曾先后出版了一系列大型图册，有人民美术出版社的《中国美术全集·麦积山等石窟壁画》及《中国美术全集·麦积山石窟雕塑》，文物出版社和日本平凡社共同出版的《中国石窟·麦积山石窟》日文版，后期又出版了中文版。《中国美术全集》首次正式将麦积山列为"中国著名的早期四大石窟之一"，并得到学术界的认可。

1986 年 3 月，麦积山文物保管所升格为"麦积山石窟艺术研究所"，工作职能进一步扩展，游客管理与接待、考古研究、文物保护与修复等都作为日常性的工作全面展开。

1992 年，日本举办麦积山石窟馆藏造像展，这是首次在国外以麦积山为主题的展览。

2005 年 12 月，麦积山石窟艺术研究所和日本筑波大学签订了合作协议，该合作持续到 2010 年底。双方共同开展了麦积山石窟价值认识和编年研究、岩石的补强试验、修复材料的试验、生物危害性调查、壁画光学分析、栈道震动试验、洞窟三维扫描等工作。这是麦积山石窟艺术研究所迄今为止所开展的范围最广、时间延续最长、成果最丰富的文物保护国际合作。

2011 年，开展麦积山石窟栈道加固工程，对破损较为严重的立柱进行了更换，对露筋和锈筋部位进行了除锈、补焊、高强度环氧水泥砂浆修补、灌浆浇筑等处理，对锈蚀护栏进行了防锈、防腐处理，栈道板裂缝采取聚合物防水砂浆封闭处理，并进行日常性监测和常态化保养维护。

2014 年 6 月 22 日，麦积山石窟作为"丝绸之路：长安—天山廊道的路网"的组成部分被联合国教科文组织公布为世界文化遗产，标志着麦积山石窟的保护管理走上了一个新的台阶。麦积山石窟开始探索和构建以日常保养维护和监测预警平台建设为基础的预防性保护体系，进行洞窟塑像、壁画的病害修复，使保护工作从抢救性保护向抢救性和预防性保护并重转变。

2017 年，麦积山石窟整体划归敦煌研究院管理，紧紧围绕着"保护、研究、弘扬"开启了麦积山文物保护工作全面提质增效的阶段。开展了《麦积山石窟保护条例》的编写工作，并将之纳入甘肃省人大立法计划，从石窟寺加固工程评估方法、古代彩绘泥塑保护修复研究等方面破解麦积山石窟保护难题，为石窟寺渗水治理贡献了"麦积山经验"。

2017 年以来，麦积山石窟艺术研究所不断深化校地、校所合作，举办"麦积山雕塑论坛""麦积山石窟国际学术艺术研究论坛"等多个学术研讨会，开辟了石窟文化艺术研究的新天地。

2020 年 9 月，"东方微笑：麦积山石窟艺术展"在常州博物馆展出；2023 年 7 月，"东方微笑：麦积山石窟展"在深圳市南山博物馆展出。这两次展览是对不可移动文物"活"起来的有益尝试，让石窟寺从偏远地区走向城市、走向世人的视野中心。

近年来，麦积山石窟艺术研究所积极探索数字化项目，建设"数字麦积山""数字化"档案，完成多个洞窟的数字化保护及数字化展示利用等保护项目，通过运用数字采集、数字存储记录、数字复原等技术，将洞窟内的塑像壁画进行数字化的永久保存和永续利用。

千余年间，麦积山石窟从繁盛到没落，经历了人为的灭佛运动、战火摧毁，自然界的鸟啄、虫咬，再加上日复一日的风雨侵蚀和一次次地震冲击……它们经历了破损、修补、重绘，每一次修复都饱含人们对未来的期许。这一瑰宝传承到我们的前辈时，已是崖面坍塌、栈道破败、烟熏火燎……经过抢救性保护，麦积山石窟获得了"重生"。中华人民共和国成立以来，麦积山石窟加强国际合作，不断提高文物保护的科技水平，在栈道安全性、石窟水害治理、石窟虫害治理、石窟造像修复等方面的探索和实践，见证了我国石窟寺文物保护理念和技术等最为关键和重要的发展历史，在中国石窟寺保护中具有典型示范意义。

2019 年，习近平总书记在视察敦煌研究院时强调："要十分珍惜祖先留给我们的这份珍贵文化遗产，坚持保护优先的理念，加强石窟建筑、彩绘、壁画的保护，运用先进科学技术提高保护水平，将这一世界文化遗产代代相传。"通过数代人的坚守和探索，历经千年的麦积山石窟文化遗产得到了很好的保护和传承。随着历史的步伐迈入新时代，一代又一代的麦积山人将薪火相传，为麦积山石窟注入新的活力！

1		
2	3	4

舍利塔发掘现场
2008 年，在山顶舍利塔塔基出土了十余件北周的石雕造像。包括二佛一菩萨坐像组合、护法造像及残像，另有两组菩萨与弟子并列跪坐组合，雕刻精湛。跪坐菩萨的样式十分罕见，具有很高的艺术价值和研究价值。该舍利塔初建于隋文帝开皇元年（581），是为安葬神尼智仙的舍利而建造，在宋代和清代分别重修过。从出土的相关物品中分析，这些石刻造像应该是在北宋重修佛塔时安放进去的。

菩萨与弟子跪坐像　北周
麦积山顶舍利塔出土　高 97 厘米

菩萨与弟子跪坐像　北周
麦积山顶舍利塔出土　高 93 厘米

弥勒菩萨　北周
麦积山顶舍利塔出土　高 130 厘米

Maijishan
Grottoes
The Oriental
Smile

石窟造像选

悬崖外，苍茫云山伸手可及。石窟内，庄严佛像静默显圣。

麦积山石窟北魏早期造像，整体上呈现出较浓郁的中亚和西域文化特征。佛作水波纹或旋涡纹高肉髻，脸型方圆，身材魁梧，目光坚毅。内穿僧祇支，外披覆肩袒右式袈裟，佛衣紧裹身体，袈裟边缘刻连续的三角形折带纹。北魏迁都洛阳后，北魏晚期到西魏时期造像服饰呈现南朝流行的飘逸风格，称为『褒衣博带』，面容身姿由『胡貌梵相』转为『秀骨清像』。北周造像上承两魏风格，下启隋唐新风，开始具有北方粗犷、豪放、浑圆、质朴的风格。隋唐时期造像敦厚。宋代造像表现出人间化和世俗化倾向，追求写实和精致细腻的风格。

第078窟 北魏

此窟位于西崖东段下部，是麦积山最早开凿的洞窟之一，造像具有早期典型的外来风格，有后秦开窟之说。平面长方形敞口穹窿顶窟，高4.35米、宽4.60米、残进深2.93米。"凹"字形高坛基，三壁三佛，现左壁佛已残损。正壁佛两侧各有一身胁侍菩萨。正壁左、右两侧上方各凿一拱形小龛，左龛塑一身思惟菩萨及二胁侍菩萨，右龛塑一身交脚菩萨及二胁侍菩萨。思惟菩萨与交脚菩萨对称开小龛的组合在麦积山早期石窟中多处出现。正壁主佛高3.09米。水波纹高肉髻，脸型方圆，高鼻阔目，神情庄重；内着僧祇支，外着覆肩袒右袈裟，衣纹为不规则的阴刻线；左手损毁无存，右手施无畏印，结跏趺坐于坛基上。袈裟边缘刻连续弧形折带纹以及衣纹勾连状的做法与云冈20窟相似。右壁坐佛与正壁略同，高3.07米。水波纹高肉髻，内着僧祇支，外着覆肩袒右袈裟，双手掌心向内施禅定印于腹前，结跏趺坐于坛基上。左壁造像大部分已毁，仅存左小臂及左膝部分。正壁主佛两侧的胁侍菩萨今残存左侧一身，其右臂及腰部以下已毁。造型和装饰彩绘都受西域风格影响，给人一种醇厚、古朴的感觉。正壁右侧胁侍菩萨原作已无存，现存菩萨为别处移入，系隋代所塑。在佛坛壁上绘有供养人，每身供养人均有题名，其中一处题名中可辨认出"仇池镇"字样。1978年在清理佛坛时还清理出两幅隋代壁画。

第078窟
正壁主佛 北魏

第078窟
正壁和右壁主佛 北魏

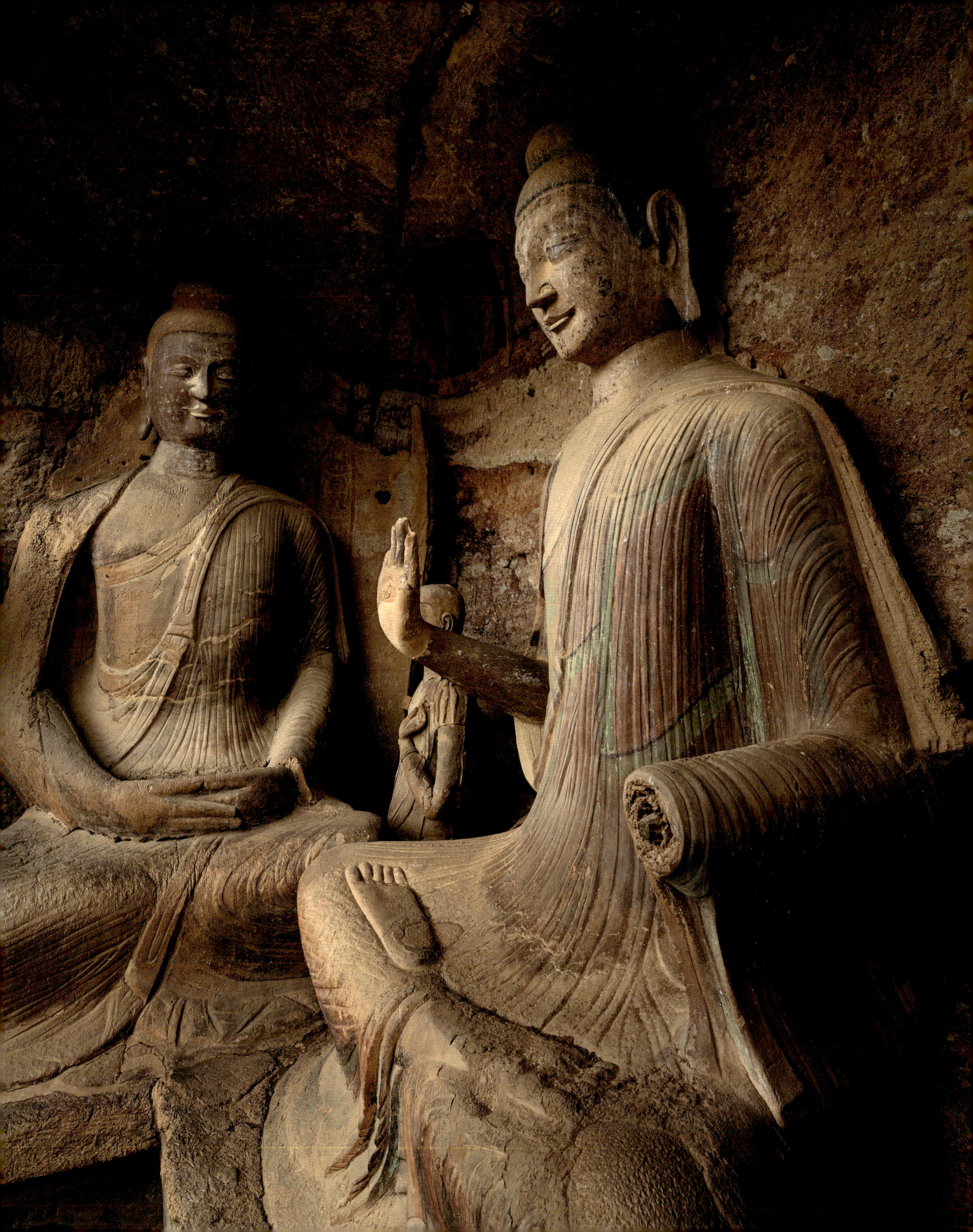

第078窟
右壁主佛局部 北魏

第078窟
正壁主佛头部特写 北魏

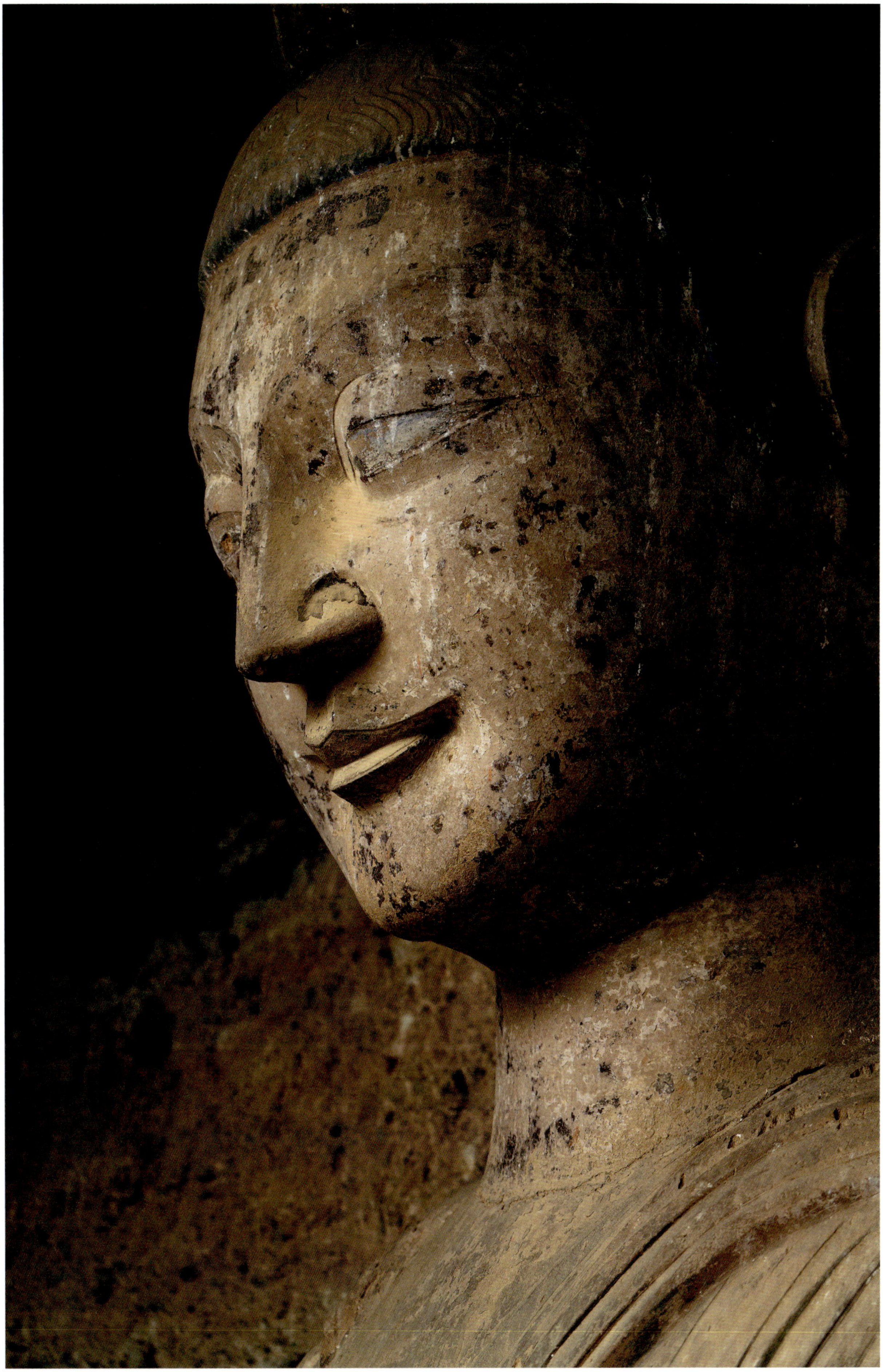

第078窟 右壁主佛手部特写 北魏

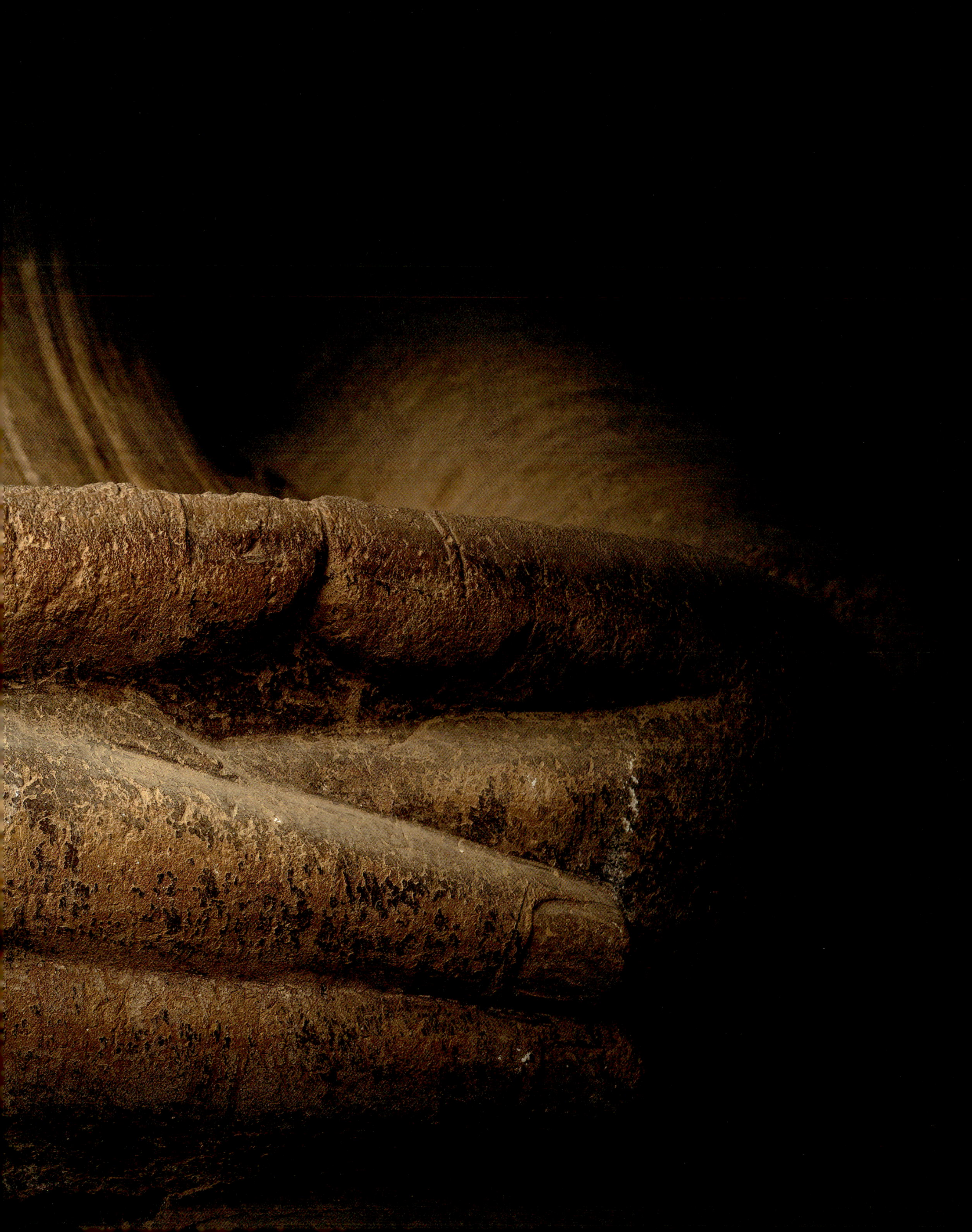

第078窟
正壁左侧胁侍菩萨 北魏

第078窟
正壁右侧胁侍菩萨 隋

第078窟
正壁右侧上部龛内造像 北魏

第074窟 北魏（清重修）

此窟位于西崖下部，平面长方形敞口穹窿顶窟，高4.54米、宽4.68米、深2.80米。此窟与第078窟相邻，规模相仿，形制相同，造像风格相似，应为一组双窟。正壁主佛高2.95米，头部为后世补塑。两侧胁侍菩萨保存较好，头戴花冠，正面饰兽面纹，束发披肩；脸型长圆略方，弯眉骨隆起，双目平下视，鼻梁高直，双唇微闭；颈戴桃形宽项圈，上身袒露，斜披络腋，肩搭帛带，臂戴钏，手腕戴环，下着翻边长裙；一手握莲蕾贴于胸前，另一手下垂提巾带或净瓶；跣足站立于半圆形莲台上。右壁坐佛高2.88米，造型与第078窟右壁主佛相近。左壁坐佛头部及左肩残失。在正壁左、右两侧上方各凿一拱形小龛，分别塑思惟和交脚菩萨以及胁侍。墙壁残存部分壁画。

第 074 窟 右壁主佛与正壁右侧胁侍菩萨 北魏

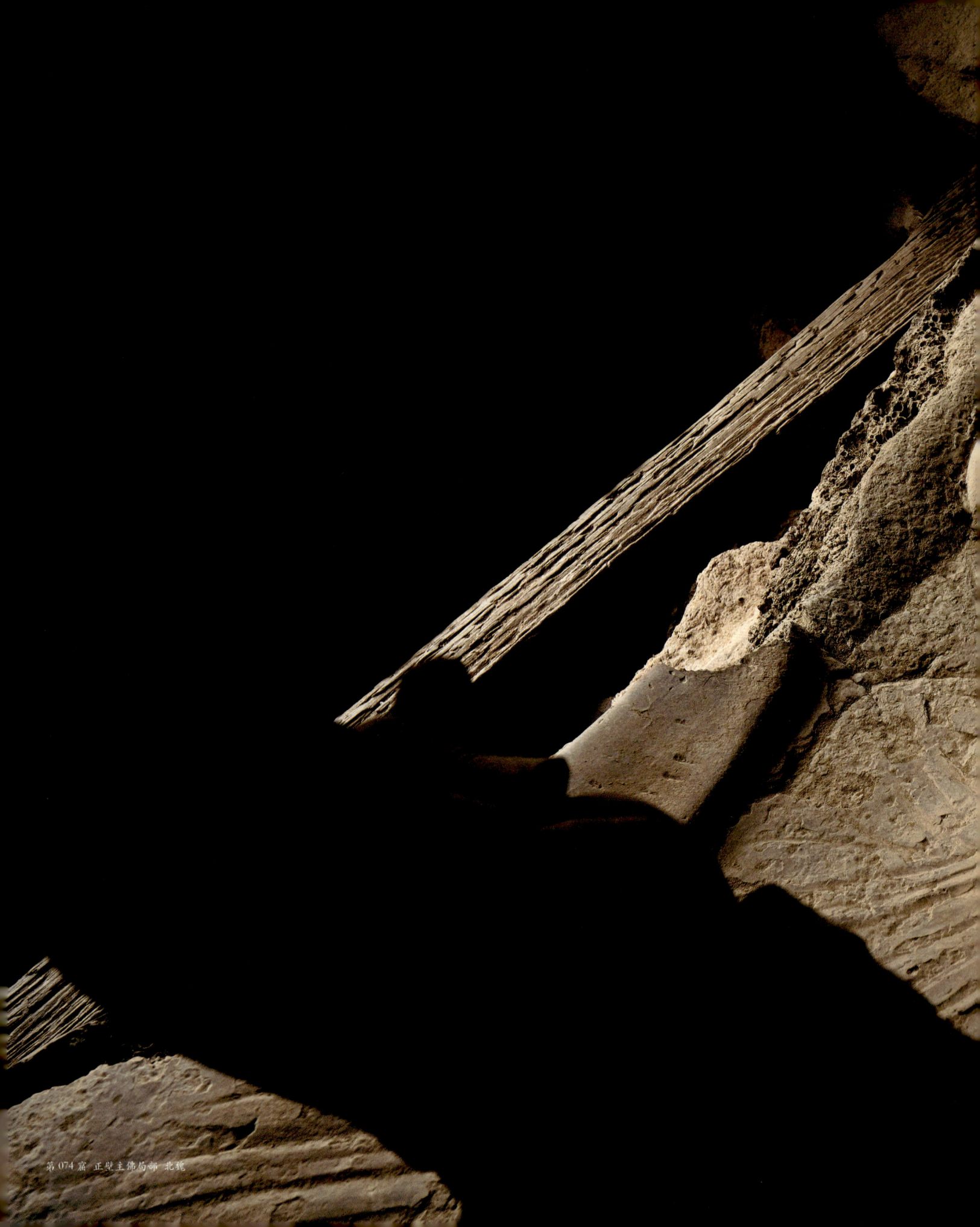

第074窟 正壁主佛局部 北魏

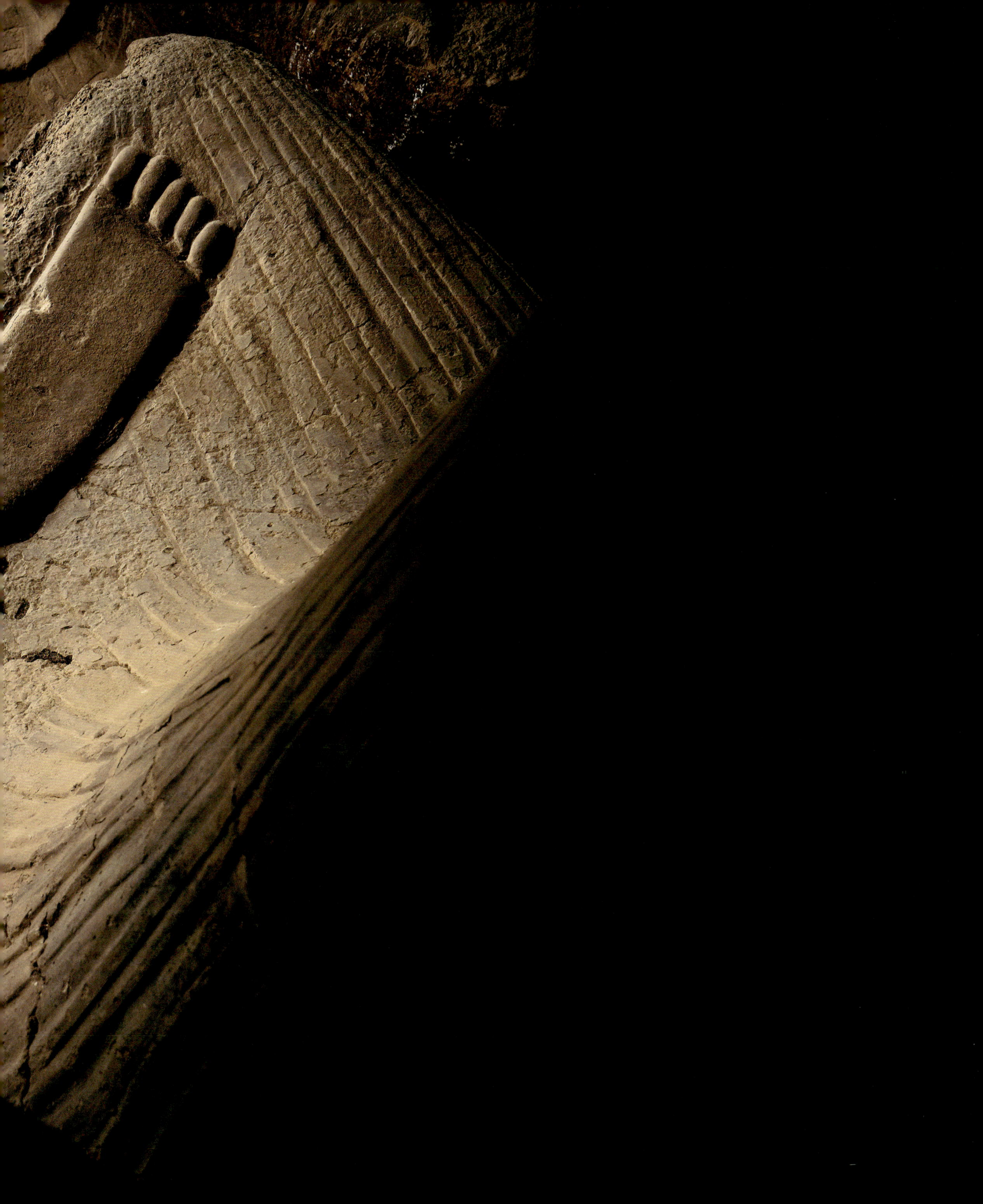

第 074 窟
正壁左侧胁侍菩萨局部 北魏

第 074 窟
正壁右侧胁侍菩萨局部 北魏

第 074 窟
正壁右侧胁侍菩萨头冠特写 北魏

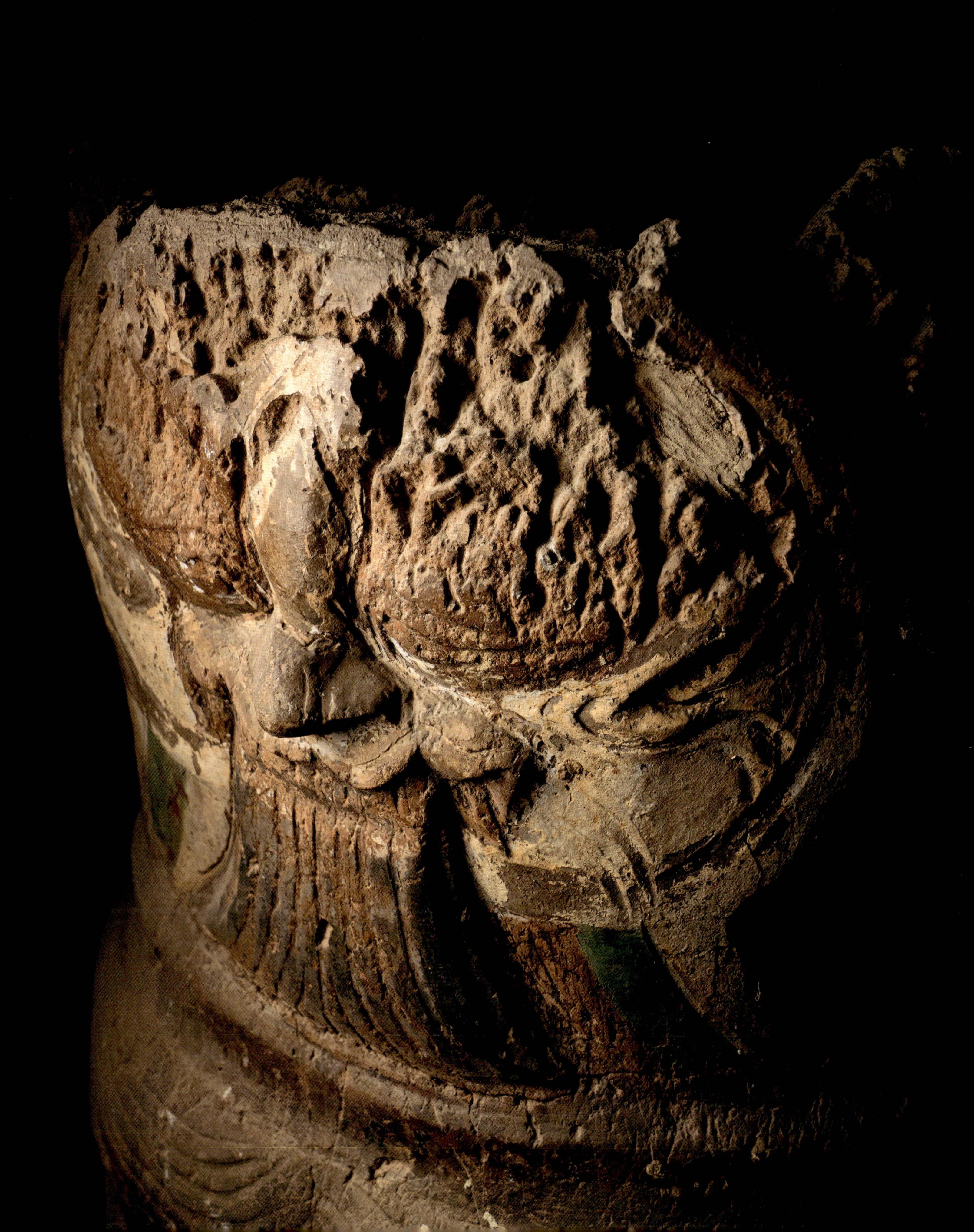

第074窟 正壁左侧菩萨头部特写 北魏

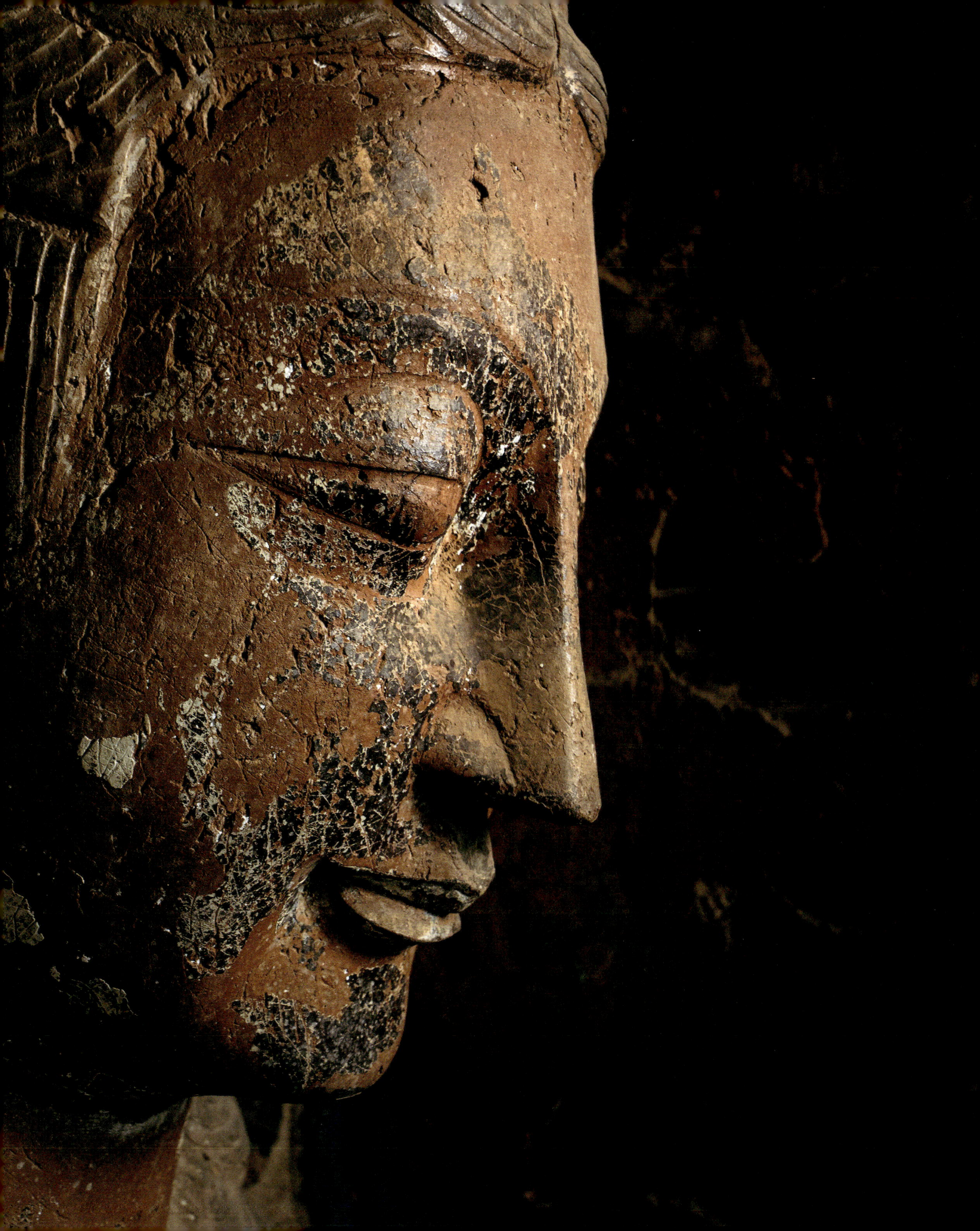

第074窟
正壁左侧上方龛内思惟菩萨及右胁侍 北魏

第074窟
正壁右侧上方龛内交脚菩萨 北魏

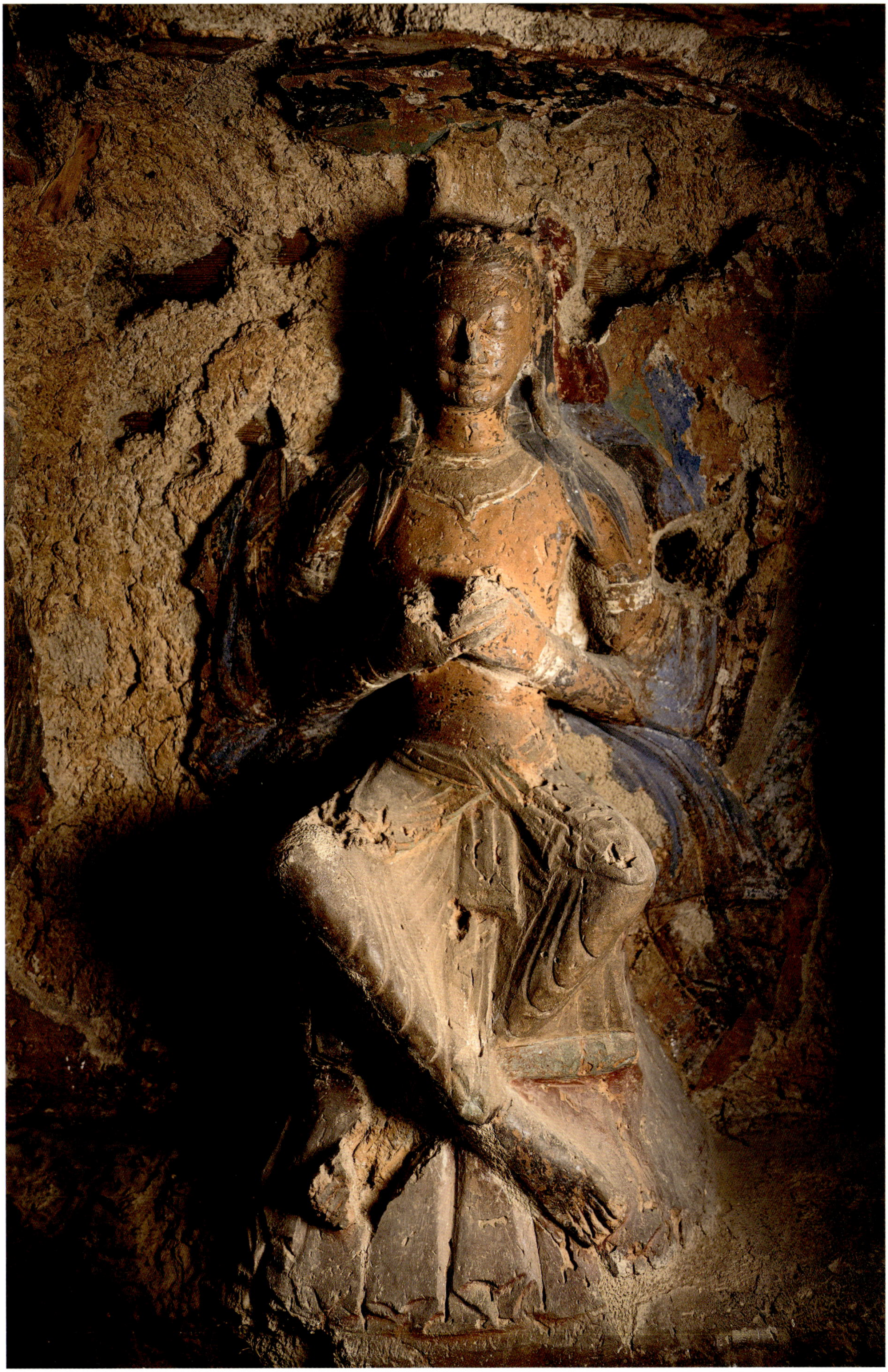

第 071 窟 北魏

此窟位于西崖中层，平面长方形、圆拱顶敞口龛。高 1.78 米、宽 1.82 米、进深 0.81 米。窟内现存一佛二胁侍菩萨。正壁主佛高 1.12 米。磨光高肉髻，宽额弯眉，眼角细长，脸型饱满，端肩挺胸鼓腹，内着僧祇支，外着覆肩袒右袈裟，阴刻细密、流畅的衣纹线。双手掌心向内施禅定印于腹前，结跏趺坐于"工"字形台座之上。背项光中绘两圈千佛。左壁菩萨高 1.12 米。头戴由三个圆形饰物组成的高花冠，宝缯束发后折叠下垂、发辫披于双肩，脸型清秀，佩戴长条形耳坠，颈戴桃形项圈。上身袒露，斜披络腋，帛带自双肩下绕至肘部，顺身体两侧下垂。右臂屈肘、右手置于腹前持一莲蕾；左臂自然下垂、左手持帛带。下着轻薄贴身大裙，跣足立于半圆形莲台上。右壁菩萨高度、形态、装饰等与左侧菩萨大致相同，有别之处是左手持莲蕾举于胸前，右手持帛带自然下垂。

第071窟
正壁主佛及左壁胁侍菩萨 北魏

第071窟
右壁胁侍菩萨 北魏

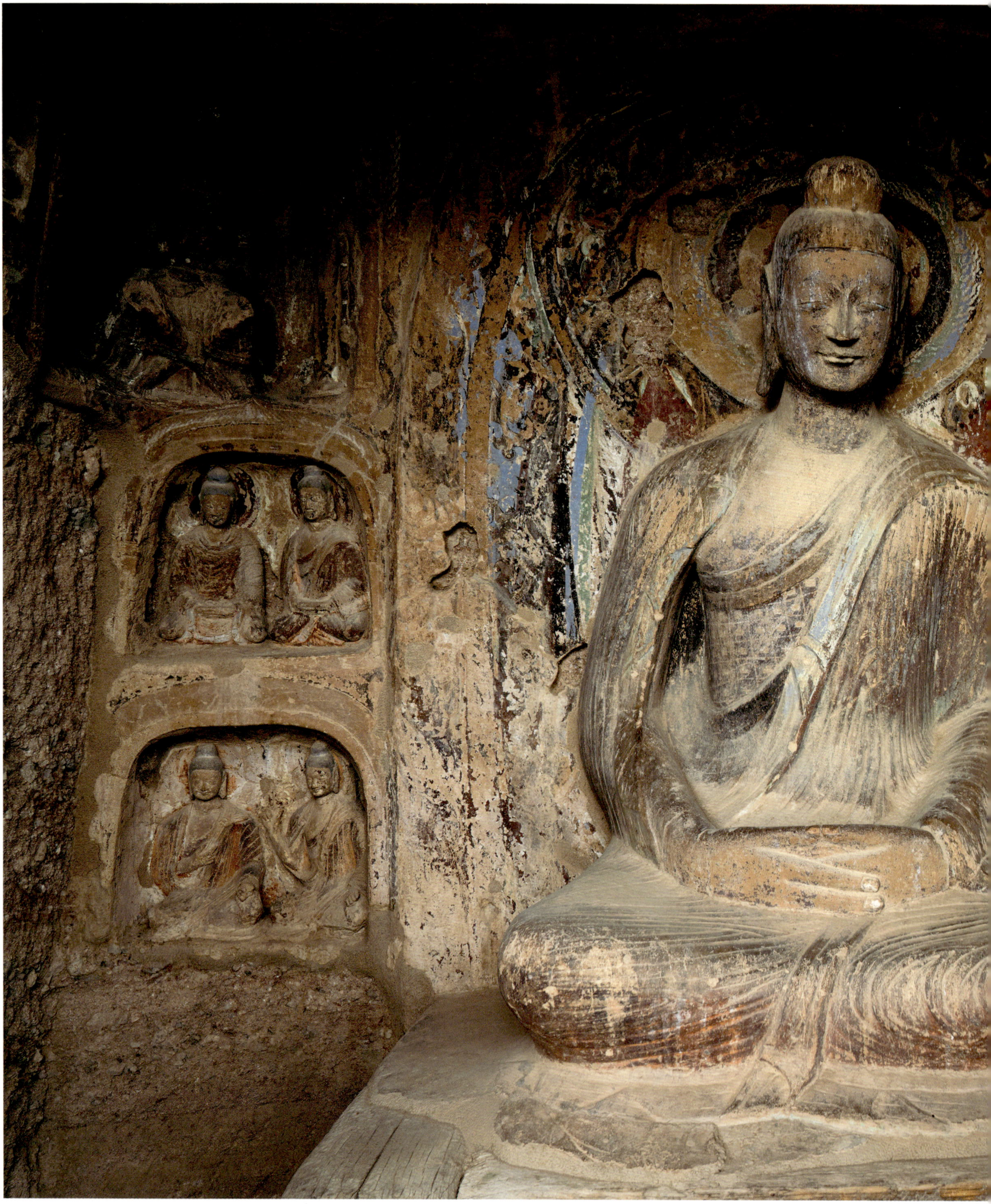

第148窟 正壁造像 北魏

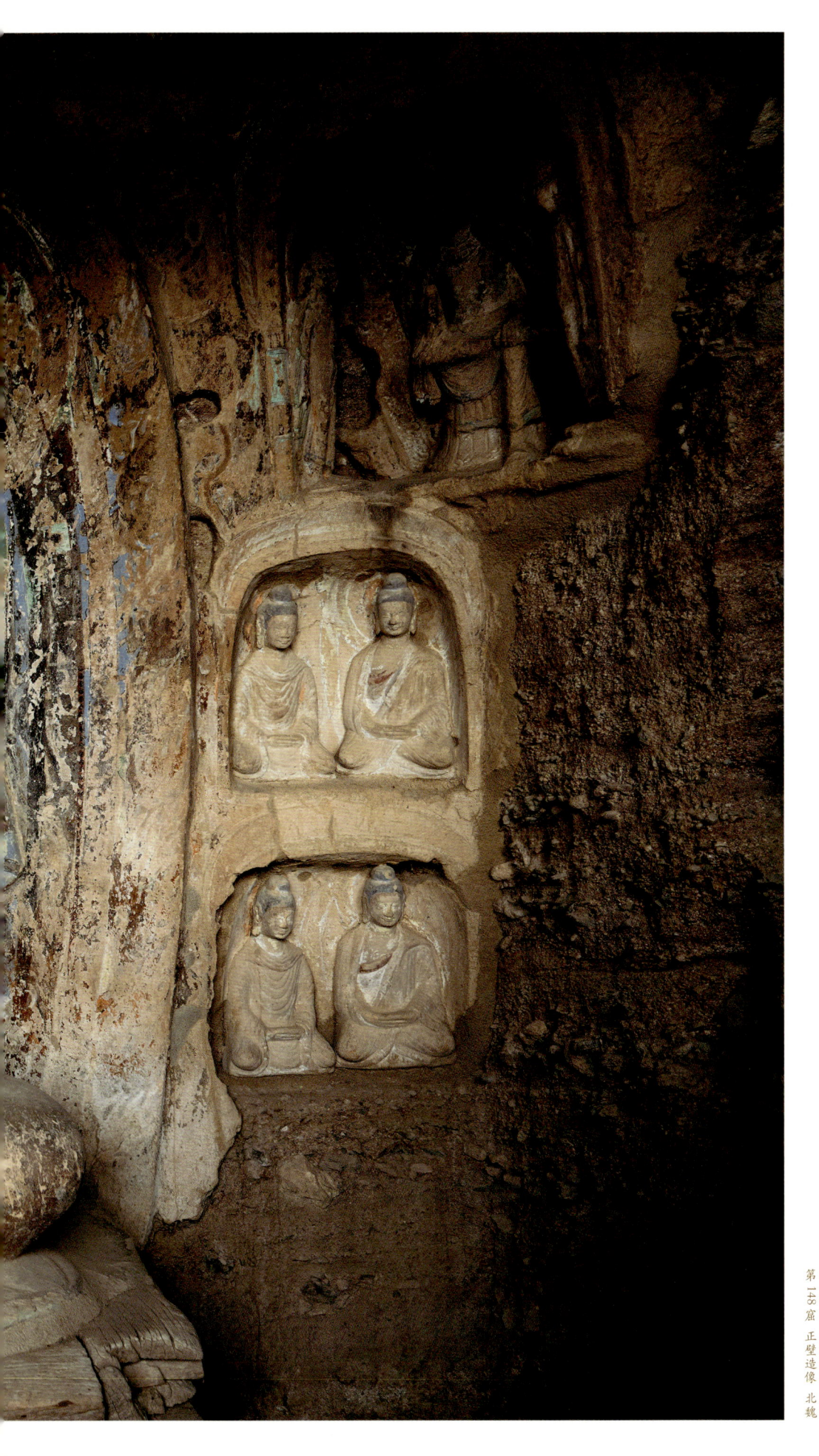

第148窟 北魏

此窟位于西崖东上部，平面方形平顶窟，前半部塌毁，高2.40米、宽2.42米、左壁残进深1.70米、右壁残进深2.15米。原为三壁两龛，现仅存正壁及两侧壁后半部少许。正壁主佛高1.40米。磨光肉髻，脸型方圆，隆鼻、薄唇，大耳垂肩，嘴角泛起一抹神秘的微笑；内着方格纹及花瓣图案僧祇支，外着覆肩袒右袈裟，双手掌心向内施禅定印于腹前，结跏趺坐于方形台座上。具有麦积山早期造像风格。在正壁左、右两侧上下各开三个小龛，上方两侧为思惟和交脚菩萨及二胁侍，中、下两层四龛内各塑二佛并坐。右壁残存小龛也塑有二佛并坐。

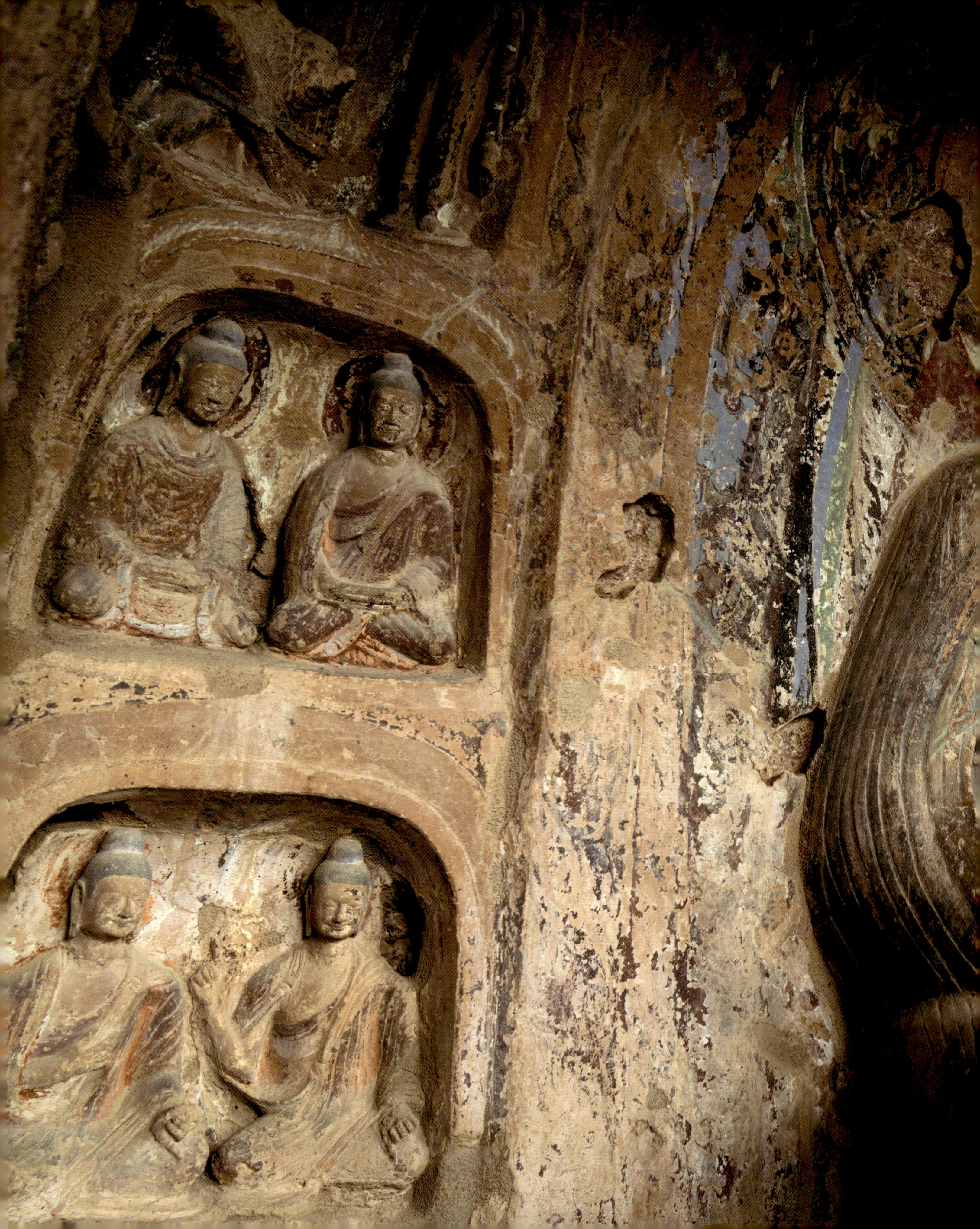

第 148 窟 正壁造像 北魏

第 148 窟
正壁主佛及左侧龛造像 北魏

第 148 窟
正壁主佛头部特写 北魏

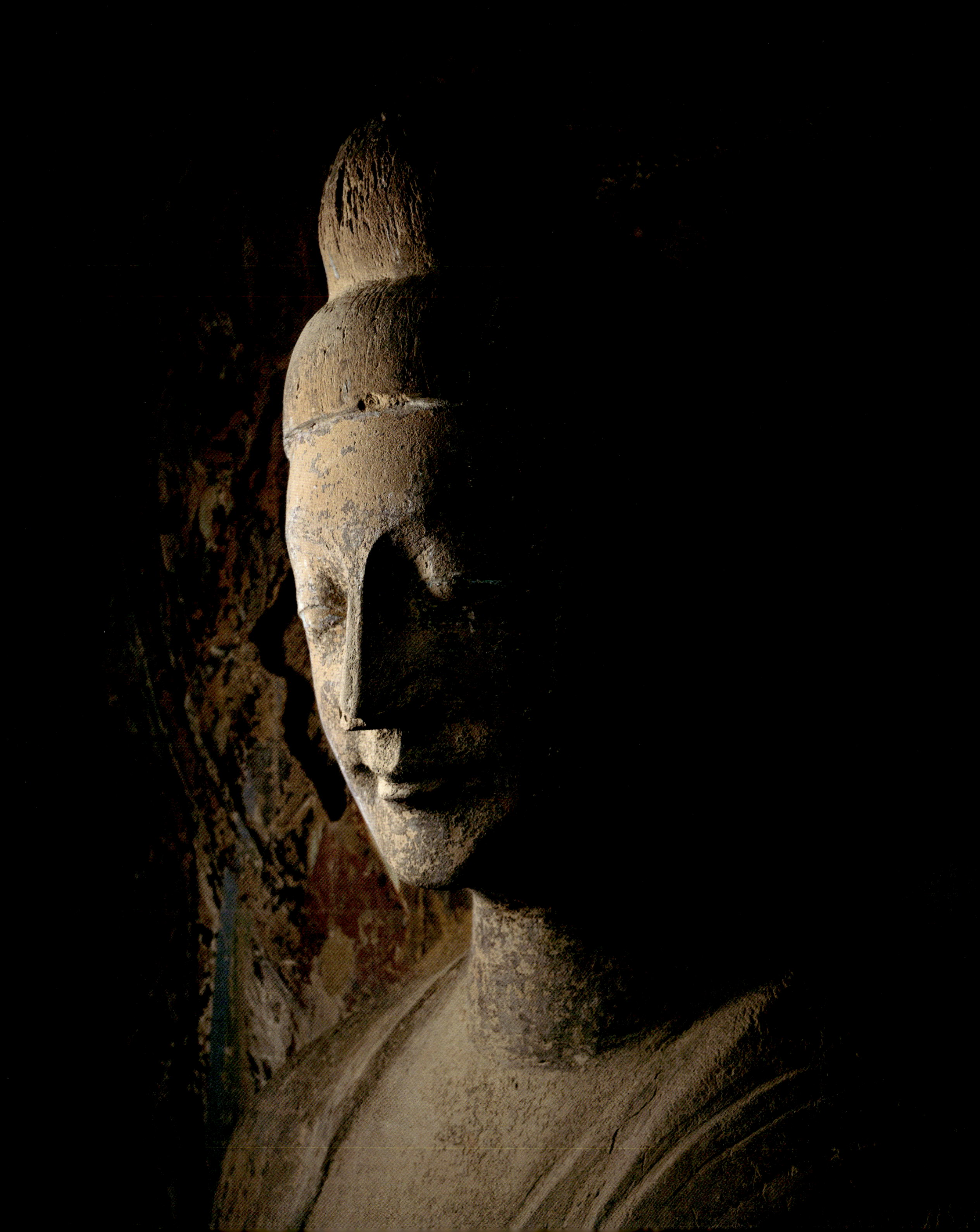

第 148 窟
正壁右侧上方龛造像 北魏

第 148 窟
正壁左侧龛造像 北魏

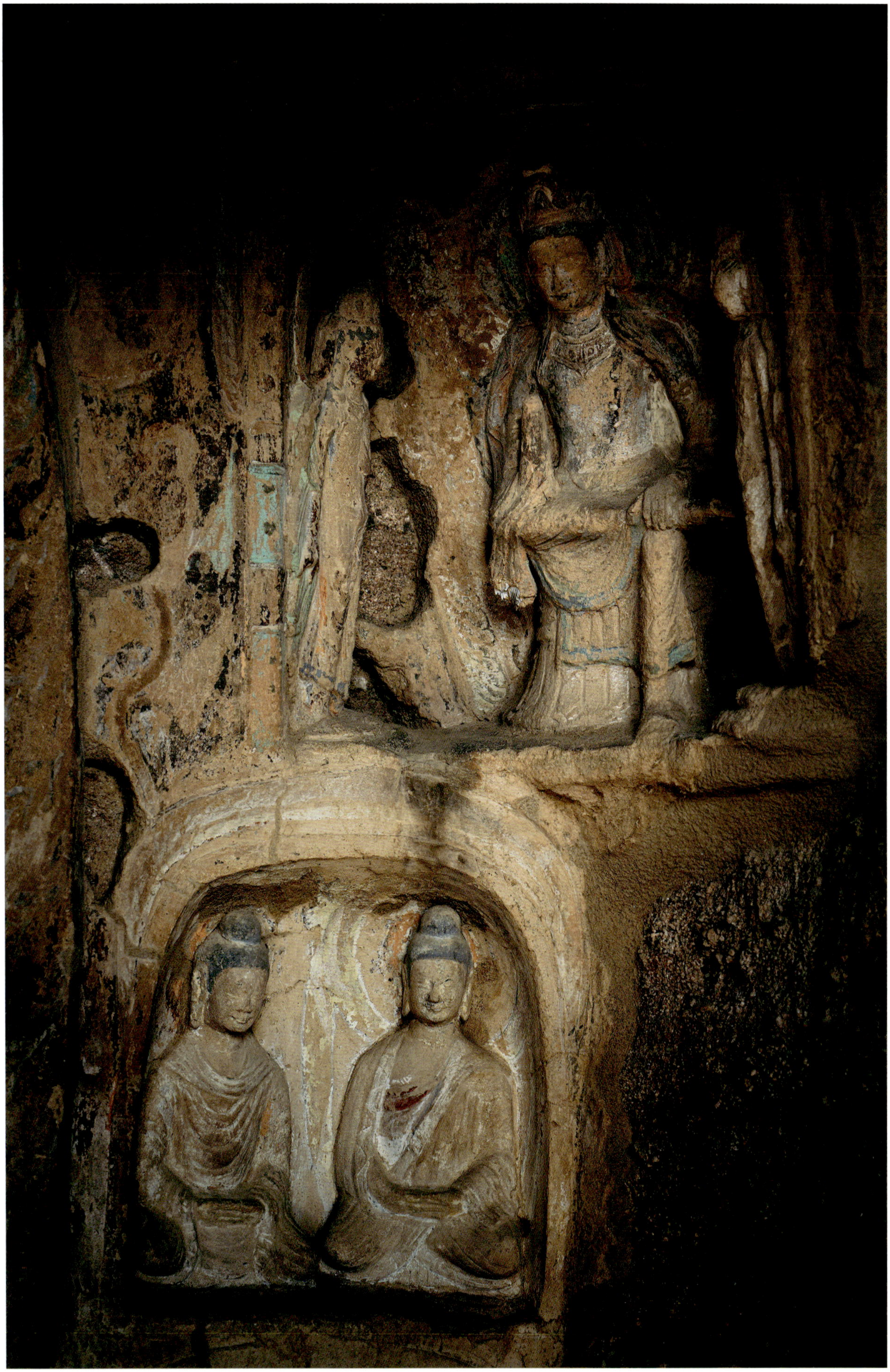

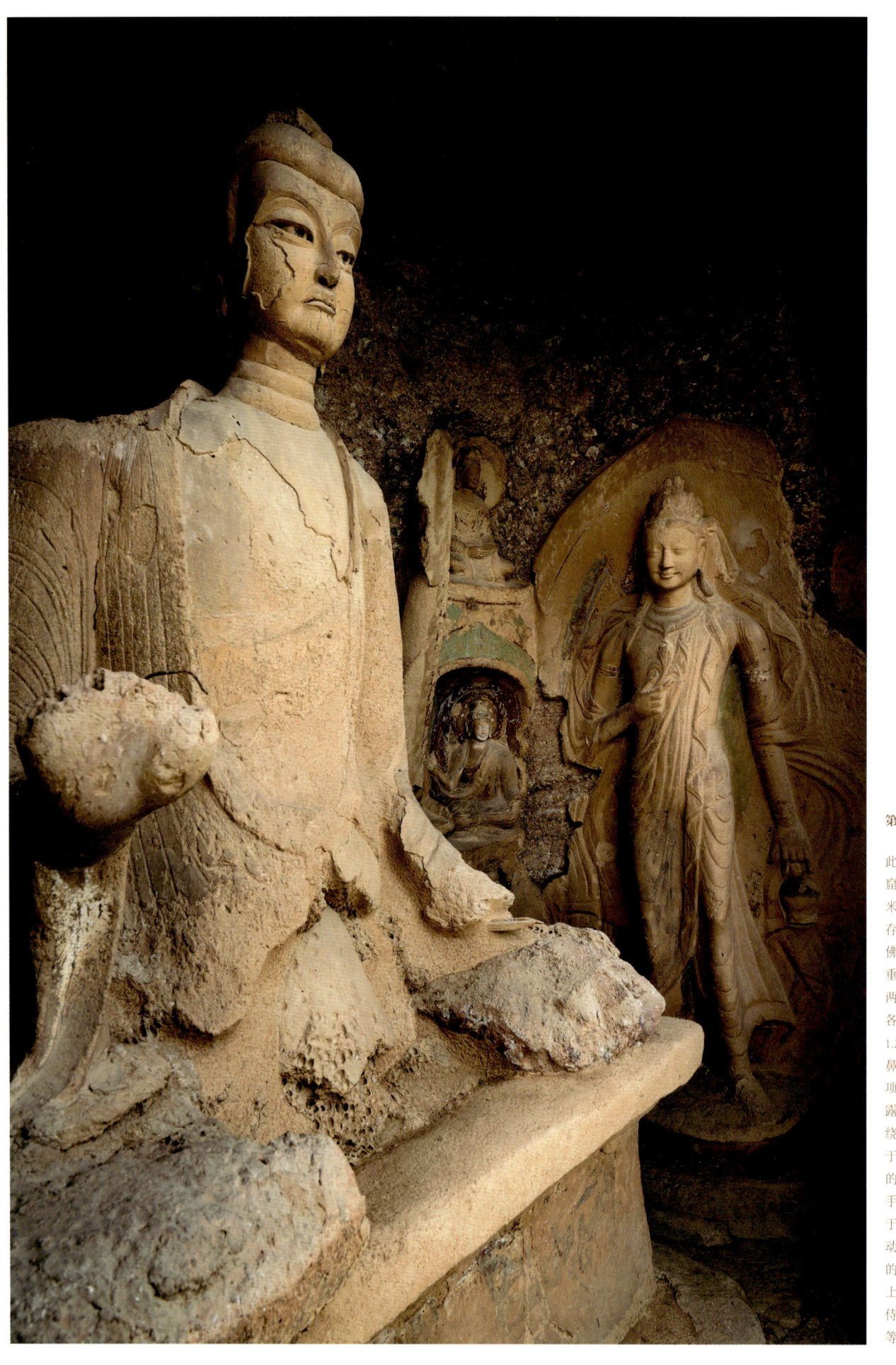

第080窟 北魏（北周、清重修）

此窟位于西崖东下部，平面方形平顶窟，前半部塌毁，高2.55米、宽1.30米、深0.62米。原为三壁两龛，现仅存正壁及两侧壁后半部少许。正壁主佛高1.40米，现存躯干部分为北周重修，头部为清代修补。正壁左、右两侧各开二小龛，靠近地面左、右侧各塑有三身供养人。左壁胁侍菩萨高1.28米，头戴三圆轮花冠，眉弓高扬，鼻梁挺直，发披两肩，颈戴双边桃形项圈，双臂戴钏，双腕戴镯，上身坦露，斜披络腋自左肩至右小腿后上绕，帛带自双肩搭下、穿肘外扬浮塑于墙面；左臂自然下垂，左手浮塑的净瓶贴于墙面，右臂屈肘上举，右手拈花蕾于胸前，下着长裙，跣足立于磨光覆莲上。身躯在平静中略有扭动，用阴刻线刻画披帛与衣纹，裸露的肌肤表现出圆润细腻的质感，整体上具有贵族气质和西域色彩。右壁胁侍菩萨高1.24米，脸型、体态、背光等与左壁菩萨相似。

第 080 窟
正壁主佛及左壁胁侍菩萨 北魏

第 080 窟
左壁胁侍菩萨局部 北魏

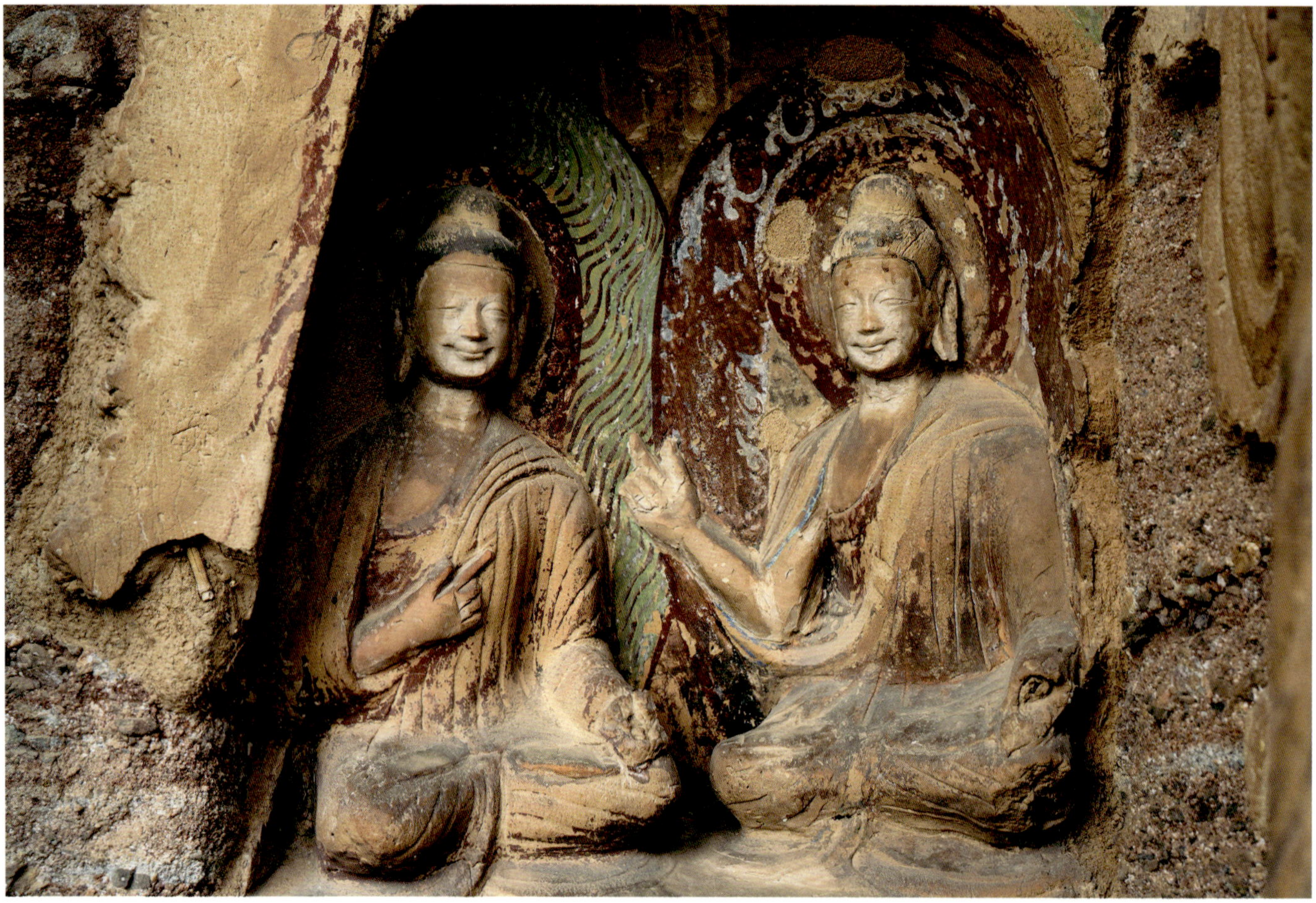

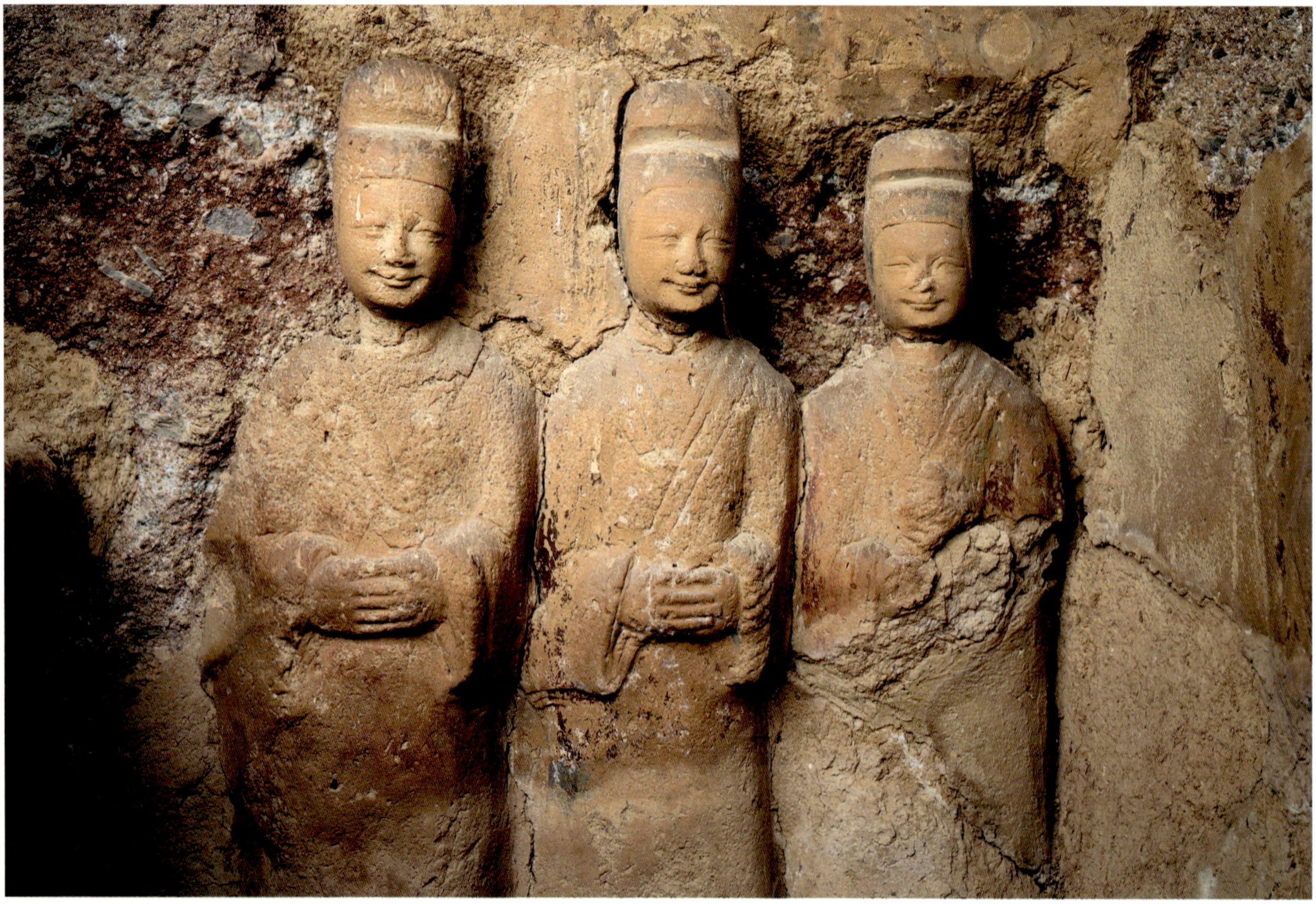

第 080 窟
正壁左侧影塑二佛并坐 北魏

第 080 窟
正壁左侧影塑供养人 北魏

第 080 窟
右前壁影塑坐佛 北魏

第169窟 北魏

此窟位于西崖下部，窟门距地面廊道 2.17 米，平面近方形平顶窟，高 1.06 米、宽 1.03 米、残进深 0.48 米。主尊为交脚弥勒菩萨，高 0.67 米。头戴宝冠，宝缯于两侧打结下垂于肩部，长发呈条缕状搭于两侧上臂与胸侧，颈戴较宽的桃形项圈，面部圆润，高鼻薄唇；上身袒露，外披帛带搭双肩下绕臂弯浮塑于墙面，臂戴钏，左、右两臂均屈肘前伸，小臂残损，双手残失；下着长裙，交脚坐于台座上。台座左下侧残存一趴卧状浮塑狮子，双眼鼓圆，张嘴吐舌。左壁胁侍菩萨高 0.76 米。风格装饰等与正壁菩萨相似，左手持帛带，右手做持花状于胸前；下着长裙，跣足立于莲台上。右壁胁侍菩萨已失。此龛造像秀美，造型俊逸，衣着轻柔贴体，虽龛体较小，残损严重，却独具魅力。

第169窟
正壁交脚菩萨及左壁胁侍菩萨 北魏

第169窟
正壁交脚菩萨局部 北魏

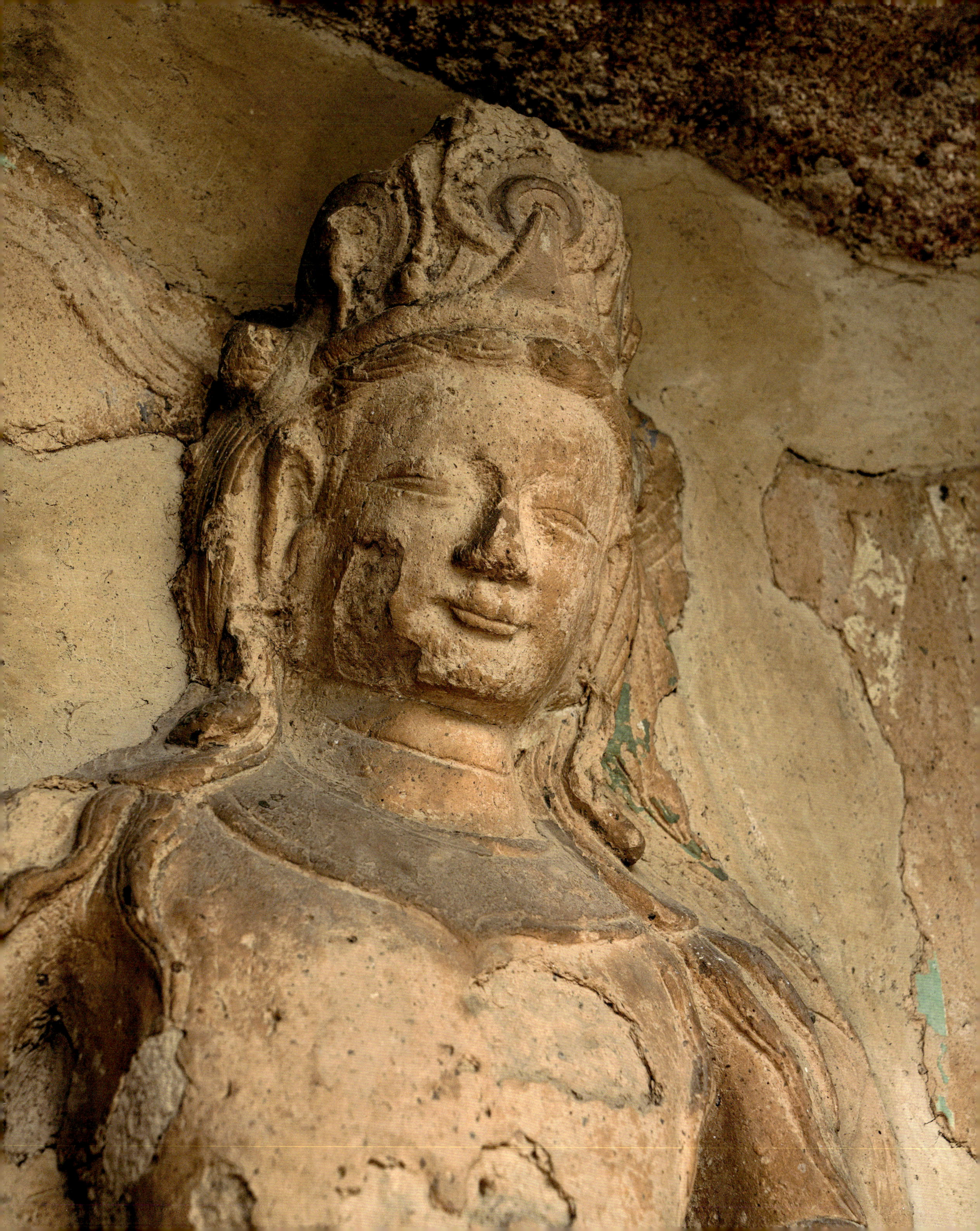

第069窟 北魏

此窟位于西崖下部,与169龛是一对紧邻的双龛,两龛之间浮塑交龙,将两龛连成一体。龛内为一佛二菩萨组合。正壁主佛高0.50米。螺发高肉髻,面相丰圆,着圆领袈裟,左手提袈裟一角于腹前,右手屈肘上举于胸前,结跏趺坐于台座上。左侧胁侍菩萨高0.68米。头束高发髻,宝缯束发,戴宝冠,发辫披于双肩,颈戴桃形项圈;内着僧祇支,帛带从胸前下垂后交叉垂至双膝再上绕至两肘自然下垂;左臂屈肘平置,手掌心向上托莲蕾于左腹前;右臂屈肘上举,手做拈花状于胸前;下着长裙,跣足立于莲台上。右侧菩萨脸型、体态、项光等与左侧菩萨相似。不同的是左臂屈肘上举,手抚于胸前,右臂屈肘平置,手提净瓶于腹前。

第069窟
窟内全景 北魏

第069窟
正壁主佛局部 北魏

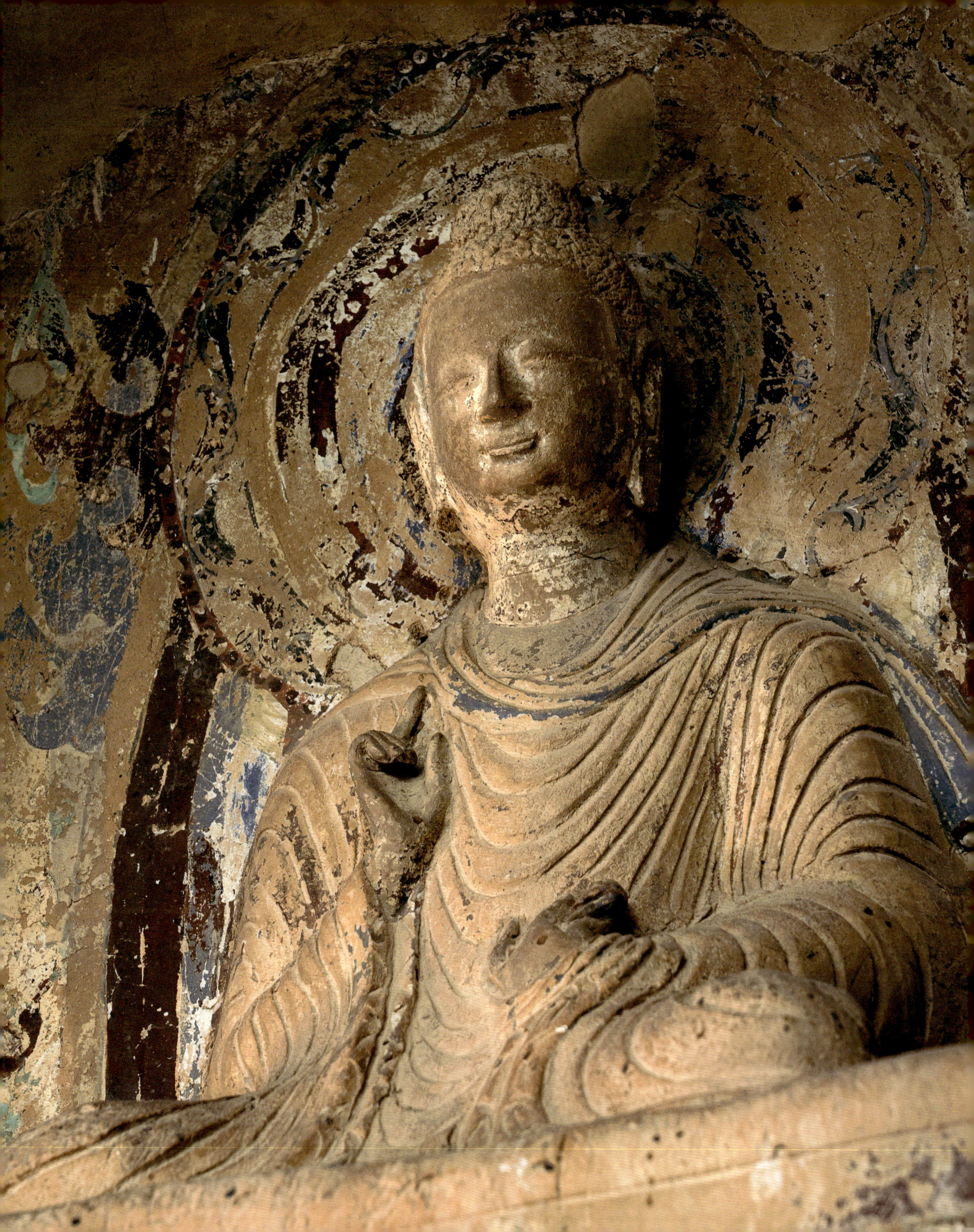

第115窟 北魏（景明三年）

此窟位于西崖西上区，平面方形平顶窟，是一见方约1米的小窟，内为一佛二菩萨组合。正壁主佛高0.62米。阴刻漩涡状发纹高肉髻，脸型圆润；内着僧祇支，外着覆肩袒右袈裟，双手施与愿印和无畏印，结跏趺坐于长方"工"字形台座上。身后浮塑莲瓣形背光，背光两侧分上、中、下三格，各绘三方壁画，其内容为《弥勒经》所说菩萨"六度"。左、右两壁二胁侍菩萨均高0.71米。头戴三珠宝冠，脸型长方，双目平视；颈饰项圈，袒胸露臂，斜披络腋，肩搭披帛，一手提净瓶，一手置胸前执莲蕾；下着长裙，双腿分开，跣足立于莲台上。在左、右壁面近窟顶处浮塑影塑六身坐佛。窟顶中心绘盘龙，周围飞天围绕。

此窟是麦积山石窟所见最早有开窟纪年的洞窟，主佛台座正面墨书十三行，计一百九十余字，起首"唯大代景明三年九月十五日……"北魏景明三年（502）正值北魏中、晚期的过渡阶段，因而研究者一般都以此窟作为麦积山北魏石窟分期的标准。

题记：

唯大代景明三年九月十五日□□遣上□（邽）镇□（司）/ 张元伯稽首白常住三宝今在麦积□□□ / □□□为菩萨造石室一躯愿三宝兴 / □（隆）法轮常转，众僧□□，无所□□身，右愿国 / 祚永昌，万代不绝，八方倭负，天人庆僾，右愿弟 / 子所有诸师父母命之者神生兜率□面圣 / 尊□耳□，教悟无生忍□右现先亡者，愿使四大 / 康像，六府□寿益二宜，命不中夭，右愿 / 弟子夫妻儿媳现世之中众灾消灭，百□吉□ / 常为国之良辅学者，聪明□匦内列 / 诸典记□年□历代不移，及一 / 切众生普同成佛 / 愿子孙养大愿是见佛。

第115窟
窟内全景 北魏

第115窟
正壁主佛局部 北魏

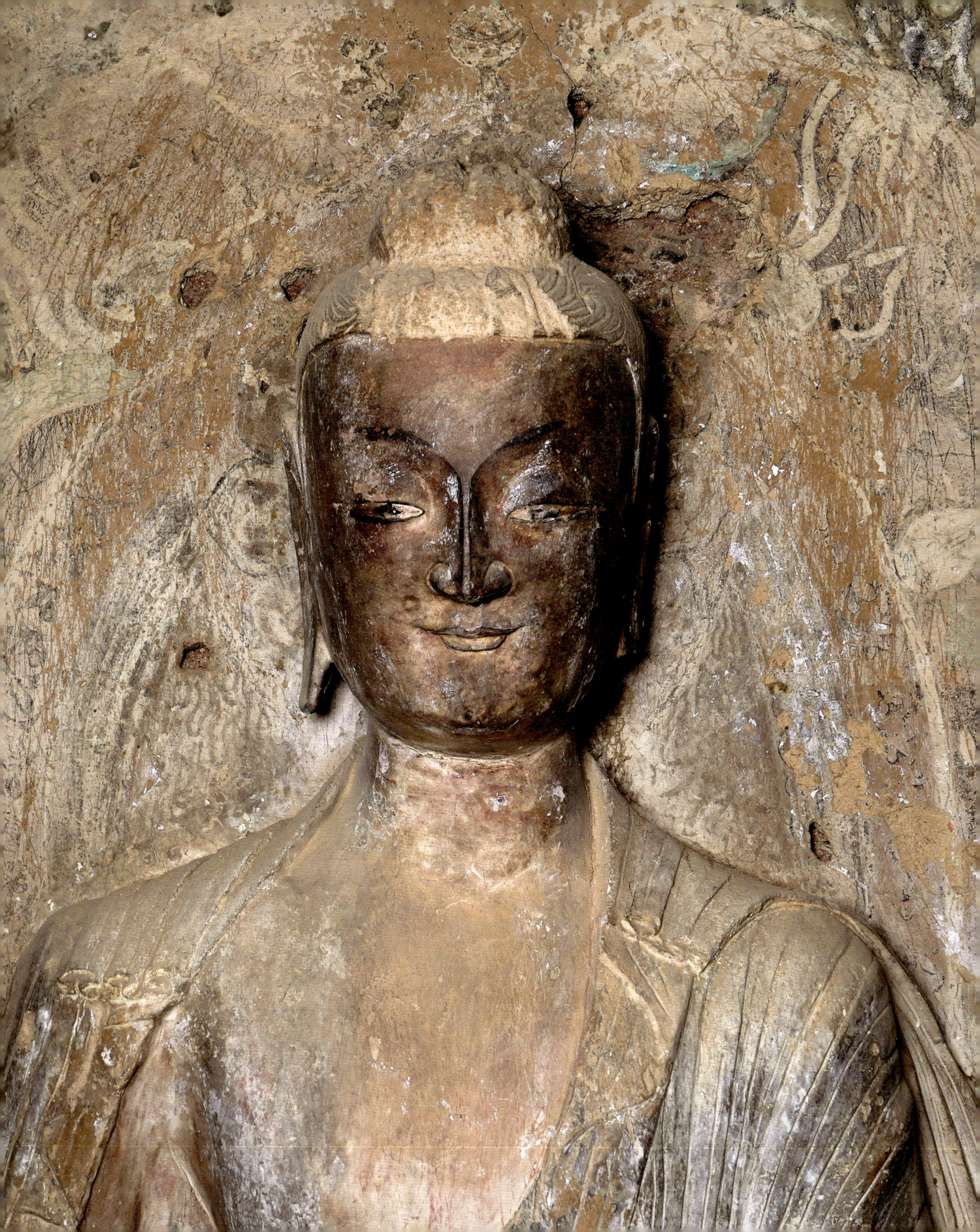

第 115 窟
右壁胁侍菩萨 北魏

第 115 窟
左壁胁侍菩萨局部 北魏

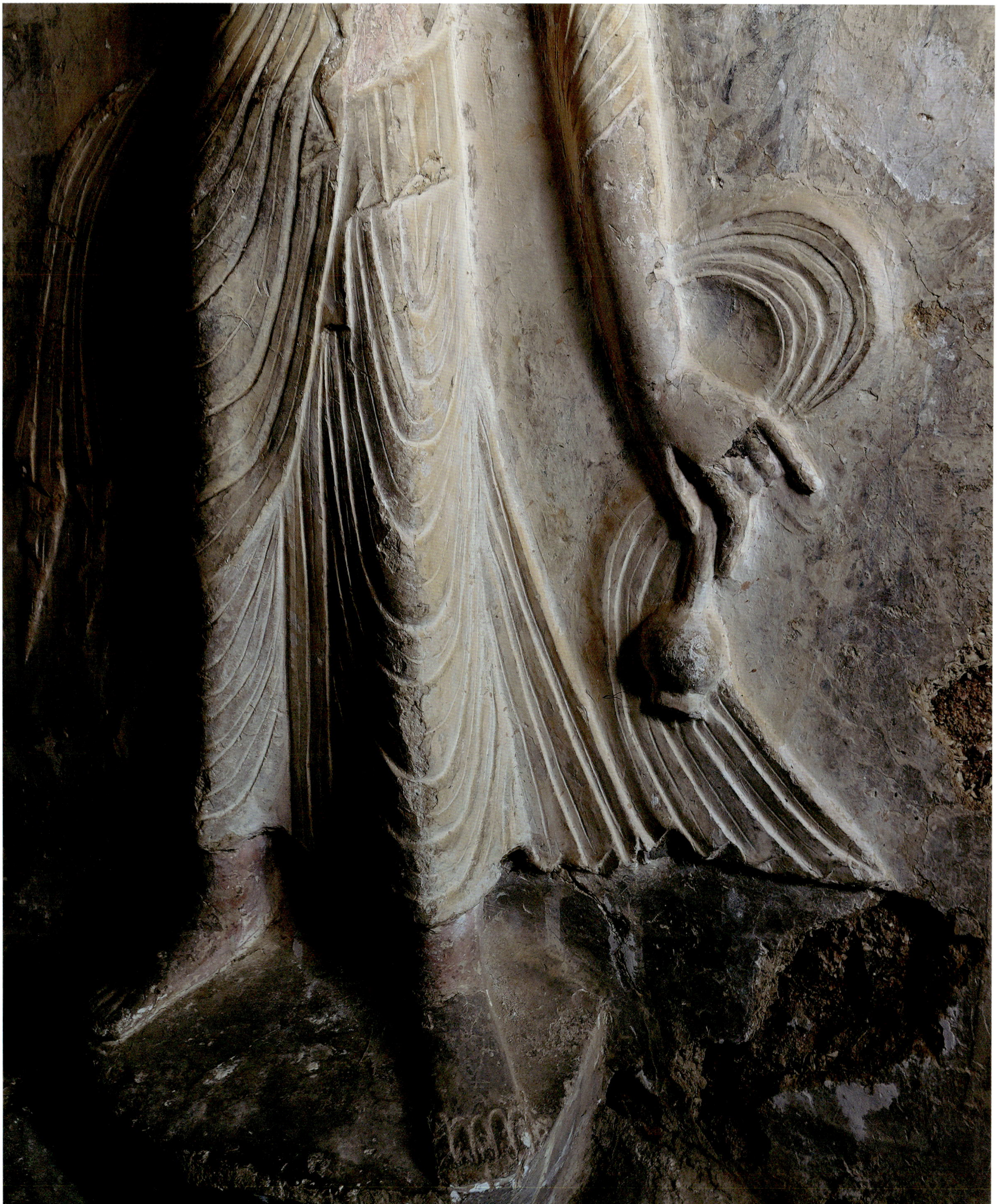

第076窟 北魏

此窟位于西崖中下部，平面梯形平顶窟，高1.31米、宽1.15米、进深1.20米。内为一佛二菩萨组合。正壁主佛高0.80米，磨光肉髻，着通肩袈裟，衣角搭于左肩，双手掌心向内施禅定印于腹前，结跏趺坐于须弥座上。袈裟下摆呈三片弧形搭落在台座上。左、右两壁塑二胁侍菩萨，均头戴兽纹花冠，发披双肩，颈戴桃形项圈，上身袒露，斜披络腋，披帛带绕双臂飘扬下垂；臂饰钏，手腕戴镯，跣足立于半圆形台座上。正壁两侧及左、右壁均开有小龛，龛内有影塑佛和菩萨。正壁与两壁壁脚下为影塑的供养人，其中一身女供养人，蜗卷式发髻偏向一边，身着黑衫绿裙，披肩于胸前系带作结，生动别致，是研究当时服饰的重要资料。三壁绘千佛、供养人及比丘，窟顶残存隋代重绘壁画，正中绘圆莲，周围绘飞天绕莲，色彩鲜艳，线条流畅，动感极强。佛座有造窟铭记，铭文起首有"南燕主安都侯"题记。

第 076 窟
窟内全景 北魏

第 076 窟
正壁主佛 北魏

第 076 窟
右壁胁侍菩萨 北魏

第 076 窟
左壁胁侍菩萨 北魏

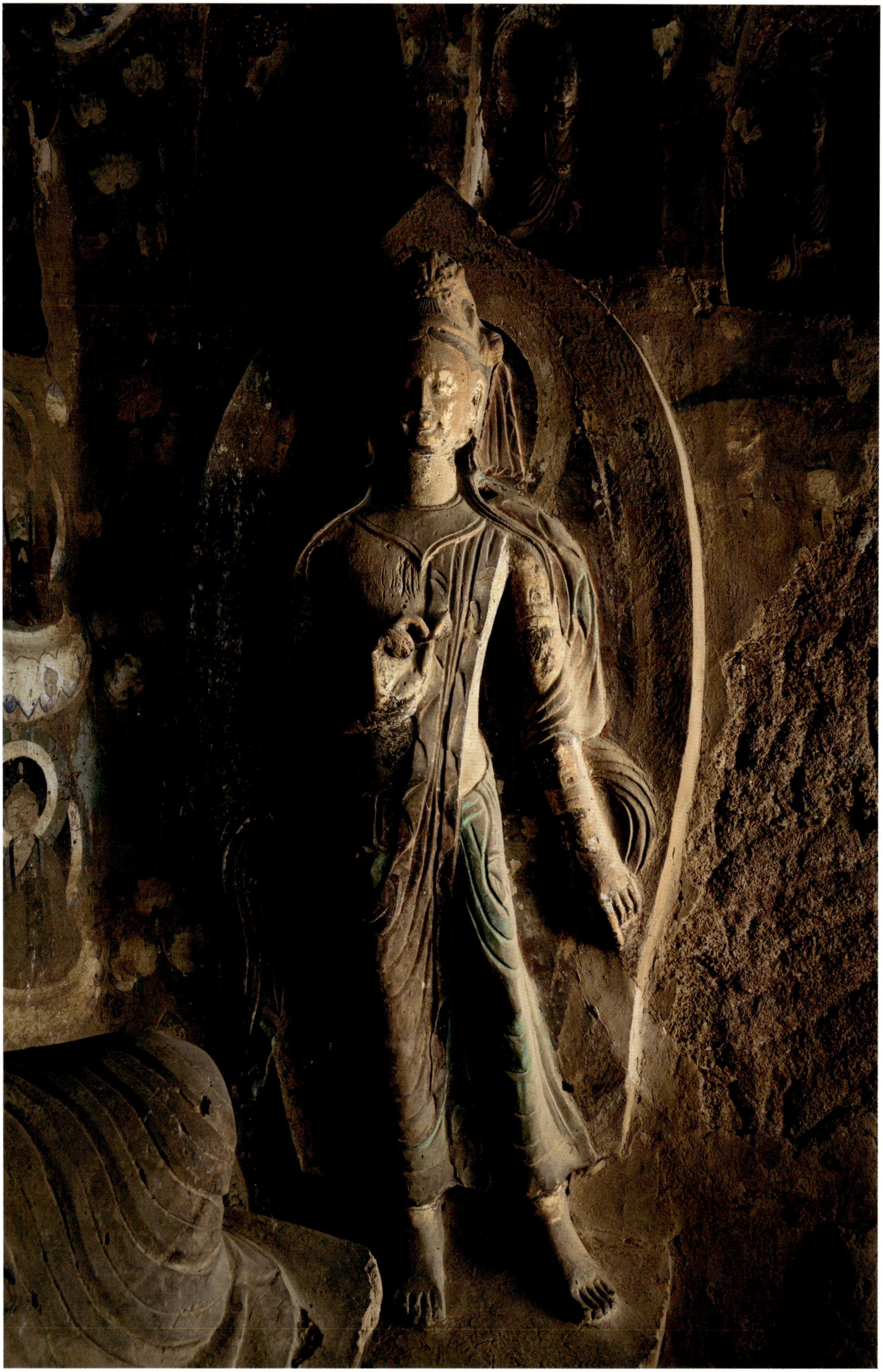

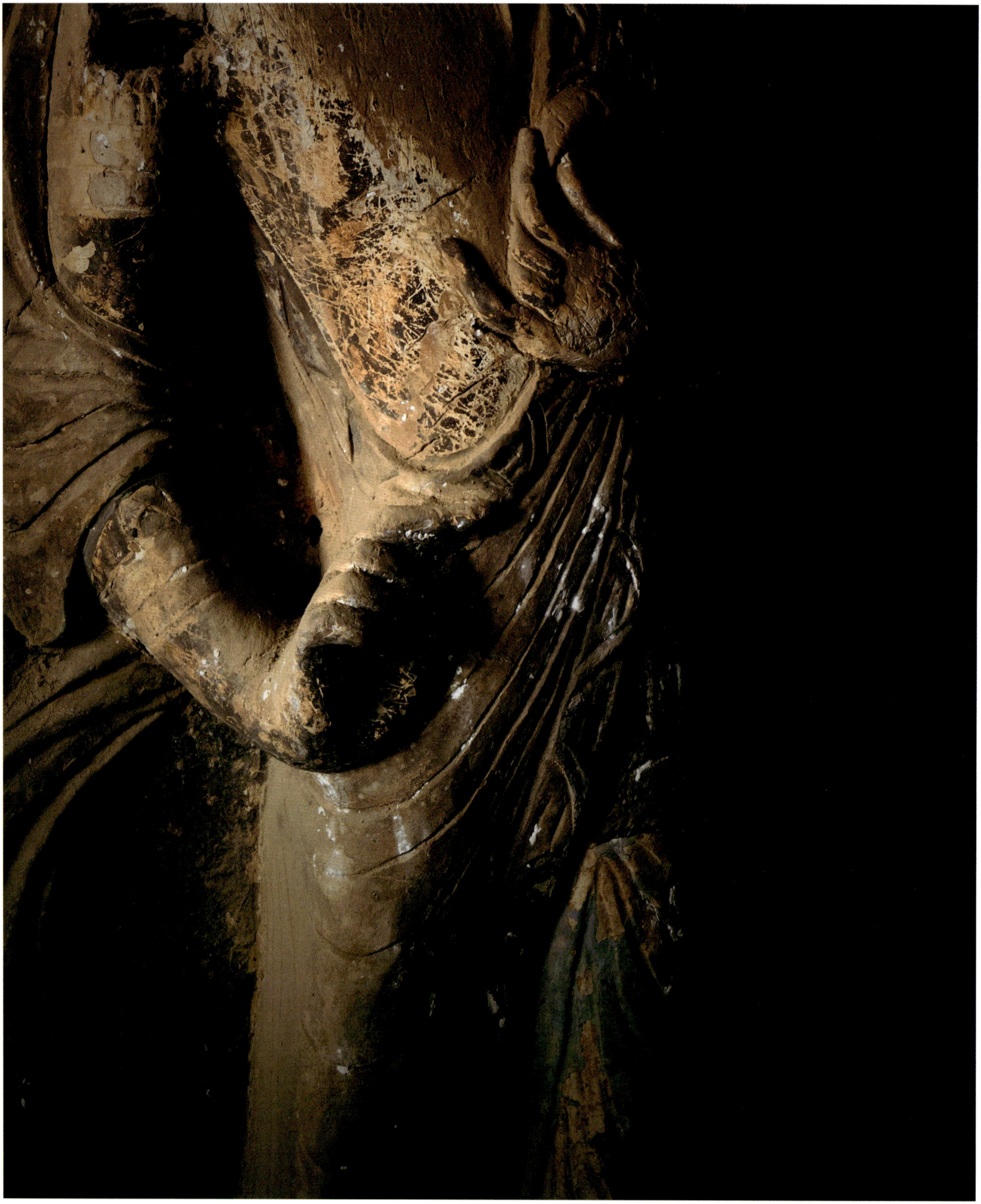

第076窟
右壁胁侍菩萨局部 北魏

第076窟
右壁后侧下部供养人 北魏

第076窟
正壁左侧及左壁后侧下部供养人 北魏

第159窟 北魏

此窟位于西崖东上部，窟门距地面廊道1.82米，平面方形平顶窟，高1.13米、宽1.35米、进深1.14米，前有方形甬道。此窟虽然空间小巧却"五脏俱全"。窟内为一佛二菩萨组合。正壁塑一坐佛，左、右壁正中各塑一胁侍菩萨，均浮塑莲瓣形背光。背光间各塑三层坛台，上贴影塑。窟内还残存一些壁画和题记。正壁主佛高0.64米，脸型方圆，内着僧祇支，外穿双领下垂袈裟，系带作"Y"形结，袈裟下摆两侧外摆呈尖角形，结跏趺坐于"工"字形台座上。右壁菩萨造型清秀，姿态庄重，菩萨头部微微前倾，束发髻，戴桃形项圈，饰臂钏及手镯，着长裙，帔帛自两肩下垂在腿部交叉，右手举于胸前，左手持一小袋，跣足立于半圆形莲台上。左壁菩萨发髻花冠已残，头面部分泥层剥蚀严重，左手持桃形法器置于腹前，右臂屈肘上举于胸前，其余与右壁菩萨造型相似。

综观159窟，佛像法相庄严、慈悲为怀，菩萨秀骨清像、舒朗飘逸，供养人生动传神、充满生气，既有佛国世界的庄严，也不失人间脉脉温情。

第 159 窟
正壁主佛 北魏

第 159 窟
右壁胁侍菩萨 北魏

第 159 窟
右壁左側影塑 北魏

第 159 窟
正壁右側影塑 北魏

第 159 窟
正壁右侧影塑 北魏

第016窟 北魏

此窟位于东崖中区，平面方形平顶窟，洞窟前部塌毁，现残存后半部及左壁残龛。高1.70米、宽1.75米、残进深1.20米。现存泥塑一佛二菩萨，影塑十一身。正壁主佛高1.50米，高肉髻，脸型瘦长，弯眉细目；内着僧祇支，胸前系结，外着双领下垂袈裟，双手残失，结跏趺坐于长方形台座上。袈裟下摆分三瓣垂于座前，阴刻衣纹稀疏流畅，衣着质感轻柔单薄。佛左、右各绘有五身弟子簇拥在佛的身后。左、右两壁各塑一胁侍菩萨。左侧菩萨高1.20米，右侧菩萨高1.18米，均体型修长，抬头平视，面相清瘦，细眉秀目；颈戴项圈，上身袒露，肩披帛带，"X"形帛带叠压置膝际上绕臂弯贴壁面飘扬而下；下着长裙，跣足立于半圆形莲台上。左菩萨左手提桃形法器置于腹前，右手执莲瓣于胸前。右菩萨左手提净瓶于腹侧，右手上扬于胸前。

第016窟
正壁主佛及左侧胁侍菩萨 北魏

第016窟
正壁主佛局部 北魏

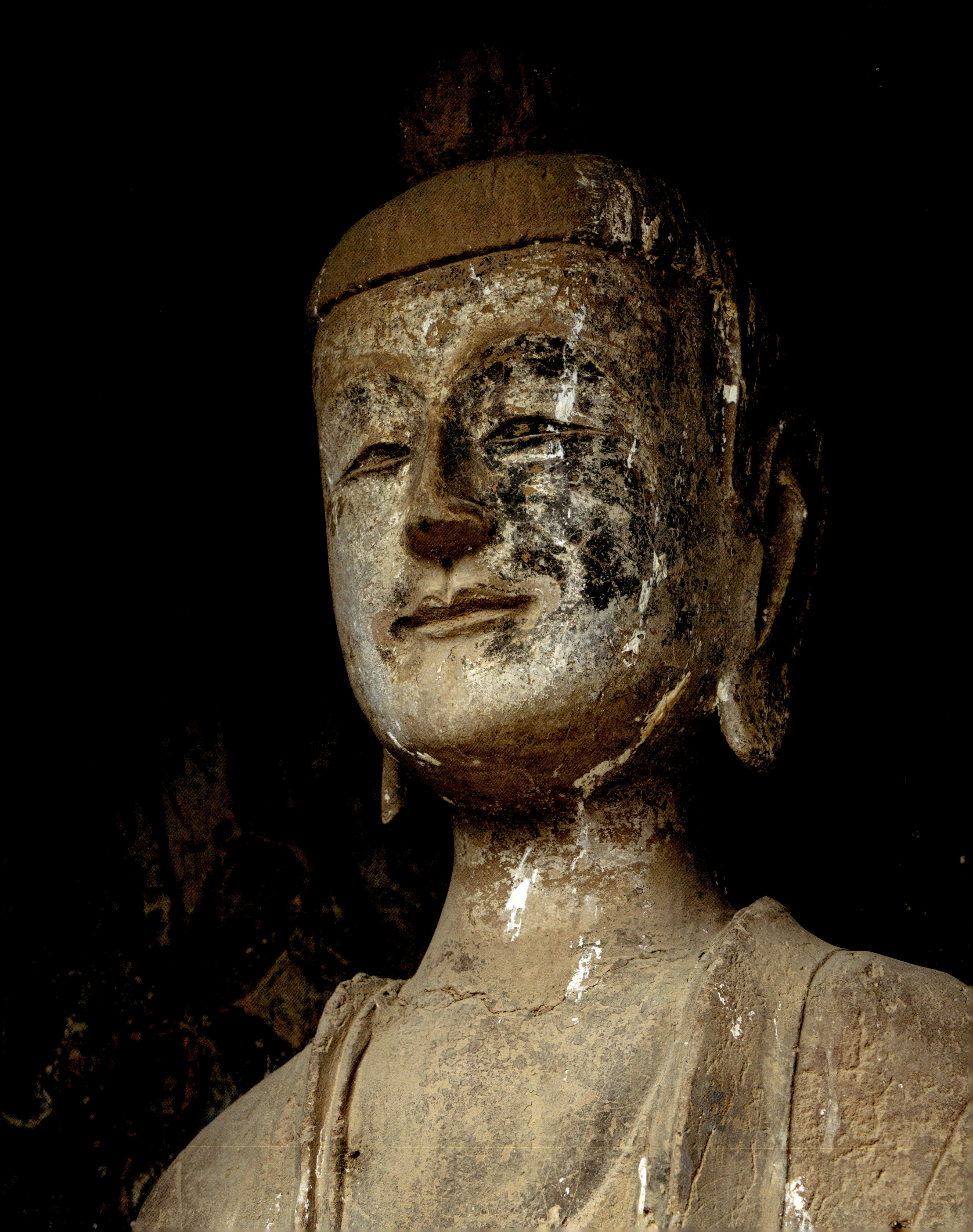

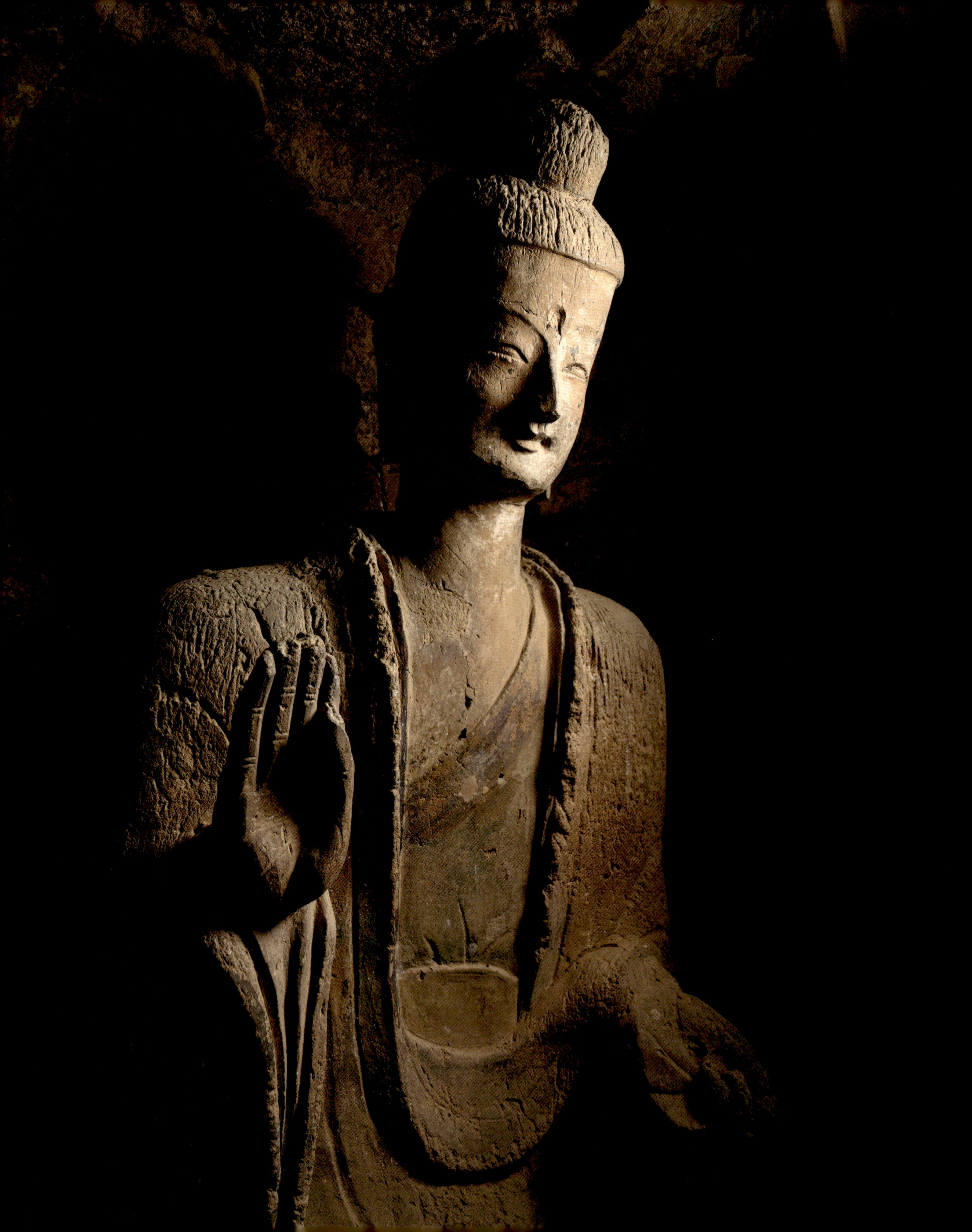

第017窟 北魏

此龛位于东崖中区，平面方形平顶窟，前壁塌毁，左壁残余右半部，右壁仅余左侧少部。窟高1.80米、宽1.80米、残进深1.10米。三壁三龛，龛内原各塑主佛一尊，现右壁主佛无存。正壁与左、右两壁交角处各塑一身胁侍菩萨。正壁佛左、右两侧坛台上现存五身影塑，龛前坛基左、右各有一弟子。正壁主佛高0.98米。磨光高肉髻，脸型长圆，额有白毫相，弯眉细目，嘴角内陷上扬，面露微笑；内着僧祇支，外着双领下垂袈裟；左手似半握拳，右手施无畏印，结跏趺坐于"工"字形高台座上。袈裟下摆分三瓣重层下垂于座前。左壁主佛高0.94米。形态、衣饰与正壁主佛似同。左侧胁侍菩萨高1.24米。戴扇形花冠，脸型长圆，弯眉细目，悬鼻小嘴；内着僧祇支，披帛带自右肩顺身体自然下垂至膝部后重叠上绕，搭于肘部后下垂；左手持桃形法器于腹前，右手上举托至右肩，手残损；下着长裙，立于坛台上。右侧胁侍菩萨形态、衣饰与左菩萨相似，左手掌心向下，拇指与食指夹珠状物，托举至左肩。

第017窟
正壁主佛局部 北魏

第017窟
正壁主佛 北魏

第 017 窟
正壁右侧胁侍菩萨 北魏

第 017 窟
正壁左侧胁侍菩萨 北魏

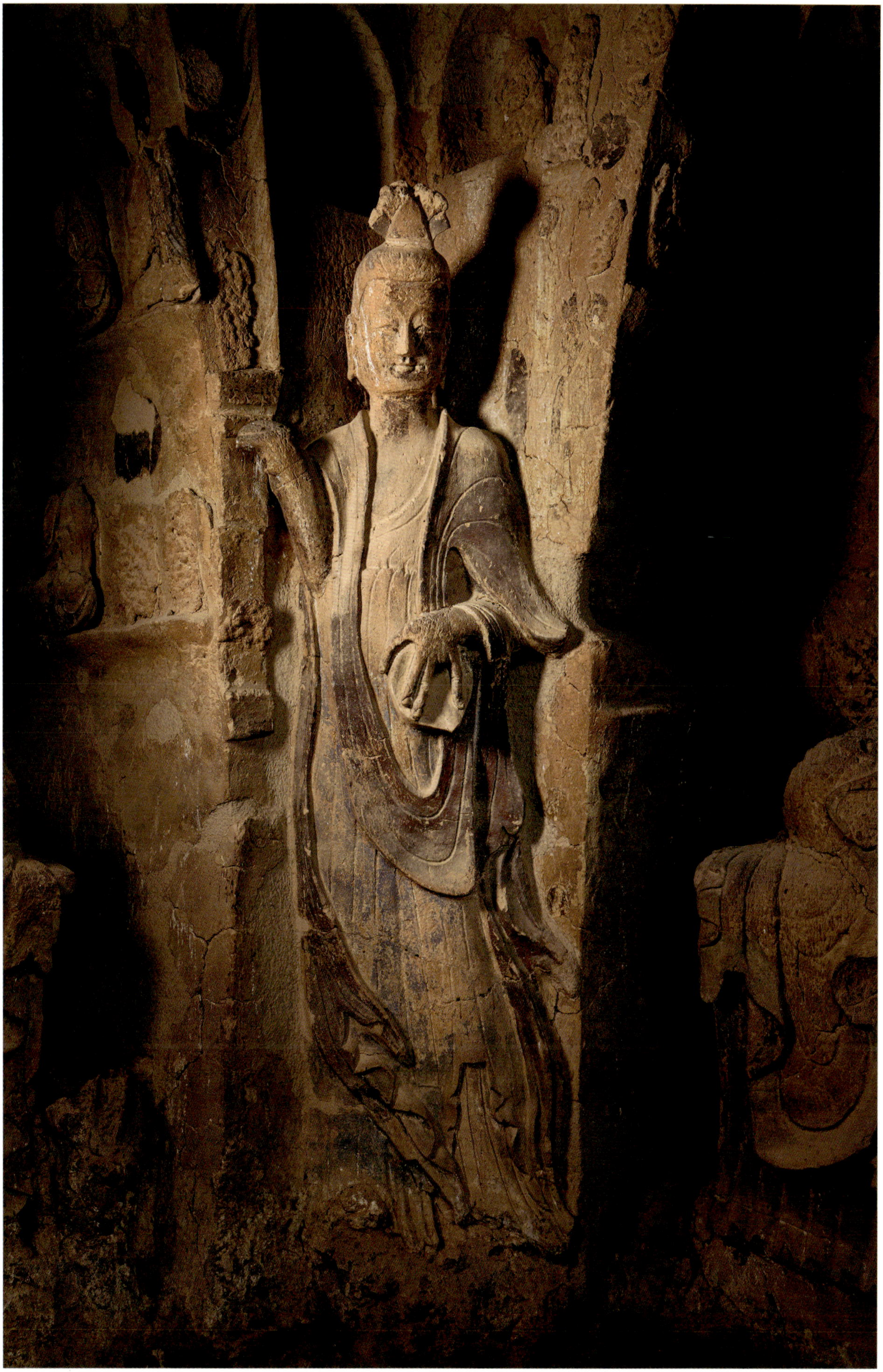

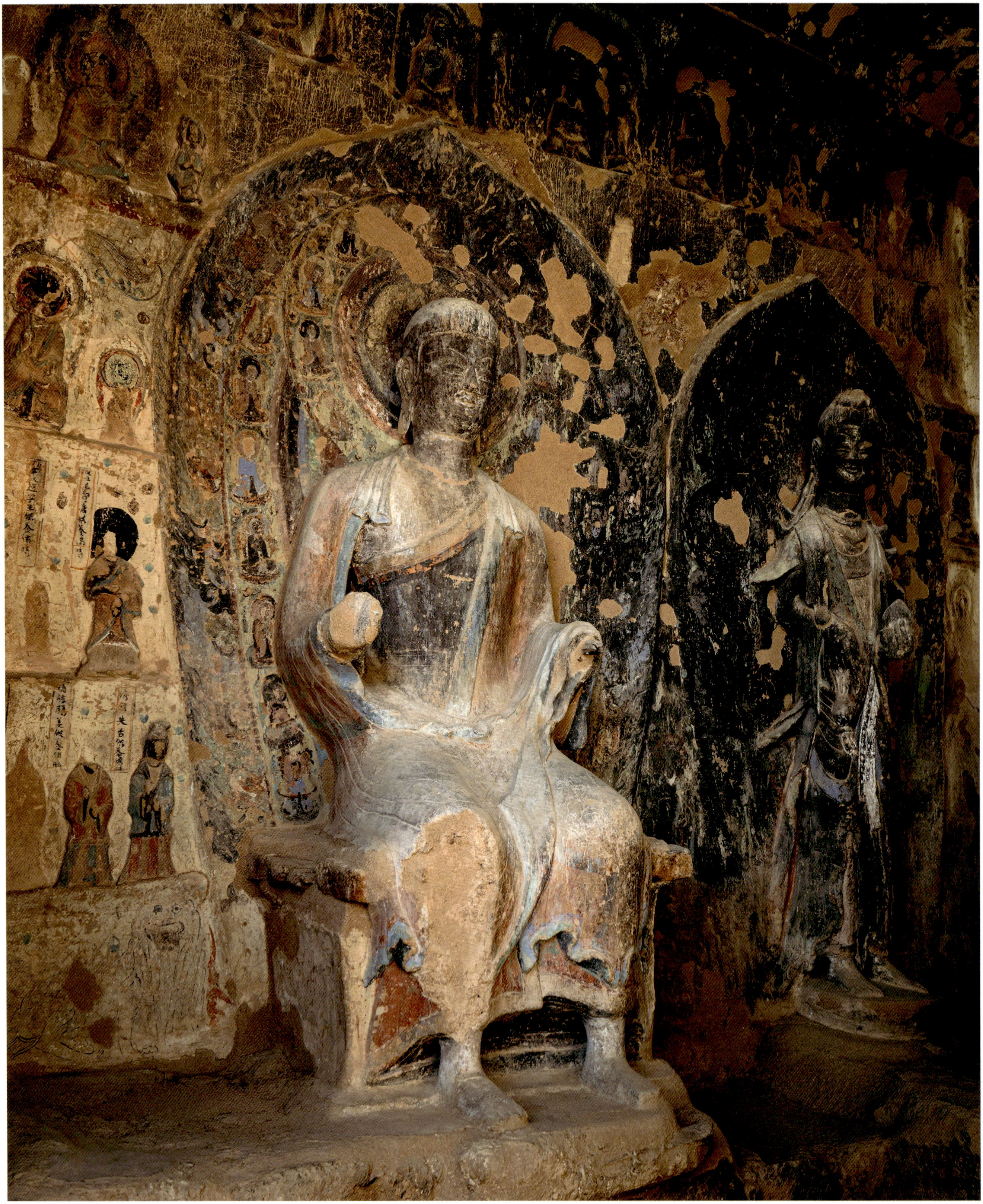

第163窟 北魏

此窟位于西崖东上部，平面方形平顶窟，高2.58米、宽2.66米、进深2.85米。内容为三世佛。正壁主佛高2米。旋涡纹高肉髻，长方形脸，弯眉细眼；内着僧祇支，外着双领下垂袈裟，双手施无畏印和与愿印，结跏趺坐于长方形台座之上。左壁交脚弥勒菩萨高1.44米。头束高髻戴冠，长发披肩，系宝缯，长圆脸，弯眉细眼；颈戴桃形项圈并于左、右两边有凸起圆形饰物；上身袒露，双肩披帛带，帛带于胸下十字相交垂下，下系翻腰长裙，双臂及膝下已残失，坐于"工"字形台座上。右壁佛高1.30米。面相与正壁佛相似，肩部浑圆，内着僧祇支，外着覆肩袒右袈裟，双臂屈肘，双手已毁，倚坐于"工"字形台座上。左壁后部胁侍菩萨高1.34米。头戴花蔓冠，脸型方圆，细眼小嘴；戴桃形项圈并于左、右两边有凸起圆形饰物；上身袒露，斜披络腋，左手提桃形玉璧于腿侧，右手持莲于胸前；下系翻腰长裙，跣足立于莲台上。右壁后部胁侍菩萨高1.28米。高束发髻，脸型方圆，细眼小嘴，面带微笑；颈戴桃形项圈，内着僧祇支，帛带自双肩垂于腹际，呈双弧形上绕至肘部后顺体飘下，左手端一桃形物品于腹前，右手提净瓶于腿侧，下系长裙，面朝外跣足立于莲台上。佛、菩萨身后均有浮塑莲瓣形背项光，整体保存相对较好，但是壁画色彩脱落、漫漶、熏黑，很多细节无法辨识。

第163窟
右壁倚坐佛及胁侍菩萨 北魏

第163窟
左壁交脚菩萨及胁侍菩萨 北魏

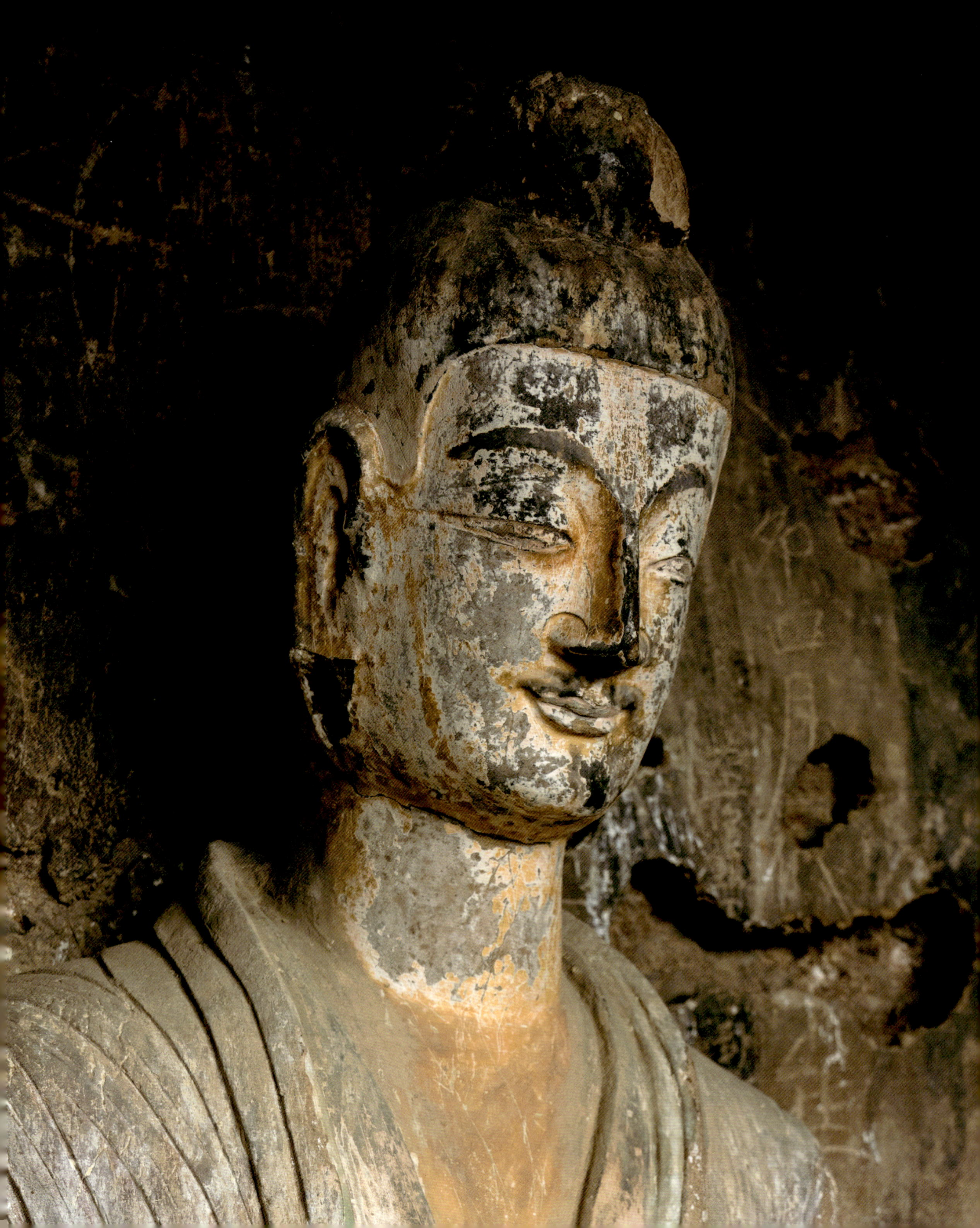

第114窟 北魏

此窟位于西崖西上区，平面方形平顶窟，高1.64米、宽1.68米、残进深1.65米。窟内正壁台座上塑一身坐佛，高0.84米。磨光高肉髻，长方脸型，前额较宽，面颊略瘦；内着交领衣，外着通肩袈裟，衣角搭左臂下；双臂屈伸，左手握袈裟衣角置于左膝上，右手上举置于胸前，双手现残损，结跏趺坐于长方形台座上。袈裟下摆覆于台座之上，服饰表面以阴刻线装饰。身后浮塑莲瓣形背光，背光上方残存两身影塑飞天；背光两侧壁面留存两层坛台，上贴塑十身坐佛。左、右壁龛内台座上各塑一身坐佛，均为磨光高肉髻，脸型长方；内着僧祇支，外着通肩或覆肩袒右袈裟，手施禅定印，结跏趺坐于台座上。龛楣上方均残存影塑飞天。龛外内侧各浮雕一身菩萨，立于窟内地面低坛台上；头戴三珠宝冠，脸型长圆，双目平视，抿嘴微笑；颈饰桃形项圈，袒胸露臂，斜披络腋，双肩披帛带绕臂飘扬；下着长裙，跣足立于莲台上。身后浮塑莲瓣形背光。背光上部有一层坛台，与正壁第一层坛台相接，上贴三身影塑坐佛。

第114窟
正壁主佛局部 北魏

第114窟
正壁主佛及右壁胁侍菩萨 北魏

第114窟
左壁龛内主佛 北魏

第114窟
右壁龛内主佛 北魏

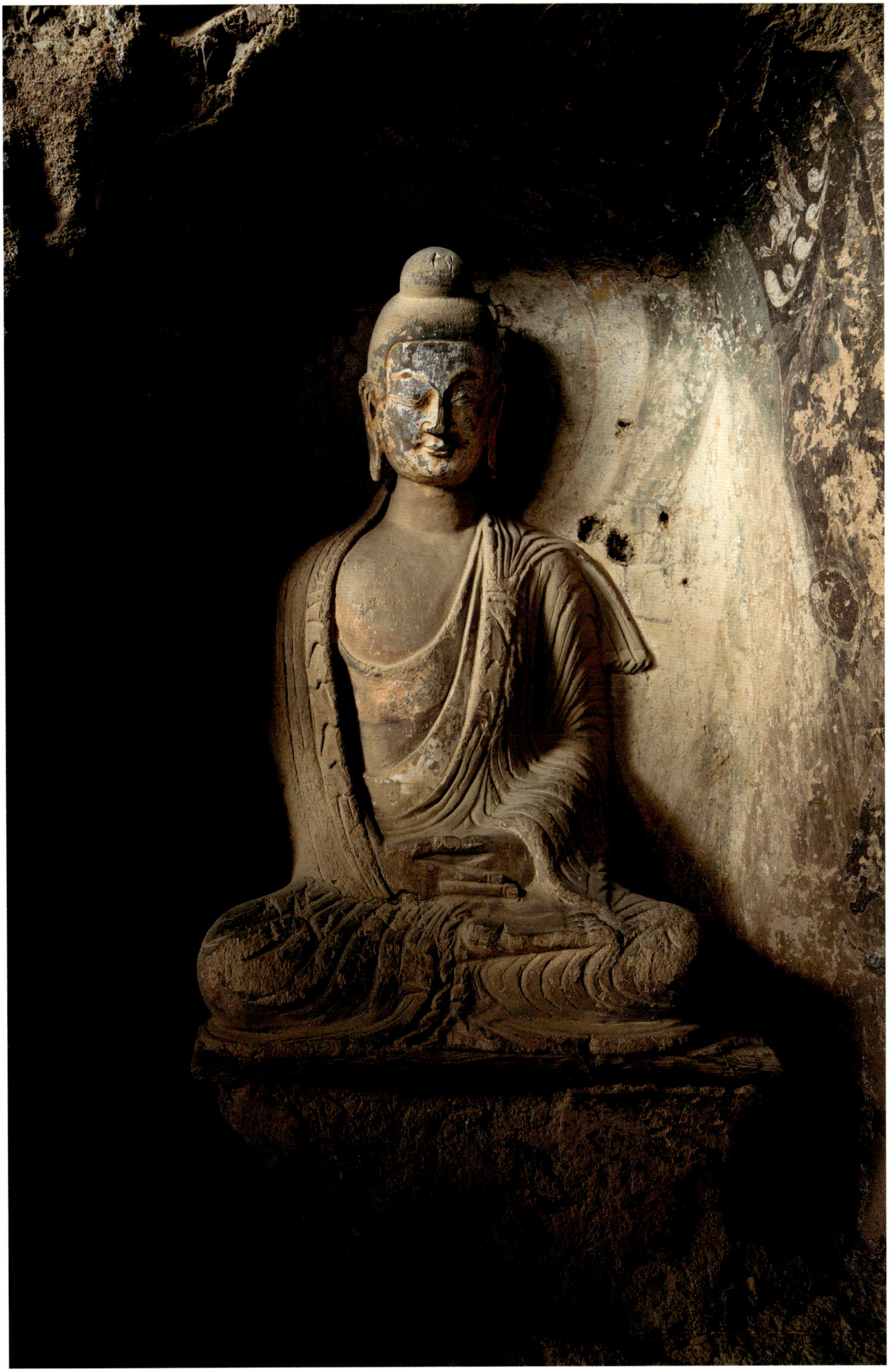

第 114 窟
右壁胁侍菩萨 北魏

第 114 窟
左壁胁侍菩萨 北魏

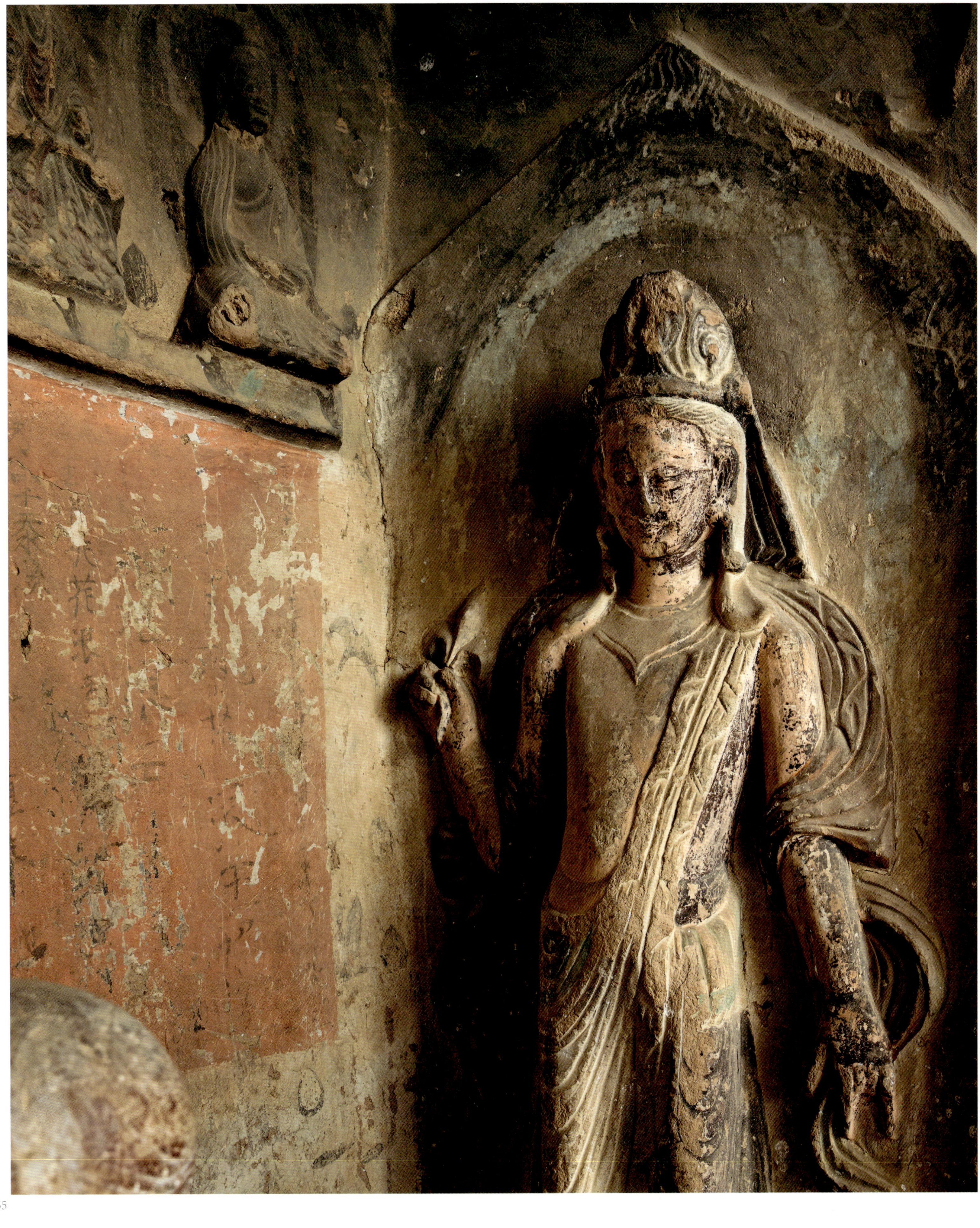

第156窟 北魏

此窟位于东崖中上部，平面方形平顶窟，高1.16米、宽1.16米、残进深0.70米。窟前侧大部已塌毁。现存正壁一身坐佛，右壁一身立菩萨。正壁佛左侧小坛台下影塑一身坐佛；右侧小坛台上影塑一身交脚菩萨及一身胁侍菩萨，小坛台下影塑一身坐佛。近地面影塑一身女供养人。右壁菩萨左侧小坛台上影塑一身胁侍菩萨，小坛台下影塑一身坐佛。正壁坐佛高0.70米。磨光高肉髻，宽额方脸，细眉凸目；双手于腹前施禅定印，结跏趺坐于方形台座上。袈裟下摆残毁，身后有浮塑的莲瓣形背光。

第156窟
正壁主佛 北魏

第 023 窟
右壁胁侍菩萨 北魏

第 023 窟
正壁主佛 北魏

第023窟 北魏

此窟位于东崖中区，窟前部因地震塌毁，原为平面方形平顶窟，高 2.18 米、宽 2.05 米、残进深 0.60 米。造像仅存正壁一坐佛、右壁一胁侍菩萨及左壁菩萨残留的部分帛带。正壁主佛高 1.26 米。半圆形高肉髻，面相清瘦，内着僧祇支，外着双领下垂袈裟，双臂前伸，双手均残，宽大的袖口呈波浪纹垂于双腿前，结跏趺坐于方形台座上。姿态从容，微含笑意，令人感到其心境的明澈和恬淡，属秀骨清像的代表作品。右壁残存胁侍菩萨高 1.23 米。身材修长，上身袒露，斜披络腋，左手提桃形法器置于左胯，右手举一盛开的莲花于右胸前；下着长裙，右腿虚探一步，跣足立于半圆形莲台上。窟内现存壁画面积约 4 平方米，保存较好。

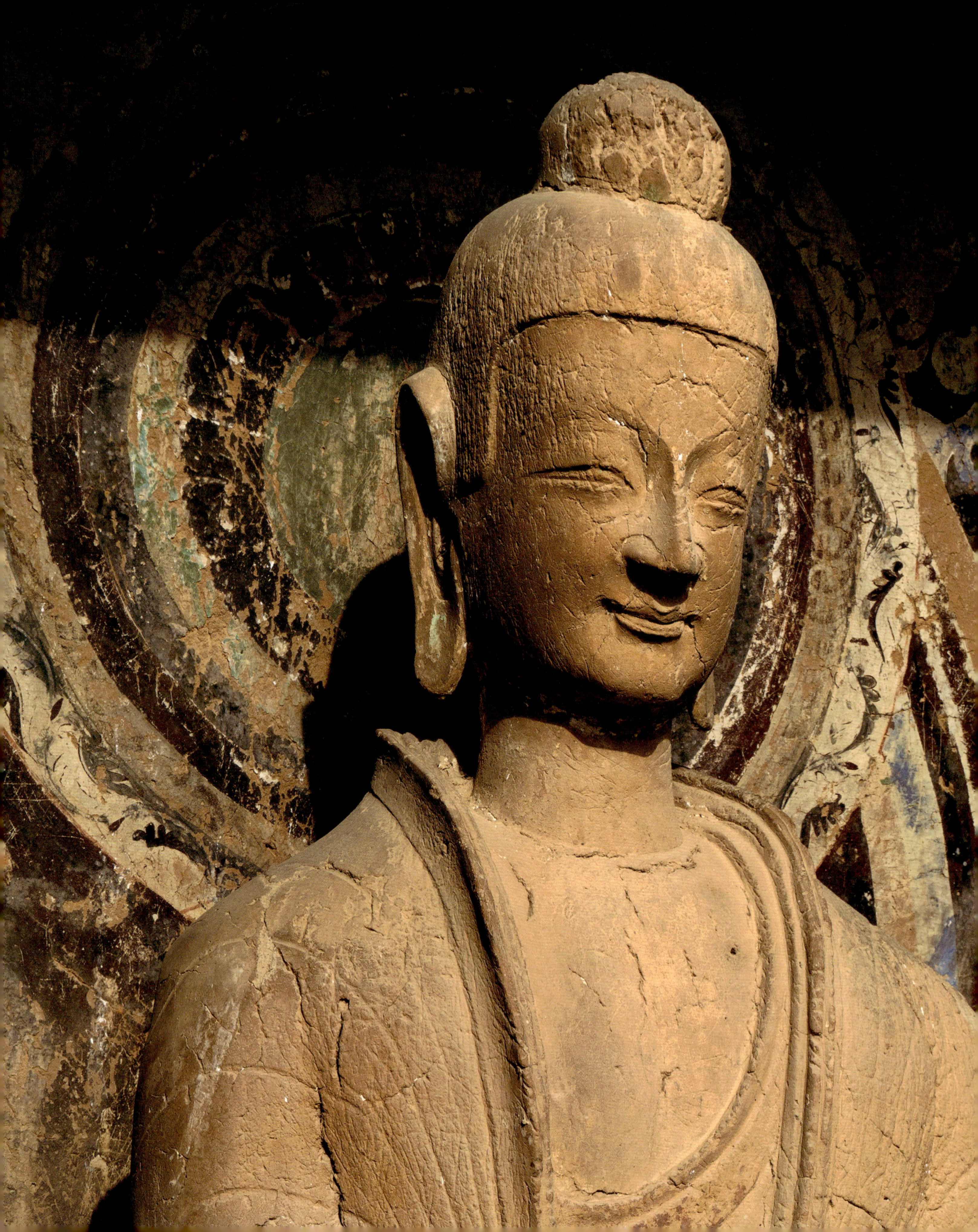

第 023 窟 正壁主佛局部 北魏

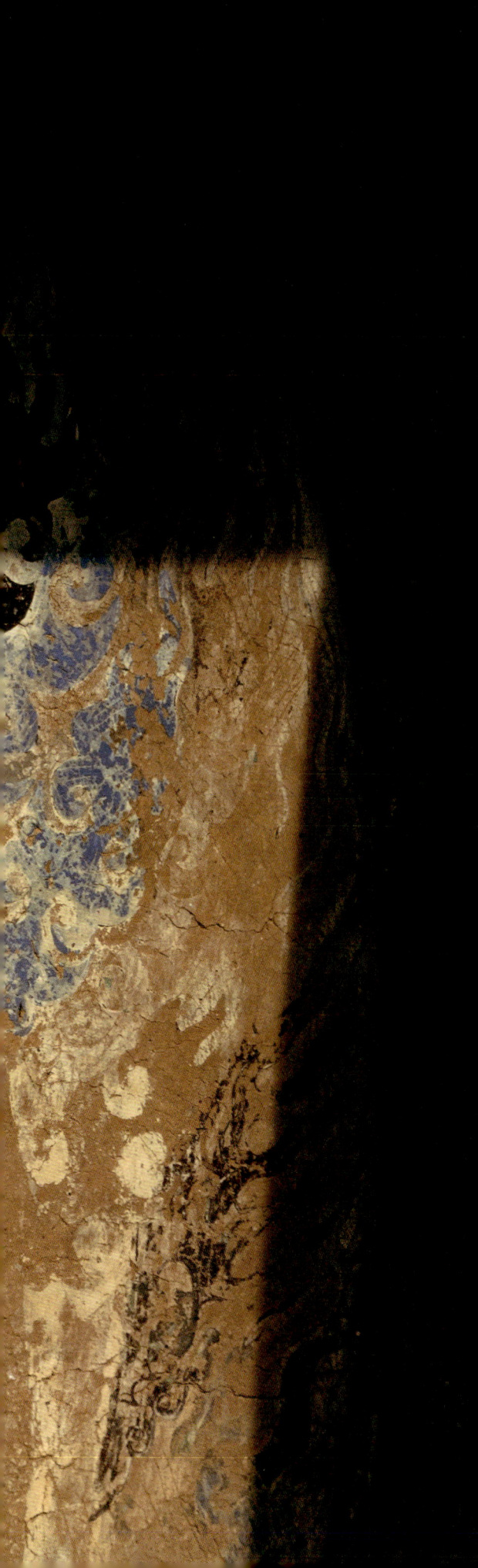

第142窟 北魏

此窟位于西崖中上部，窟门距地面廊道1.45米，平面方形平顶窟，高2.15米、宽2.03米、进深2.54米。以三世佛为主，是麦积山石窟造像中内容最为丰富的代表性洞窟。窟内正、左壁正中各塑一身坐佛，右壁正中塑一交脚菩萨。其中正壁坐佛两侧坛基上各塑一胁侍菩萨，上方壁面对称塑佛本生故事。佛两侧壁面小坛台上贴影塑佛、菩萨、弟子、女供养人等。左壁坐佛右侧坛基上塑一身弟子，身后壁面小坛台上贴佛、菩萨、弟子及女供养人，外侧泥皮剥落无存。右壁交脚菩萨左侧坛基上塑一胁侍菩萨，两侧壁面上贴影塑佛、菩萨、供养人等。前壁左侧坛基上塑一身护法力士，头梳小髻，双眉凸起，双眼暴凸，嘴露尖牙。窟顶还残存部分影塑飞天和壁画。此窟正壁右侧有一对母子供养人影塑，妇人衣着华贵，头戴细纱笼冠，长裙曳地，右手持一莲花形供灯，左手牵一头梳小髻、腹围裹肚的小孩儿，极富生活情趣。另正壁左、右两侧壁角的瑞像图，在石窟造像中极其少见。

第 142 窟
正壁主佛及胁侍 北魏

第 142 窟
左壁主佛 北魏

第 142 窟
右壁交脚菩萨 北魏

第 142 窟
正壁右侧及右壁左侧胁侍 北魏

第 142 窟
右壁左侧胁侍局部 北魏

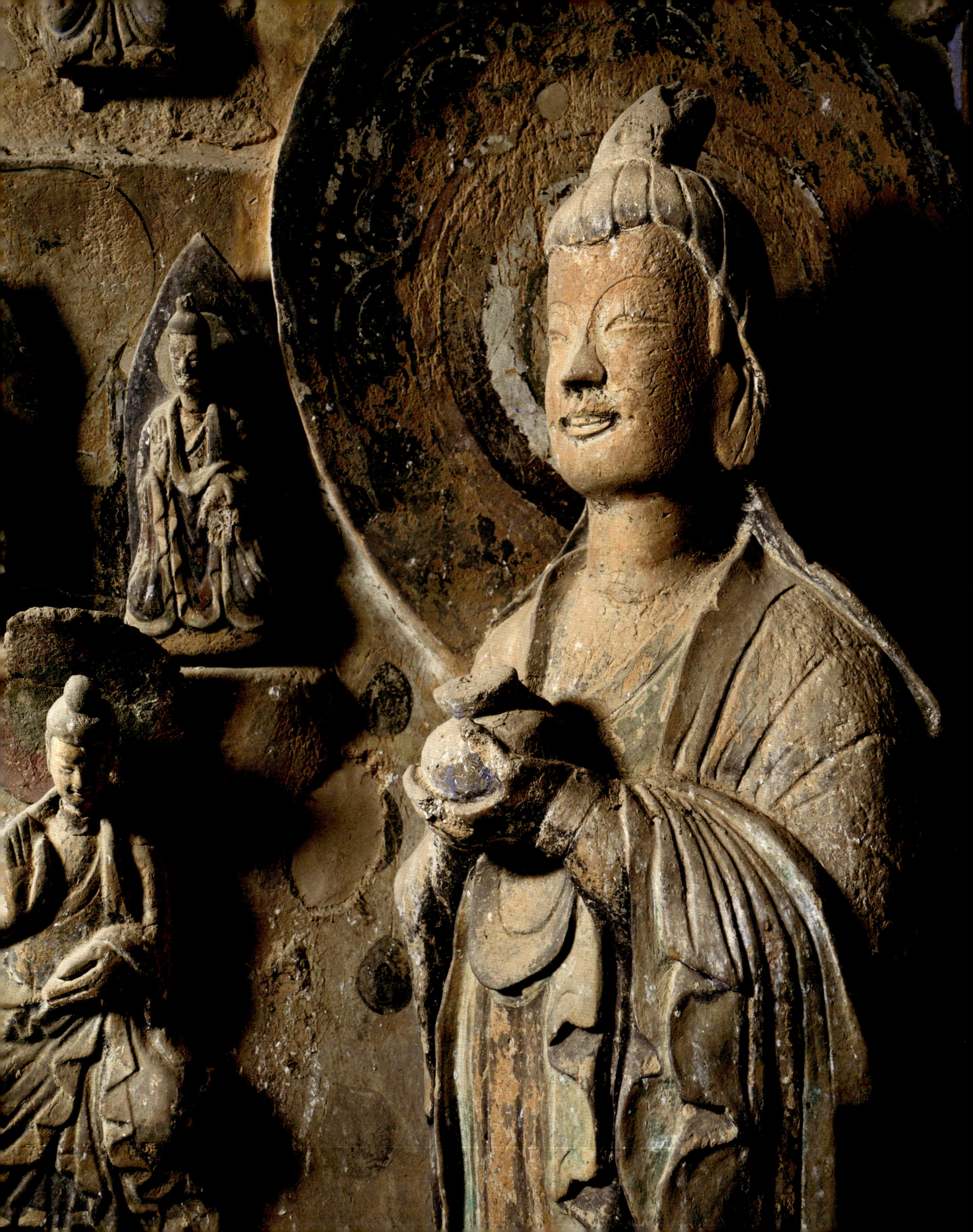

第 142 窟
正壁左侧胁侍及左壁右侧弟子 北魏

第 142 窟
前壁左侧力士 北魏

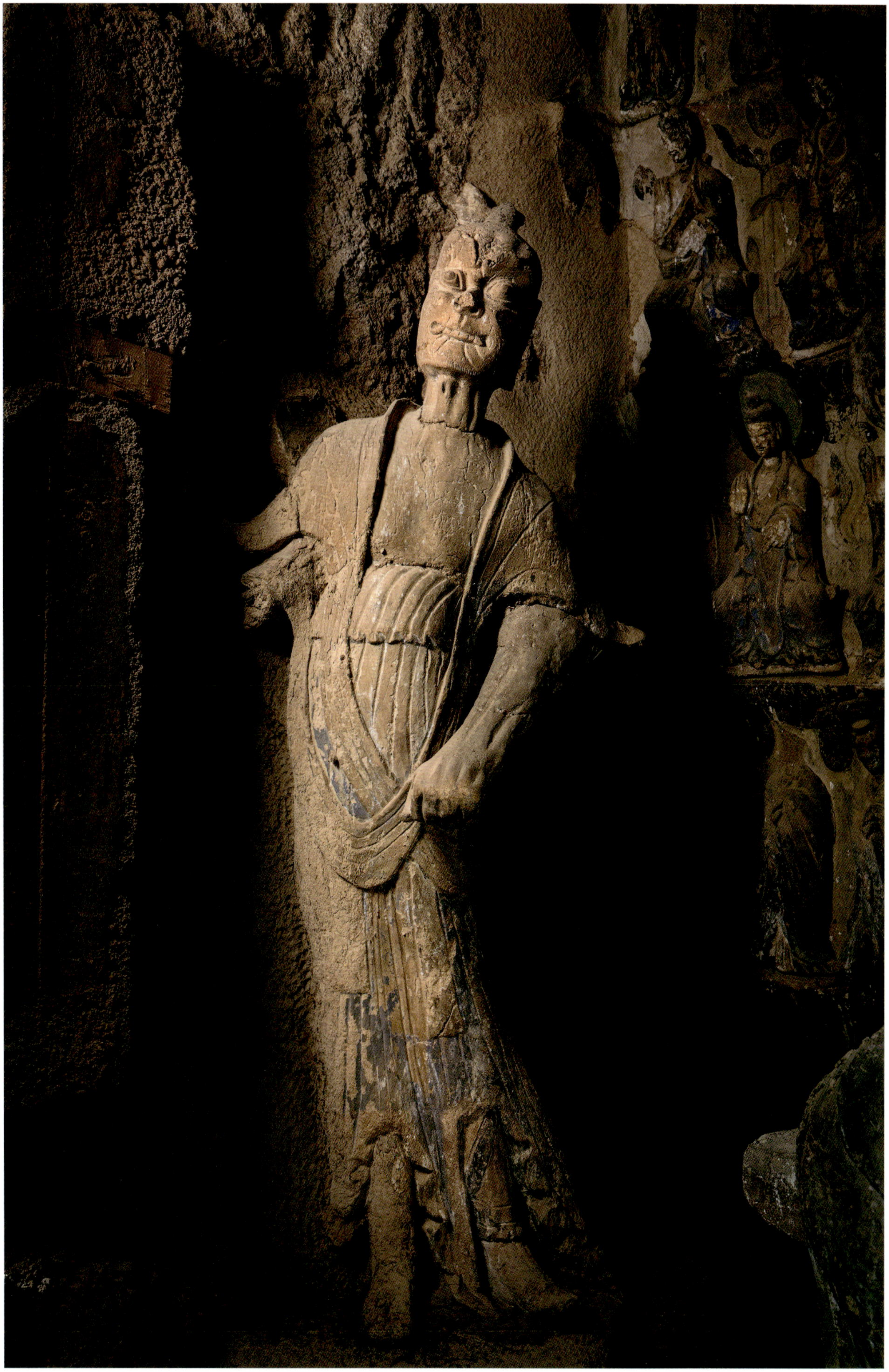

第 142 窟
正壁右侧上部象头山瑞像 北魏

第 142 窟
正壁左侧上部牛头山瑞像 北魏

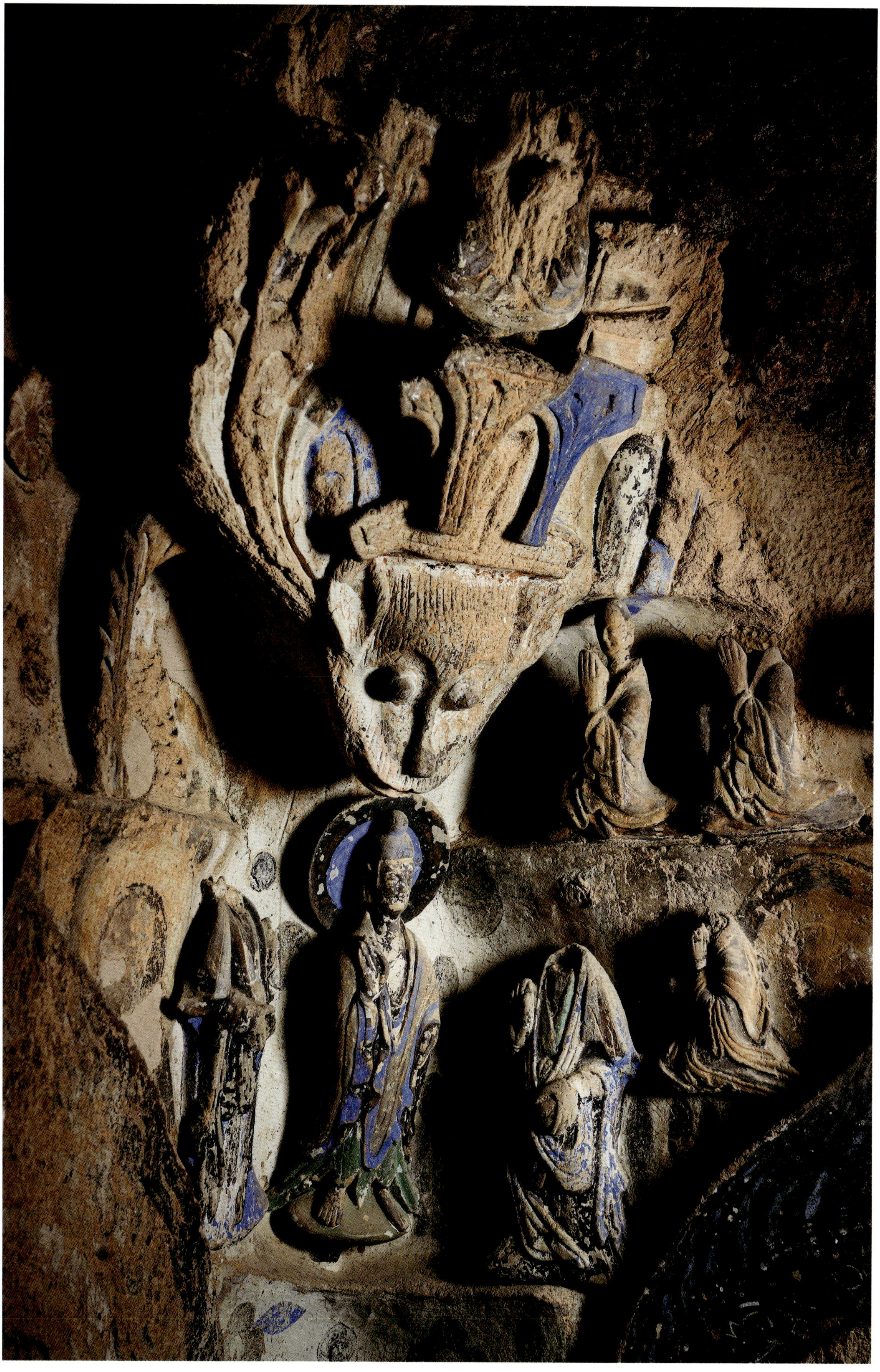

第 142 窟
右壁左侧影塑佛 北魏

第 142 窟
右壁右侧影塑供养人 北魏

第 142 窟
正壁右侧影塑母与子供养人 北魏

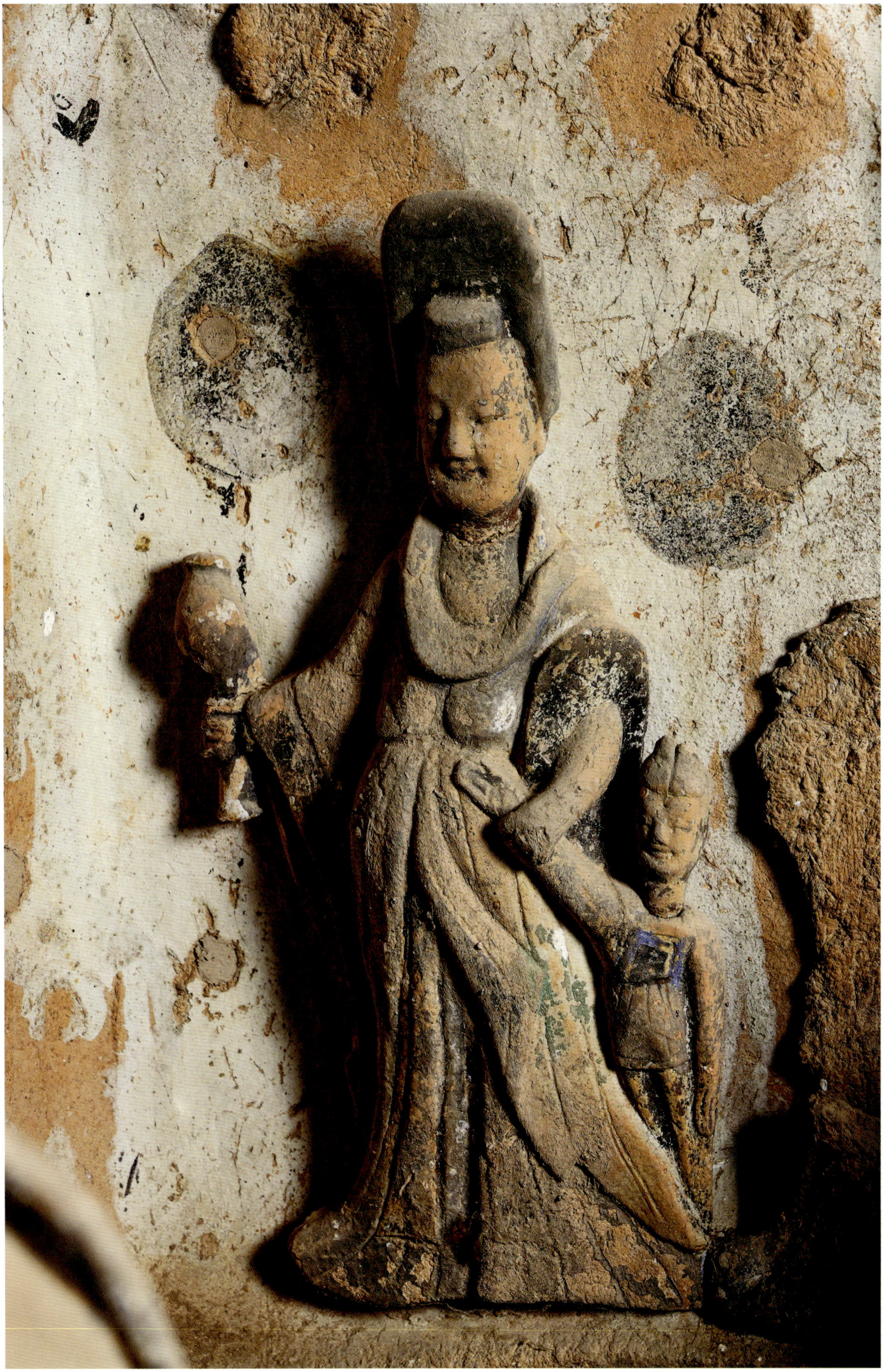

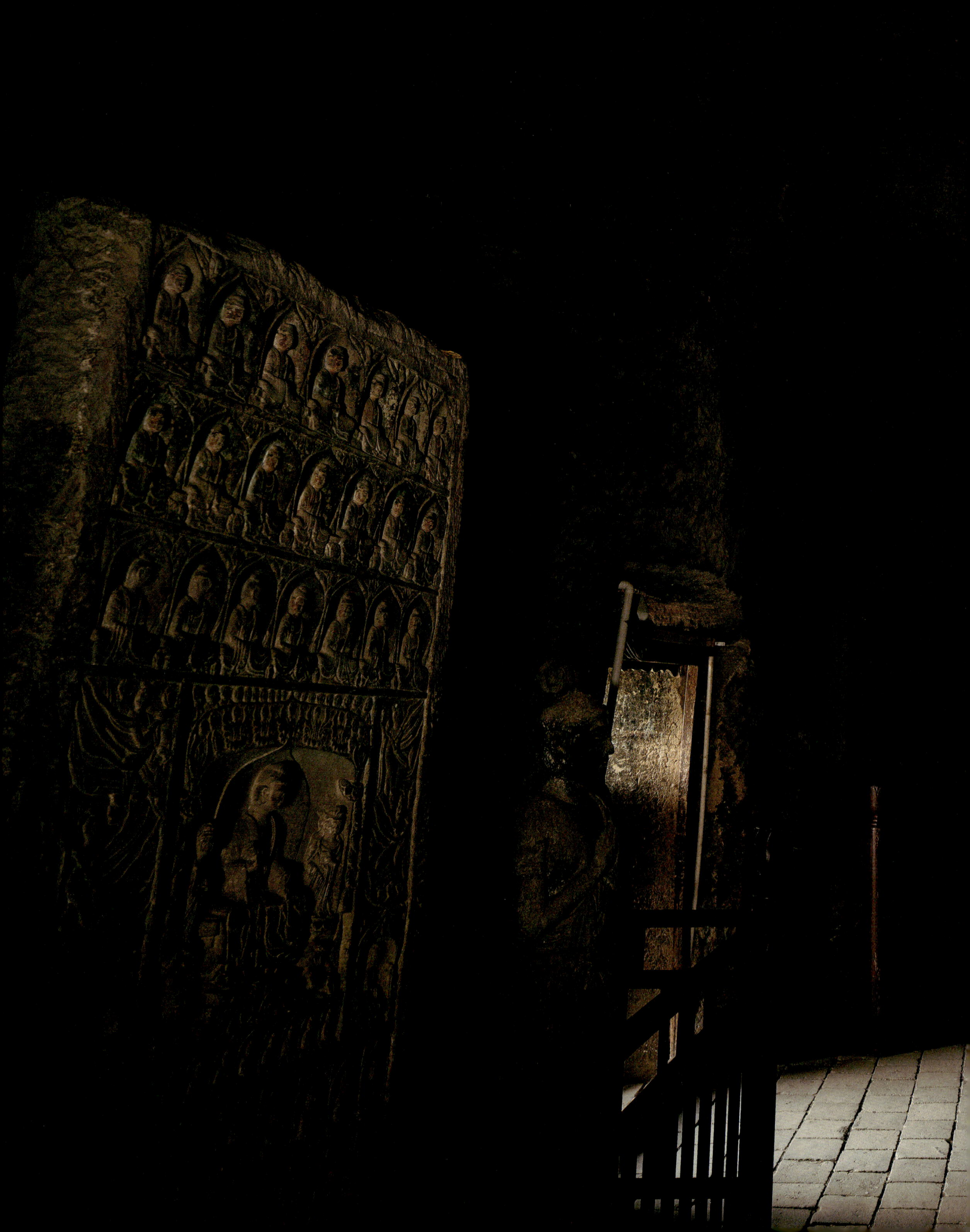

第133窟　北魏（五代、宋、元重修）

此窟位于西崖中部，是麦积山西崖三大窟之一。开凿于北魏晚期，五代、宋、元重修，为仿汉代崖墓开凿的大型窟龛。因满壁佛影，万佛同堂，又称"万佛洞"。窟内平面和窟顶极不规则，前有甬道，窟内前部为平面横长方形享堂，后开竖长方形左、右二内室，整体呈"业"字形。窟内顶高5.80米、面阔12.20米、进深10.83米。窟周壁开龛，上下共15龛，结构复杂，是麦积山规模最大的洞窟。现存造像数量较多，较完整的泥塑计27身，窟壁及龛内影塑佛、千佛、菩萨、弟子、飞天、供养人等达千余。窟内各龛主尊除左内室一龛为交脚菩萨外，均为结跏趺坐佛，肉髻较高，脸型偏长；内着僧祇支，外着袈裟，袈裟衣纹较为密集、线条流畅。第9龛内小沙弥面容清俊，天真活泼又憨厚纯朴，五官都洋溢着幸福的微笑，惟妙惟肖地刻画出人物天真无邪的性格和恬静安详的内心世界，为麦积山石窟最有魅力的造像之一。前室正中有一组宋代补塑的一大一小两尊立佛。东侧后室正壁塑一身宋元时期圆塑坐佛。前壁窟门两侧各有一身宋元时期塑作的菩萨。窟顶壁画大部分被熏黑或脱落。窟内另保存有北魏至西魏石刻造像碑18块，其中10号佛传故事造像碑最具研究和观赏价值。

第133窟 前室造像

第 133 窟
8 号龛内交脚菩萨 北魏

第 133 窟
4 号龛内主佛 北魏

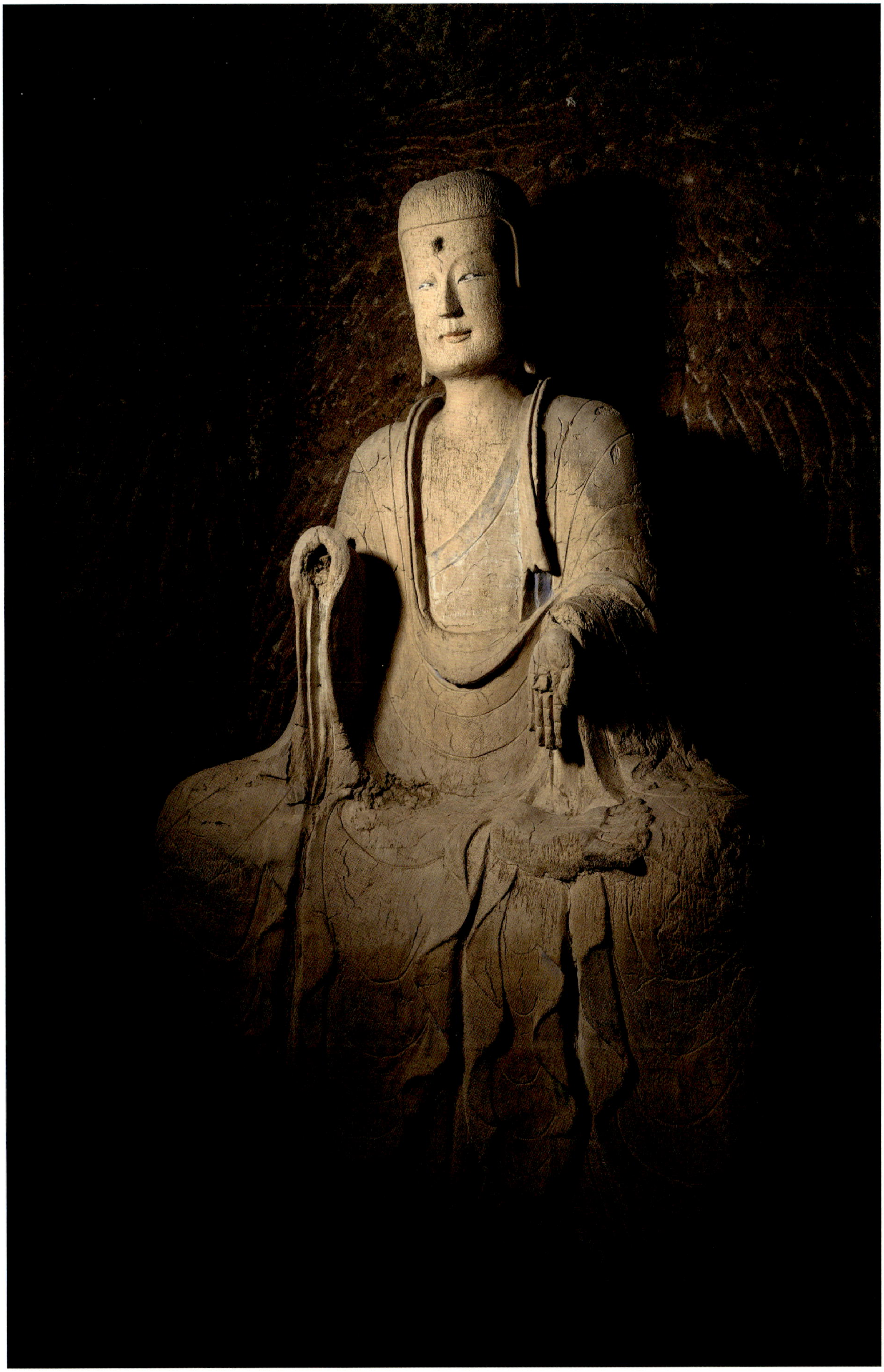

第133窟 11号龛龛楣 北魏

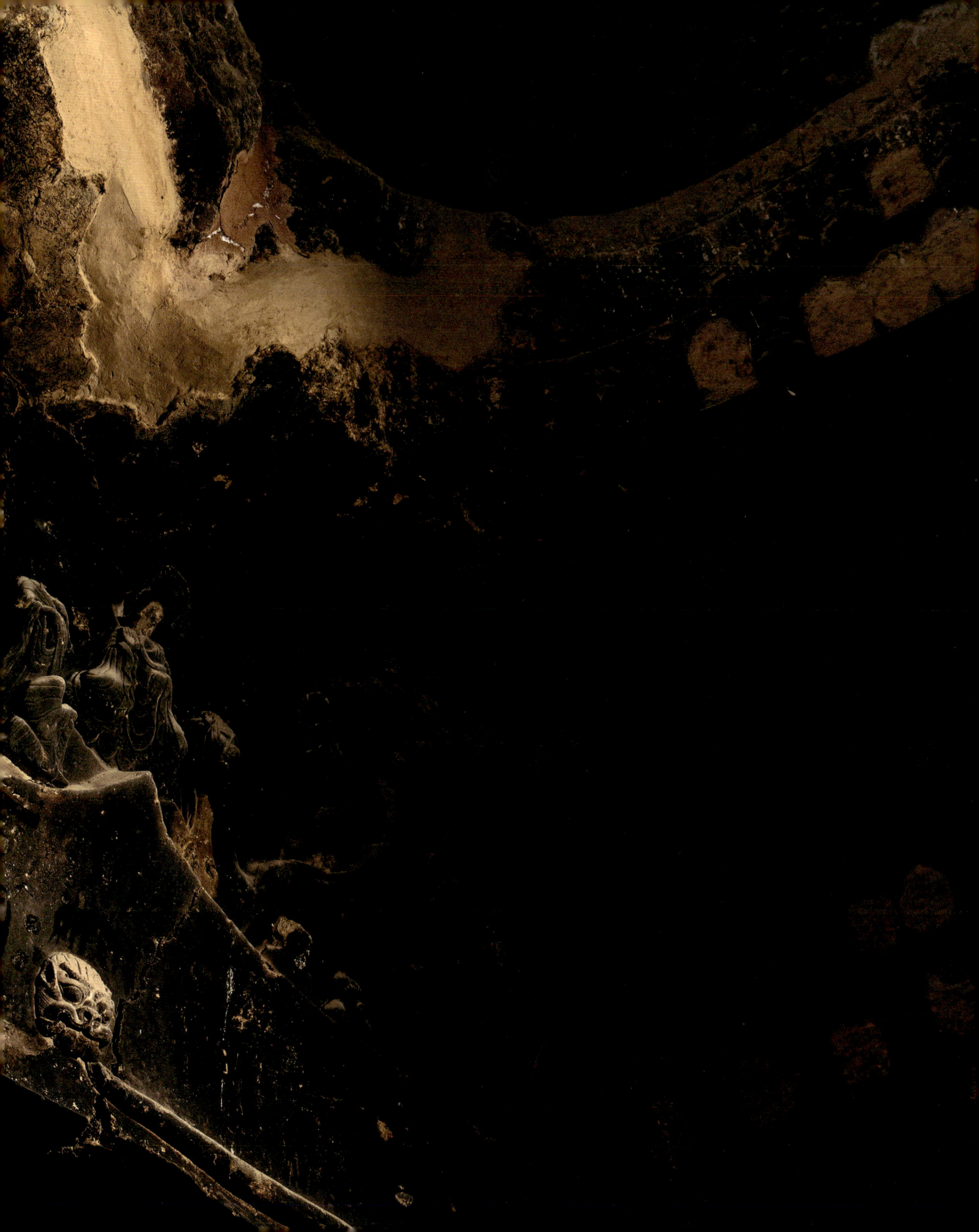

第 133 窟
11 号龛内主佛 北魏

第 133 窟
6 号龛内主佛 北魏

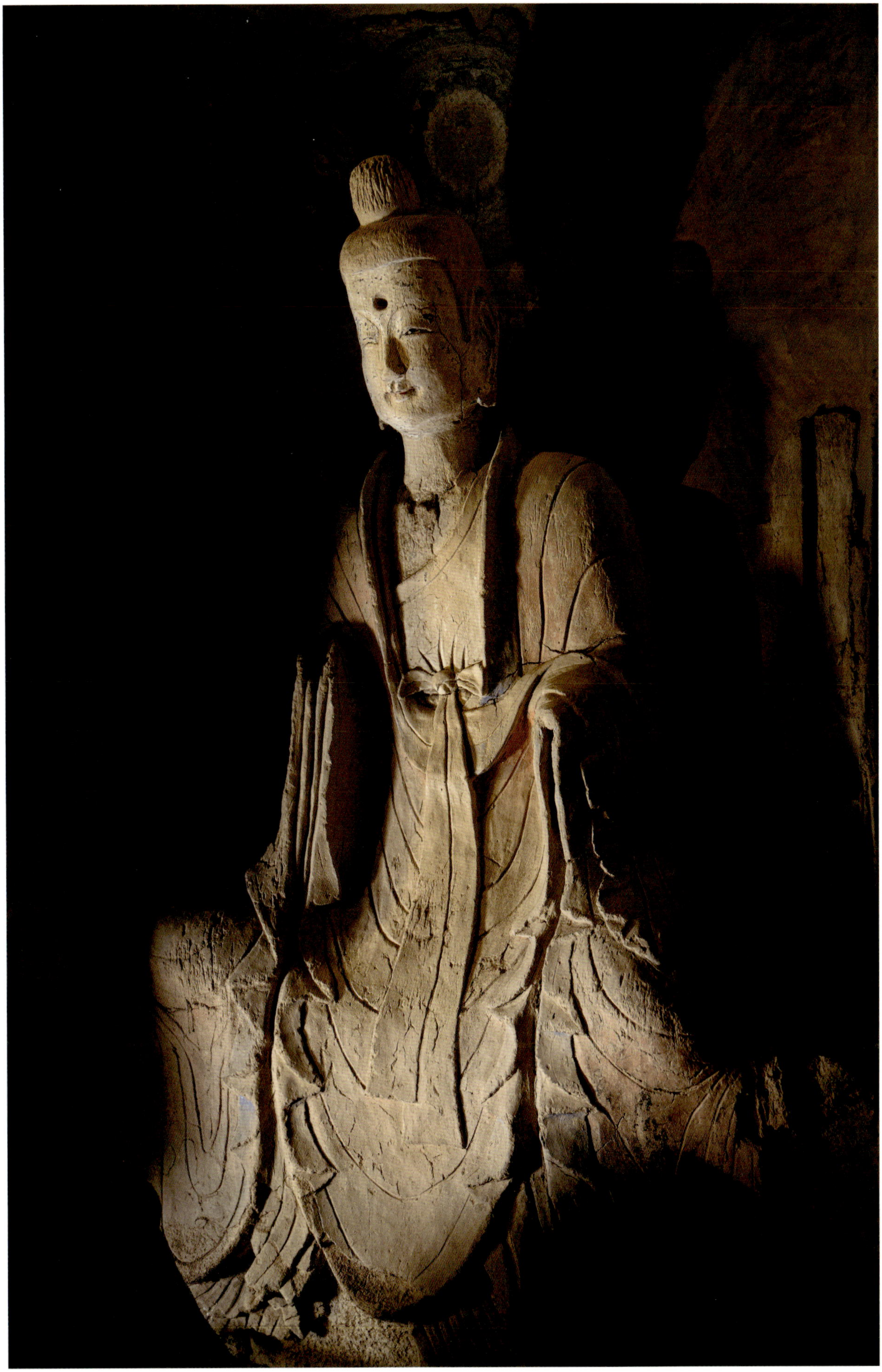

第 133 窟
3 号龛内造像 北魏

第 133 窟
3 号龛内左侧胁侍菩萨局部 北魏

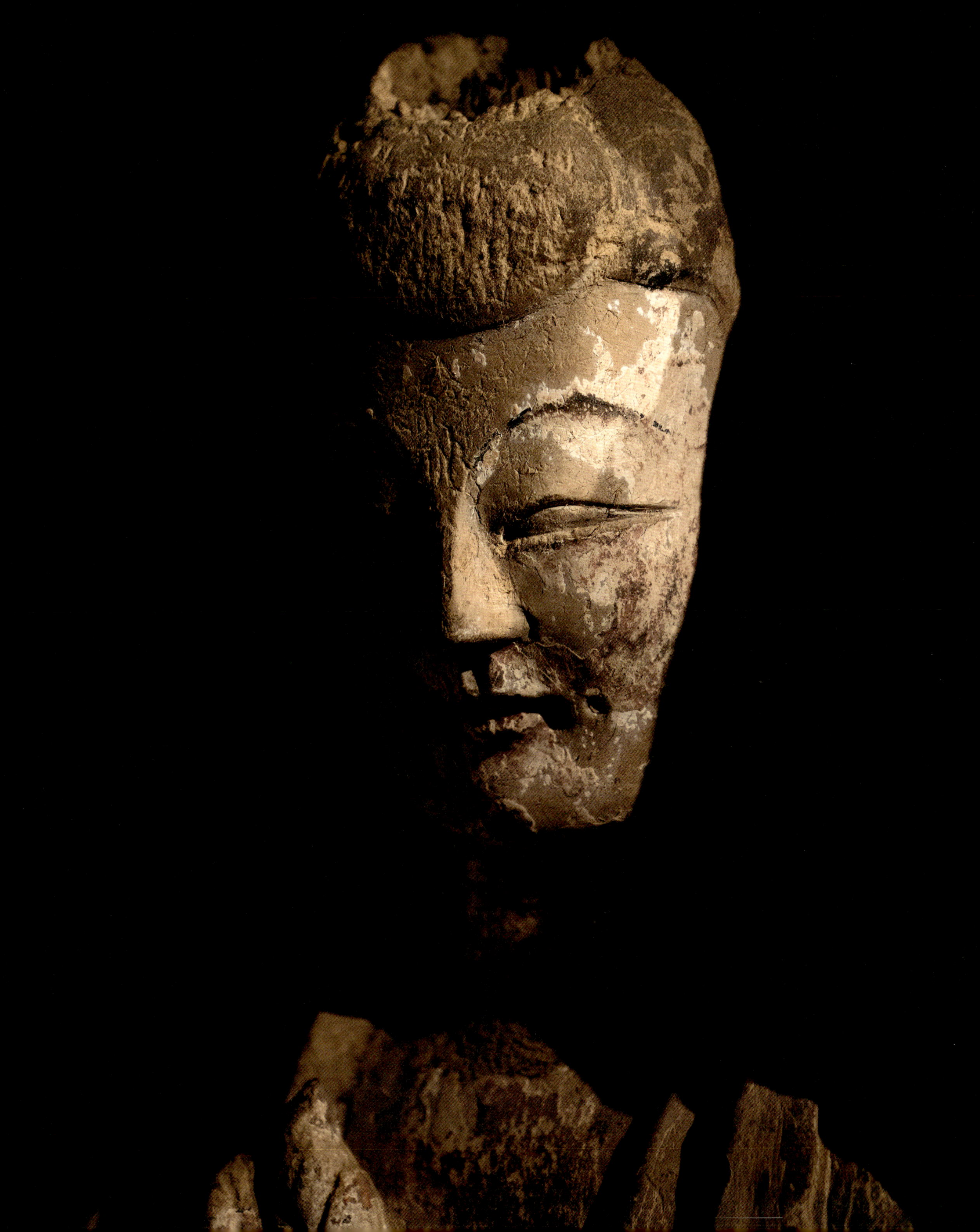

第 133 窟
2 号龛内主佛 北魏

第 133 窟
2 号龛内主佛悬裳特写 北魏

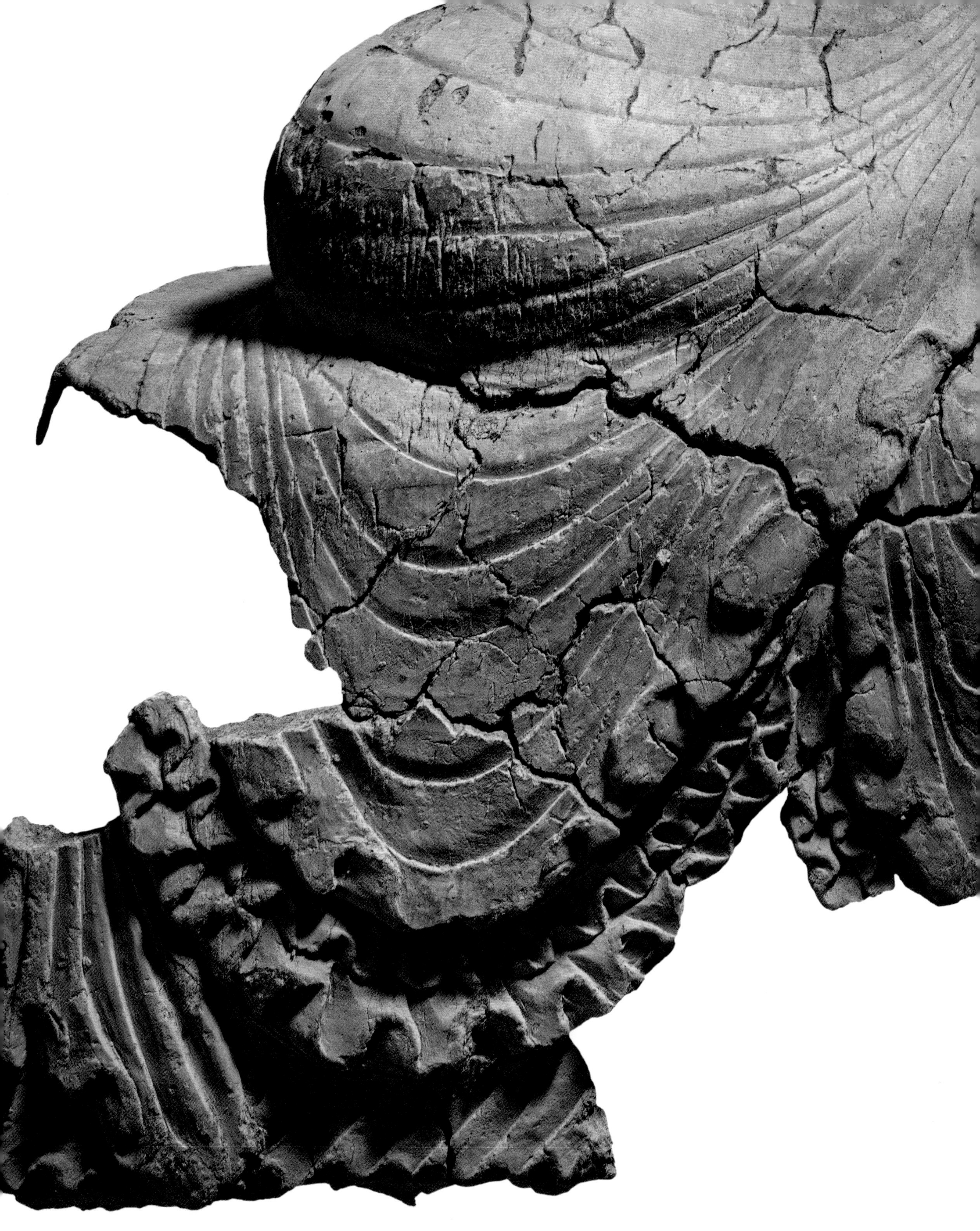

第 133 窟
9 号龛内造像 北魏

第 133 窟
9 号龛内弟子 北魏

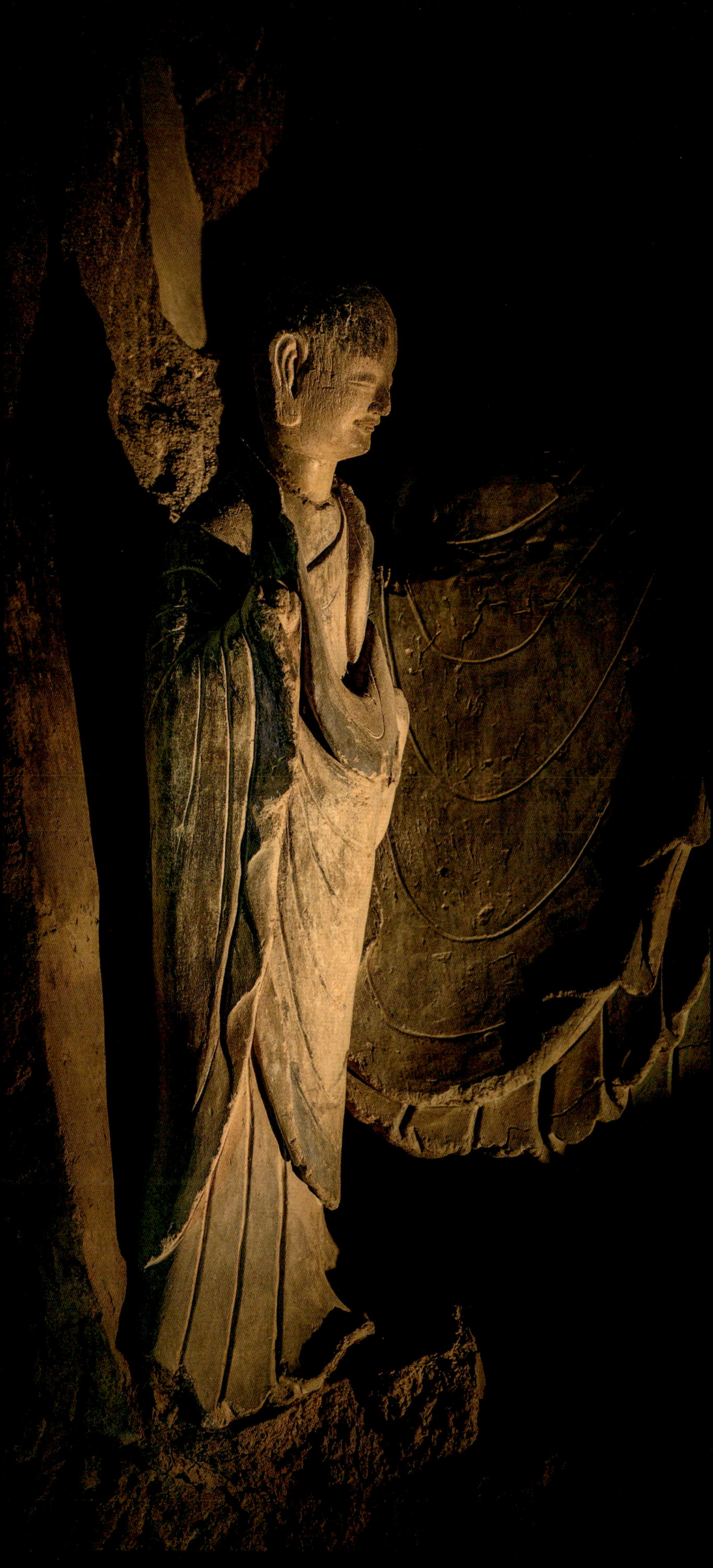

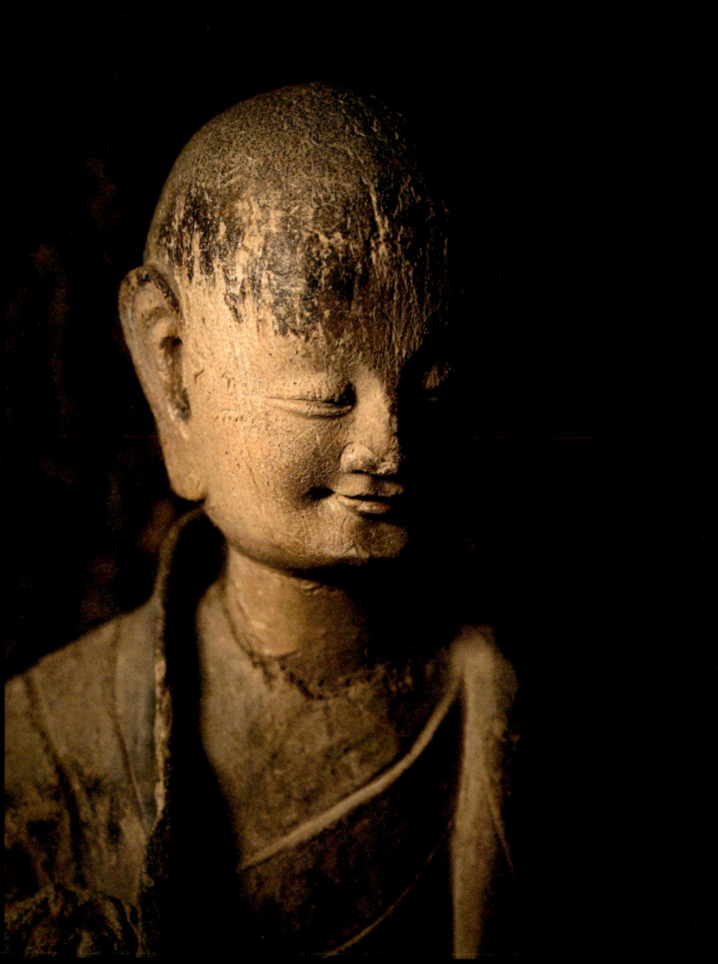

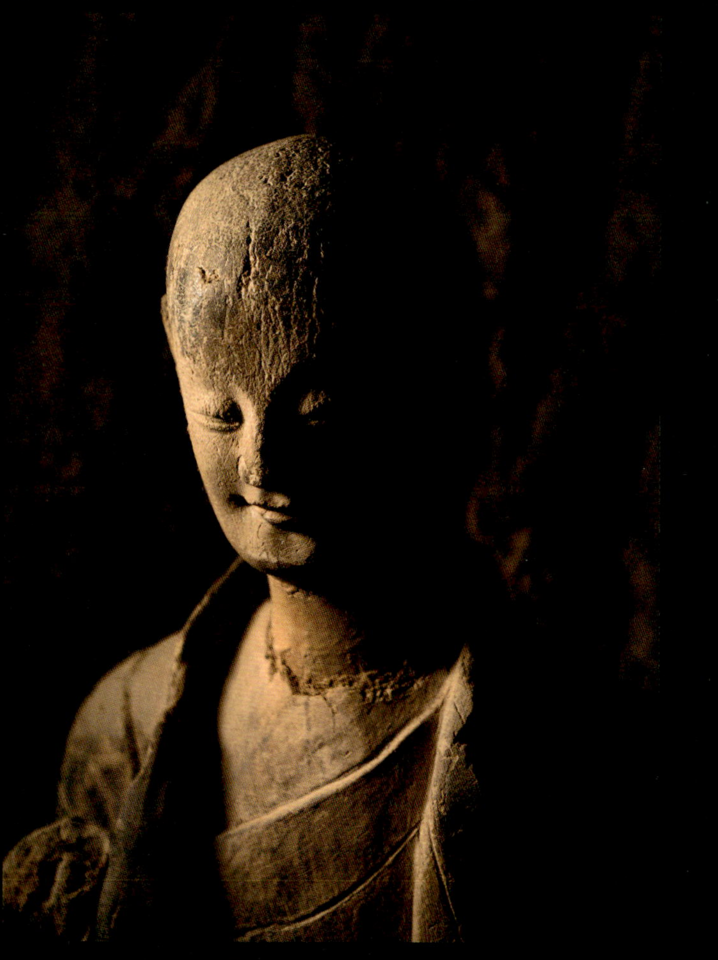

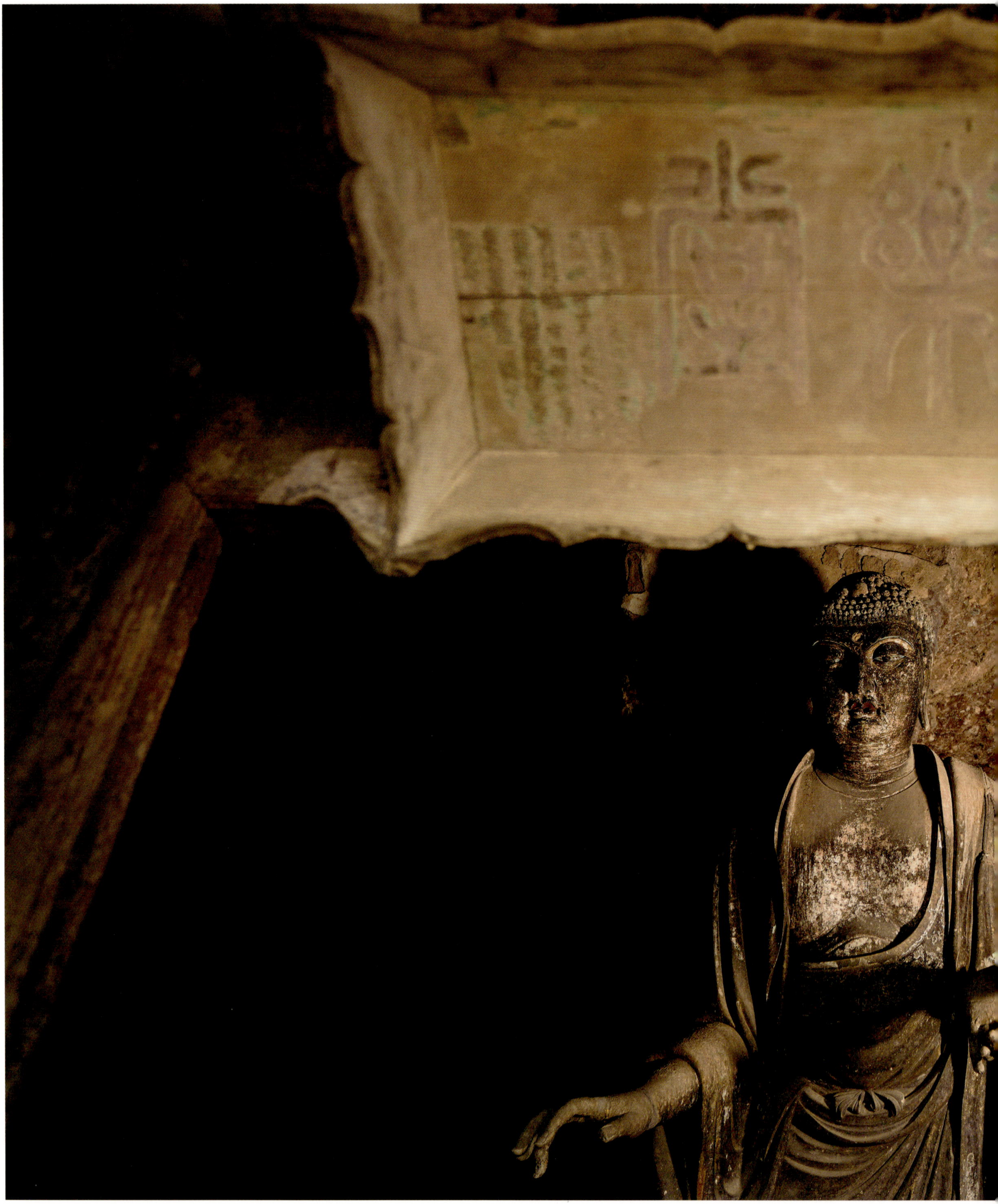

释迦会子

窟内前室正中有一组宋代补塑的一大一小两尊塑像，表现的是释迦牟尼成佛后会见儿子罗睺罗的情景。佛高3.50米，螺纹发髻，肉髻珠，方圆脸，细长眉，眉间有白毫相，双眼微启下视，面颊饱满圆润，表情含蓄。内着僧祇支，腰间束带，外着双领下垂袈裟，跣足立于三重仰莲瓣式莲台上。高大的身躯微微前倾，佛右手外伸，向下似乎要抚摸罗睺罗。罗睺罗高1.60米，涡纹发髻，肉髻珠，脸型饱满，弯眉细目，眉间有白毫相，双眼微启下视，眼角略带笑意。挺胸鼓腹，双手合十，恭敬地站在佛的右前方。整组造像体态优美，形神兼备，将佛祖的爱恋与深情、罗睺罗第一次见到父亲的生疏与委屈表现得淋漓尽致。这组作品具有宗教与艺术的双重感染力，直指人心，为宋代佳作。

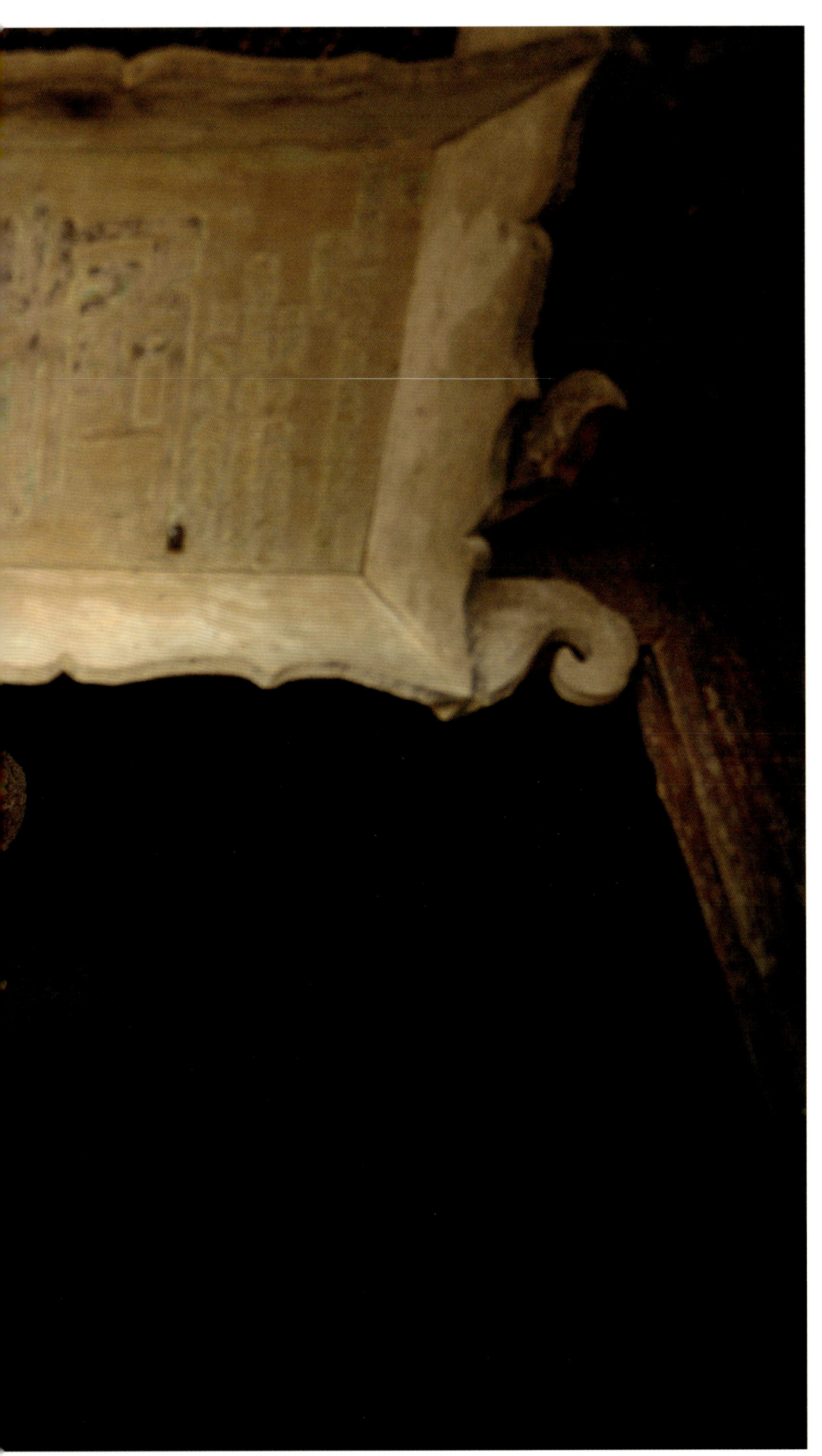

第133窟 前室主佛 宋

第 133 窟
前室主佛 宋

第 133 窟
前室主佛局部 宋

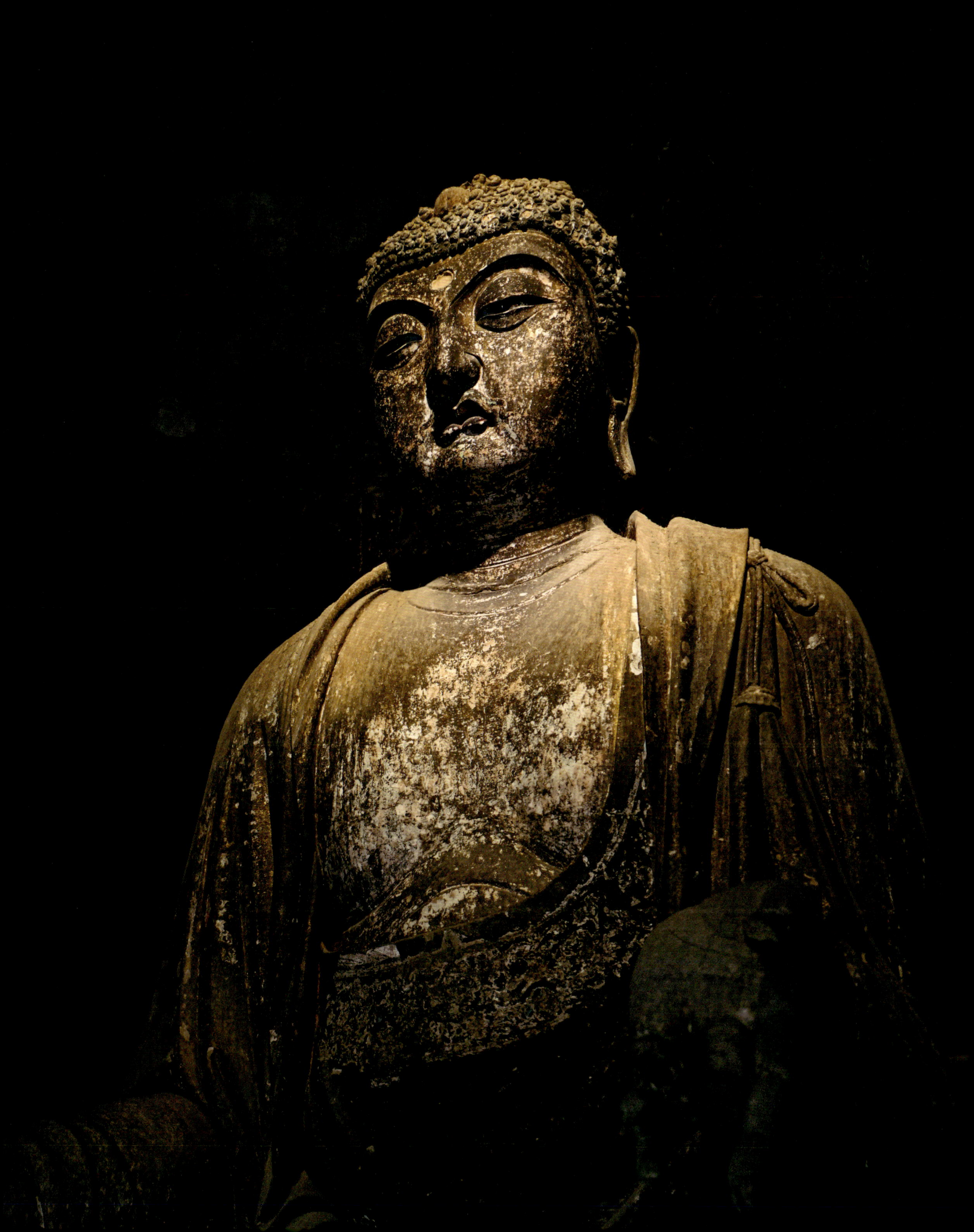

第133窟 前室主佛头部特写 宋

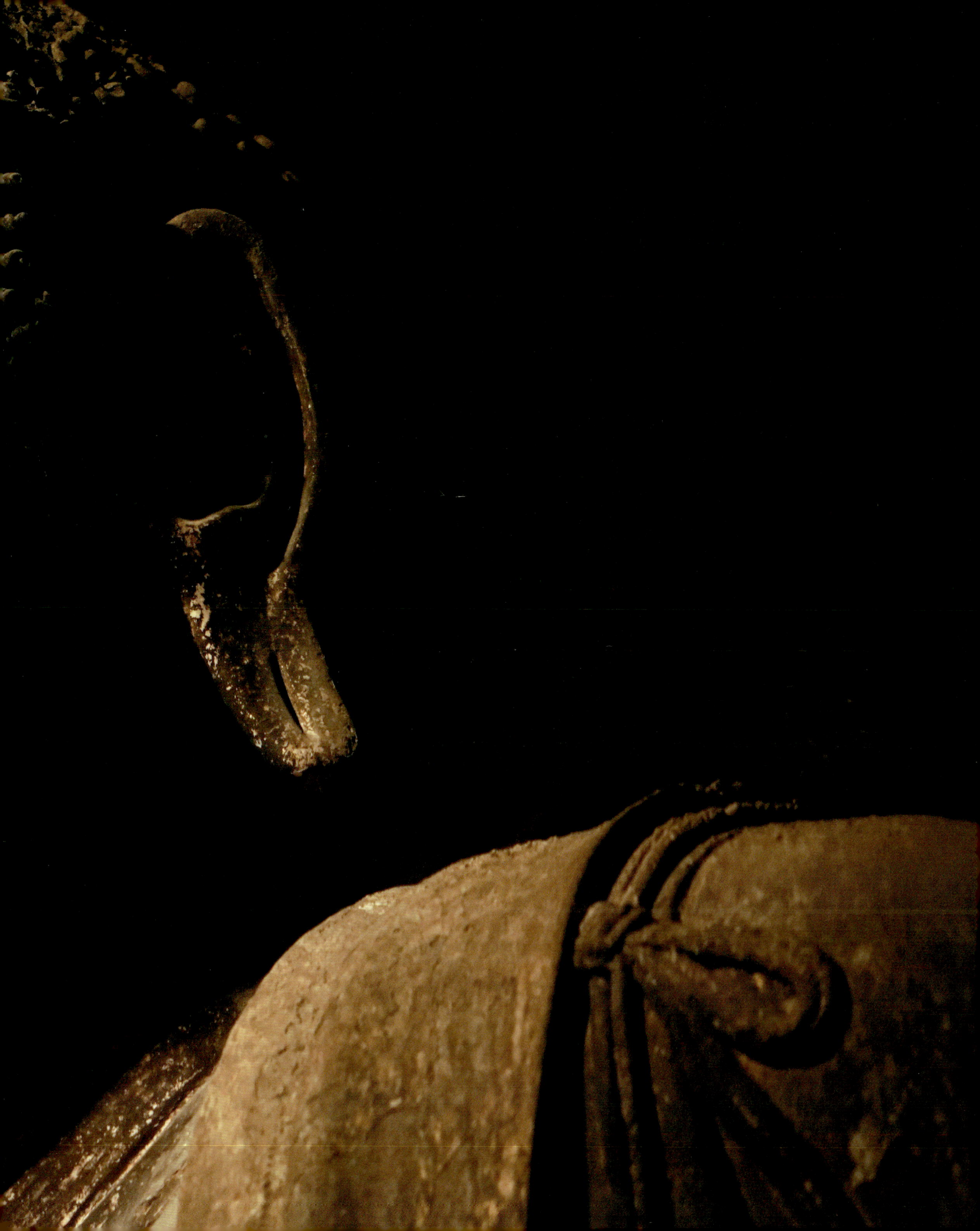

第 133 窟
前室罗睺罗局部 宋

第 133 窟
前室主佛局部 宋

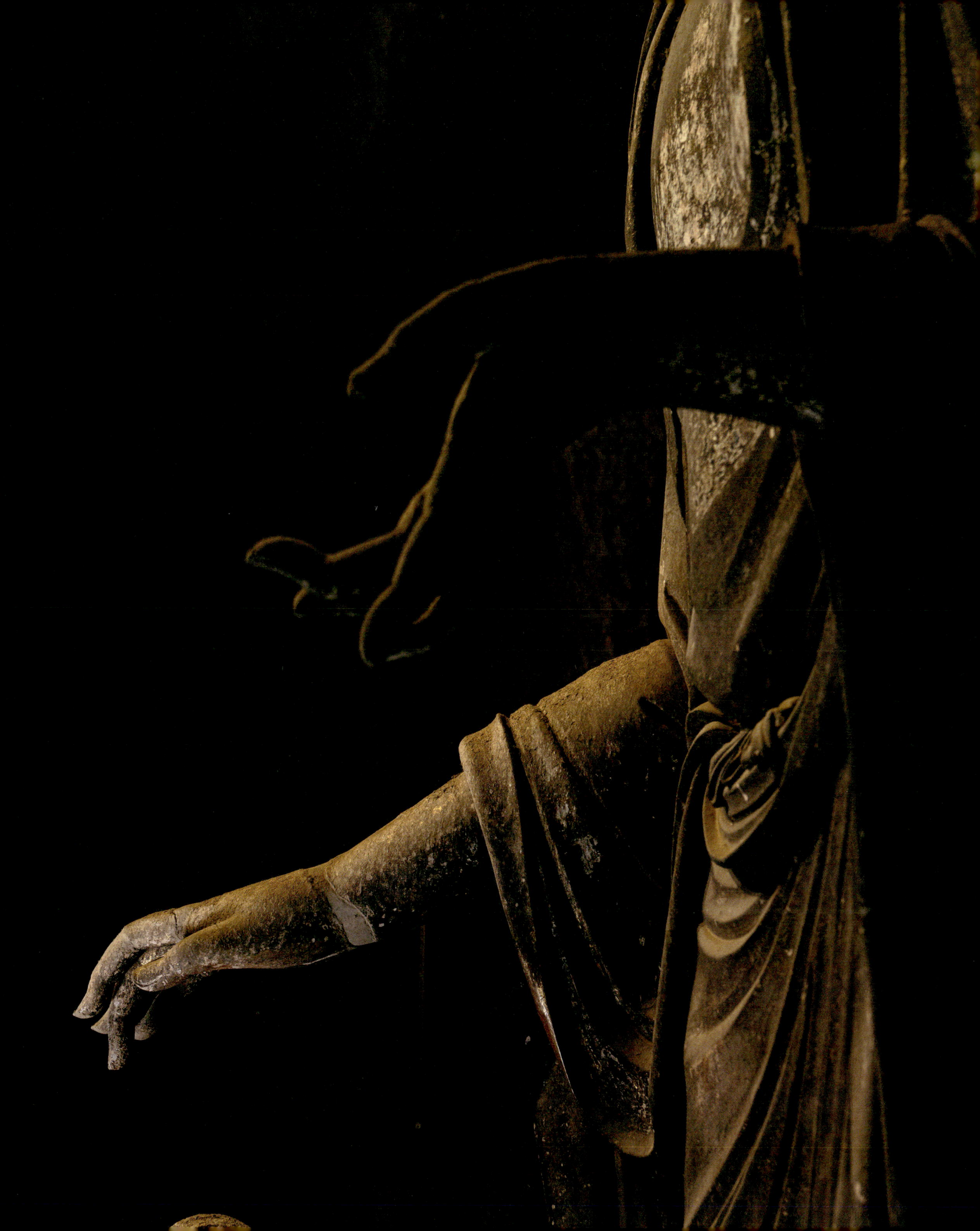

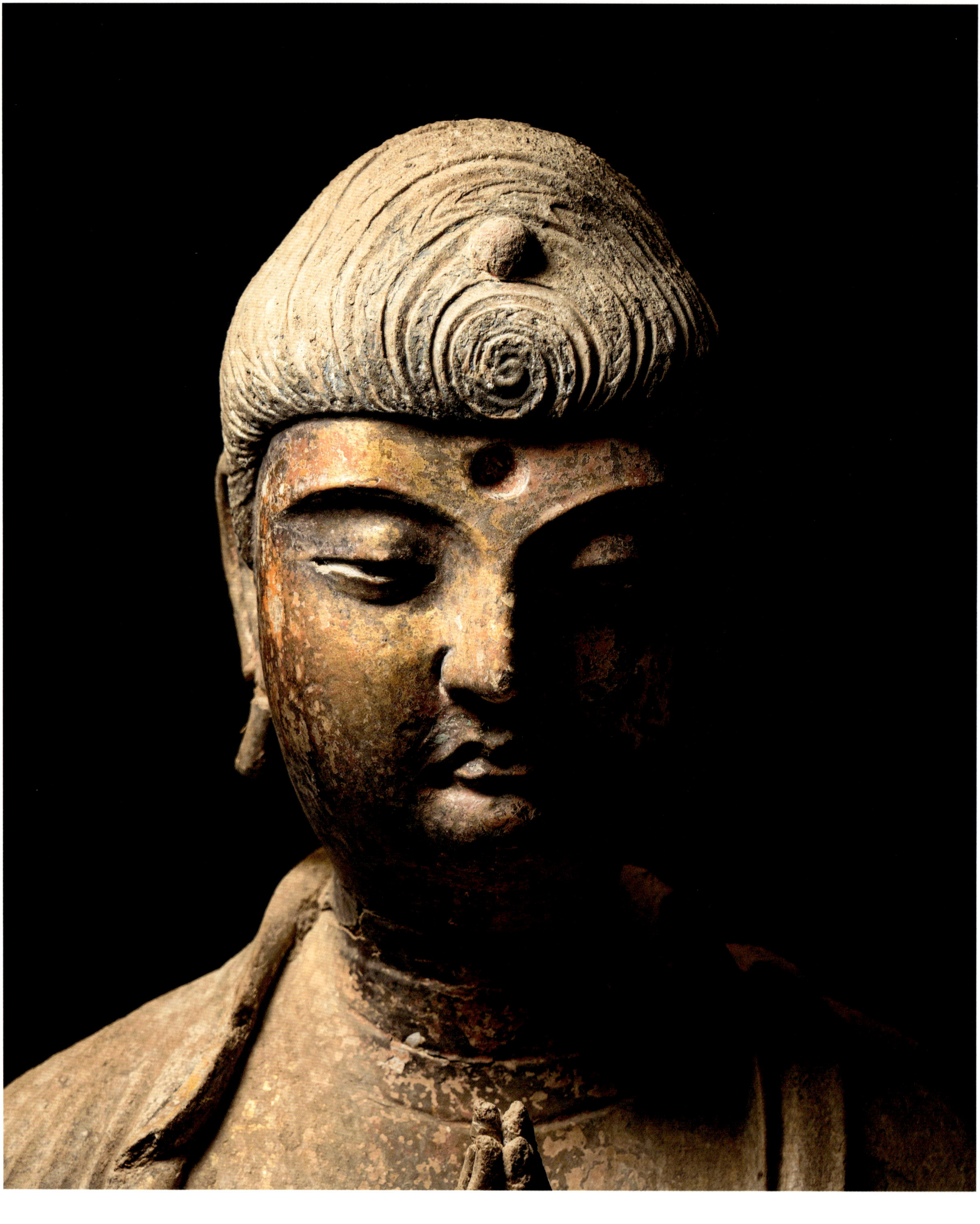

第 133 窟
前室罗睺罗头部特写 宋

第 133 窟
东侧后室正壁主佛头部特写 宋

10号造像碑（俗称佛传故事造像碑）

位于东侧后室前中央，花岗岩质，碑通高1.38米，宽0.78米，厚0.12米。长方形碑，圆拱碑头，通碑从上到下，从左到右，均采用了三段构图的方式，在各个分格内雕刻佛传故事或经变。碑身上段正中雕「释迦多宝并坐说法」，左侧上、下两个分栏，上部雕「阿育王施土」「菩萨树下思惟」，下部雕「释迦佛涅槃」。右侧雕「深山剃度」；中段正中雕「交脚弥勒说法」，左、右两侧上、下各两个分栏，左侧上部雕「乘象入胎」，右侧上部雕「腋下诞生」「九龙灌顶」，下部雕「燃灯授记」「借花献佛」；下部雕「降魔」「释迦说法」，左、右两侧上、下各两个分栏，左侧上部雕「文殊和维摩诘对坐说法」，下部一建筑内两身金刚力士及一只蹲狮。右侧上部雕「鹿野苑说法」，下部一建筑内两身金刚力士及一只蹲狮。

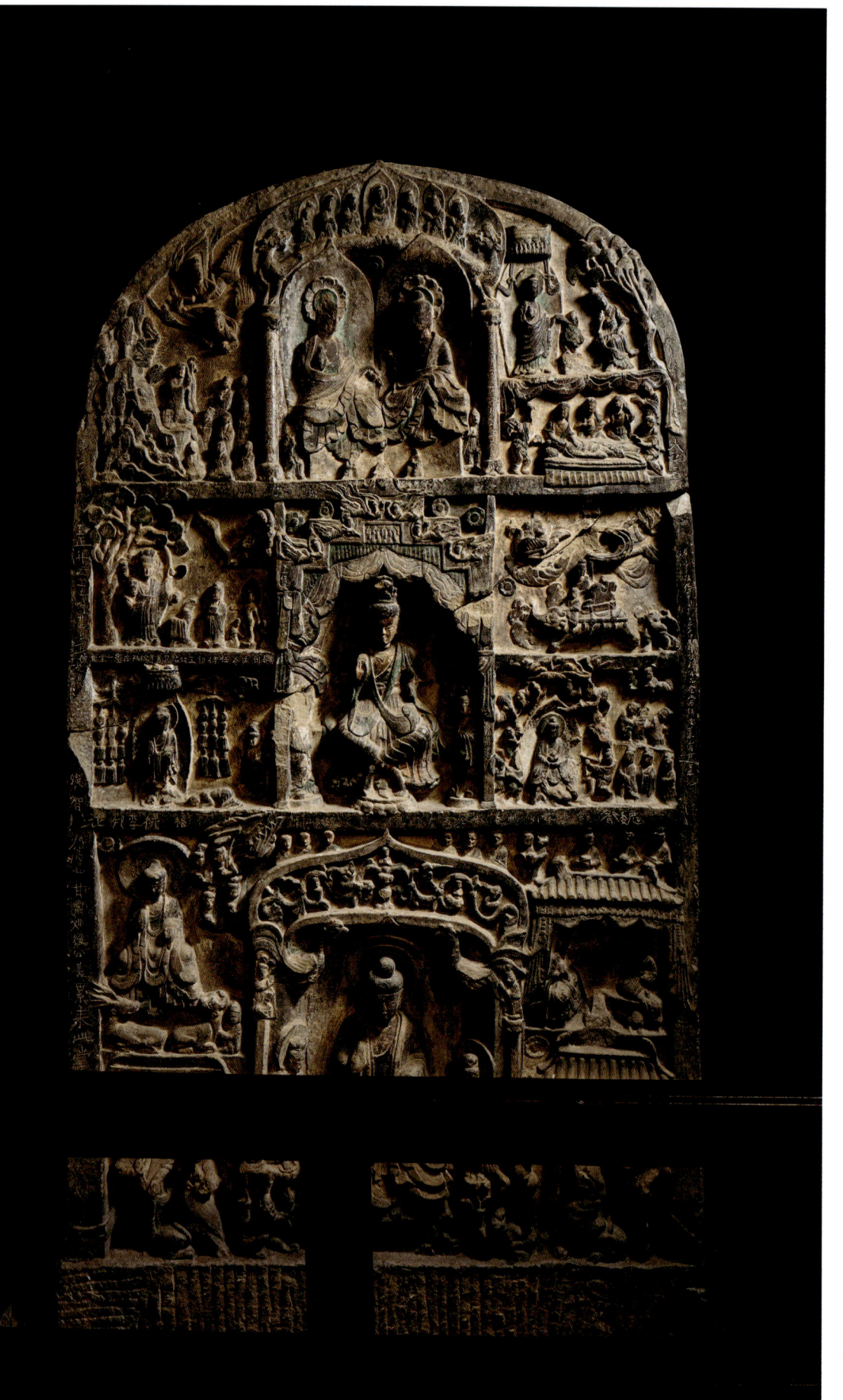

第133窟
10号造像碑 北魏

第133窟
10号造像碑局部 北魏

文殊和维摩诘对坐说法

位于碑下段左侧上格。正中一建筑，屋檐和建筑两侧都有垂帐，帐内左侧维摩诘戴小冠帽，着长衫，右手持扇，跪坐在床榻之上，榻下方一只似狗的动物形象。右侧文殊戴花冠，帛带自双肩垂下至胸下交叉上绕搭肘上垂下外飘，下着长裙，结跏趺坐于方形坛座之上，台座前刻物，似香炉。屋顶上三身双手捧供物的菩萨，右侧屋角处有一朵莲花中有两身化生童子。

金刚力士

位于碑下段左侧下格。一建筑内两身金刚力士，左侧一身高发髻，上身着交领衣，帛带从两肩垂下至胸下交叉上绕搭肘外侧垂飘，下着长裙，左手握金刚杵立地，右手小臂平放胸前。右侧一身力士双手合十，身前蹲一只踞狮。

释迦多宝并坐说法

位于碑上段正中。圆楣尖拱形龛,龛楣为二龙回首状。龛楣上方正中一身坐佛,左、右各三身供养菩萨。龛内释迦多宝佛并坐说法,佛作磨光高肉髻,右侧一身佛头部残损,均着袒右袈裟,下摆左右分为两瓣垂于座前。右侧佛伸出左手,左侧佛伸出右手,作相互交谈状。二佛身后浮雕莲瓣形背光和圆形莲花项光,背光之间刻一朵圆莲花。台座前正中刻物已毁,左、右刻一身供养菩萨,左、右两侧各刻一身力士。

深山剃度

位于碑上段右侧格。右侧为起伏的山峦,有树木、动物、禅定僧人等形象。在一平台之上,有跪坐人物右手持剃刀,左手执长发做割发状,其前方有七身弟子,其中靠前两身结跏趺坐,后侧五身站立。上方有两身飞天凌空飞舞作散花状。

阿育王施土

位于上段左侧上格内右侧。宝盖下刻一身立佛，着袒右袈裟，左侧三名孩童相互叠摞，最上一孩童双手做捧物状向佛献供。

菩萨树下思惟

位于上段左侧上格内左侧。菩提树下一身束高发髻、上身袒露、下着长裙的坐姿菩萨，右腿翘起，右脚放在左侧大腿之上，右臂屈肘上举，右手做托腮状。

释迦佛涅槃

位于上段左侧下格。释迦佛平躺在长方形榻床上，身后站立四身披发、戴项圈、上身袒裸，肩披巾，下着束腰长裙，为悲叹痛苦之状的眷属；足下为一身跪弟子，双手握佛足。此弟子上方另刻一身立弟子，双手做合十状；佛头前部刻一身束高发髻、斜披巾、着短裤，身背包袱状物，做行走状的人物。

腋下诞生

位于碑中段右侧上部，摩耶夫人立于无忧树下，束高发髻，着双领外衣，左手向上攀树枝，衣袖内露出一孩童头部。夫人右侧和身后各有一身侍女搀扶着夫人。

交脚弥勒说法

位于碑中段正中，交脚弥勒高髻宝冠，戴桃形项饰，内着僧祇支，帛带自双肩垂下至腹前交叉上绕搭双臂上左右自然飘落，肩部有圆形饰物。右手于右胸前施无畏印，下着束腰长裙，双脚相互交叉置于莲台之上。

释迦说法

位于碑下段正中,圆拱尖楣龛,龛两侧各一只凤凰,展翅欲飞,尖拱形龛楣中缠枝忍冬,其间莲花化生童子三身。龛楣上方左、右各三身弟子,龛楣多边形龛柱上下浮雕莲花,柱顶端莲上各一身供养菩萨,柱下方各一身力士脚踏口衔莲花、双手托举柱的小鬼。龛正中一佛,旋涡纹高肉髻,内着僧祇支,束腰带,外着双领下垂袈裟,右手施无畏印,左手施与愿印。结跏趺坐于方形台座上。佛左、右两侧各一身胁侍菩萨,戴花冠,帛带从双肩垂至胸前交叉上绕搭双肘两侧垂下外飘,下着长裙,有圆形项光。

第 133 窟
7 号造像碑局部 北魏

第 133 窟
1 号造像碑 北魏

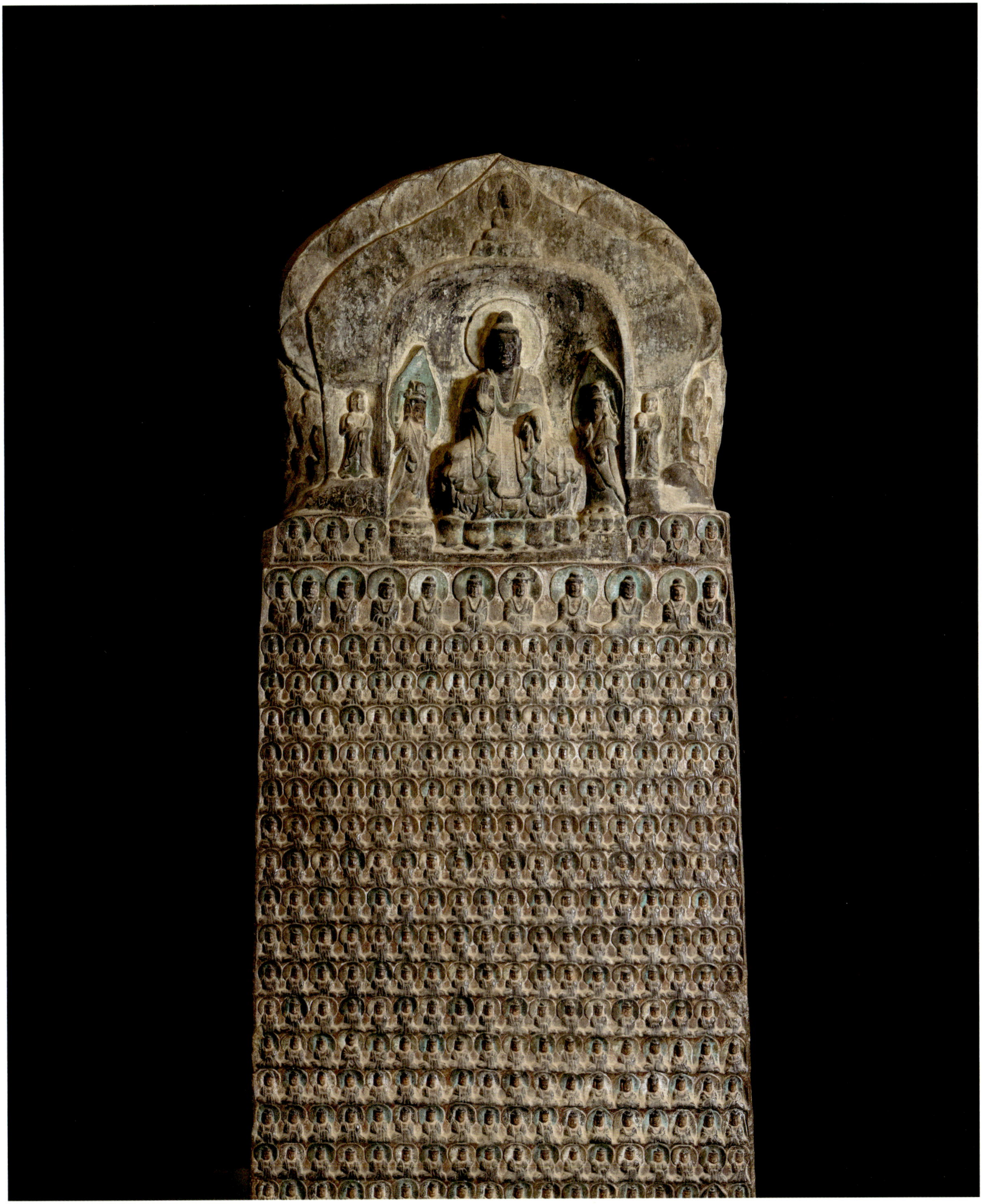

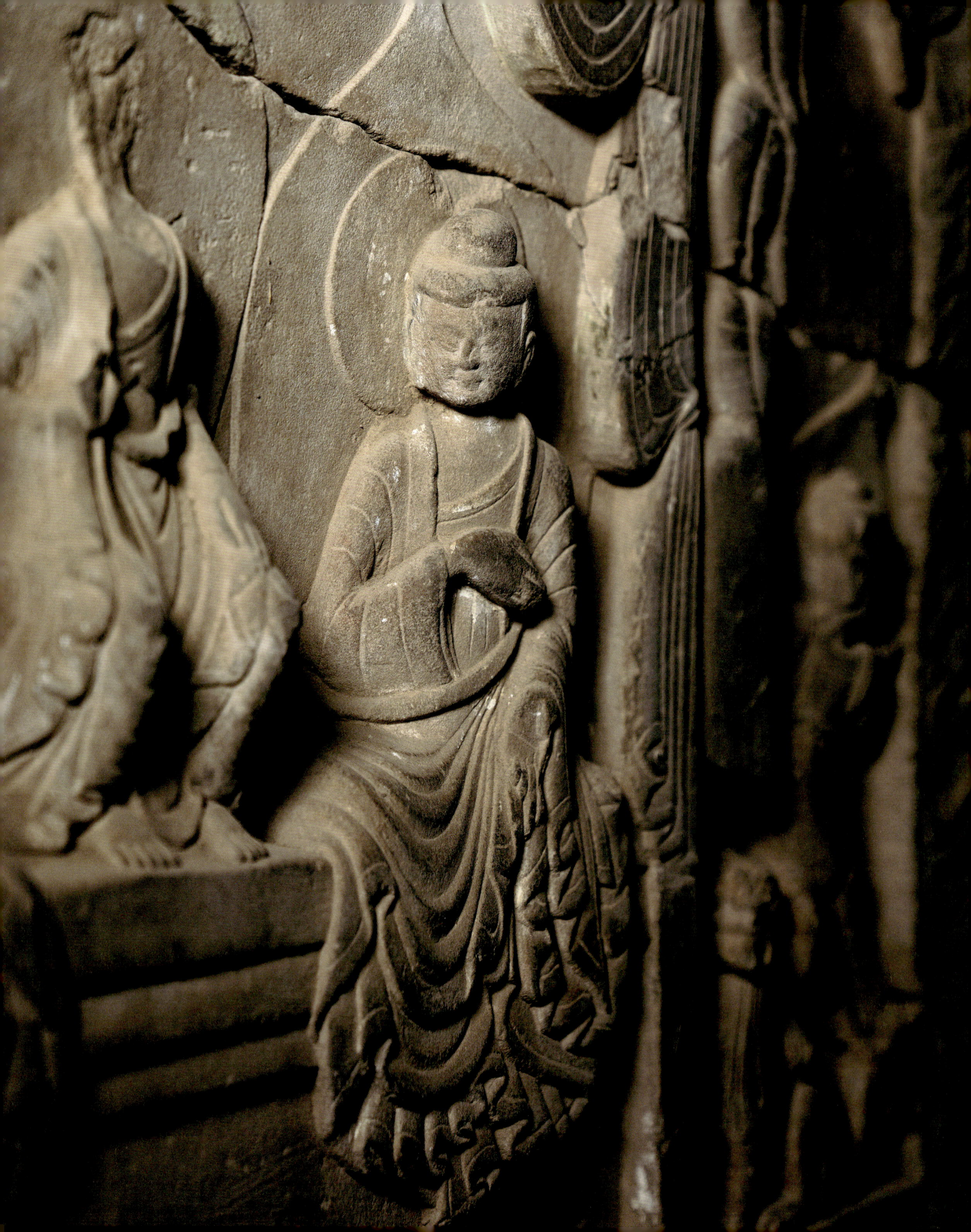

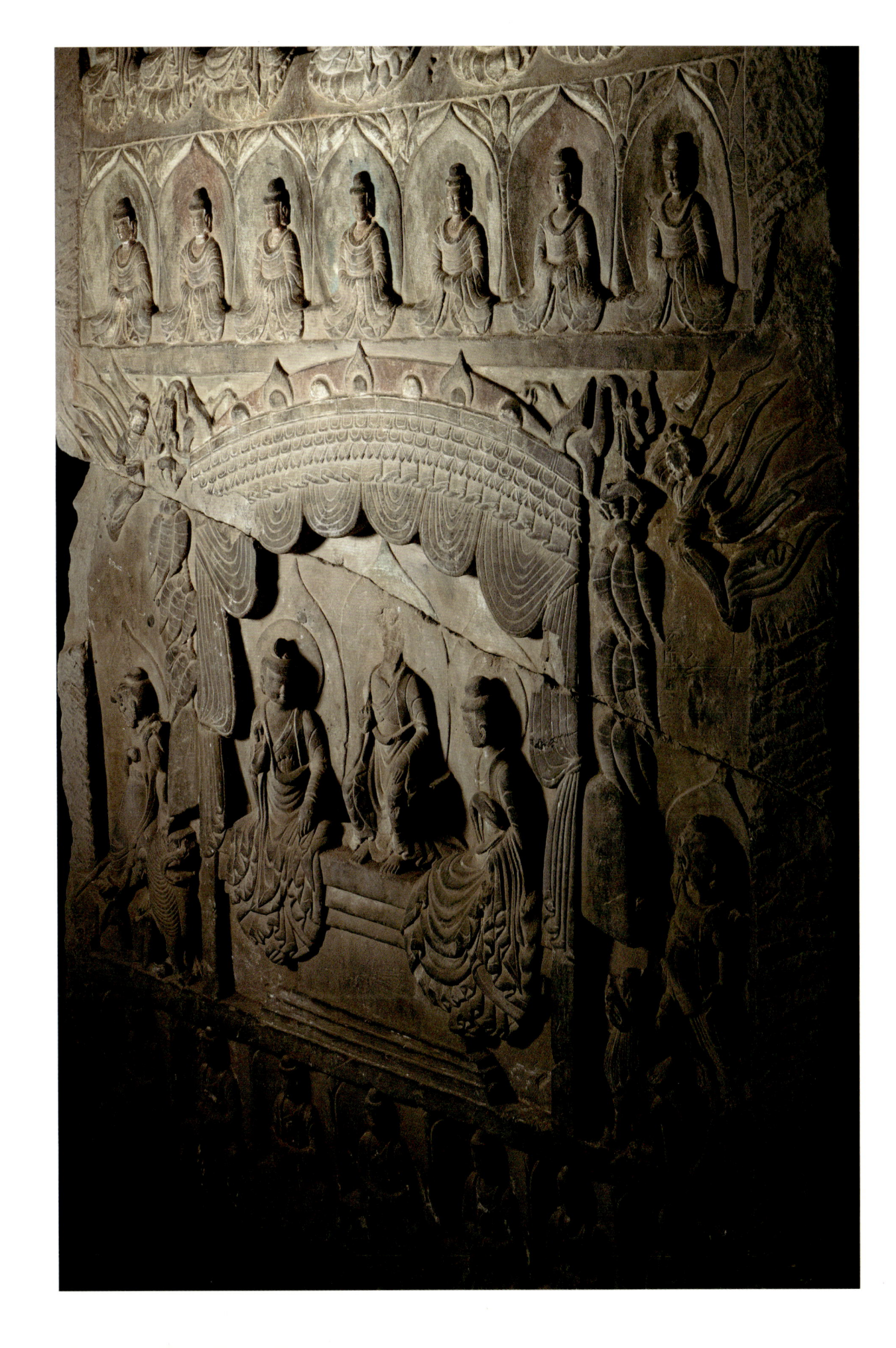

第133窟
16号造像碑局部 北魏

第133窟
16号造像碑 北魏

第133窟 16号造像碑飞天 北魏

飞天

汉语『飞天』一词，最早见于东魏成书的《洛阳伽蓝记》。书中记载：『有金像辇，去地三丈，施宝盖，四面垂金铃七宝珠，飞天伎乐，望之云表。』飞天的形象源自古老的印度神话，为婆罗门教中的二位小天神『乾达婆』和『紧那罗』。它们是能歌善舞的天人，后来成为侍奉供养佛的小神灵，司音乐，散花和礼拜之职。每当佛讲经说法，以及最后佛涅槃之时，它们都凌空飞舞，奏乐散花。按佛经所示，飞天的职能有三：一是礼拜供奉，表现形式为双手合十，或双手捧花果奉献；二为散花施香，表现形式为手托花盘、花瓶、花朵，或拈花散布；三为歌舞伎乐，表现形式为手持各种乐器，演奏、舞蹈。

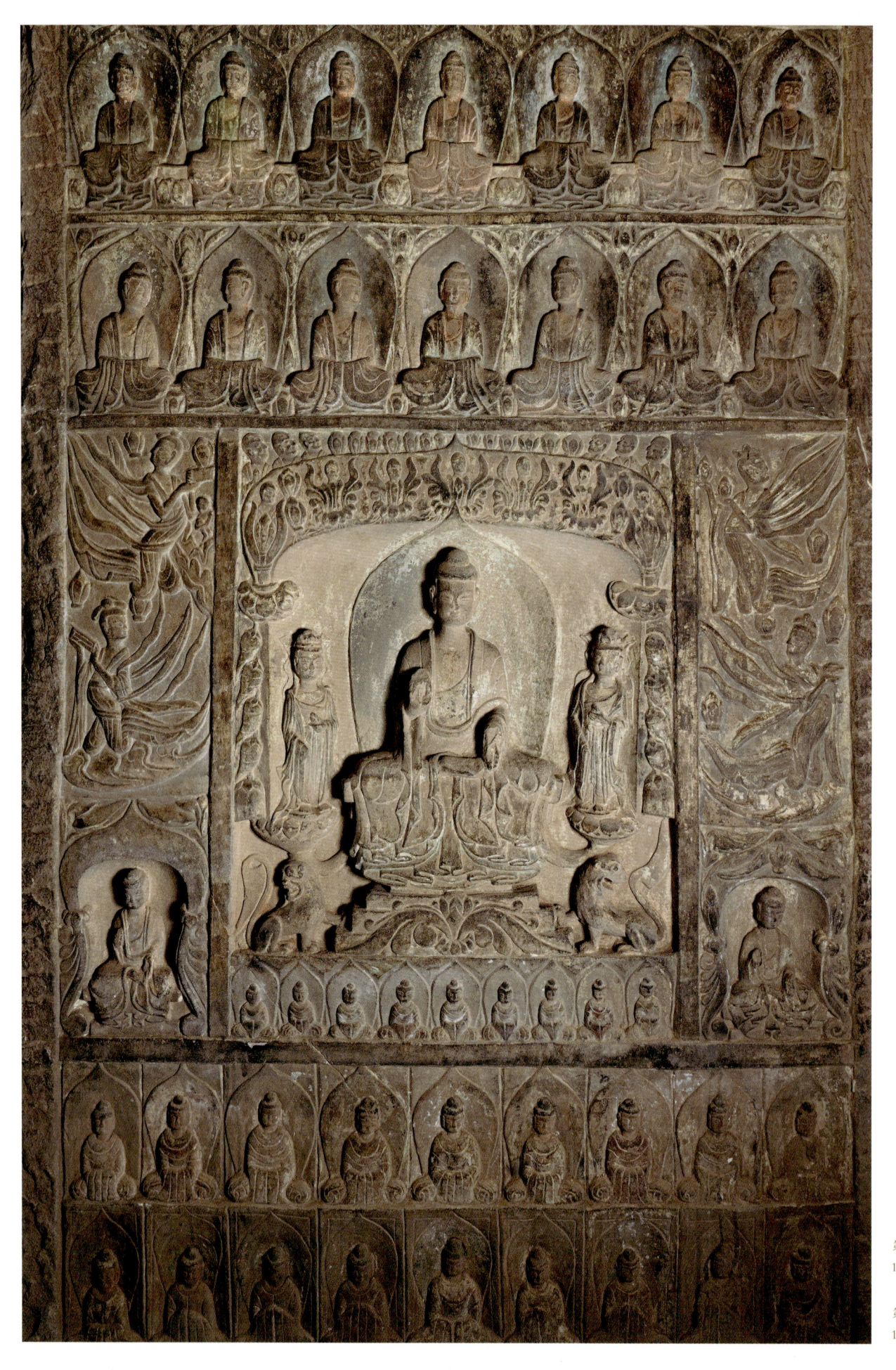

第 133 窟
11 号造像碑 西魏

第 133 窟
11 号造像碑飞天 西魏

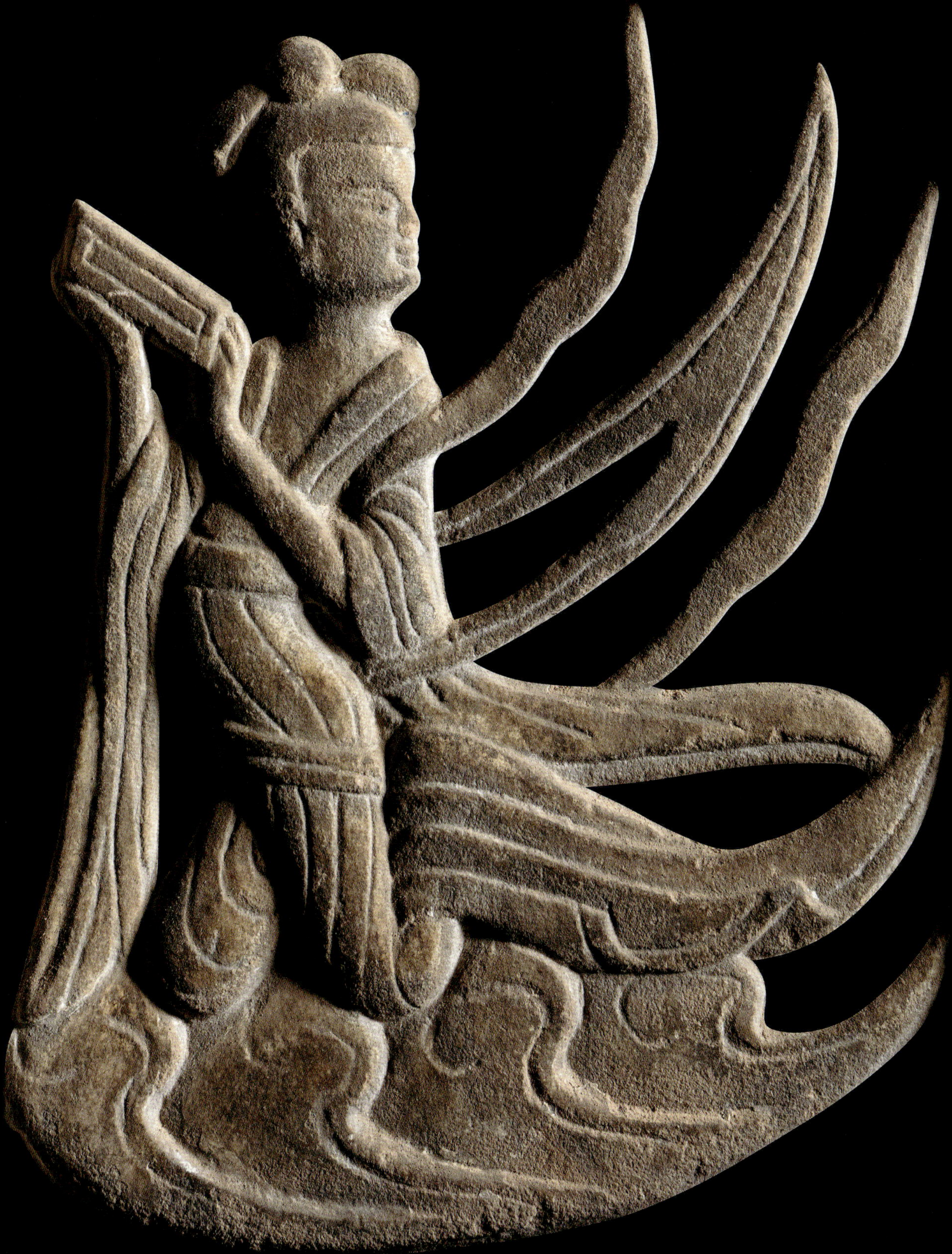

第121窟　北魏（宋重修）

此窟位于西崖西上区，窟门距地面廊道1.42米，平面方形重层覆斗顶窟，高2.53米、宽2.36米、进深2.13米。三壁三龛。正壁龛内塑一佛二弟子，两侧坛台上悬塑弟子；龛外左、右侧各塑一弟子。左、右壁龛内各塑一菩萨，龛外里侧各塑一身菩萨。前壁左、右两侧各塑一身力士。正壁龛内主佛高1.47米。头部以及上身部分为宋代重修，袈裟下摆部分为原作。龛内二弟子皆内着僧祇支，腰系长裙，外着袈裟，足蹬云头履，躬身侍立。正壁龛内两侧上部各塑五身弟子，现存八身，这种做法在麦积山现存洞窟仅见。其服饰相同，神态各异，左壁弟子面相苍老，右壁弟子面相较年轻。龛外左侧塑螺髻梵王，高1.25米。顶束螺形高髻，额前有阴刻线发瓣，双眼微眯；内着僧祇支，下着坠地长裙，外着开襟大衣；双手合十，足蹬云头履，身后浮塑莲瓣形背光。右侧弟子高1.20米。光头，头向右侧微倾，双目紧眯，面露微笑；内着长衫，外着袈裟，衣摆搭于左臂上，双手微合似张，足蹬云头履，身后浮塑莲瓣形背光。左、右二壁龛内菩萨原为坐佛，宋代改塑为菩萨头饰，袈裟下摆为原作。左、右壁龛外内侧二菩萨均头顶束扇形高髻，前额有阴刻线发瓣；头向前微倾，双目细长，面带微笑；上身微倾，身着交领长衫，腰间系带，帛带自肩部下垂于膝部交叉，再上卷搭于双臂；手持莲蕾，足蹬云头履，身后浮塑莲瓣形背光。前壁两侧力士，头部宋代重修；手持金刚杵，刚健雄武，具有一种威严震慑的气魄。

第121窟
正壁造像　北魏

第121窟
正壁与左壁夹角处螺髻梵王与菩萨　北魏

第121窟
正壁与右壁夹角处弟子与菩萨　北魏

窃窃私语

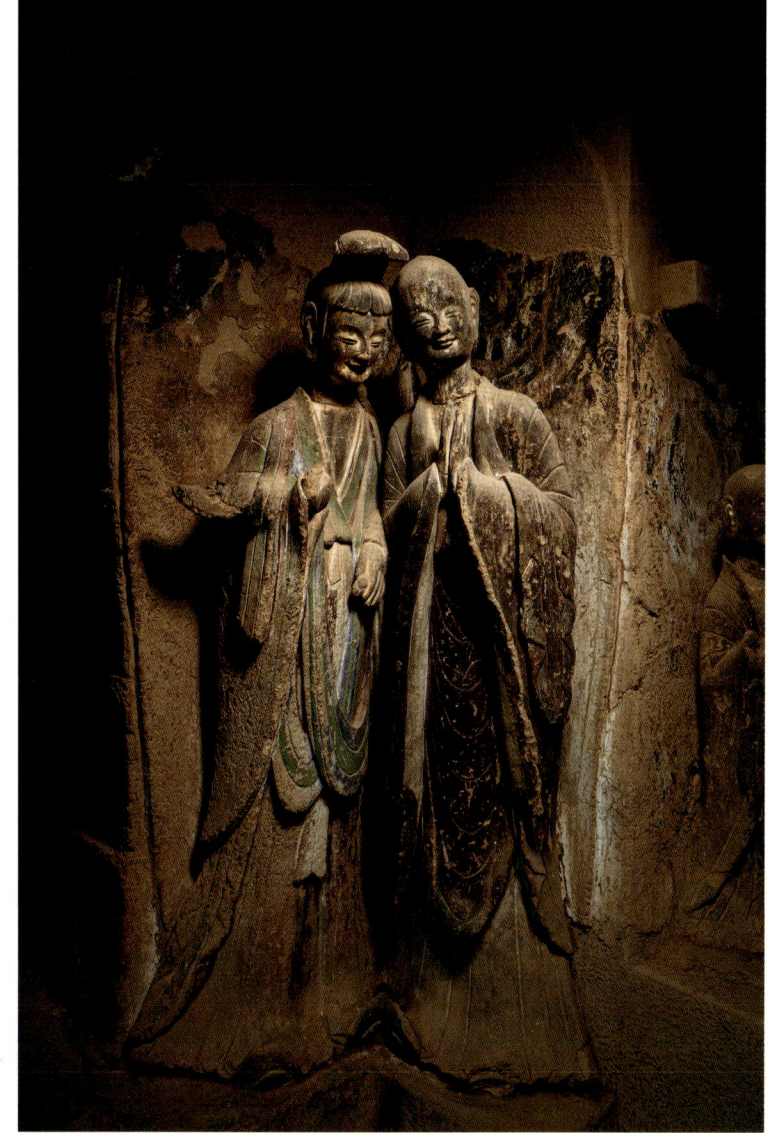

此窟最引人注目的，是被人们广为赞誉的『窃窃私语』组像，为麦积山世俗化造像的经典之作。左、右两壁的胁侍菩萨与正壁龛外两侧的比丘及螺髻梵王两两贴近。这两组人物造型眉清目秀，嘴角含笑。其上身微微前倾而且肘、肩和头部完全靠拢在一起。形象及神态刻画得生动有趣，他们仿佛在佛陀说法的循循诱导之下互相发出会心的微笑。而菩萨与比丘组合，又仿佛是人间的一对少男少女在脉脉含情、窃窃私语，这种只有在世俗生活中才可以见到的情景，却出现在麦积山石窟的佛教造像群中，完全冲破了佛教禁欲主义的范式，突出了世俗人情的趣味。这两组人物的脸部表情，丝毫没有传统佛教造像仪轨中庄严、威慑的宗教氛围，有的只是对世俗生活中自然情景的捕捉、形态生动、充满着青春活力与动人的情感，使人倍感自然与亲切。使我们既感到佛国的庄严肃穆，又深深地被现实生活的多姿多彩所感染。虽然经历了一千多年历史的变迁和洗礼，站在这些艺术品前，我们似乎仍能感受到那个时代的生活脉搏，能听到那个时代世俗男女的话语，甚至能与他们进行某种思想、文化、心灵的交流。这种浓烈的中国化、民族化、人格化、世俗化特征，是麦积山石窟具有跨越历史的艺术魅力之所在。凡看到这两组像的人，无不为它那匠心独运的构思、巧妙的组合，充满生活气息又极富人情味的造型艺术所赞叹。

第121窟 正壁与左壁夹角处螺髻梵王与菩萨局部 北魏

第121窟 正壁与右壁夹角处弟子与菩萨局部 北魏

第 121 窟 正壁与右壁夹角处弟子与菩萨局部 北魏

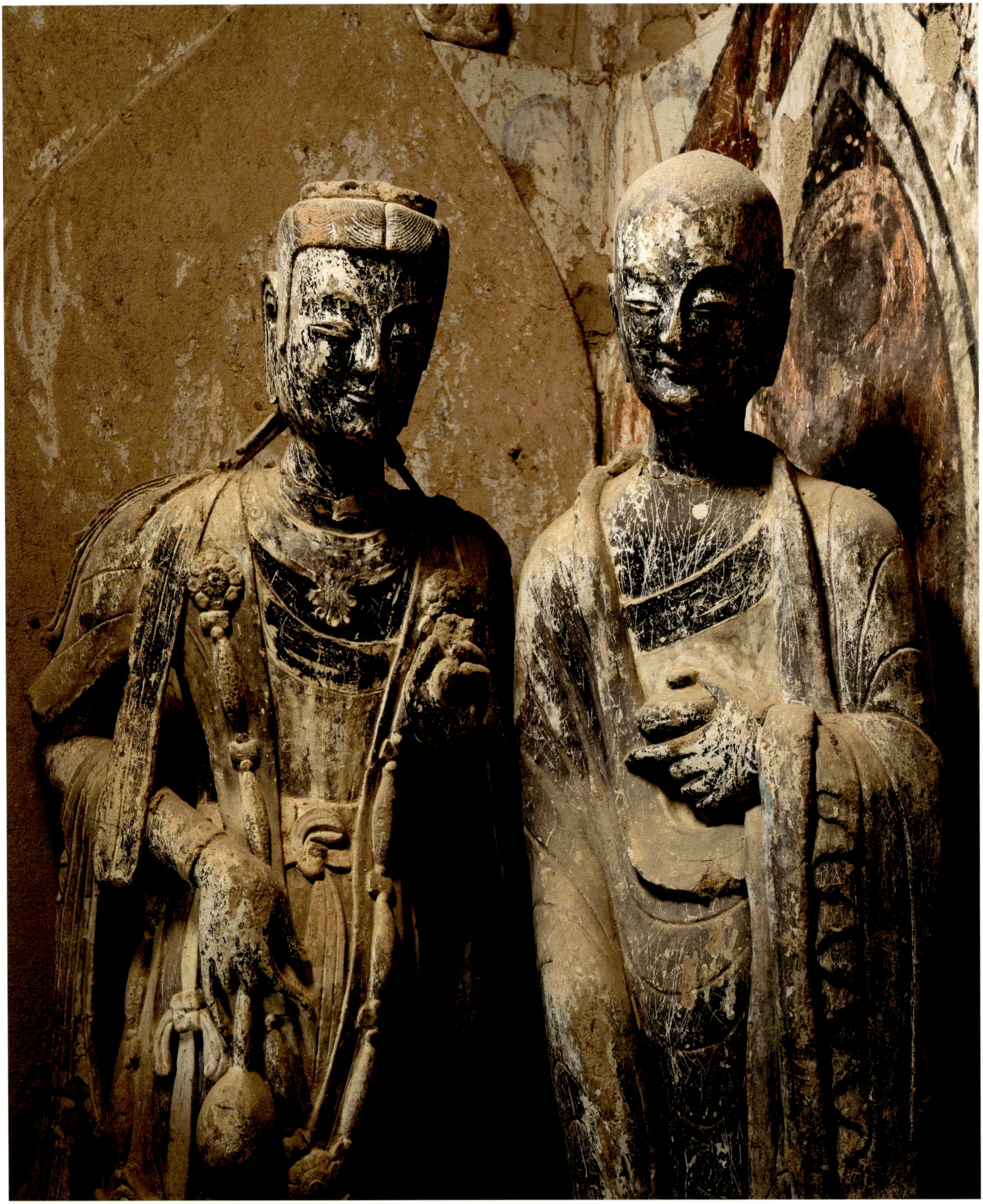

第122窟 北魏（宋重修）

此窟位于西崖西上区，窟门下沿距栈道地面垂直高度1.42米。窟前壁有方形甬道，平面方形平顶窟，高2.15米、宽2.25米、进深2.18米。窟内正、左、右三壁各塑一结跏趺坐于长方形台座上的主佛，头均为宋代补塑，身后浮塑莲瓣形背项光。正壁左侧螺髻梵王高1.22米。螺纹高发髻，面容清瘦。双手于胸前相握，左脚立地（已残）、右膝提起，臀部微扭，体形呈徐缓曲线。下着长裙。右侧弟子高1.14米。光头，面容秀润，细颈削肩，躯干向右微扭，左臂屈肘上举，左手于胸前持宝瓶，右臂自然下垂，右手拢于袖内，双足已毁。左壁右侧菩萨高1.21米。高髻已毁，左臂屈肘前伸，左手残损，右臂上举，右手持宝珠状器物，下着长裙，跣足立于坛基上。右壁左侧菩萨高1.16米。高髻已毁，左臂前伸上举，左手持莲蕾，右臂屈肘，右手持净瓶垂于髋间，下着长裙，跣足立于坛基上。前壁两侧原有造像已毁，现存于左侧的弟子非本窟原作。三壁面自上而下砌有多层坛台，坛台上贴有影塑坐佛。

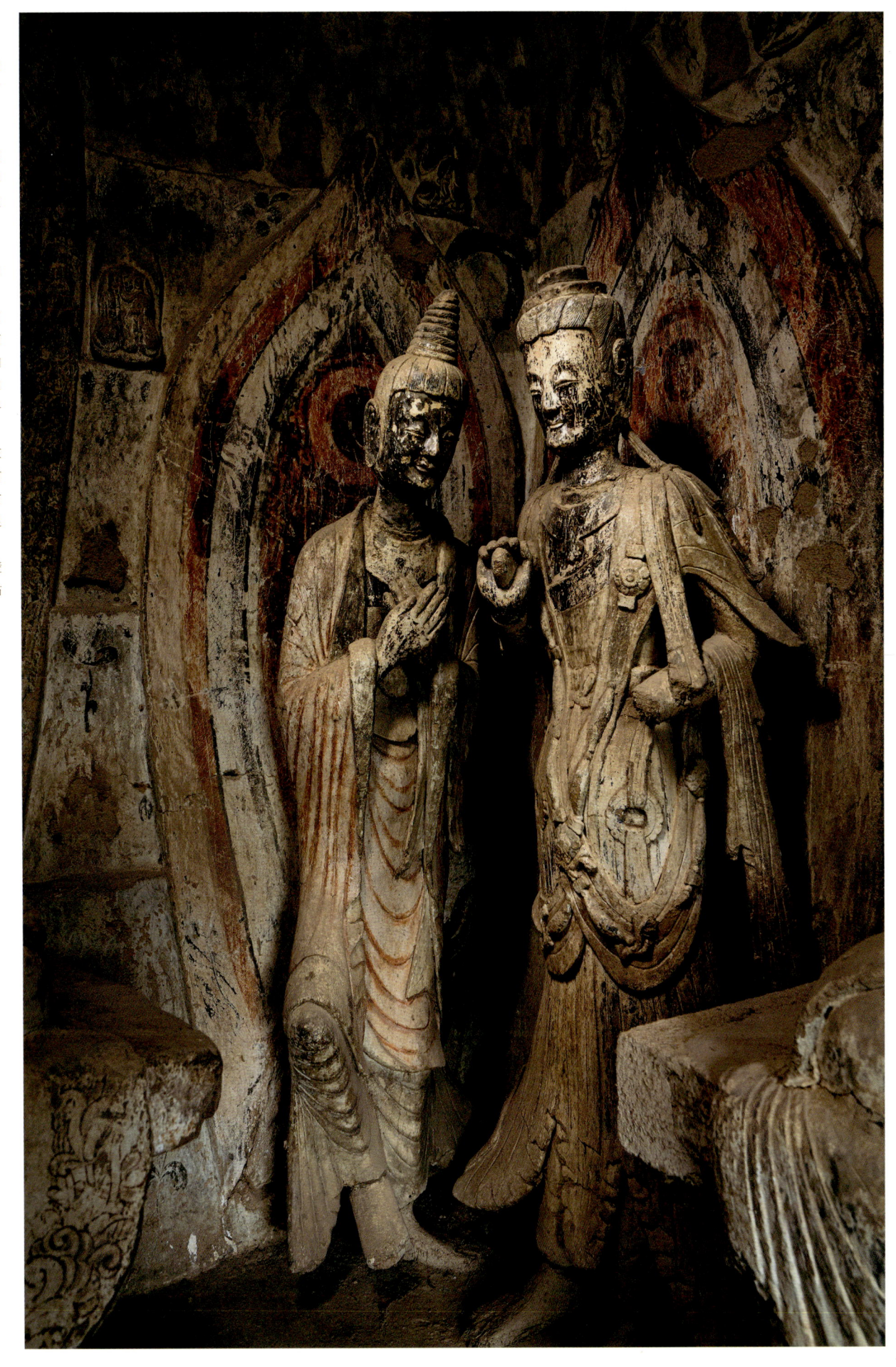

第122窟
正壁右侧及右壁左侧胁侍 北魏

第122窟
正壁左侧及左壁右侧胁侍 北魏

第101窟 北魏

此窟位于西崖西上区，窟前壁有方形甬道，平面方形平顶窟，高2.20米、宽2.50米、进深2.20米。窟内现存正壁一坐佛、左侧一螺髻菩萨、右侧一弟子，左壁一交脚菩萨，右壁一坐佛。右壁内侧一胁侍菩萨。正壁主佛高1.24米。旋涡纹高肉髻，脸型圆润，双眼残毁；内着僧祇支，外着双领下垂袈裟，双手毁，结跏趺坐于"工"字形台座上。左侧菩萨高1.31米。螺形高髻，面部五官紧凑，面含笑意；内着僧祇支，外着双领下垂袈裟，双手合十于胸前，手均已毁，下着长裙，脚蹬方头高履，侧身向佛而立。右侧弟子高1.20米。光头，装束、体姿、神态大致同左侧菩萨。左壁交脚菩萨高1.16米。束半翻式高发髻，面容圆润，眉眼细长，直鼻小嘴，细颈削肩，身形颀长，颈戴宽边桃形项圈。内着交领贴身长衫，双肩披帛带垂至腹前十字交叉后再上绕搭双肘后下垂，现已残毁。两臂平伸于胸前，下着贴体长裙，交脚坐于台座上，现双手、双脚均毁。身后浮塑莲瓣形背光，表面彩绘圆形项光及莲瓣形背光。右壁佛高0.90米。形象、神态、装束与正壁佛相似。右壁左侧菩萨高1.21米。束发高髻，面容圆润，细颈削肩，内着交领衫，外着宽袖长袍，帛带于膝前十字交叉搭臂下垂；左臂平伸略上举，右臂微屈于腹前，双手、双脚均毁，下着长裙。

第101窟
左壁交脚菩萨 北魏

第101窟
左壁交脚菩萨头部特写 北魏

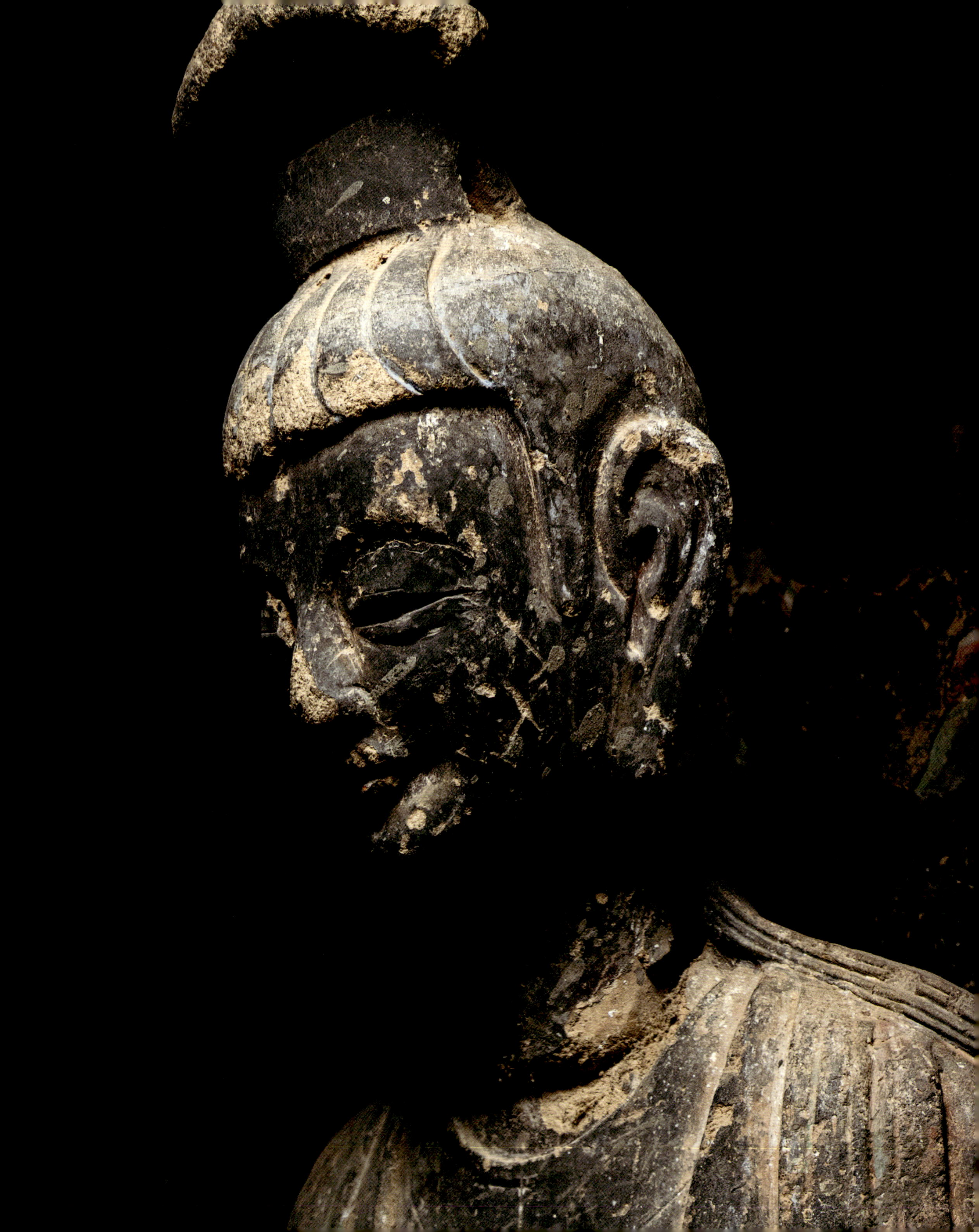

第 101 窟
正壁右侧及右壁左侧胁侍 北魏

第 101 窟
正壁左侧胁侍菩萨 北魏

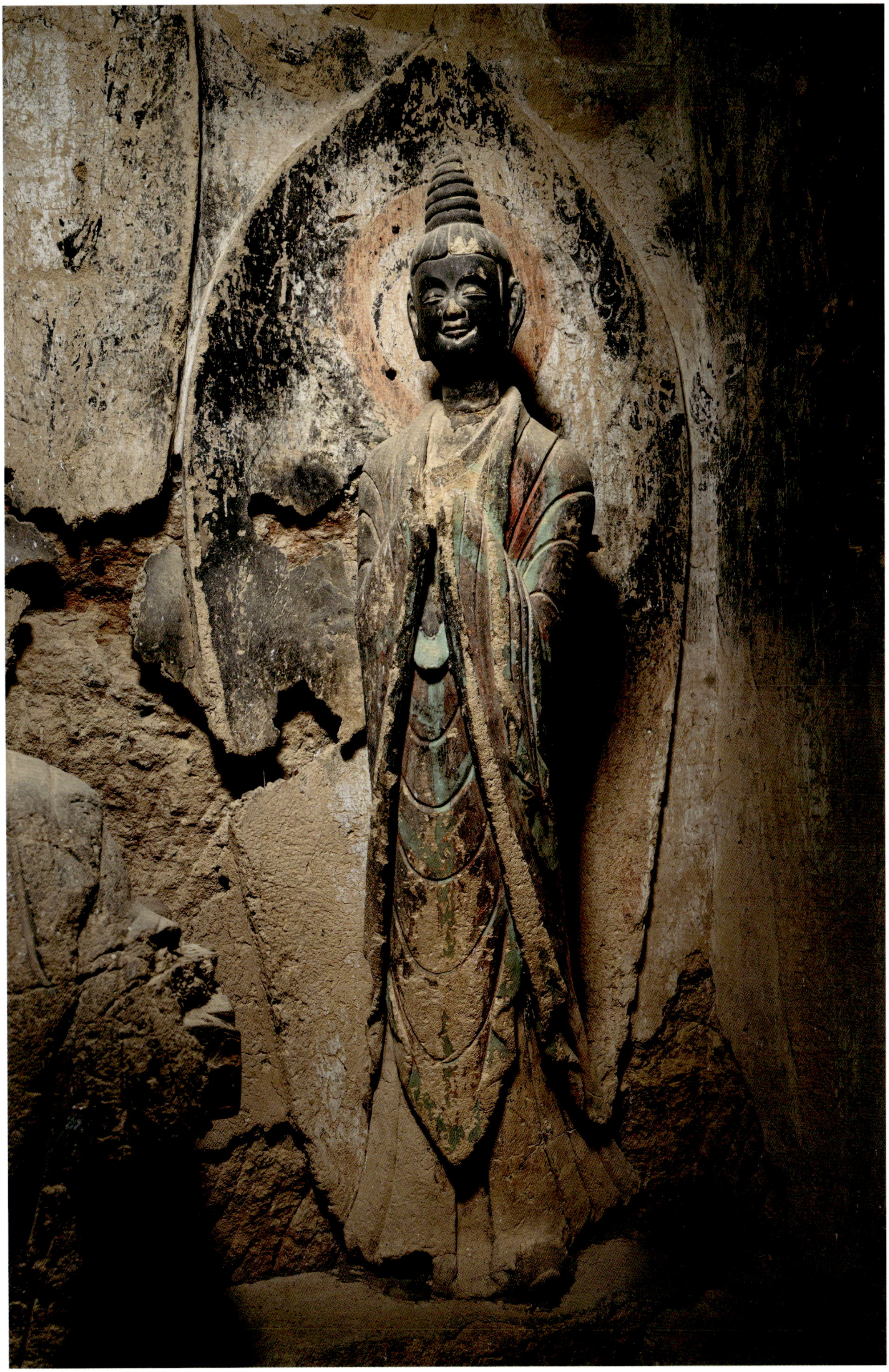

第092窟 北魏

此窟位于西崖中下部，平面方形平顶窟，前壁右侧塌毁。窟高、宽、进深均为1.40米。窟内现存正壁一身坐佛，左、右两侧壁三身影塑坐佛。左壁一身胁侍菩萨，右壁一身弟子，共计6身。正壁主佛高0.96米。磨光高肉髻，面部清瘦，细颈削肩，内着僧祇支，胸下阴线刻系带，外着双领下垂袈裟，双臂屈肘前伸，双手已失，结跏趺坐于"工"字形台座上。袈裟下摆分两瓣垂于座前。身后有浮塑的莲瓣形背光。左壁胁侍菩萨，发髻损毁，内着立领衣，中着尖领衣，外着对襟宽袖袍。右壁为比丘形象的弟子一身。二像均手捧莲花供养。影塑坐佛，均无头，结跏趺坐于莲座上。

第 092 窟
窟内全景 北魏

第 092 窟
正壁主佛头部特写 北魏

第 092 窟
左壁胁侍菩萨 北魏

第 139 窟 北魏

此窟位于西崖东上部，平面长方形平顶窟，高1.67米、宽1.65米、进深1.63米。前壁有方形甬道。正壁主佛高1.10米，磨光高肉髻，脸型方圆，眉间白毫相，内着斜交领衣，外着厚重双领下垂袈裟，左手抚左膝，右手置于胸前，手残，结跏趺坐于长方形台座上。佛左、右两侧弟子仅存右侧阿难，高0.80米，弟子双手合十，双足穿靴立于低坛台上。左壁塑一菩萨、一力士。菩萨头顶束半圆高发髻，脸型方圆，眉间有白毫相，颈戴圆形项圈并缀有花饰；肩披帛带与璎珞自双肩下垂于腹前作"X"形交叉后上绕搭双肘自然垂下，璎珞上有串珠、珊瑚、玉璧等饰物，装饰华丽，虽略显厚重却仍有飘动之感。力士脑后束圆形小发髻，粗眉倒竖，凸目圆睁，鼻孔大张，鼻头上翘，面颊凹陷；双腿叉开立于低坛台上，双臂及双足残失。右壁仅存一力士，面颊凸出，双耳斜竖，嘴大张，下颌前翘，喉结呈尖状，面部向右侧，望向窟外，身体向右斜倾，动态十足，表情生动。

第 139 窟
正壁主佛 北魏

第 139 窟
正壁右侧弟子 北魏

第 139 窟
左壁右侧胁侍菩萨 北魏

第 139 窟
左壁右侧胁侍菩萨局部 北魏

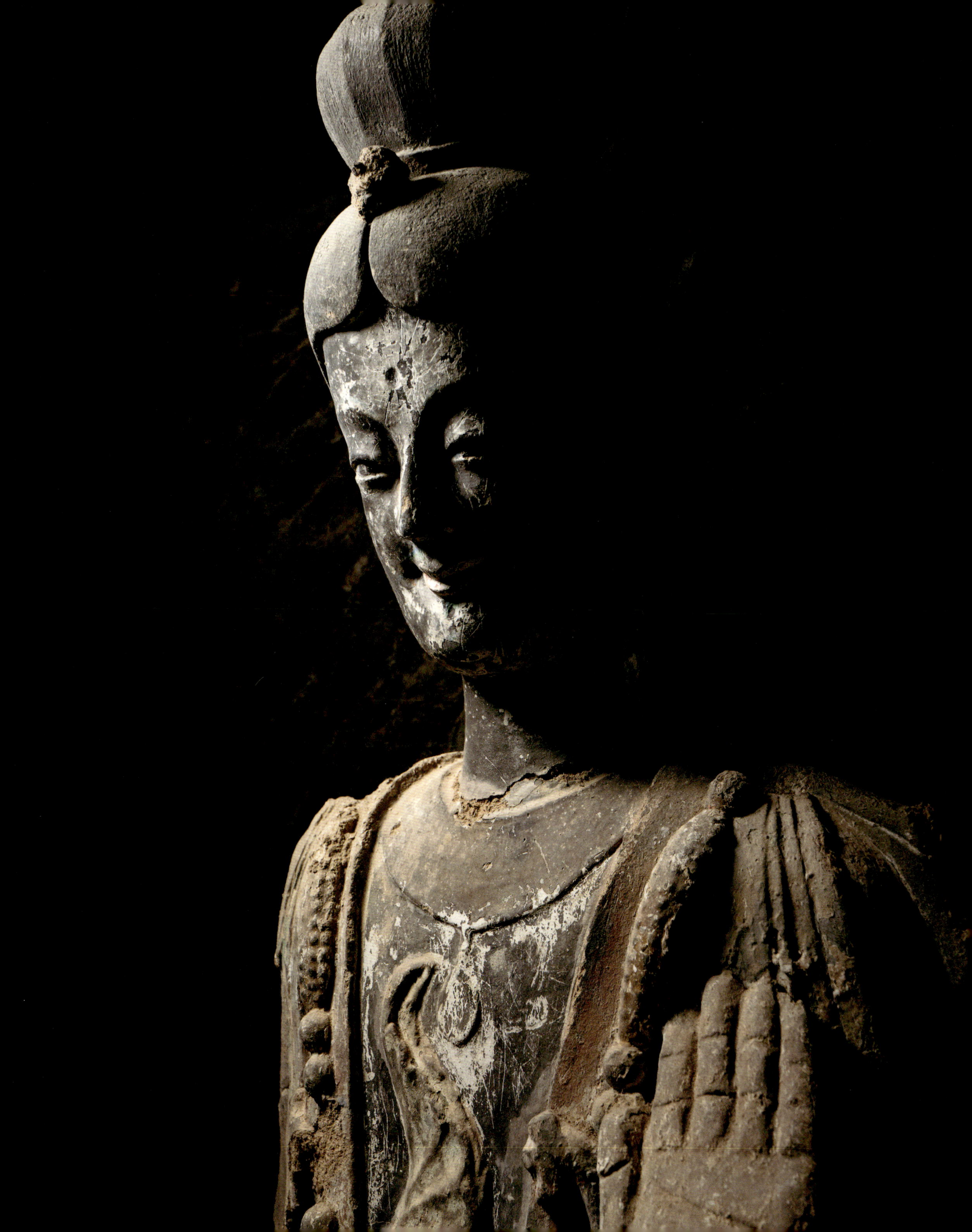

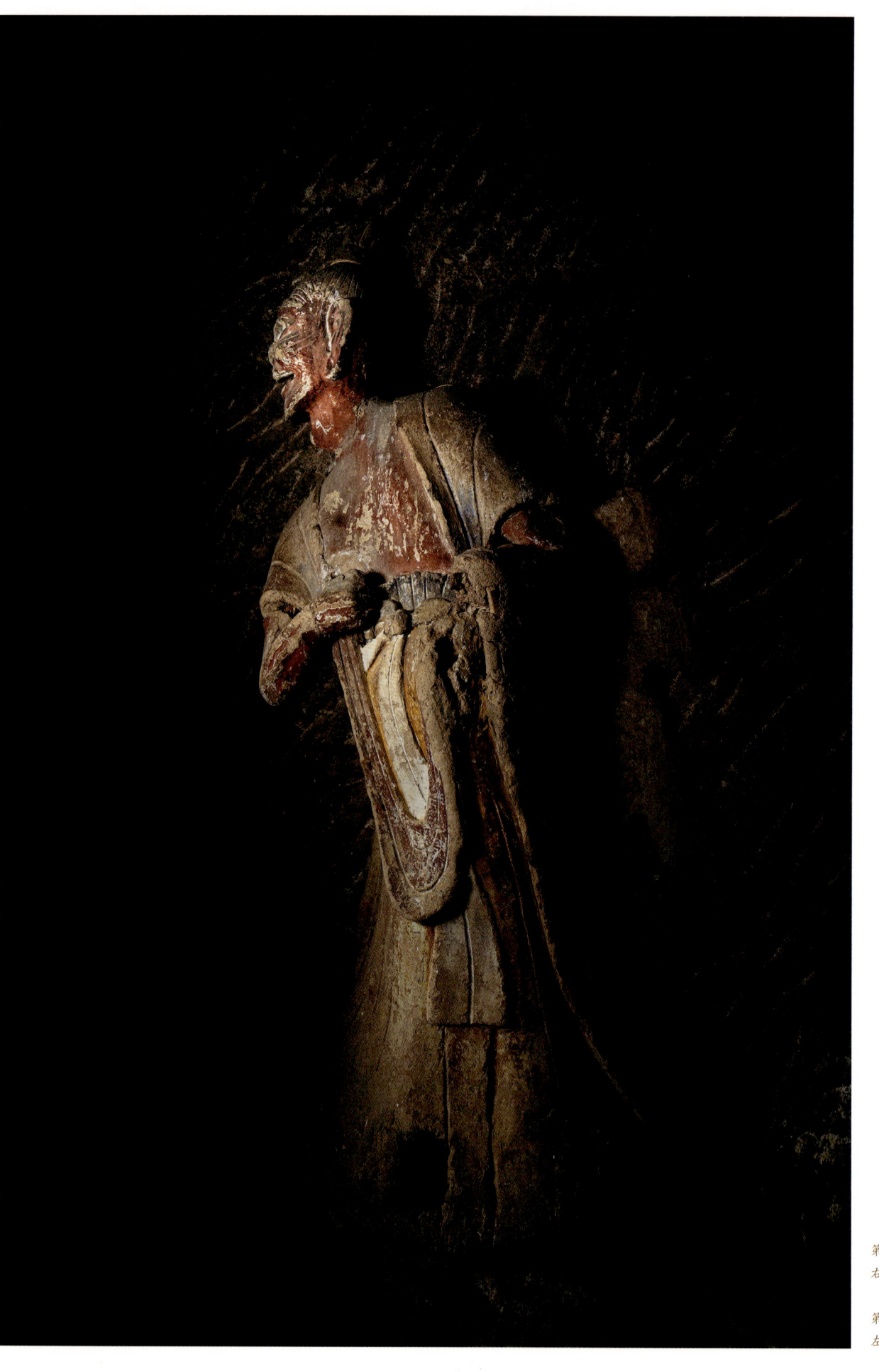

第 139 窟
右壁力士 北魏

第 139 窟
左壁力士头部特写 北魏

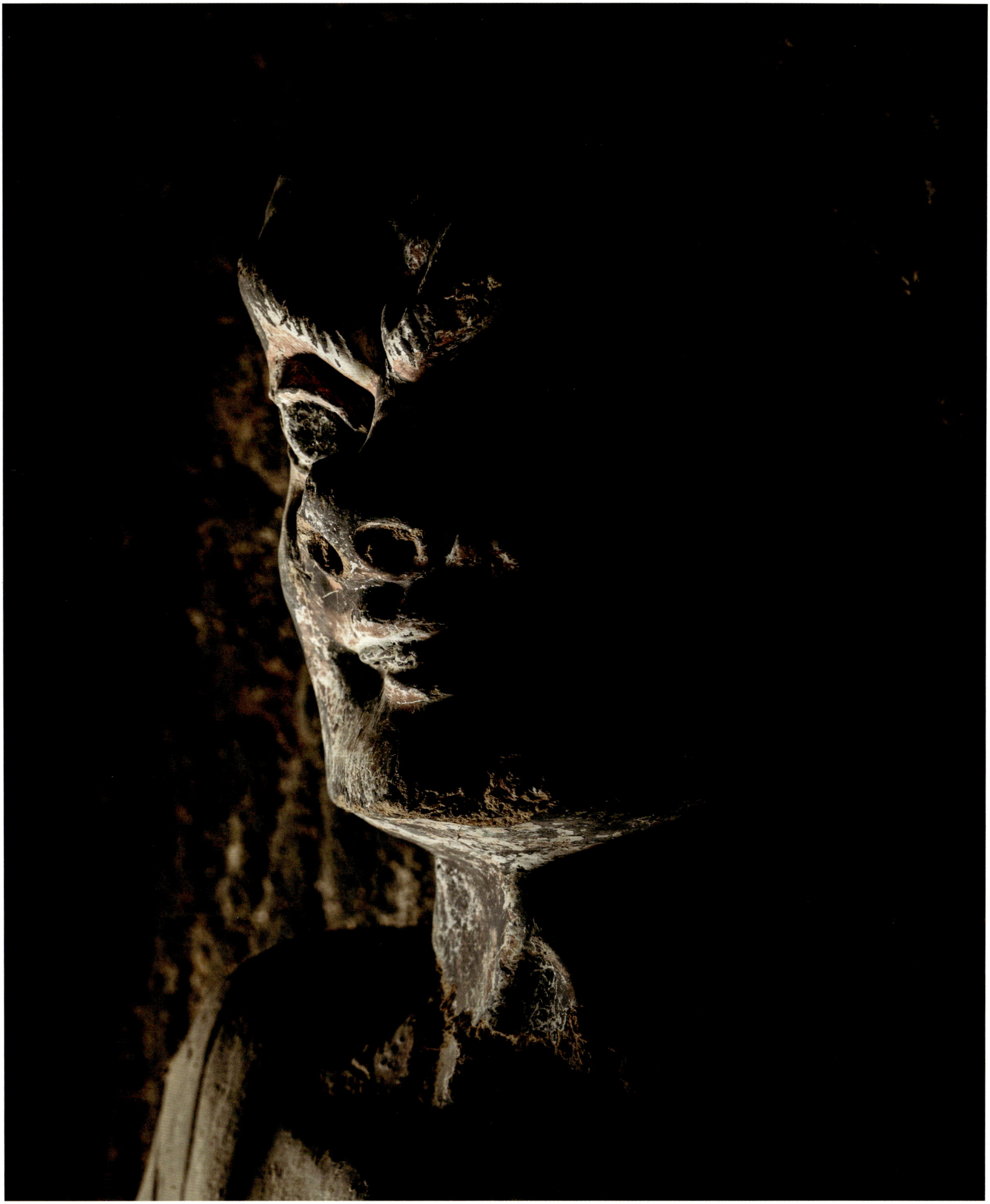

第140窟 北魏

此窟位于西崖东上部,其右壁后部被凿一洞与141窟相通。平面方形平顶窟,高2.14米、宽2.18米、进深2.01米。为三壁三佛组合。正壁主佛高1.41米。磨光高肉髻,长方脸型,双眉弯曲,肩宽背直;内着僧祇支,中着对襟衣相系并结带下垂,外着双领下垂袈裟,双臂屈肘前伸,双手已失,结跏趺坐于台座之上。袈裟下摆分三片呈圆弧状垂于台座前。正壁左侧菩萨高1.17米。束高髻,颈部戴项圈,佩璎珞;上身袒露,披帛带自双肩下垂至腹前交叉上绕穿肘自然下垂,胸前璎珞于腹下交叉上绕,有串珠、玉璧、珊瑚等饰物,右臂屈肘紧贴腹前,右手提桃形法器,左臂残失;下着长裙并系带,腰间悬玉璧,立于低坛基上。正壁右侧菩萨,头已失,残高0.92米。造型风格略同于左侧菩萨。左壁佛,头已失,残高0.64米。造型风格与正壁佛大致相同。右壁佛高1.08米。造像风格基本同正壁佛,左臂微下垂,左手下提袈裟衣角,右臂屈肘上举,施无畏印,结跏趺坐于台座上。左、右壁外侧菩萨,均束高发髻,内着僧祇支,外着双领下垂袈裟,微屈膝,双手捧供品或合十置于胸前。右壁内侧菩萨,头已失,造像风格基本同正壁右侧菩萨,左手于腹前提桃形法器;右臂及右手残,双足残失。左壁内侧的已不存。

第140窟
正壁造像 北魏

第140窟
正壁主佛 北魏

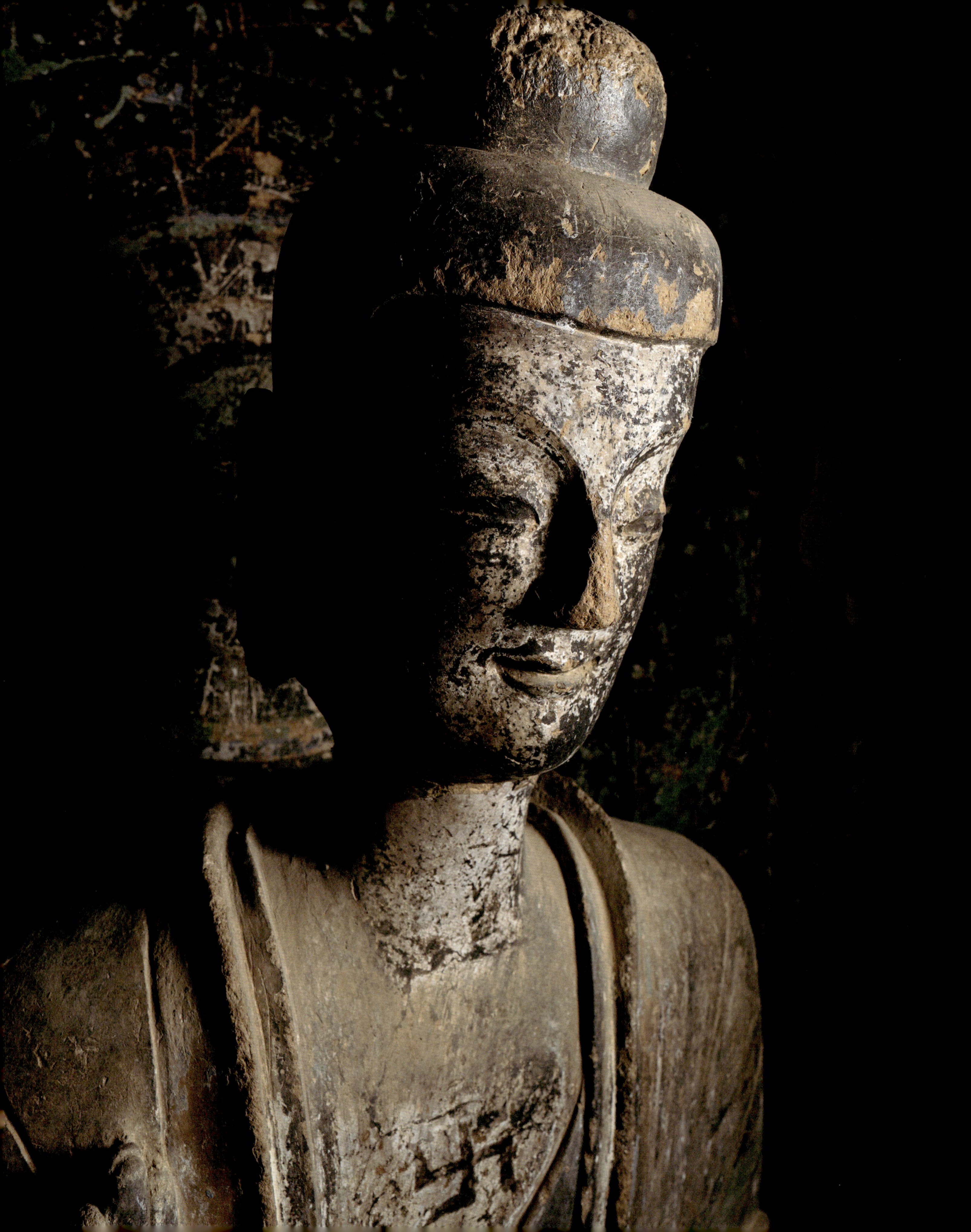

第 140 窟
右壁主佛局部 北魏

第 140 窟
右壁主佛 北魏

第 140 窟
右壁外侧胁侍菩萨　北魏

第 140 窟
左壁外侧胁侍菩萨局部　北魏

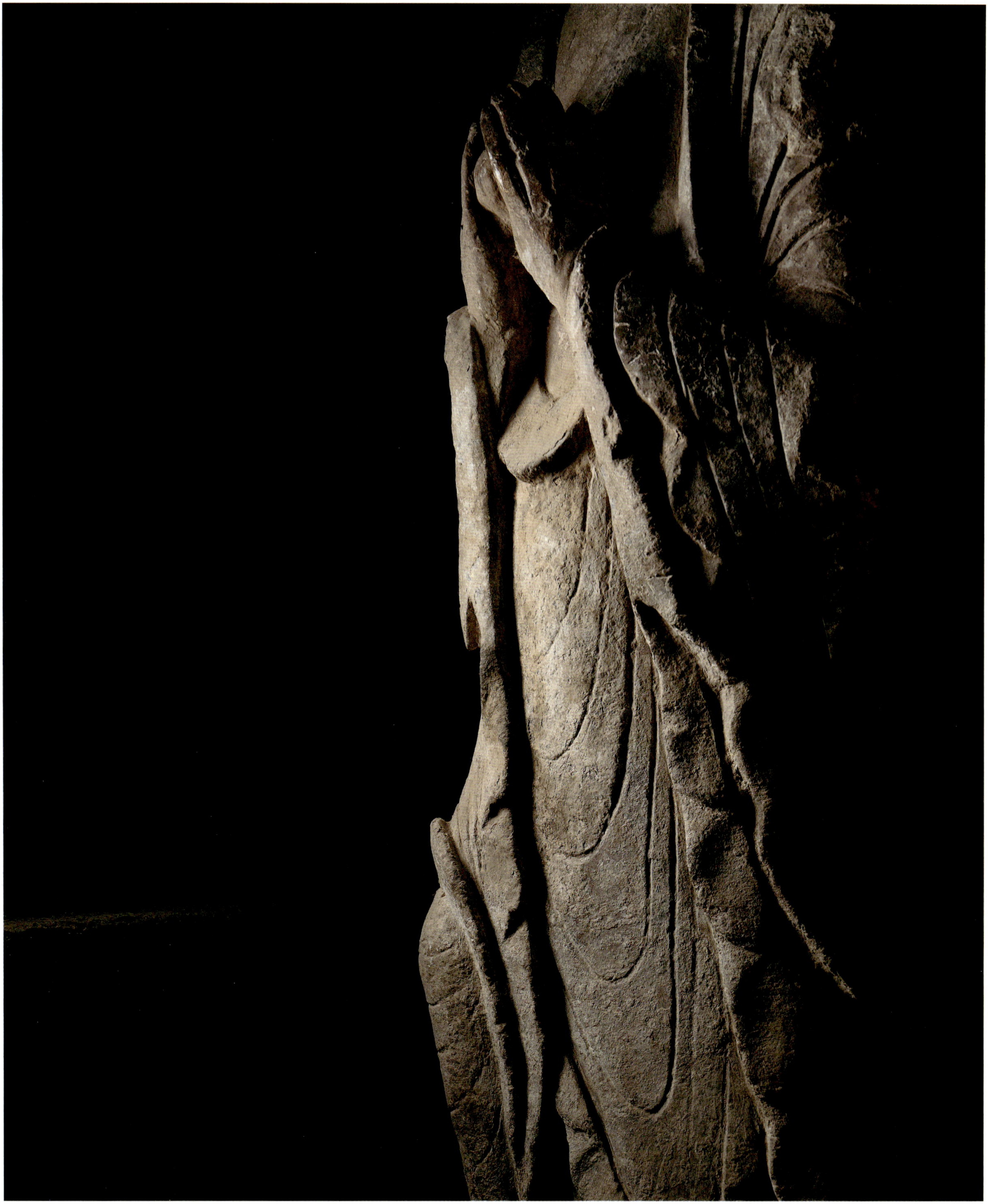

第135窟　西魏（北周、宋重修）

此窟位于西崖东上部，是麦积山西崖三大窟之一，为麦积山西崖现存位置最高的洞窟，离地面高达80米，俗称"天堂洞"，即王仁裕《玉堂闲话》中称之为"天堂"者。窟为平面横长方形平顶，高4.65米、宽8.84米、进深4.71米。前壁正中开方形甬道。窟内正、左、右三壁原各开一圆拱形龛，前壁甬道顶上方凿三个略呈"品"字形排列的长方形明窗，顶部门壁上方凿一半圆形凹槽。窟形、窟内壁面布局及壁画与127窟大体相同。北周时期，又在正壁龛两侧各加开一龛。正壁中龛主佛高1.23米。磨光高肉髻，脸型长圆、细颈削肩，身躯前倾；内着僧祇支，腰间束带并作结，外着双领下垂袈裟，衣角搭于左臂，双手施与愿印和无畏印，结跏趺坐于长方形台座上。左、右侧菩萨头束扇形高髻，脸型消瘦，神情专注，脖颈细长，削肩，身躯扁平，上身前倾，衣摆落地呈喇叭形，足穿云头履，是典型的"秀骨清像"风格。正壁左侧龛内现存两尊北周佛。正壁右侧龛内现存宋代主佛及一胁侍菩萨。左壁龛佛高1.10米。造像风格与正壁正中佛造像风格大致相同。左、右二胁侍菩萨，头顶发髻均已残，面容清瘦、体躯扁平，身躯前倾侧向主佛。右壁龛内主佛宋代重修，二胁侍菩萨均面容清瘦、体躯扁平。

窟内中央偏左置一组石雕一佛二菩萨像，为麦积山少数北朝单体圆雕造像之一。主佛体形高大，通高2.40米。旋涡纹高肉髻，脸型长圆，内着僧祇支，外着双领下垂袈裟，衣纹雕刻流畅自如，跣足站立于仰覆莲台上。佛手的塑造别具匠心，左手施与愿印，在手掌背后和衣袖之间雕刻了一朵莲花，并且在拇指与食指之间雕刻了一个莲子，不仅解决了受力问题，还起到了装饰作用，真实自然，设计巧妙。左、右侧石雕胁侍菩萨，原头均残失，宋代补塑的泥质头部在二十世纪八十年代被移置文物库房。二菩萨均颈饰花式宽项圈，腕戴环，上身袒露，帛带与璎珞自双肩下垂至腹前呈"X"形穿环交叉后上绕穿肘自然垂下，下系长裙，跣足立于圆形莲台之上。

第 135 窟
正壁龛内造像 西魏

第 135 窟
正壁龛内左侧胁侍菩萨 西魏

第 135 窟
左壁龛内主佛 西魏

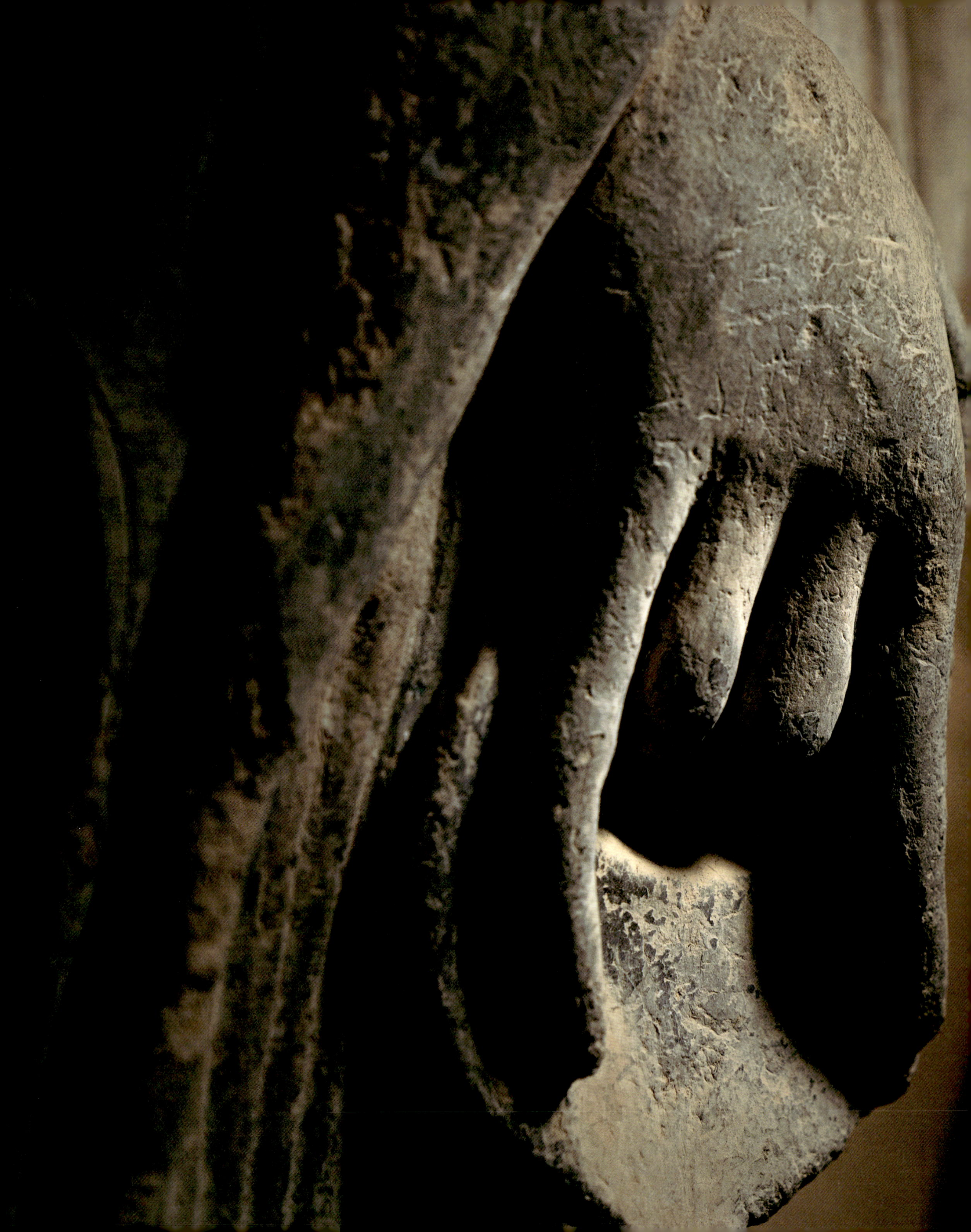

第135窟 左壁龛内右侧胁侍菩萨手部特写 西魏

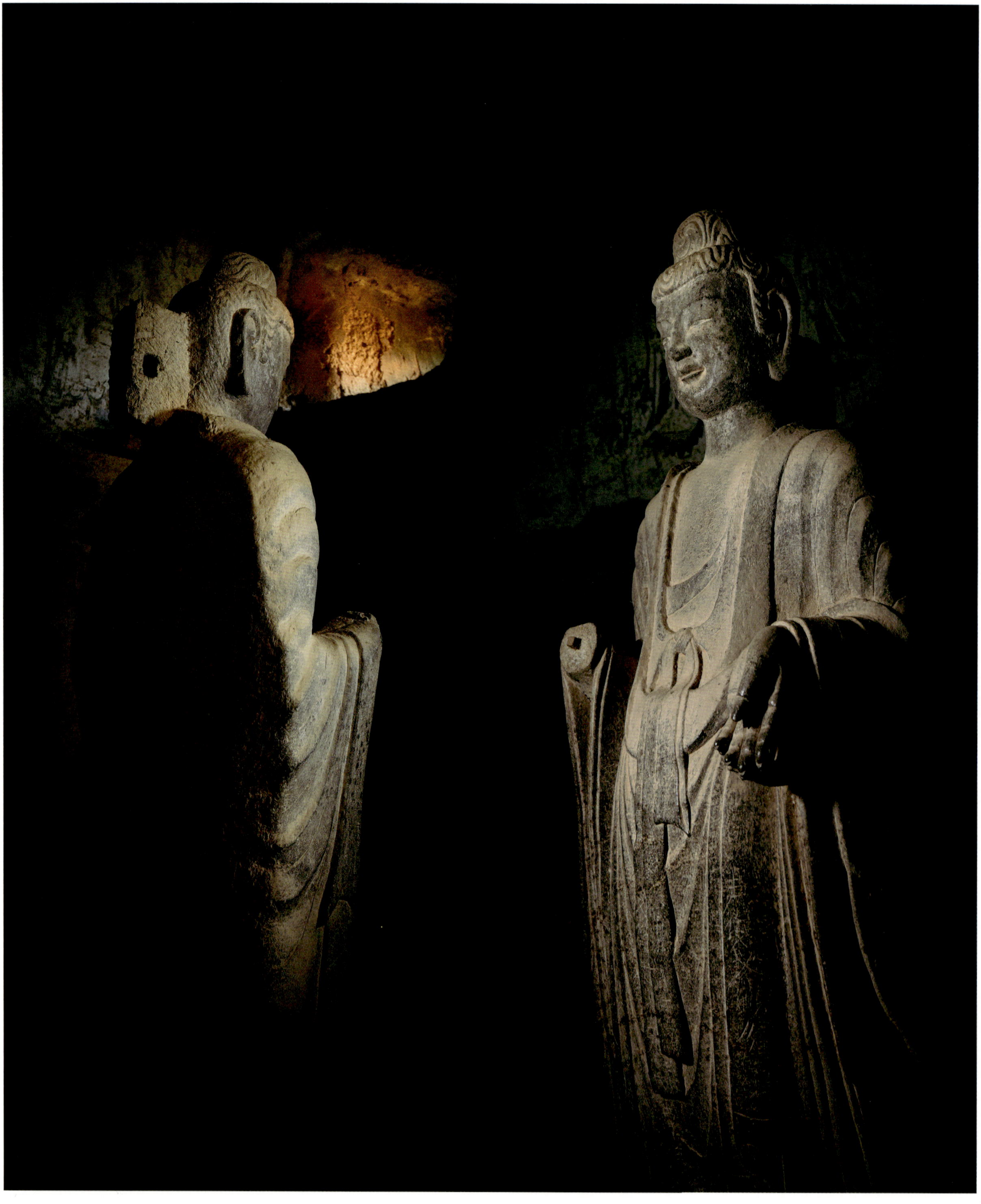

第 135 窟
石雕立佛 西魏

第 135 窟
立佛右侧石雕胁侍菩萨 西魏

第 135 窟
正壁左側龕內主佛 北周

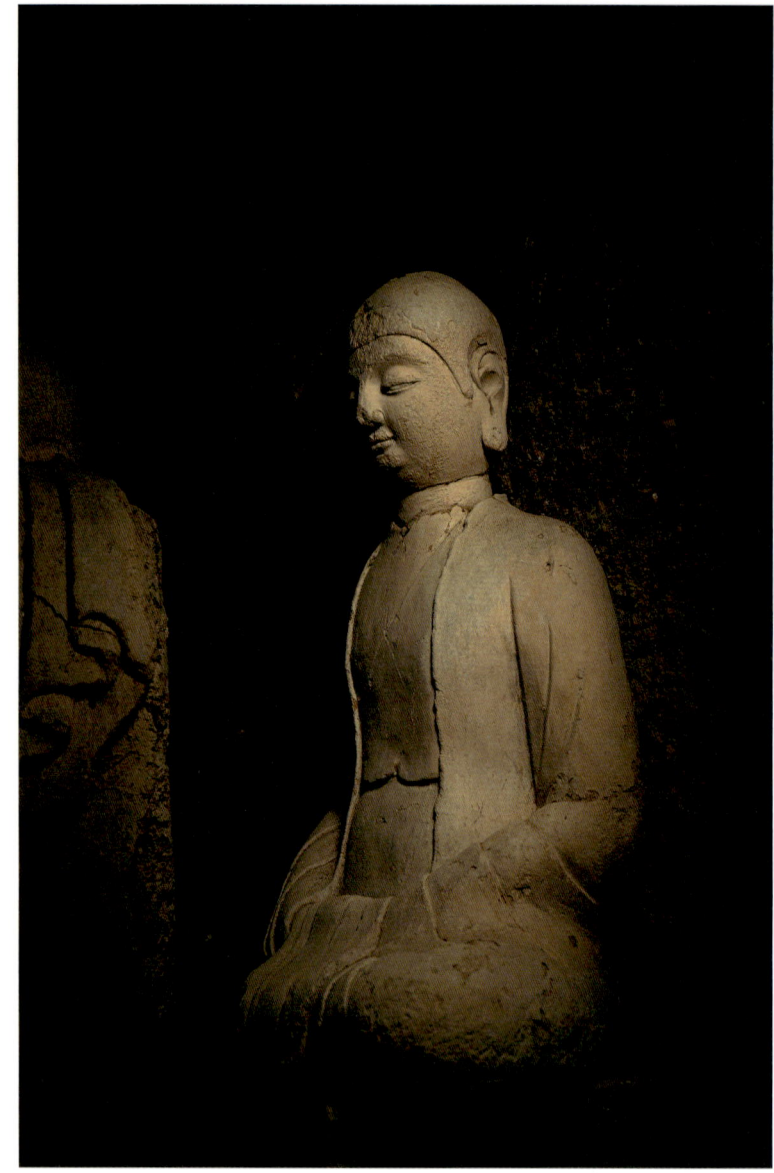

第 135 窟
正壁左側龕內右側主佛 北周

第 135 窟
正壁右側龕內造像 宋

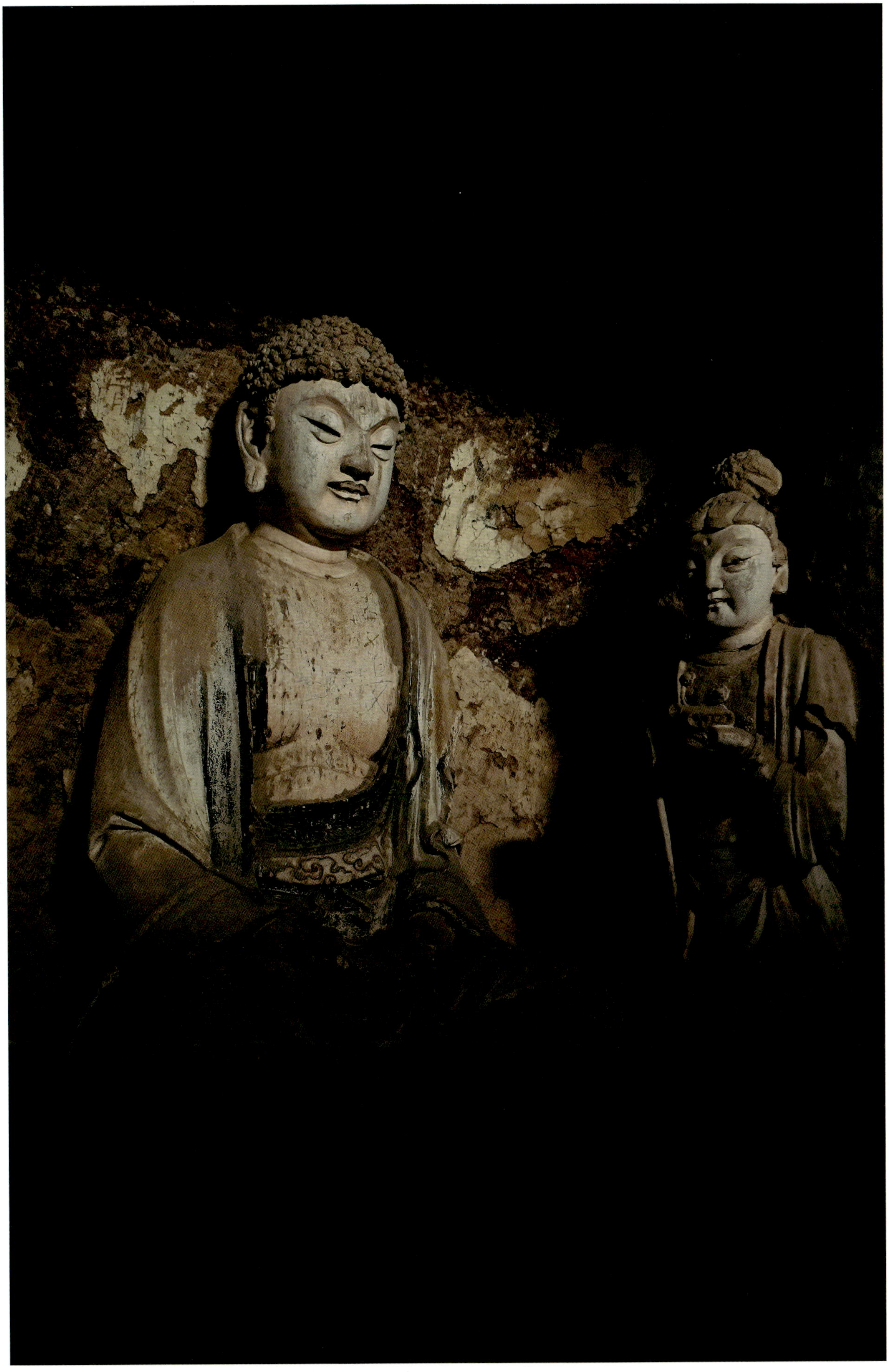

第127窟 西魏（宋、元重修）

此窟位于西崖西上区，是麦积山西崖三大窟之一。平面横长方形，四面坡式盝形顶窟，高3.94米、宽8.56米、进深4.65米。前有甬道。窟顶正中为横长方形藻井，其四周有四个梯形披。正壁龛内置石雕一佛二菩萨，雕造精美，是此窟经典之作。左、右壁龛内各塑一佛二菩萨，窟内正中置宋或元塑一佛二菩萨。共计12身。正壁龛中石雕一佛二菩萨，通高2.05米。佛面带微笑，内着僧祇支，外着双领下垂袈裟，衣角搭左小臂后自然下垂覆左膝；双手施与愿印和无畏印，结跏趺坐于方形台座之上。背光尤其精妙，12身飞天在背光边缘凌空飞舞，或弹拨琵琶、阮咸、古筝，或吹奏横笛、排箫，神态各异，婀娜多姿，为北朝雕塑中的杰作。二胁侍菩萨头戴高冠，饰摩尼宝珠，弯眉长目，微露笑意；颈饰项圈，戴手镯，内着僧祇支，下着束胸长裙，跣足立于圆形覆莲台上；头部后有桃形项光。左、右壁龛内主佛头部和上身部分为宋代重塑。两侧的胁侍菩萨属于秀骨清像的类型，反映了西魏雕塑匠师的高超技艺。菩萨头略前倾，脸型清秀，身体略呈弓形，衣袂飘飘，似随风舞动，神采飞扬。窟中间置一佛二菩萨像，具有明显的宋元造像特征。佛高2.50米，低平螺纹发髻，顶有肉髻珠；脸型长圆，弓形眉，水泡眼，双目下视；内着僧祇支，外着双领下垂宽博袈裟，左手抚左膝，右臂平伸于右膝前，手毁，结跏趺坐于"工"字方形台座上。二胁侍菩萨头戴高冠，饰摩尼宝珠，弯眉长目，微露笑意；颈饰项圈，戴手镯，内着僧祇支，下着束胸长裙，跣足立于圆形覆莲台上；头部后有桃形项光。二胁侍菩萨均侧身姿，束尖锥状发髻，外罩风帽，弯眉细长目，双手于胸前结法印，跣足立于圆形重层仰莲台上。

该窟是麦积山北朝时期壁画保存最为丰富和完整的窟龛。窟顶部正中绘诸天赴会图，正、左、右披连续绘萨埵那太子本生故事，前披绘睒子本生故事。正壁上方绘涅槃经变，下方对称绘礼佛图；左壁上方绘维摩诘经变，下方绘听法信众；右壁上方绘西方净土变，下方不明；甬道还绘有表现新题材《十善十恶图》的壁画。

第127窟
正壁龛内主佛头部特写 西魏

第127窟
正壁龛内主佛左手特写 西魏

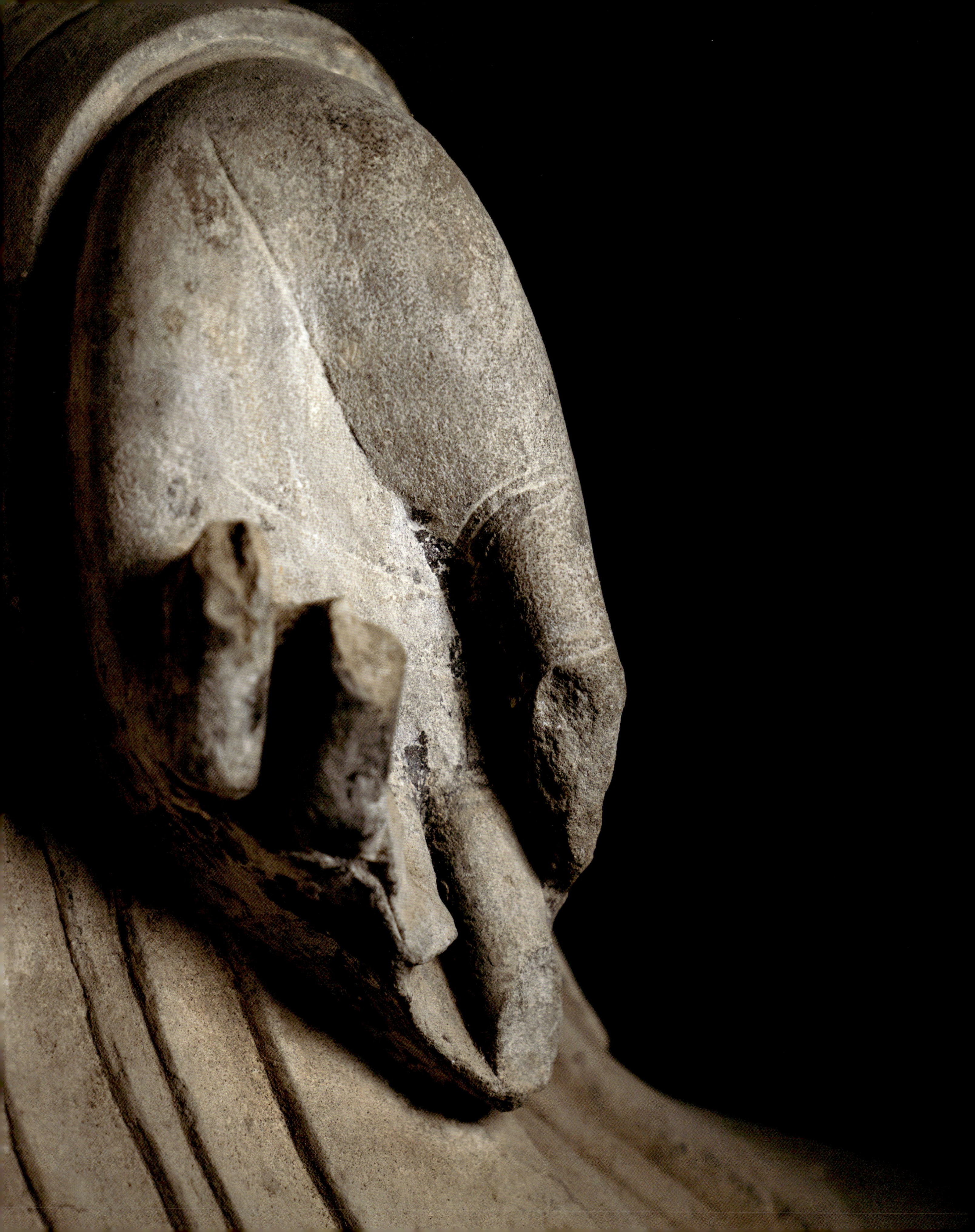

第127窟 正壁龛内二胁侍菩萨局部 西魏

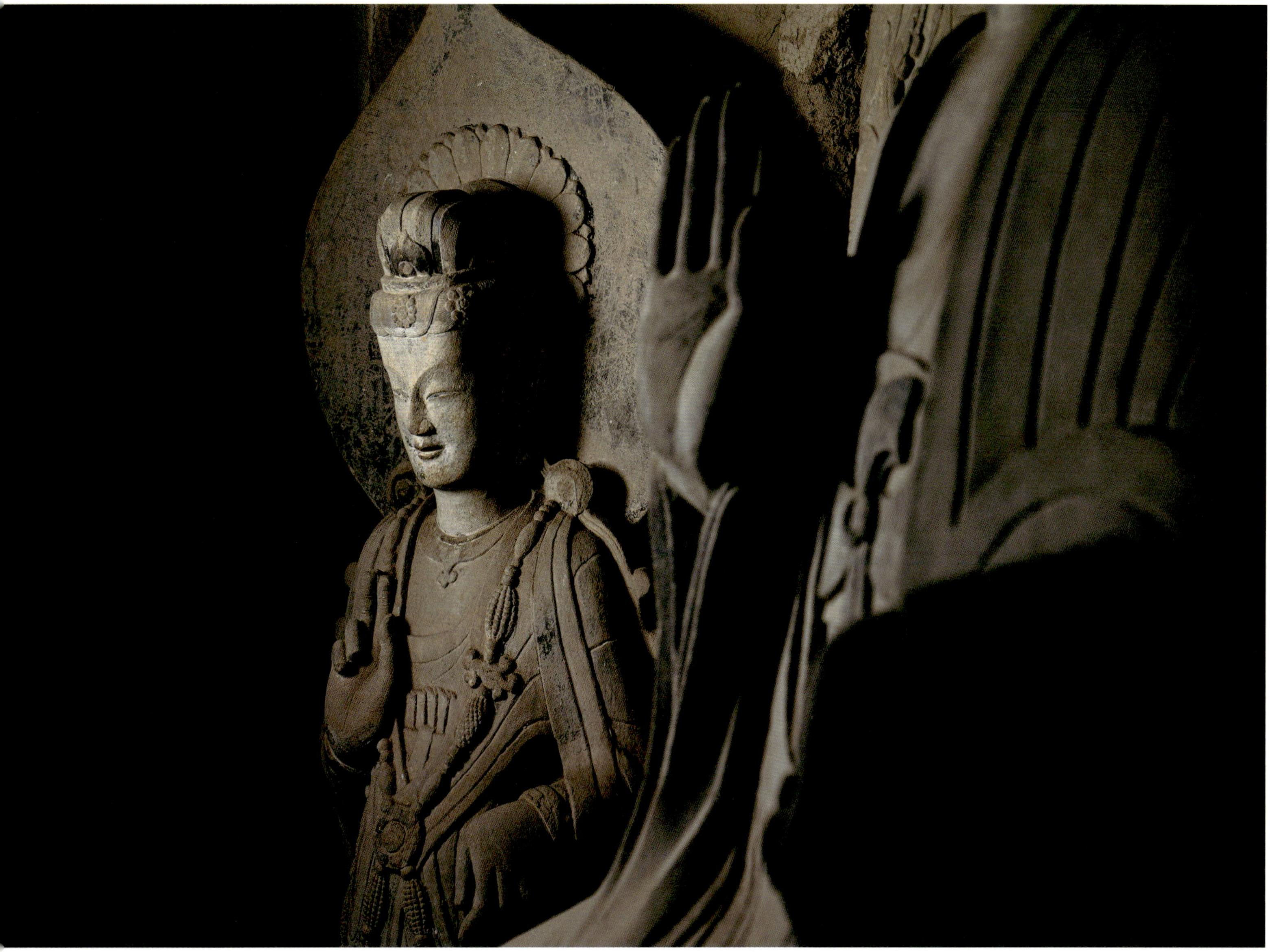

第 127 窟
正壁龛内左侧胁侍菩萨 西魏

第 127 窟
正壁龛内右侧胁侍菩萨 西魏

第 127 窟
正壁龛内左侧胁侍菩萨头部特写 西魏

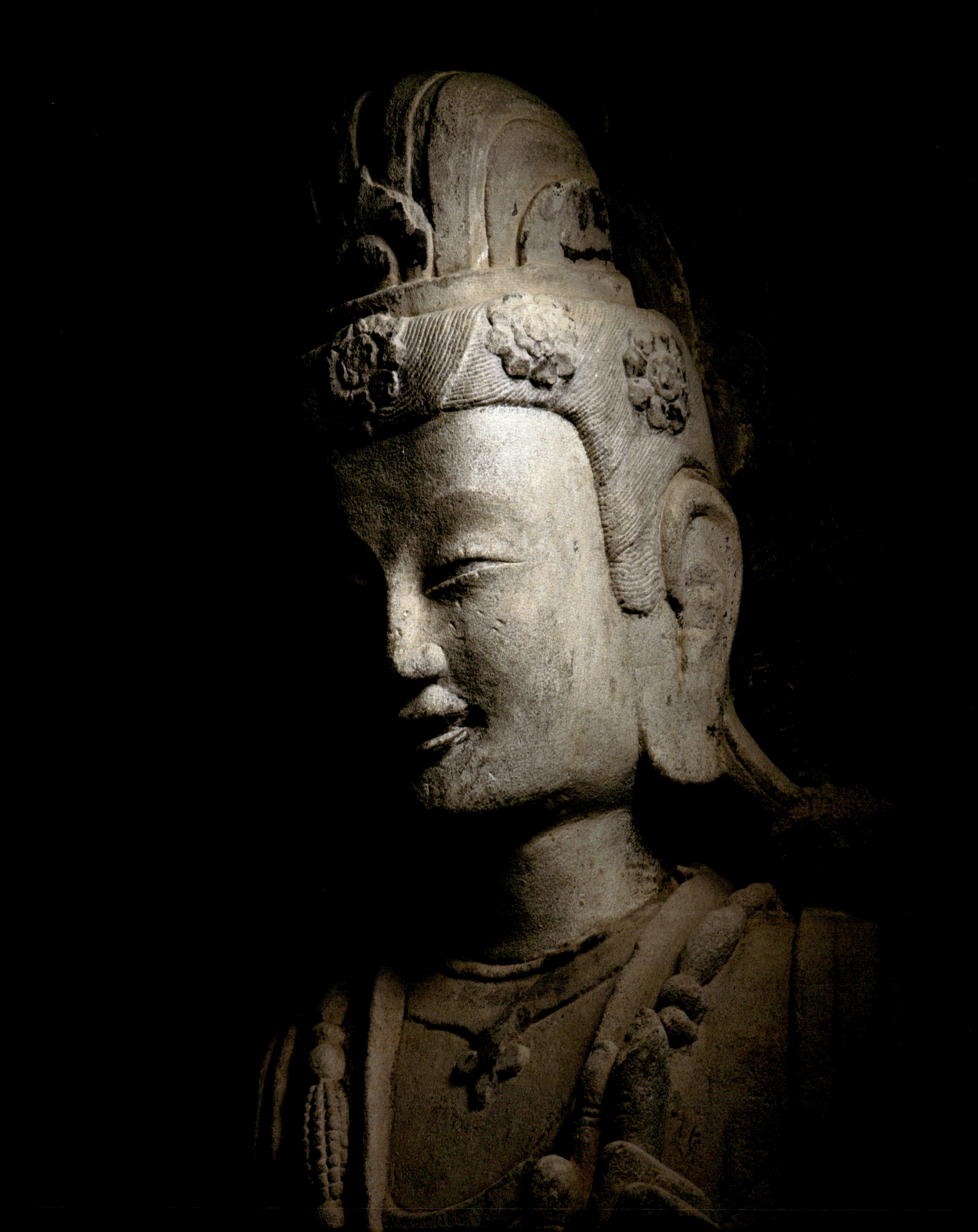

第127窟 正壁龛内主佛背光伎乐 西魏

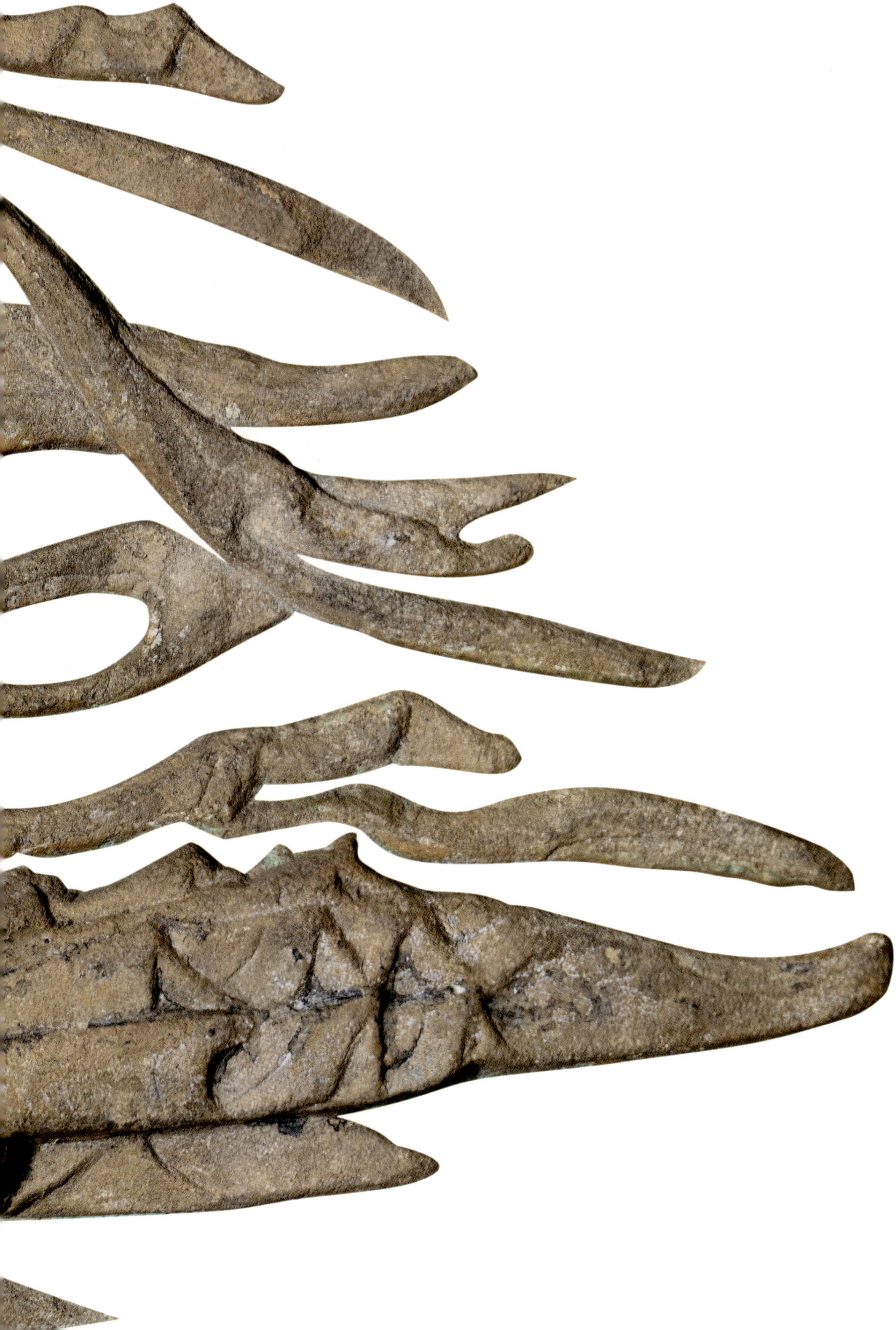

第 127 窟
左壁龛内主佛头部特写 宋修

第 127 窟
左壁龛内左侧胁侍菩萨 西魏

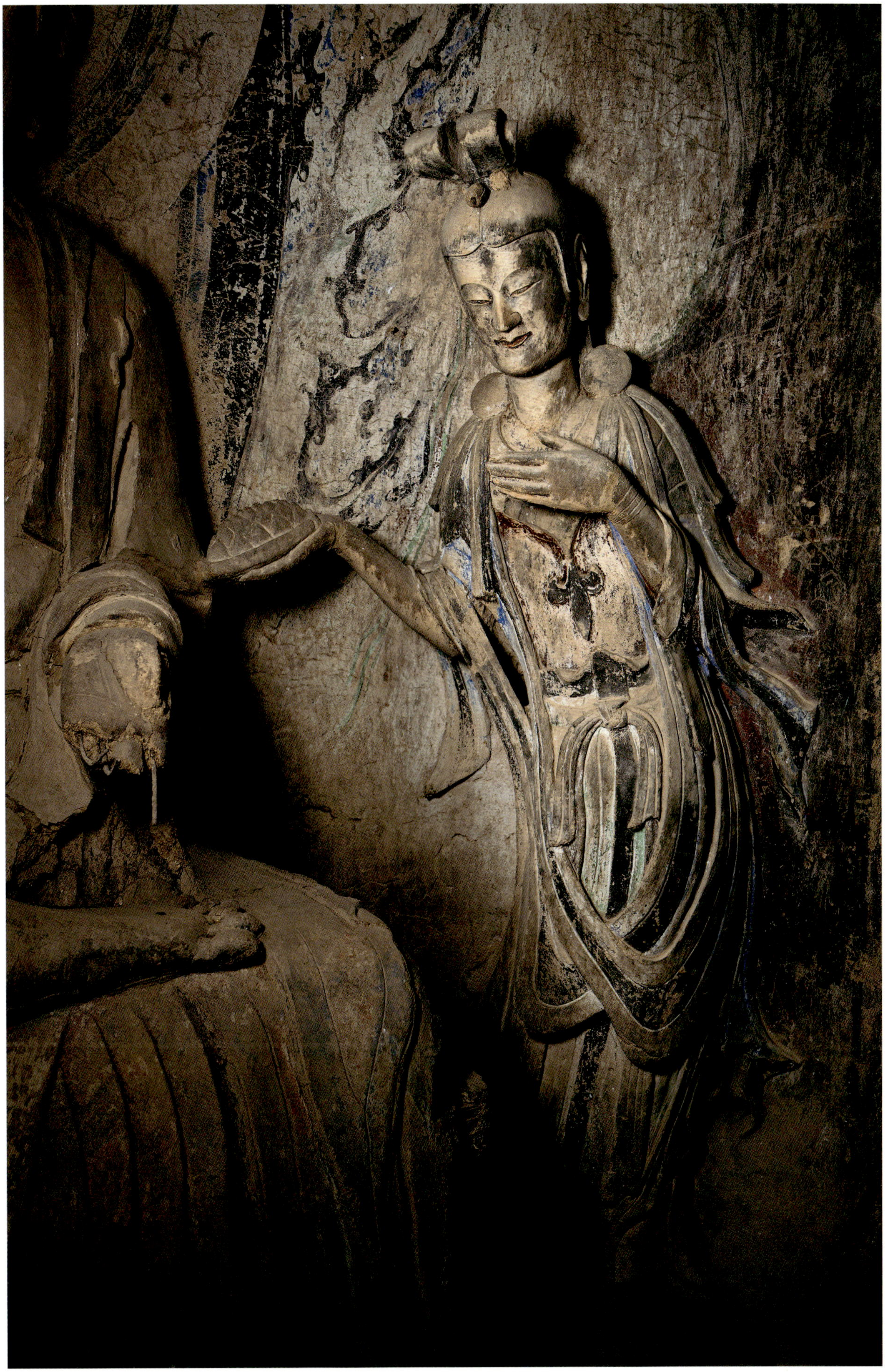

第 127 窟
左壁龛内右侧胁侍菩萨局部　西魏

第 127 窟
左壁龛内左侧胁侍菩萨头部特写　西魏

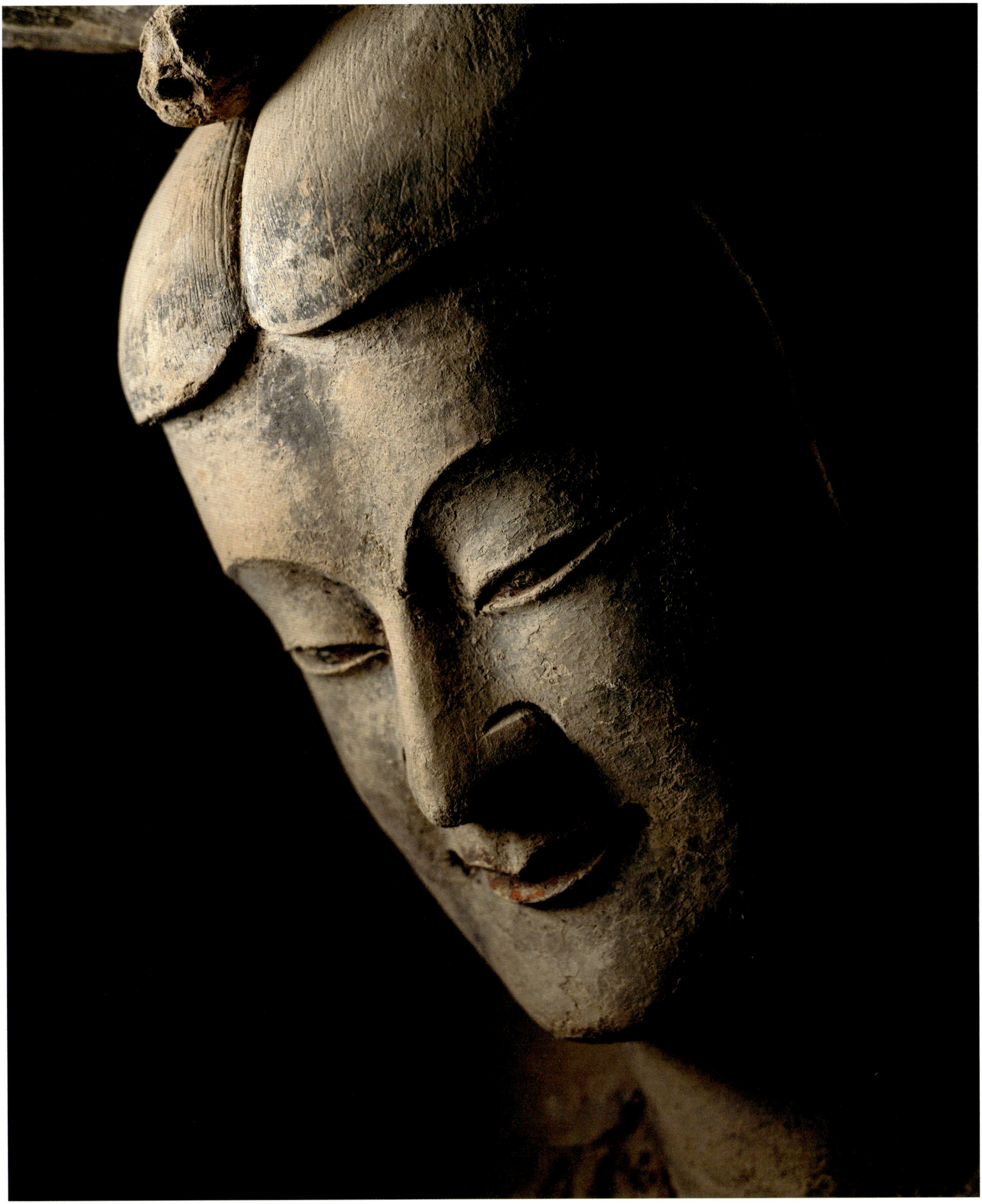

第127窟 左壁龛内右侧胁侍菩萨头部特写 西魏

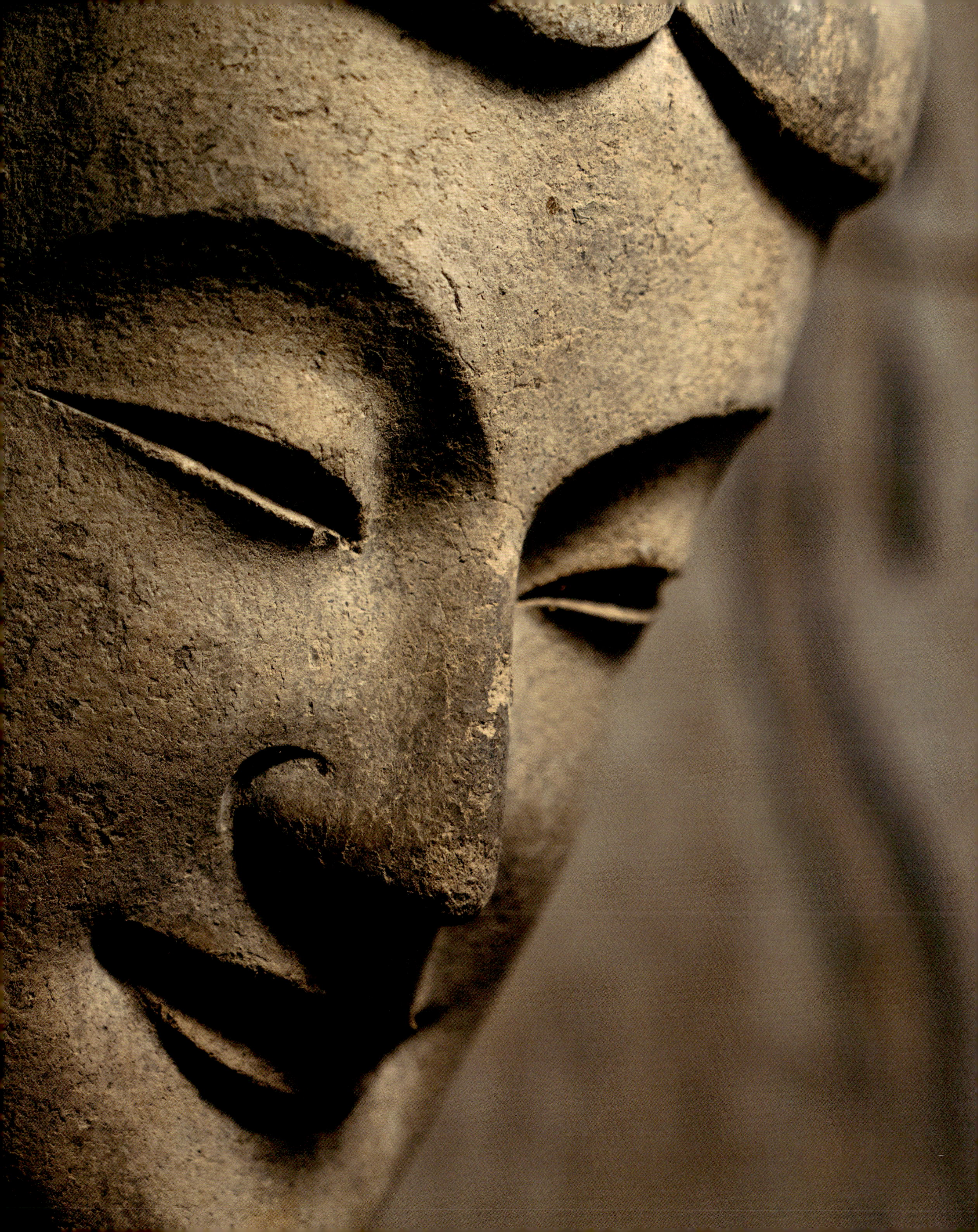

第 127 窟
窟内正中一佛二菩萨 宋—元

第 127 窟
右壁龛内主佛 宋修

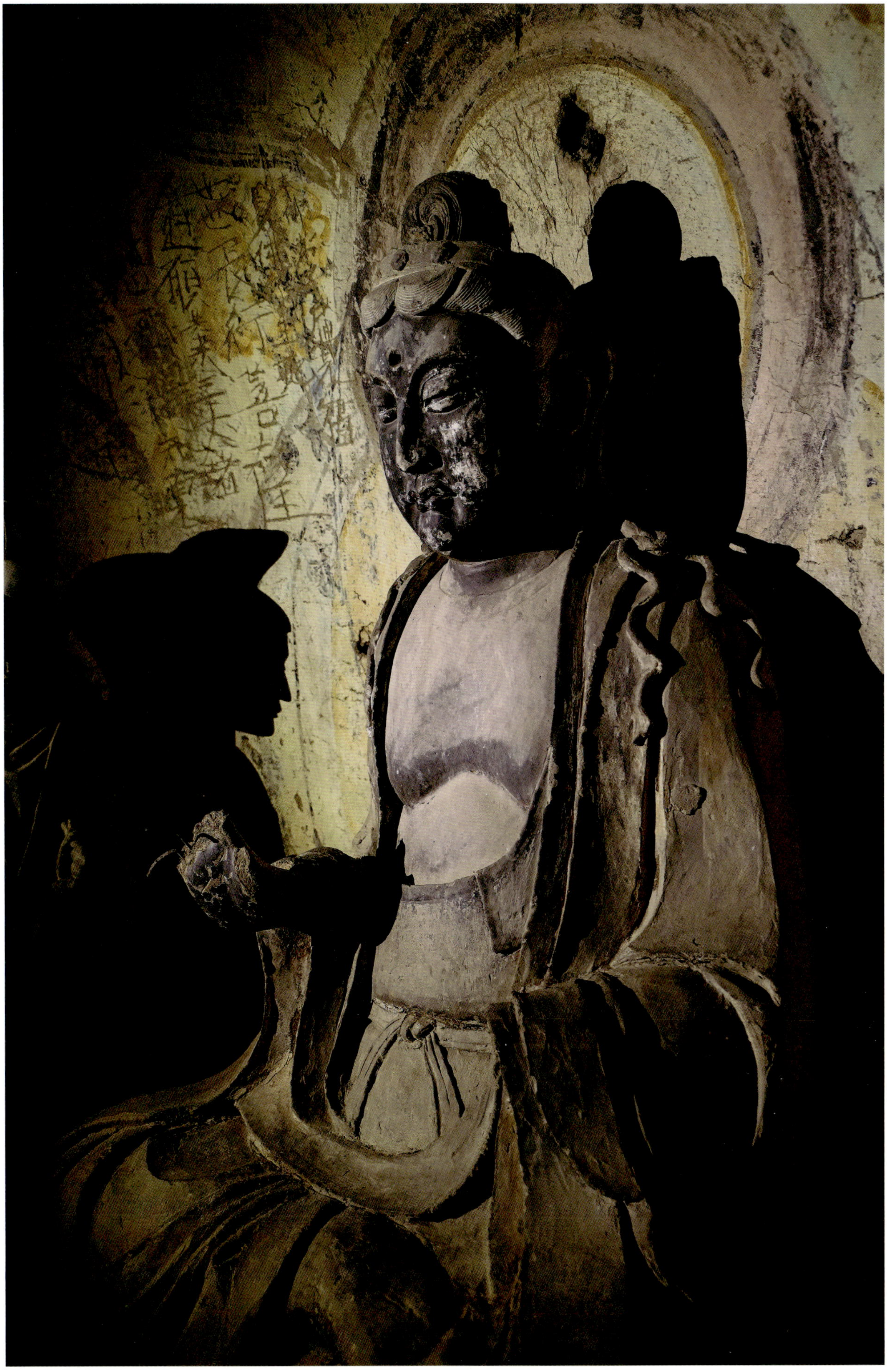

第120窟 西魏

此窟位于西崖西上区、著名的127窟东侧下方，平面方形平顶窟，高1.52米、宽2.10米、进深1.70米。窟内造像组合为三佛二菩萨二弟子像。正、左、右壁正中各塑一身坐佛，正壁左、右角内侧坛基上各塑一胁侍菩萨。前壁左侧塑一身阿难，右侧塑一身迦叶。共计7身。正壁主佛高1.24米，磨光高肉髻，脸型长圆，细颈削肩；内着僧祇支，衣带胸前打结下垂，外着双领下垂袈裟，衣角搭左小臂后垂覆至左膝，袈裟下摆垂贴于台座前；左手施与愿印，右手残损，结跏趺坐于方形台座上。身后壁面绘背项光，左、右画供养人，烟熏较重，仅数则题名尚可辨认。左、右两壁主佛神态同正壁坐佛相似，双手施禅定印。前壁左侧阿难高0.95米。内着僧祇支，外着通肩袈裟，左臂搭袈裟衣角，双手于胸前合十。前壁右侧迦叶额头刻三道皱纹，高鼻深目，内着僧祇支，外着袒右袈裟，右肩有系带连接肩部及腹部袈裟，袒露右臂，左手拎布袋置于腹部，右手拎净瓶于身前。他的时尚"吊带装""手提包"让人大开眼界，这样的装扮很是罕见，是此窟的亮点。

由于该窟题记中没有标明具体年代，但后壁有一孔洞与127窟相通，猜测是在开凿127窟时被打通的，所以研究127窟的学者都十分注意其与120窟开凿时间的关系研究。有的专家将120窟确定为北魏石窟，也有的专家定为北魏晚期石窟，还有的专家认为是北魏到西魏之间开凿。

第120窟
正壁主佛 西魏

第120窟
正壁主佛头部特写 西魏

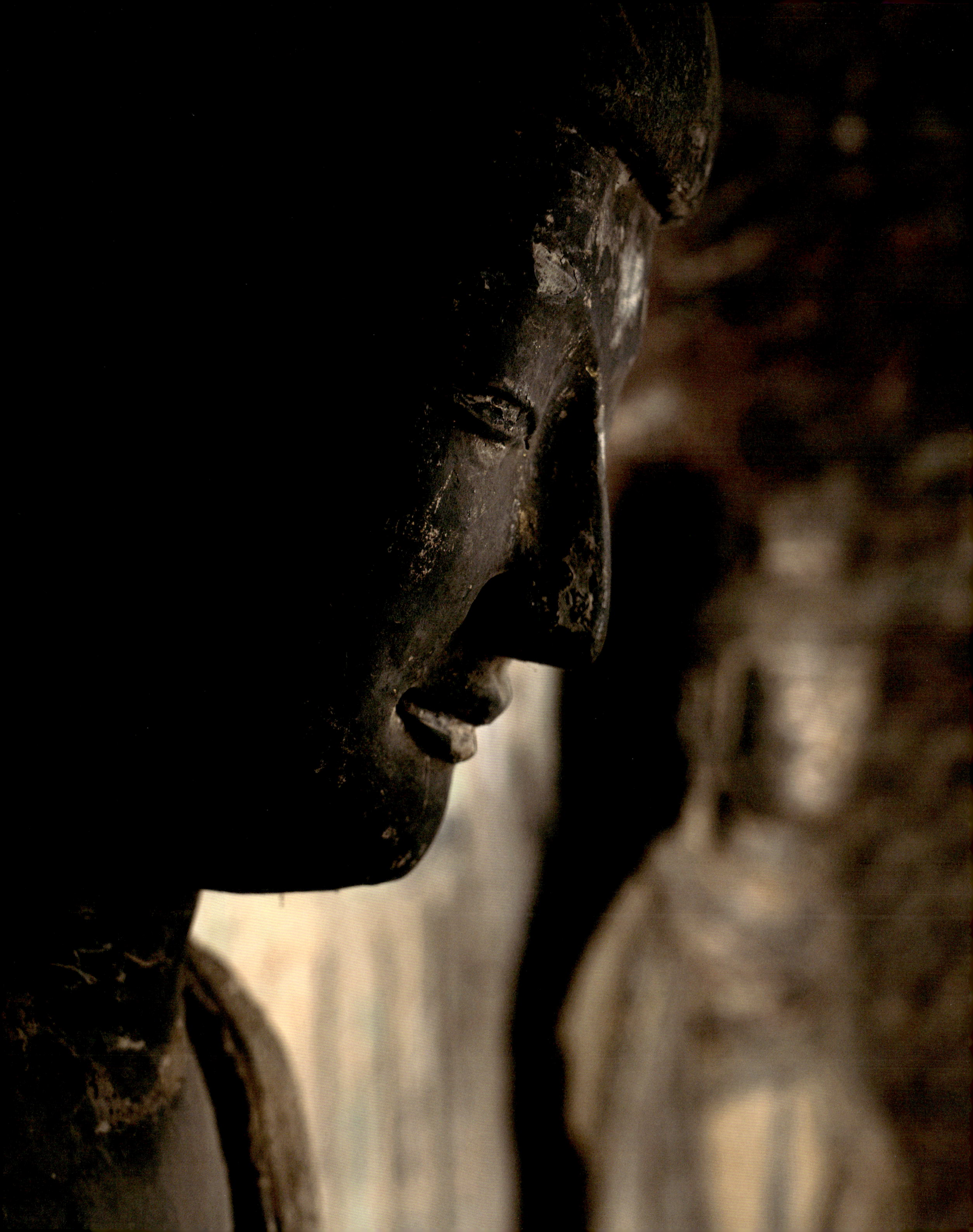

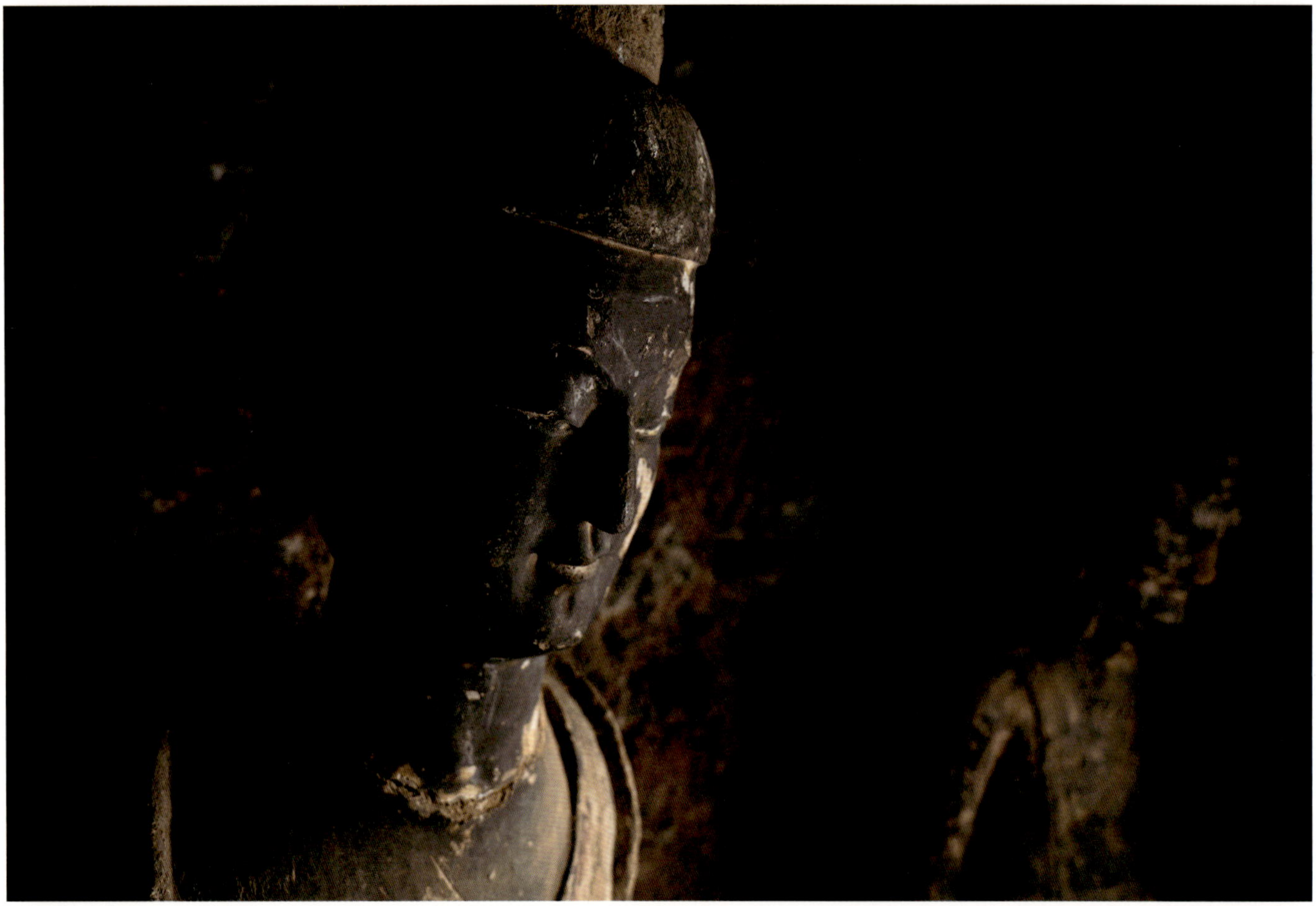

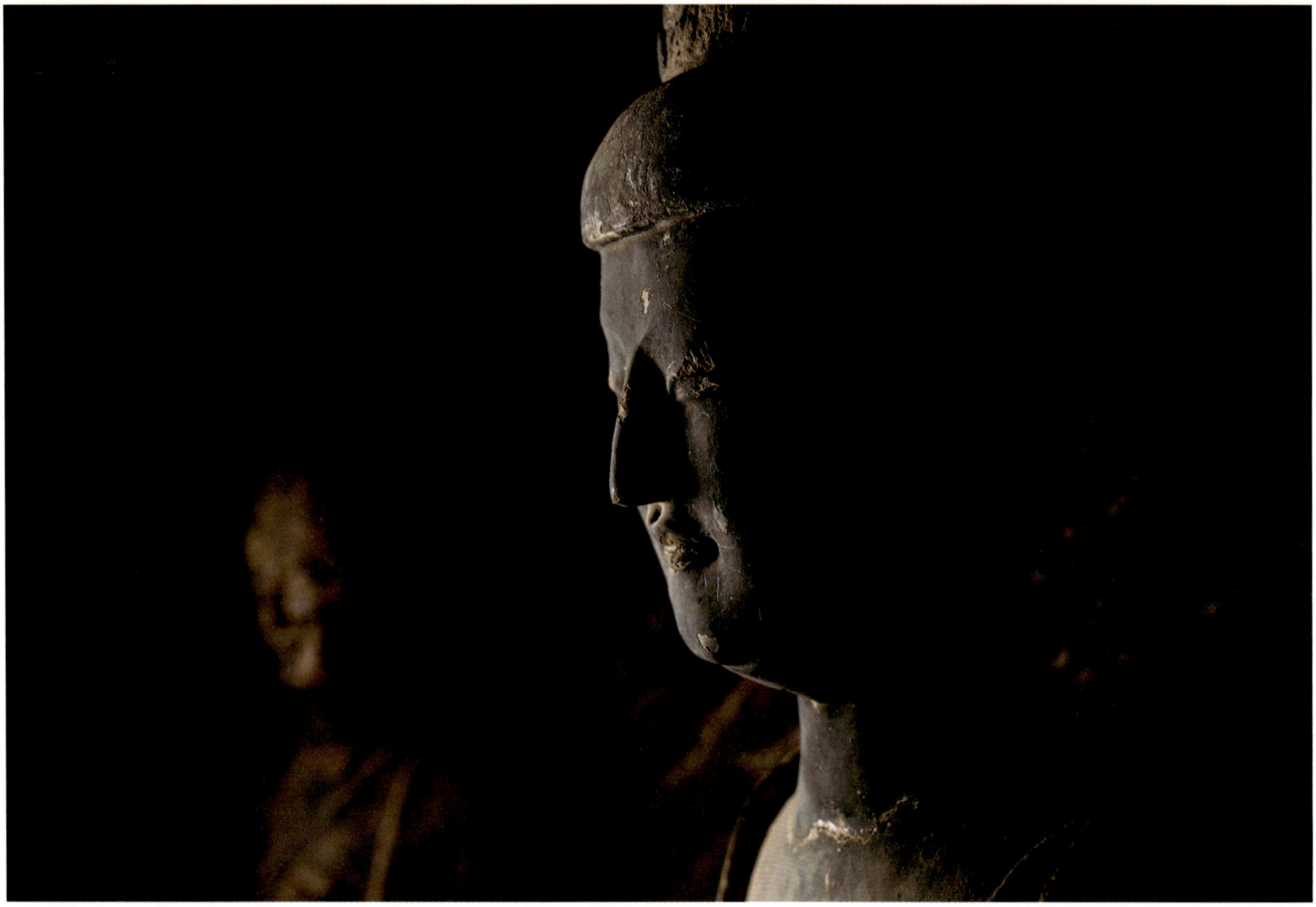

第 120 窟
左壁主佛局部 西魏

第 120 窟
右壁主佛局部 西魏

第 120 窟
前壁右側弟子 西魏

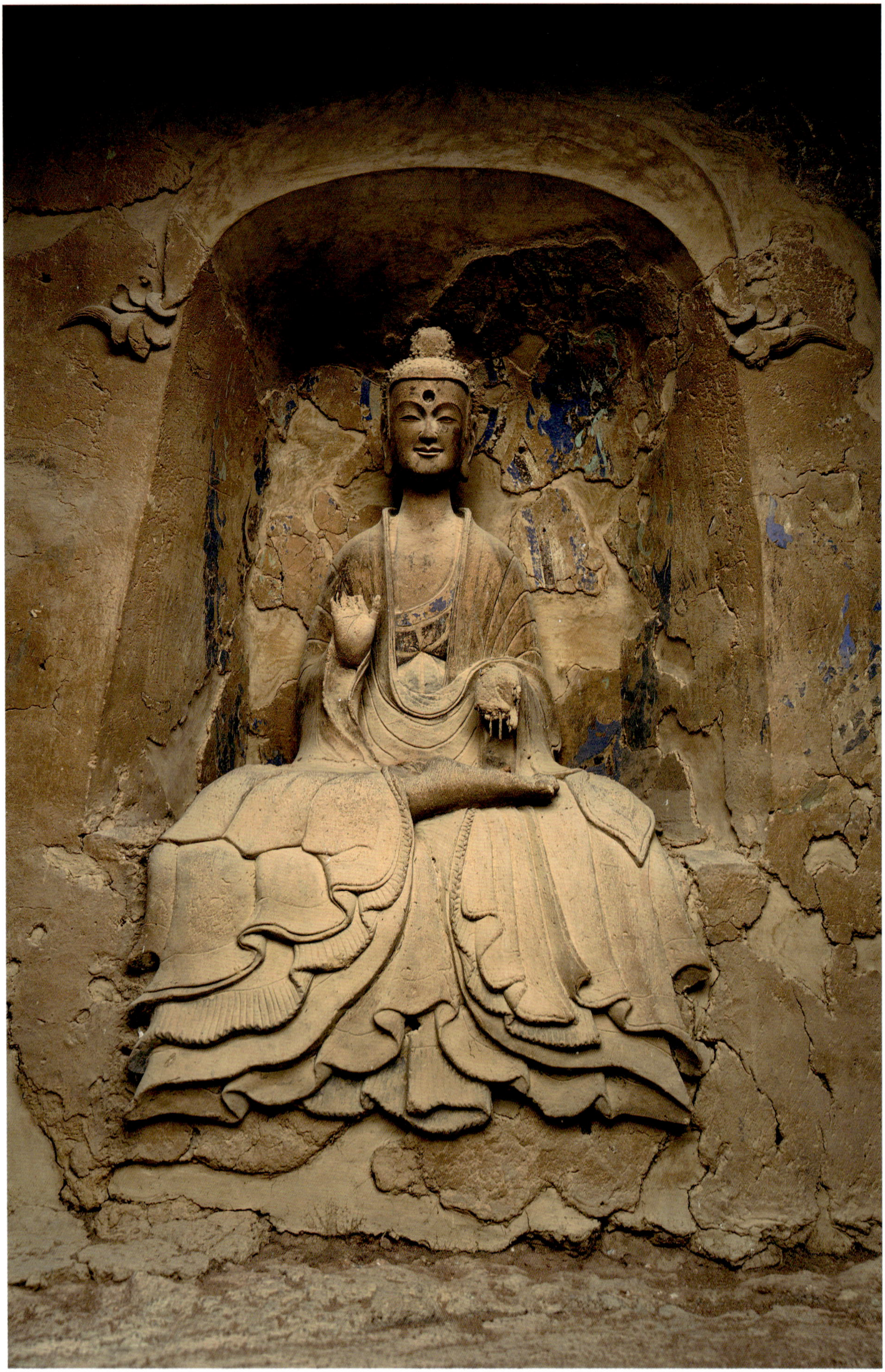

第 147 窟
正壁主佛 西魏

第 147 窟
正壁主佛局部 西魏

第 147 窟 西魏

此窟位于西崖东上部，前部坍塌，仅存正壁及右壁一小部分。据残存现状推测其原形制应为平面方形平顶窟，高 1.88 米、宽 1.86 米、残进深 0.73 米。现存正壁圆拱形龛，内塑坐佛一尊，高 1.17 米，脸型和身躯修长，具有北魏晚期"秀骨清像"的典型特征。佛结跏趺坐，螺发高肉髻，面容清秀，细眉与鼻相通，鼻梁高而挺直。双目微微下视，嘴唇略抿，唇珠呈弓形，面带笑意，显得庄重而又亲切；身着褒衣博带式袈裟，袈裟自肩部下落，至腹部上绕搭于左臂；衣摆于佛座前自然分散，悬裳衣褶显示出丰富的层次和非凡的韵律感；双手部分残损，露出内部原始铁筋，右腿部分袈裟衣褶做出莲花瓣形，足部从层层叠叠的衣摆中露出，造型独特，极具韵律感。身后有舟形背光，窟龛龛楣边缘有两个花瓣形装饰，背光及主佛袈裟上依稀可辨原始颜料。

主佛的螺发形式在麦积山北朝时期的造像中仅此一例。整尊造像虽经千百年的历史变迁和岁月无情的剥蚀，但神采依旧不减，那历经千年的微笑依旧是那样动人而传神。

第 147 窟　正壁主佛头部特写　西魏

第172窟 西魏

此窟位于东崖中区上部，窟顶距第016窟窟底仅数厘米。平面方形平顶窟，高1.04米、宽1.58米、残进深0.68米。窟内三壁开龛各塑坐佛，但前部坍塌，右壁全毁，左壁残存半龛。现存正壁龛内一坐佛、龛外左侧立一胁侍菩萨，左壁龛内一坐佛、龛外右侧立一弟子。共计4身。正壁龛内坐佛高0.84米，磨光高肉髻，脸型长方，弯眉细目，眉间有白毫相。长颈溜肩，内着僧祇支，外着通肩袈裟，双手施与愿印和无畏印，结跏趺坐于台座上。身后绘背项光，外绘火焰纹。背项光两侧各绘有一身弟子。龛外左侧立一胁侍菩萨，高0.70米。左壁龛内一坐佛，头颈残失，残高0.68米，双手施禅定印，结跏趺坐于坛台上。龛外右侧立一弟子，高0.75米，脸型长方，弯眉细目，嘴角内敛；着通肩袈裟，左臂屈肘平置，左手捧供品于腹前，右手置于供品上；足蹬云头履，立于左龛外。

第172窟
正壁龛内主佛 西魏

第172窟
正壁龛内主佛头部特写 西魏

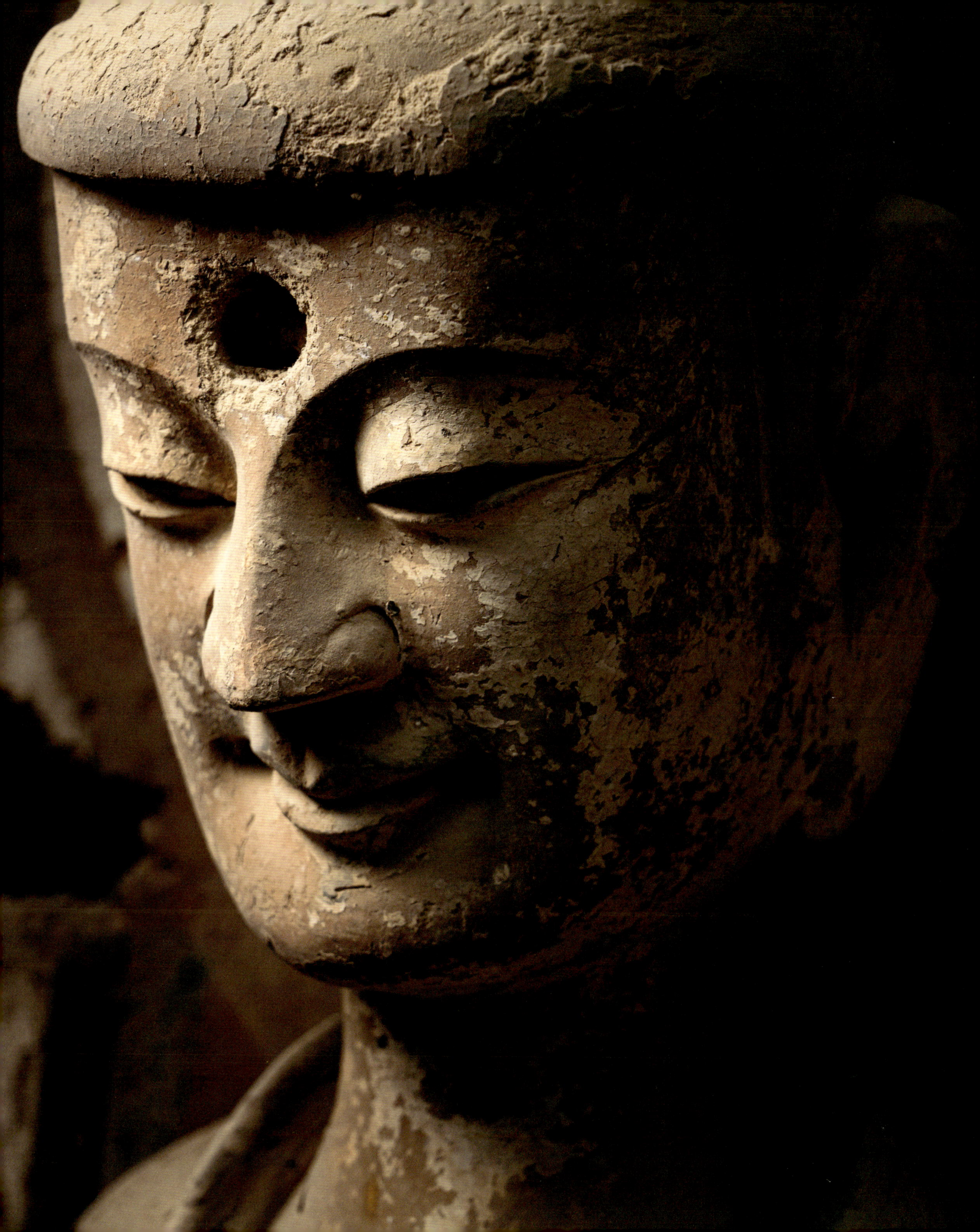

第 172 窟
正壁左侧菩萨及左壁右侧弟子 西魏

第 172 窟
左壁右侧弟子头部特写 西魏

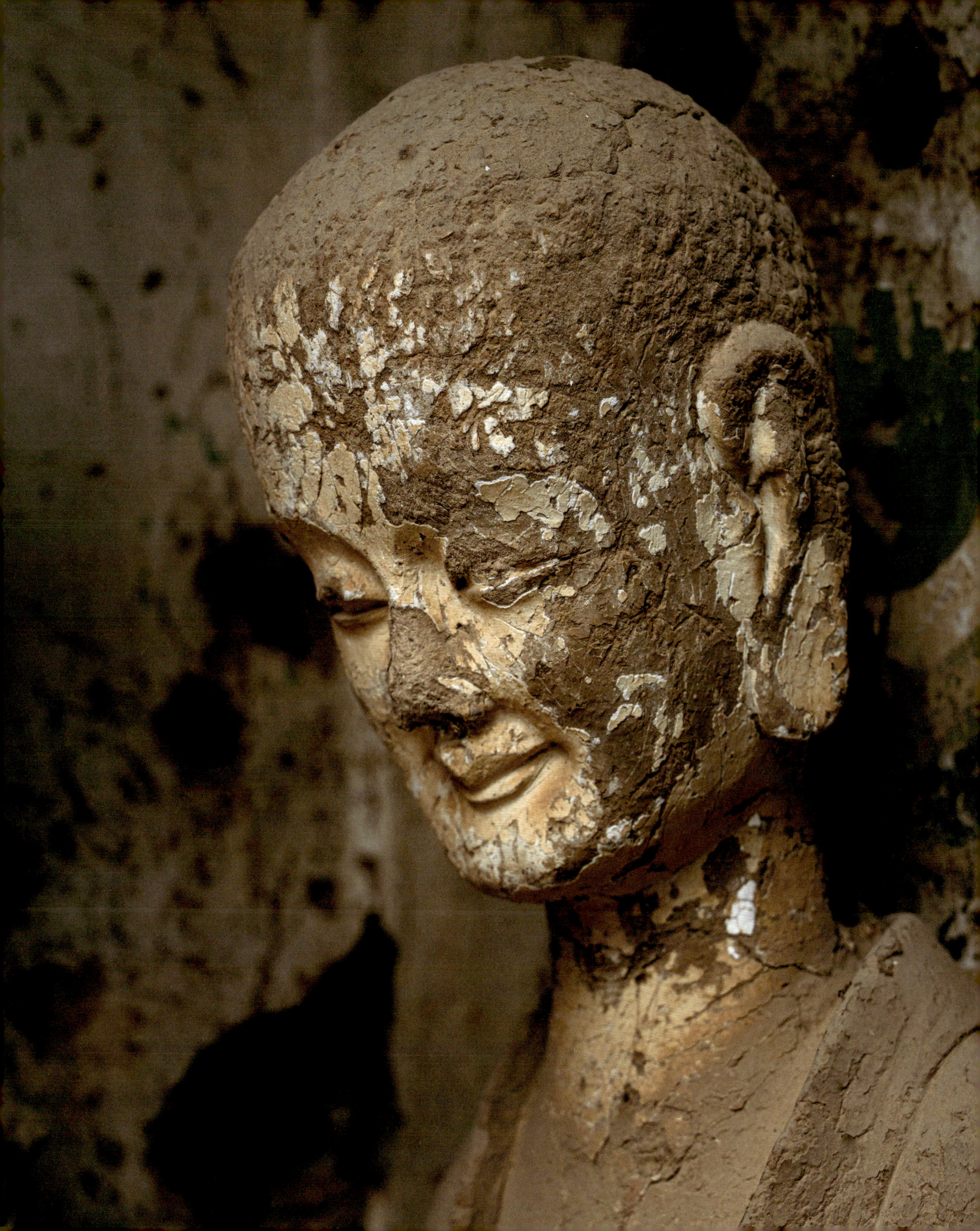

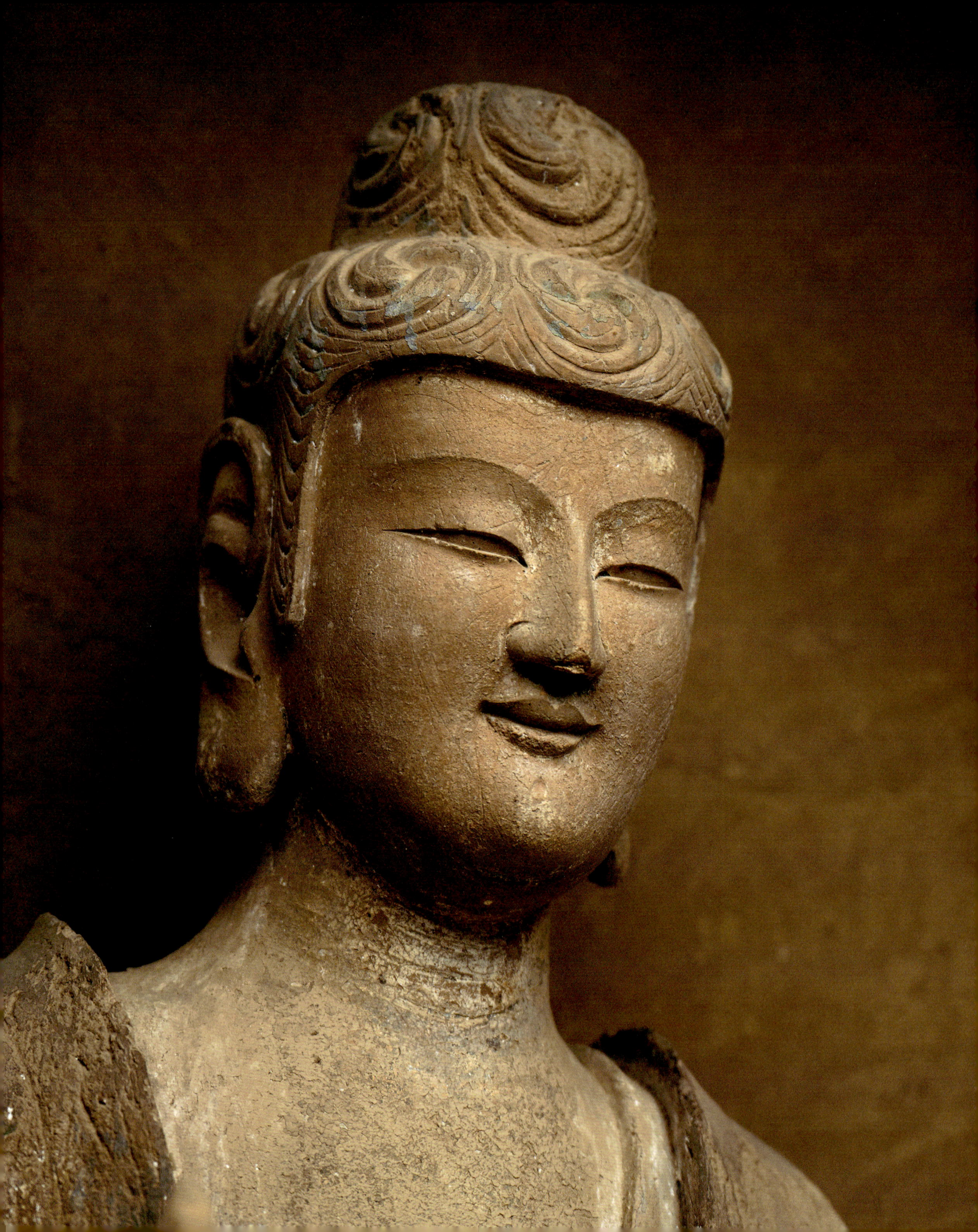

第044窟 西魏

此窟位于东崖中区，与第043窟"寂陵"相邻，原洞窟形制为平面方形、四角攒尖顶窟，因隋唐时期地震对该窟破坏较大，前壁大部分坍塌，窟高2.40米、高3.10米、残进深1米。该窟现存一佛二菩萨及一弟子。正壁龛内塑坐佛一身，佛高1.56米，旋涡纹高肉髻，内着僧祇支，胸前系结，外着双领下垂袈裟，结跏趺坐。覆于佛座前的悬裳衣褶俱呈圆转的线条，质感厚重，层次分明，富于韵律感。佛像端庄典雅、和蔼可亲，脸型方圆适中，眉眼细长，嘴角含笑，微微俯视，好似护佑着一方百姓，是西魏泥塑佛像的巅峰之作，展现了东方美学的最高意境。龛外两侧胁侍菩萨高1.32米，面容秀美，头戴冠，发呈三缕，披于肩上又垂至臂肘，袒上身，披巾绕肩，佩项饰，下着裙。和主佛相互映衬，给人一种极强的美感。窟内左壁后侧弟子像高1.40米，脸型长圆，身着通肩袈裟，侧身合掌而立，造像简洁质朴，神情宁静安详。

据考证，此窟正壁主佛是武都王元戊仿母亲（西魏皇后乙弗氏）的形象所作。此尊造像散发着一股温暖人心的母性光辉，高贵又温柔、威严又慈祥、庄重又飘逸，虽看起来柔美，但依旧给人以安慰和力量。由于地震造成洞窟坍塌，原本位于后壁的主佛被推至前面，赫然呈现在麦积山崖道上，直面麦积山的苍松翠柏和千余年间的日出日落，让每一个路过的人驻足流连、凝望观礼，从其微绽的笑靥中得到慰藉和力量。

第044窟
正壁龛内主佛头部特写 西魏

第044窟
正壁龛内主佛 西魏

第 044 窟 正壁龛内主佛头部特写 西魏

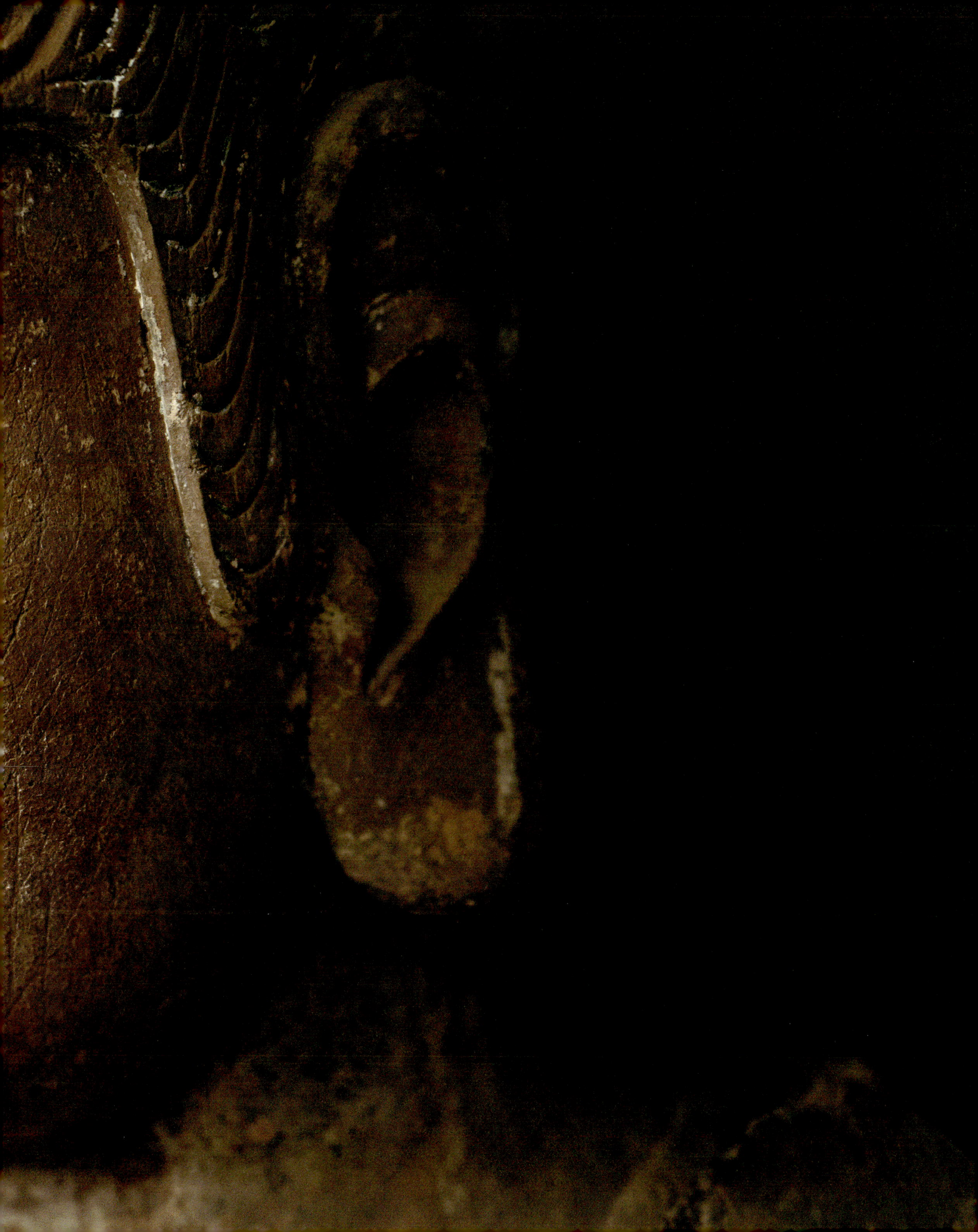

第 044 窟
正壁龛外左侧胁侍菩萨　西魏

第 044 窟
正壁龛外右侧胁侍菩萨　西魏

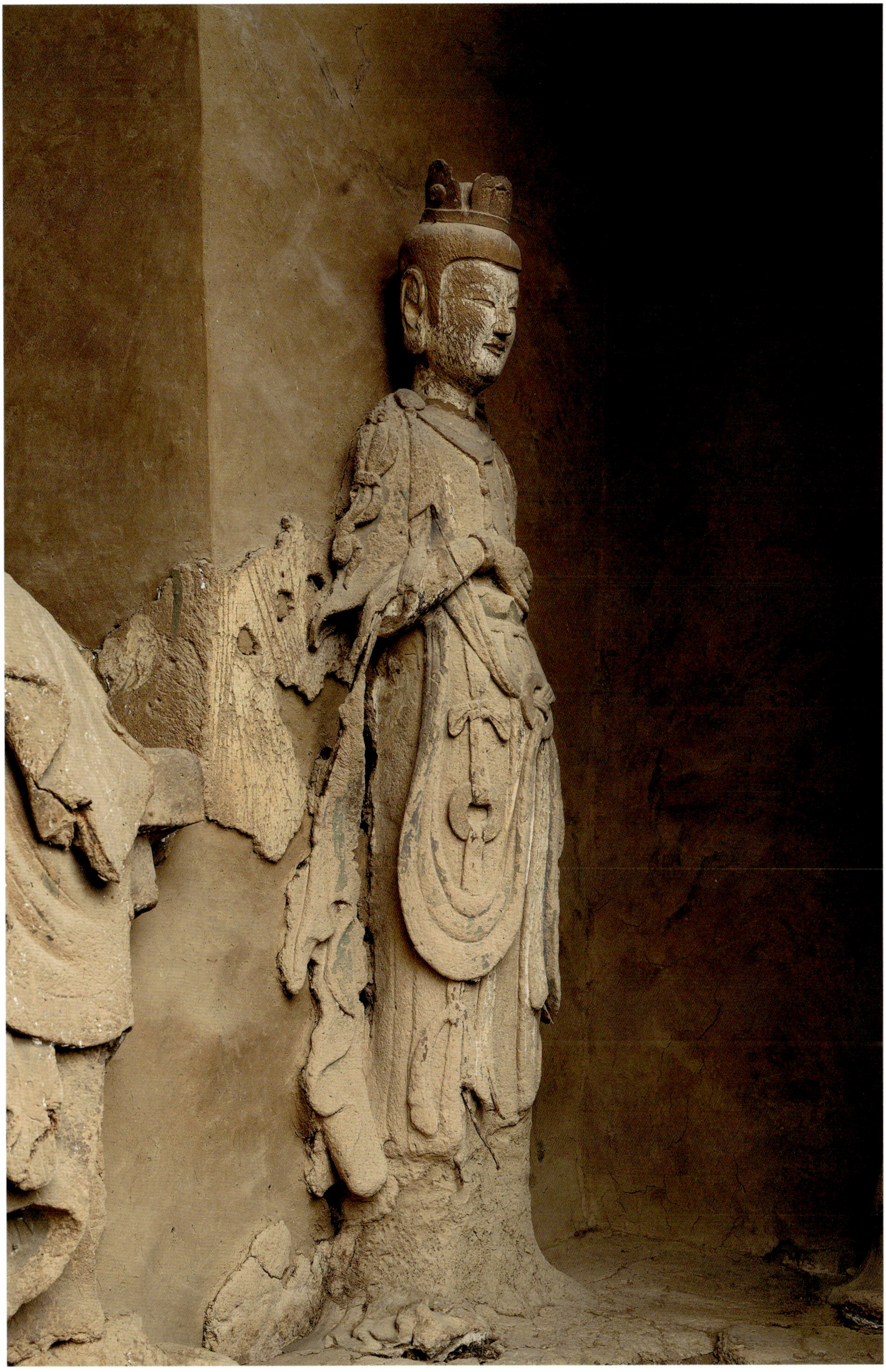

第 020 窟　西魏

此窟位于东崖中区，窟前部塌毁，平面方形平顶窟，高 1.66 米、宽 1.59 米、残进深 1.53 米。根据窟内形制，应为三世佛组合。如今未来佛弥勒像已毁，只存正壁坐佛、左、右胁侍菩萨及左壁坐佛各一身。正壁主佛高 1.14 米。旋涡纹高肉髻，双目细长，薄唇小嘴，丰颊玉颔，低首下视；身体微微前倾，内着僧祇支，外着双领下垂袈裟，袈裟下摆自然重叠下垂，衣摆于佛座前自然分散，富于层次美；双手施无畏印和与愿印，双手手指残损，露出原始内部铁筋。结跏趺坐于方台座上。左壁坐佛磨光高肉髻，双手交于腹前，神情与主佛相仿。二菩萨五官较集中，脸颊丰满下垂，小额凤眼，双手柔软圆润；衣饰敷彩素洁，衣纹疏散，流畅写实，衣褶分明，质感厚重，极具美感；花冠两旁露出直径约 3 毫米、长 40 厘米的铁筋，表层塑泥脱落无存。

此窟正壁主佛与第 044 窟主佛容貌相近，但更趋圆润柔丽，微微上扬的嘴角里多了些欢愉，笑未成意已到。在阴暗狭小的洞窟里，她的微笑似一道光，照亮了历史轮回中的阴暗时刻，照亮了膜拜者失意的心。历经千年的微笑依旧动人而传神，那笑是暖、是爱、是希望，是对人间疾苦的温柔抚慰，是绝望者心中圣洁的光。

第 020 窟
正壁主佛及左胁侍菩萨 西魏

第 020 窟
左壁主佛 西魏

第 020 窟
正壁主佛局部 西魏

第 020 窟
正壁主佛头部特写 西魏

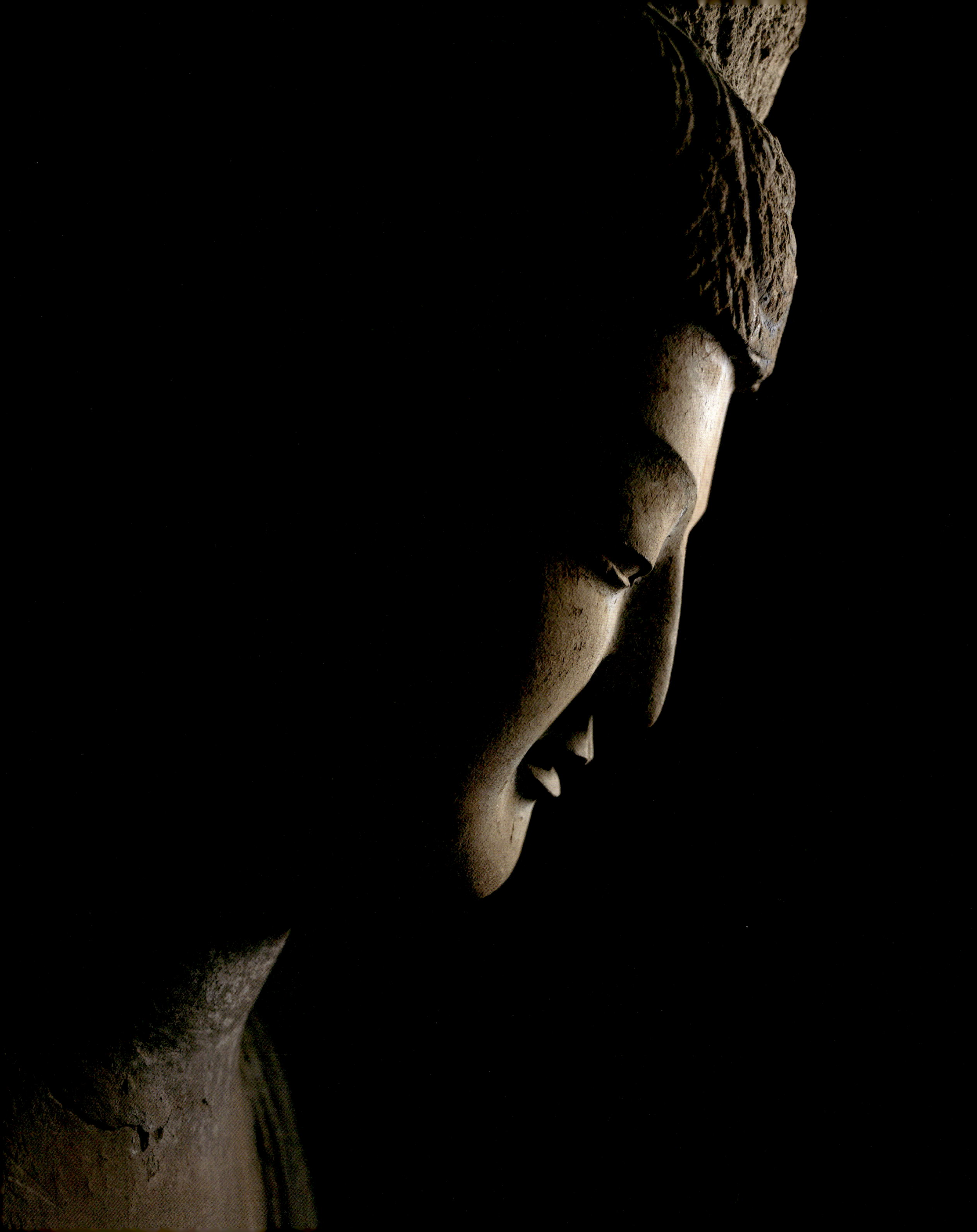

第 020 窟
左壁主佛 西魏

第 020 窟
左壁主佛头部特写 西魏

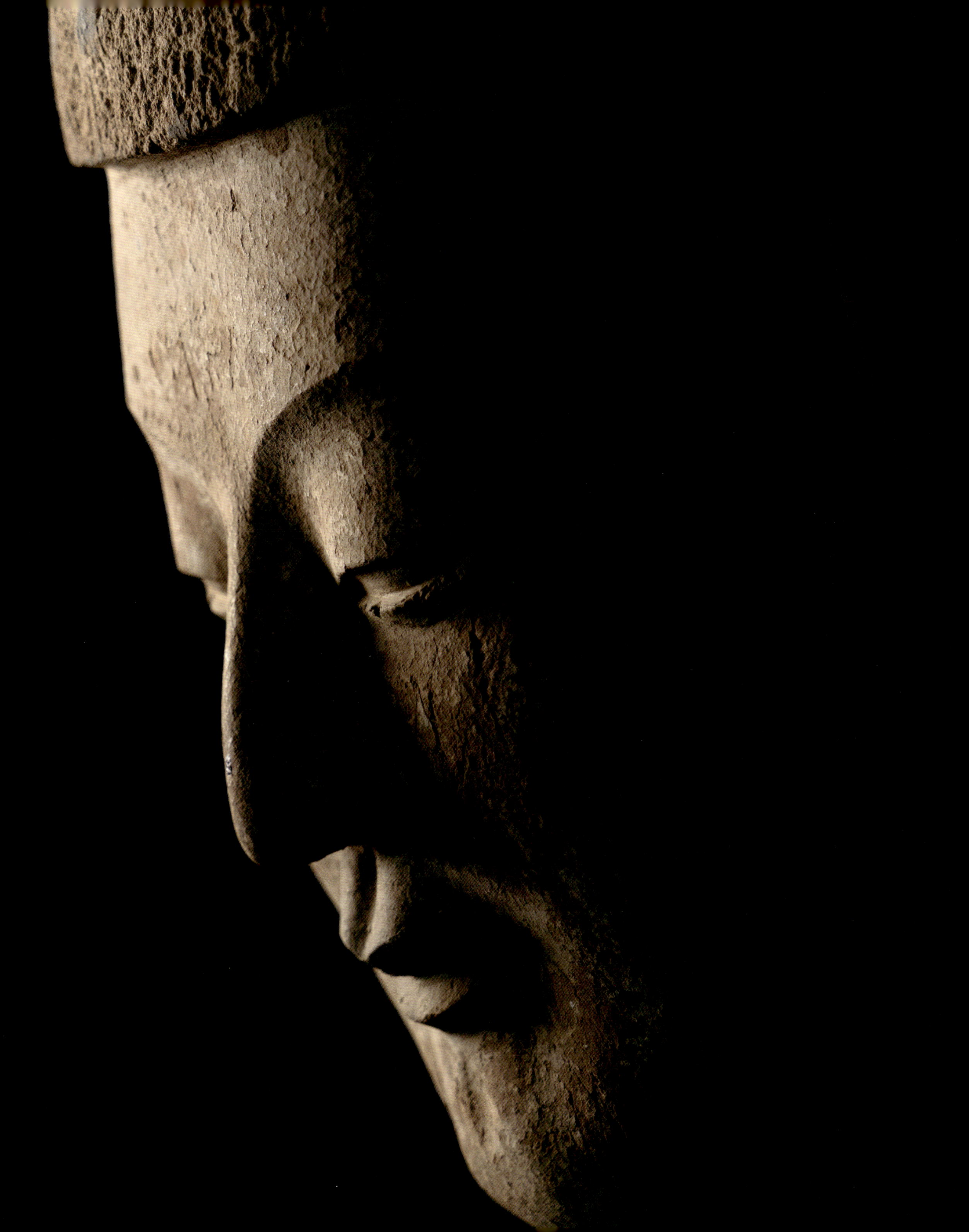

第 020 窟
正壁左侧胁侍菩萨 西魏

第 020 窟
正壁右侧胁侍菩萨头部特写 西魏

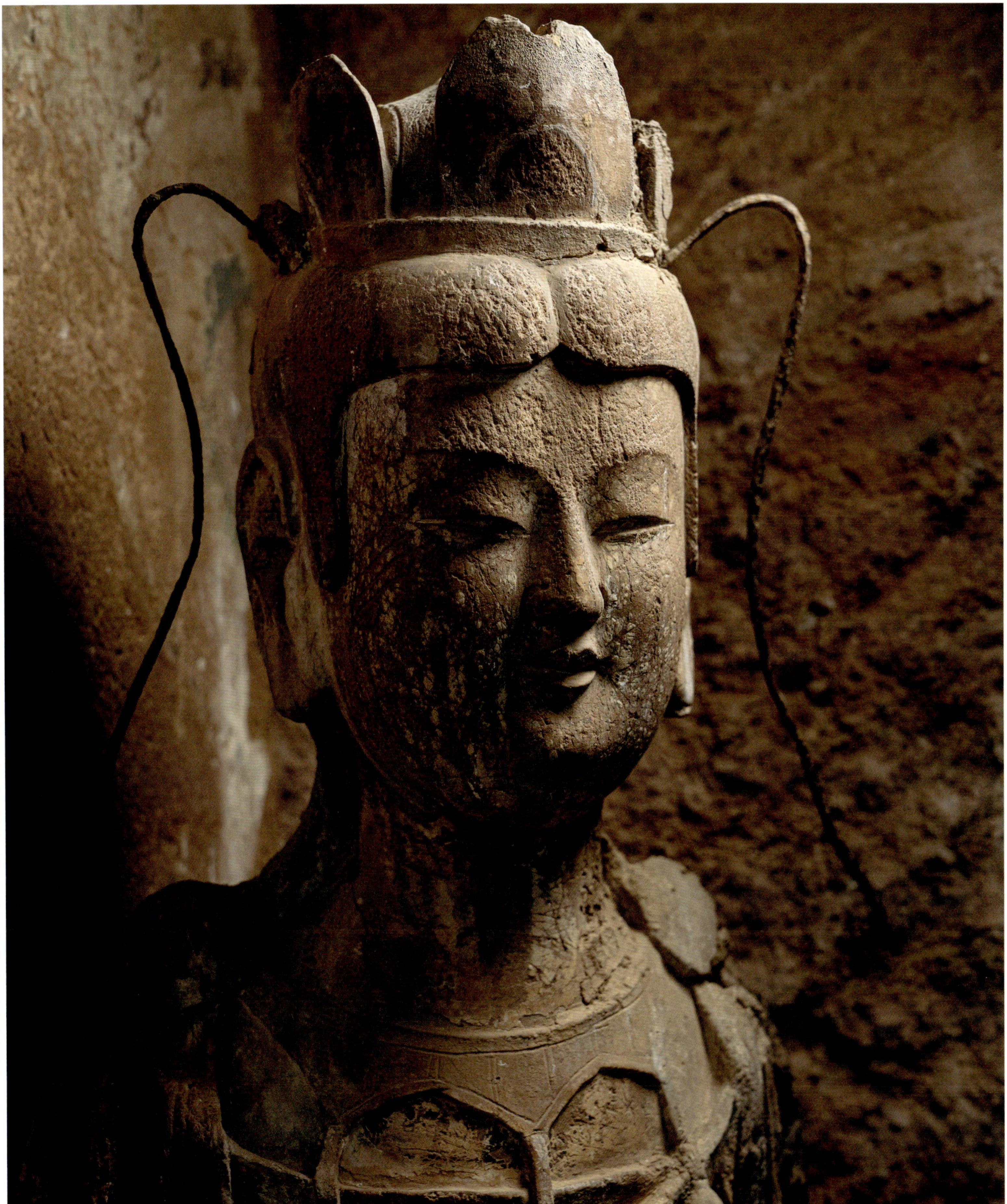

第102窟　西魏

此窟位于西崖西上区，平面方形四角攒尖顶窟，高2.90米、宽2.88米、进深2.75米。窟内现存正壁主佛及左、右二胁侍菩萨，左壁维摩诘及右侧弟子。正壁主佛高1.20米。旋涡纹高肉髻，面相丰圆，眉目细长；内着僧祇支，腰间系带，外着双领下垂袈裟，双手施无畏印和与愿印，结跏趺坐于台座上。左侧胁侍菩萨，裙摆以下部分已毁，残高0.95米。右侧菩萨，双足断裂无存，残高1.21米。二菩萨均中分式发髻，头戴花冠，双眼微眯，抿嘴含笑。左壁维摩诘高0.96米。头戴卷荷帽，宽额高鼻，长圆脸，目视前方；内着圆领衫，中层垂领衣于胸前系带打结，外着宽博外衣，左手抚膝，袖口反卷至上臂，右臂屈举于胸前，手已毁。结跏趺坐于台座上。此窟除正壁释迦佛像、左壁维摩诘像还基本依原来位置存放外，其余胁侍菩萨及弟子，因被毁或扰乱，都不是原来的位置。

第102窟
正壁主佛　西魏

第102窟
左壁维摩诘　西魏

第102窟
正壁主佛头部特写　西魏

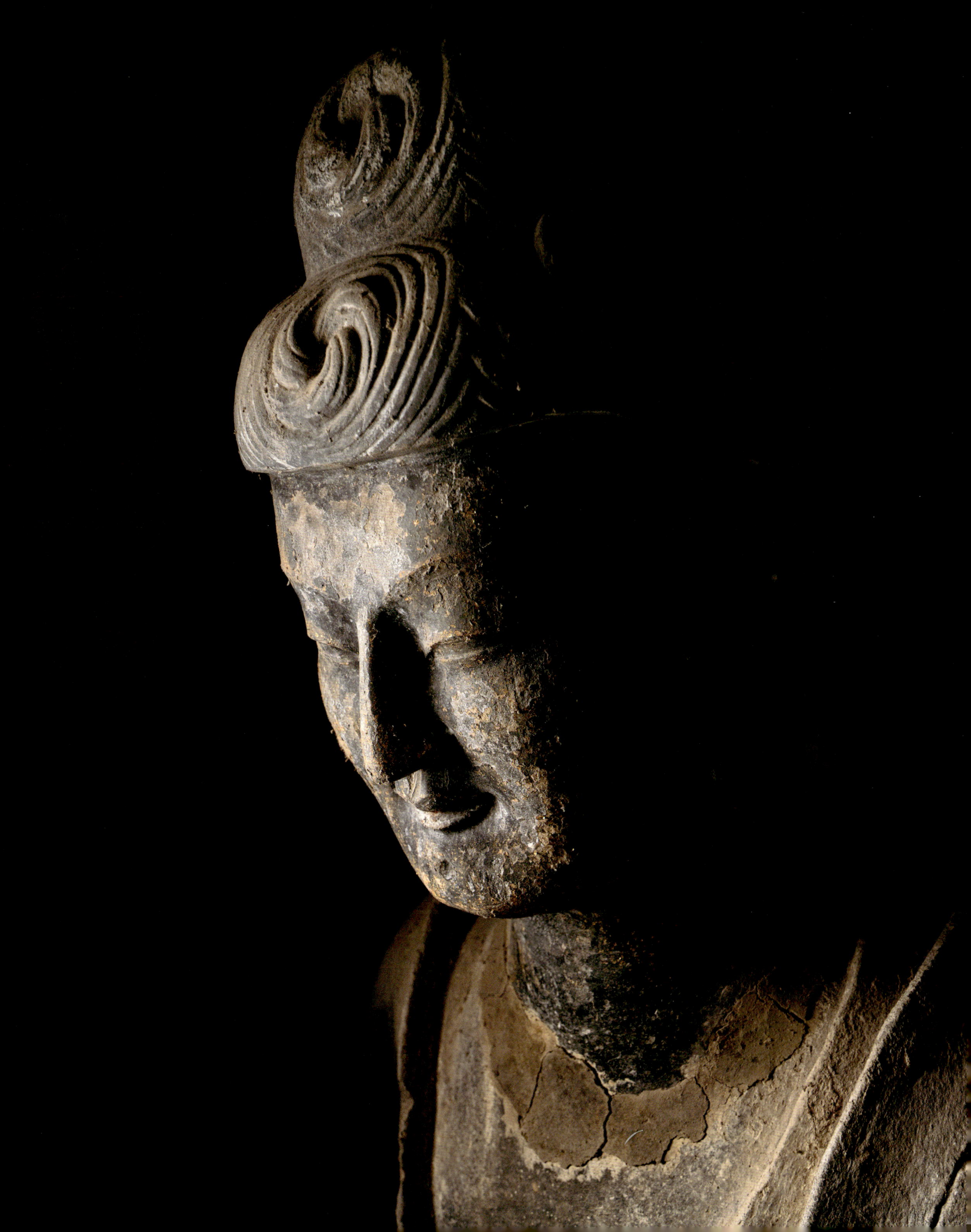

第 102 窟
正壁左侧胁侍菩萨 西魏

第 102 窟
正壁左侧胁侍菩萨头部特写 西魏

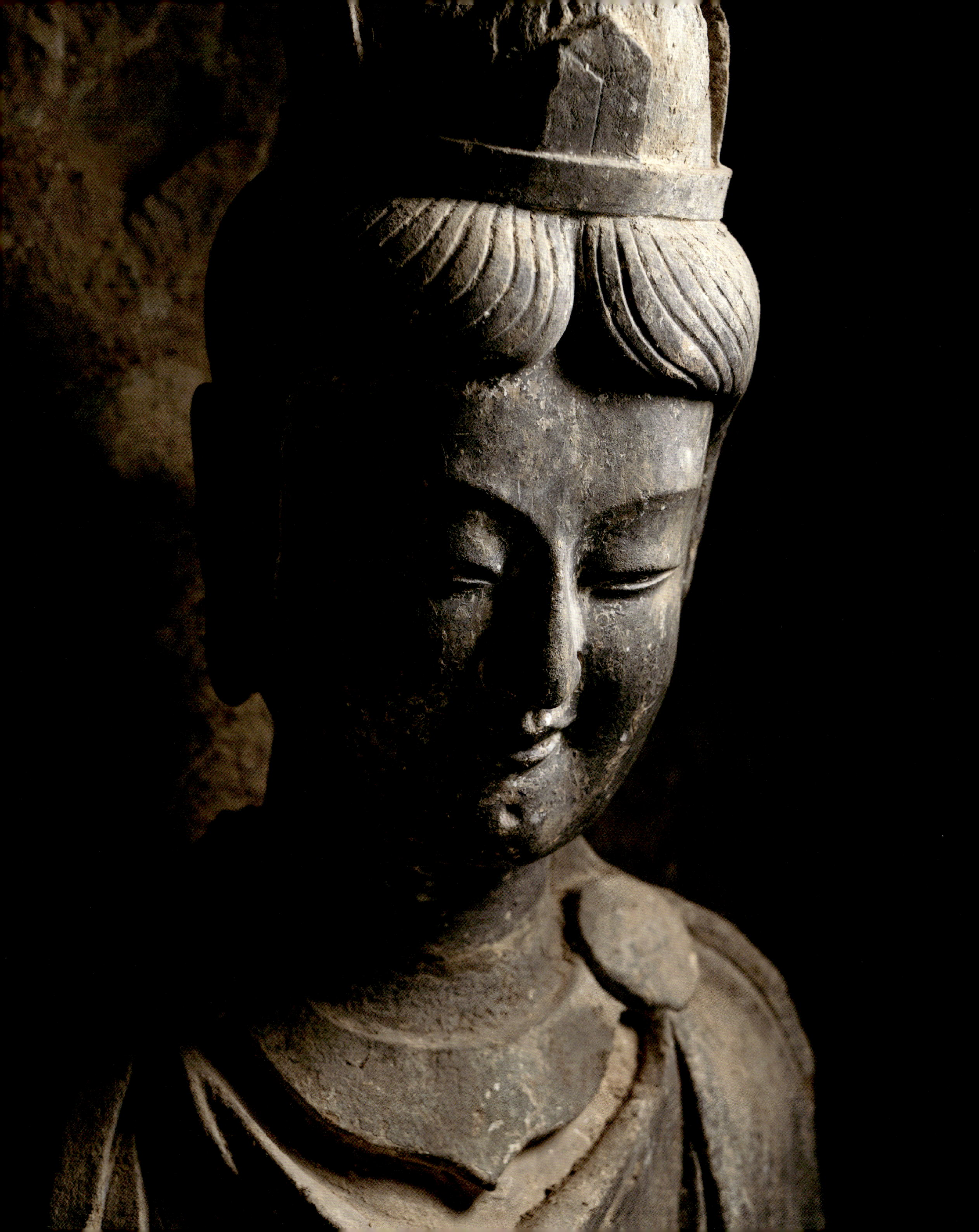

第123窟 西魏

此窟位于西崖西上区,平面方形平顶窟,高2.47米、宽2.45米、进深2.35米。三壁三龛,正、左、右三壁各开一圆拱形浅龛,正壁塑一佛二菩萨,左壁维摩诘,右壁文殊菩萨,里侧塑二弟子,外侧塑二侍者(童男、童女)。正壁主佛高1.21米。磨光高肉髻,方圆脸,细颈削肩,双目微启俯视,内着僧祇支,外着双领下垂袈裟,左手施与愿印,右手施无畏印,结跏趺坐于方形台座上。佛背后残留白色项光与背光痕迹。此窟造像以《维摩诘经·文殊问疾品》为题材,窟内佛造像生动秀美,菩萨清秀。左、右二壁方形坛座上维摩诘居士和文殊菩萨均结跏趺坐,对坐论辩。

文殊高1.19米,戴冠,双目下视,身穿交领衫,腰束带,衣摆自然下覆,右手举于腹前,左手被宽袖掩置于腿上,表现出沉静无畏、潇洒大度之风范。维摩诘高1.01米,头梳半圆形小髻,头略前倾,造型清瘦,身穿双领下垂宽博外衣,衣纹稀疏简洁;左手抚于腿部,右手上举胸前,宛如封建士大夫形象,睿智机敏、从容安详。正壁两胁侍菩萨面目清秀,凝神静听,阿难脸型饱满圆润,憨厚可爱;迦叶面相清苦,做思考状。

此窟尤以童男、童女像最为著名。童男头戴毡帽,发辫从帽顶的圆孔中透出并垂下,身着长袍,脚穿圆头毡靴,虔敬而立,憨厚淳朴;童女头梳环形丫髻偏向两边,眼睛细长,嘴角微笑,身穿圆领宽袖衫,长裙的裙摆落地呈喇叭形,露出覆头,姿态生动,天真活泼。这组塑像真实反映了当时的社会生活和精神风貌。麦积山造像的现实化、趣味化、生活化倾向在这一组塑像中表现得淋漓尽致。在佛教造像中将供养人塑为童男童女并不多见,将两身身着世俗服饰,天真无邪、稚气可亲的少男少女置于佛国世界,是古代艺术家热爱生活、精微观察生活的传神之作。

第 123 窟
正壁造像 西魏

第 123 窟
正壁龛内主佛 西魏

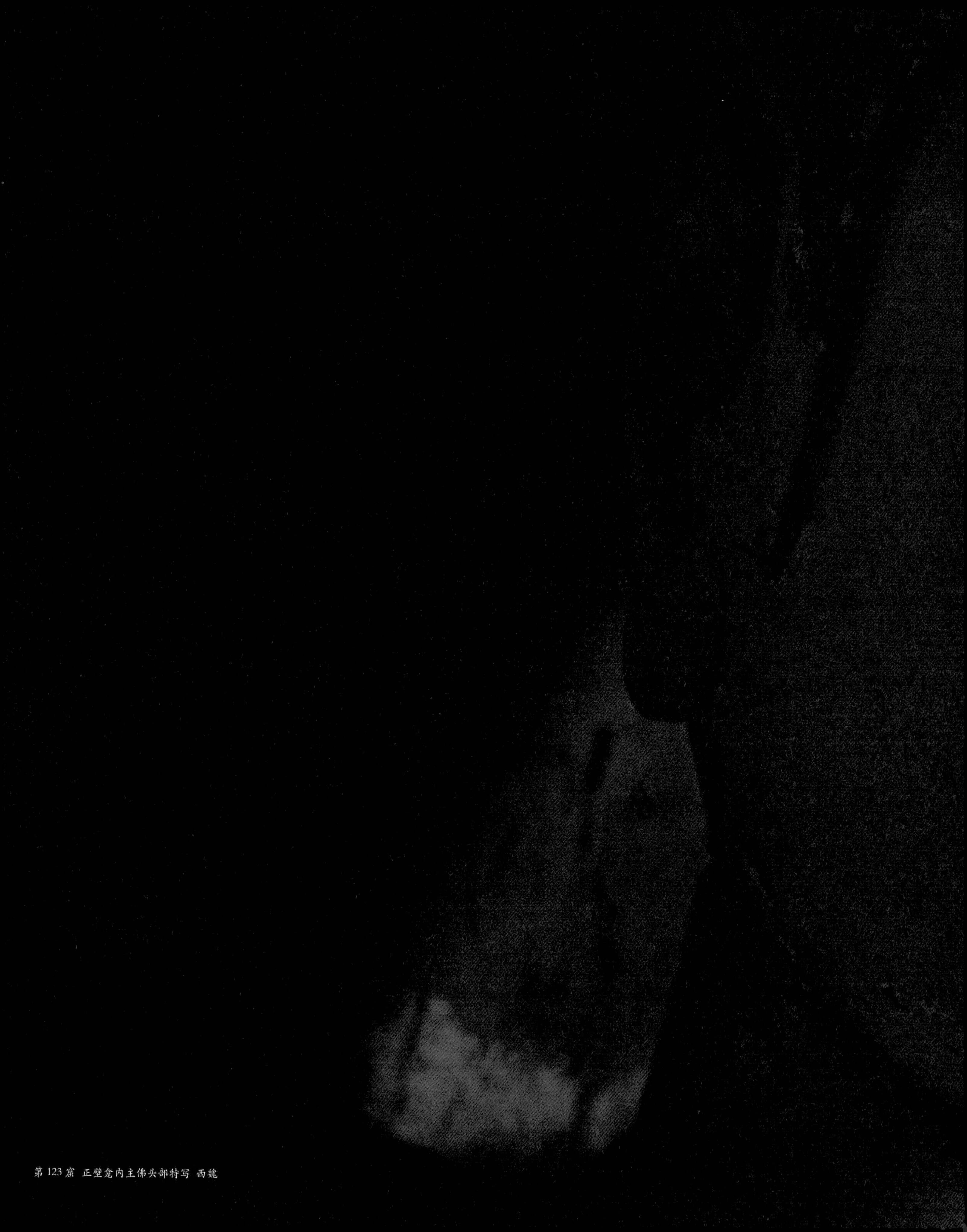

第123窟 正壁龛内主佛头部特写 西魏

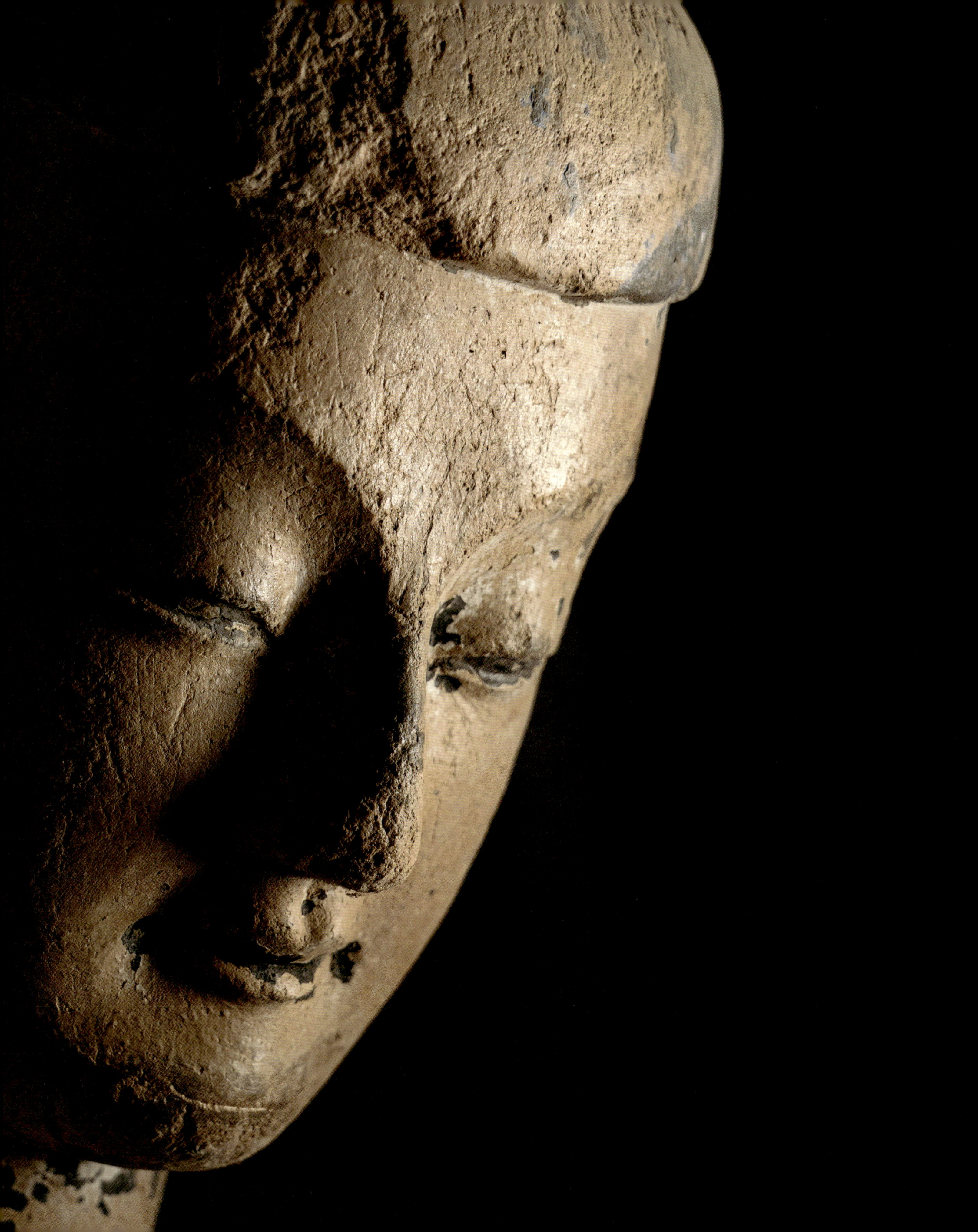

第 123 窟
正壁左侧胁侍 西魏

第 123 窟
右壁左侧弟子头部特写 西魏

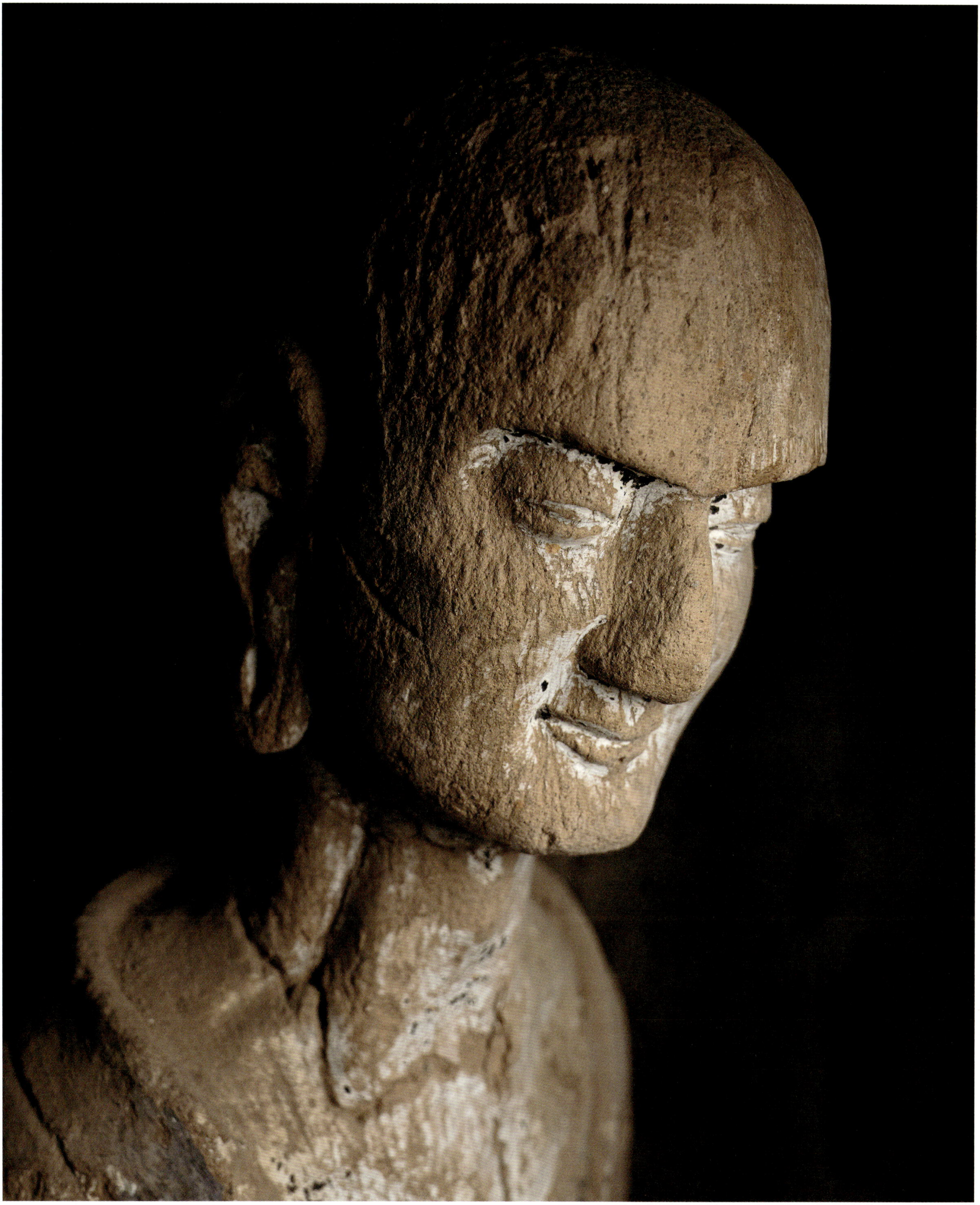

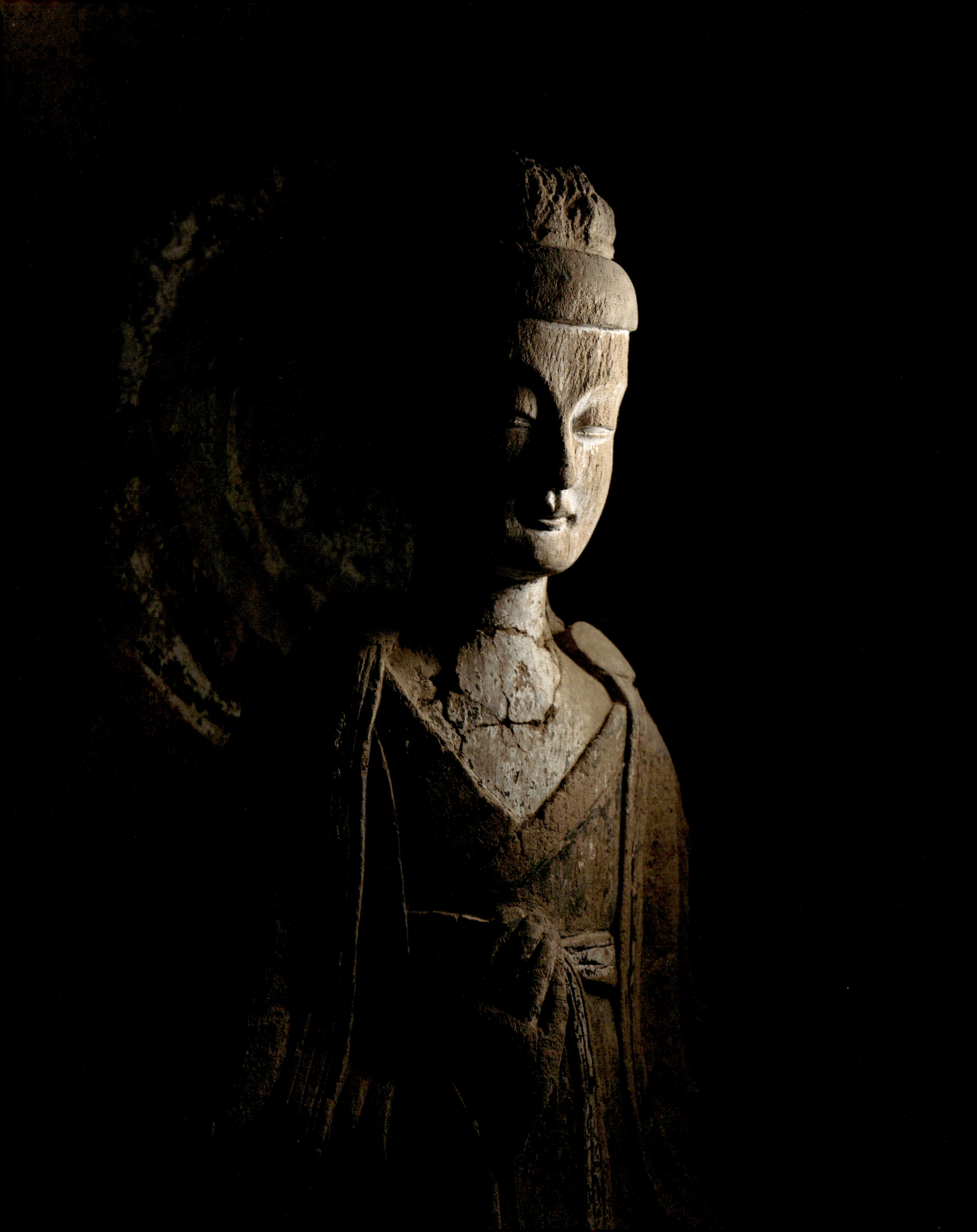

第 123 窟
右壁龛内文殊菩萨局部 西魏

第 123 窟
右壁龛内文殊菩萨 西魏

第 123 窟 右壁龛内文殊菩萨头部特写 西魏

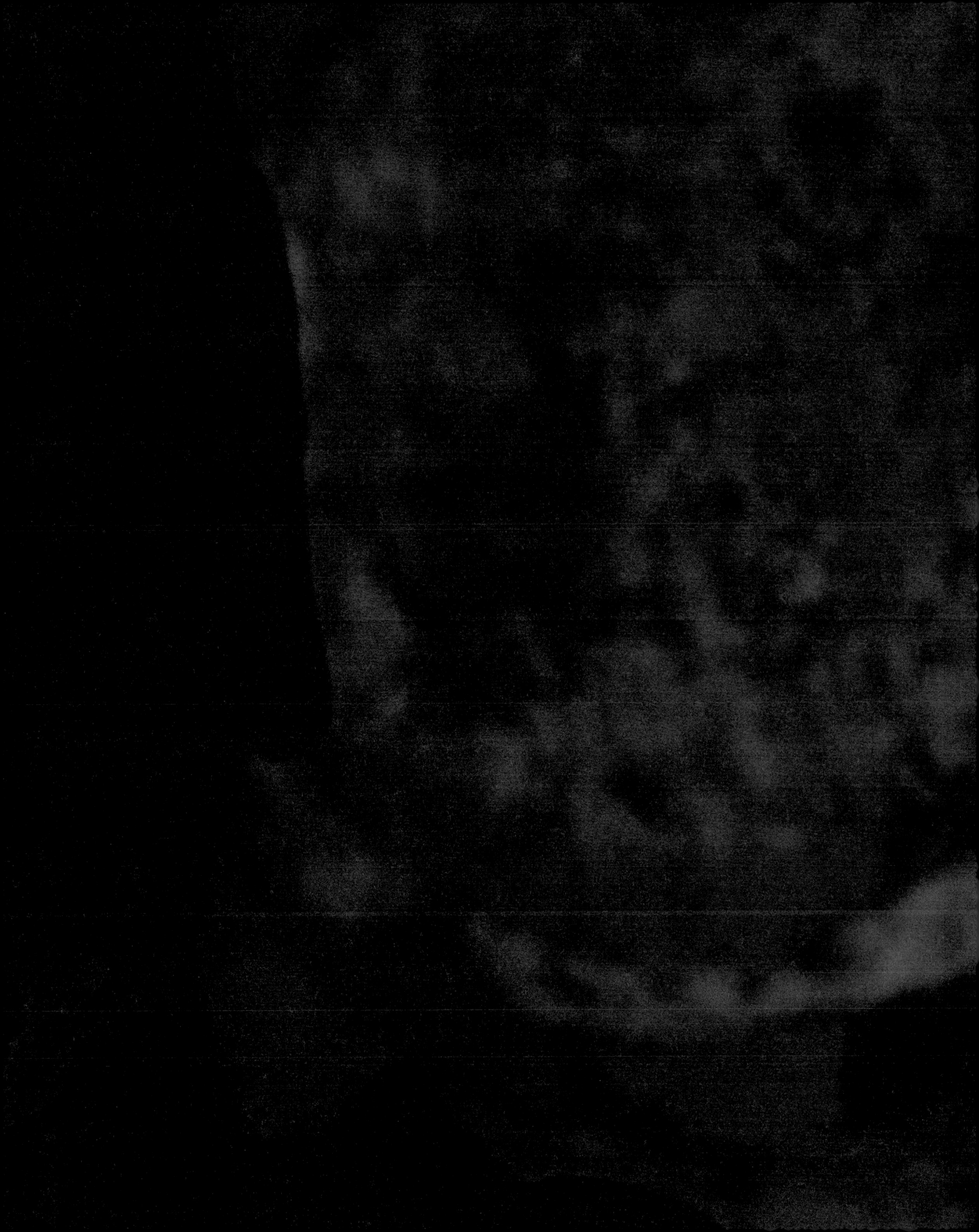

第 123 窟
左壁龛内维摩诘 西魏

第 123 窟
左壁龛内维摩诘头部特写 西魏

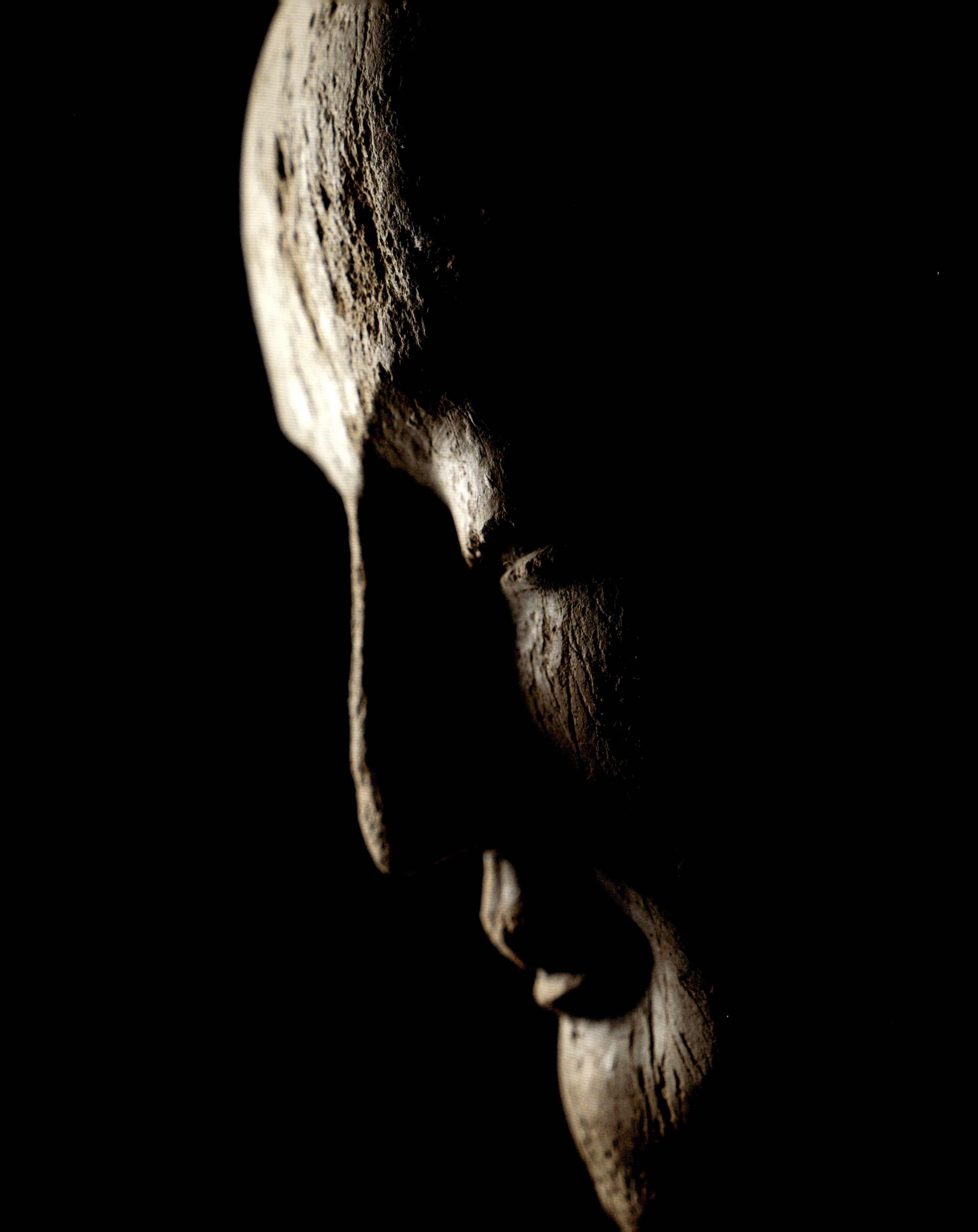

第 123 窟
左壁前部童男 西魏

第 123 窟
右壁前部童女 西魏

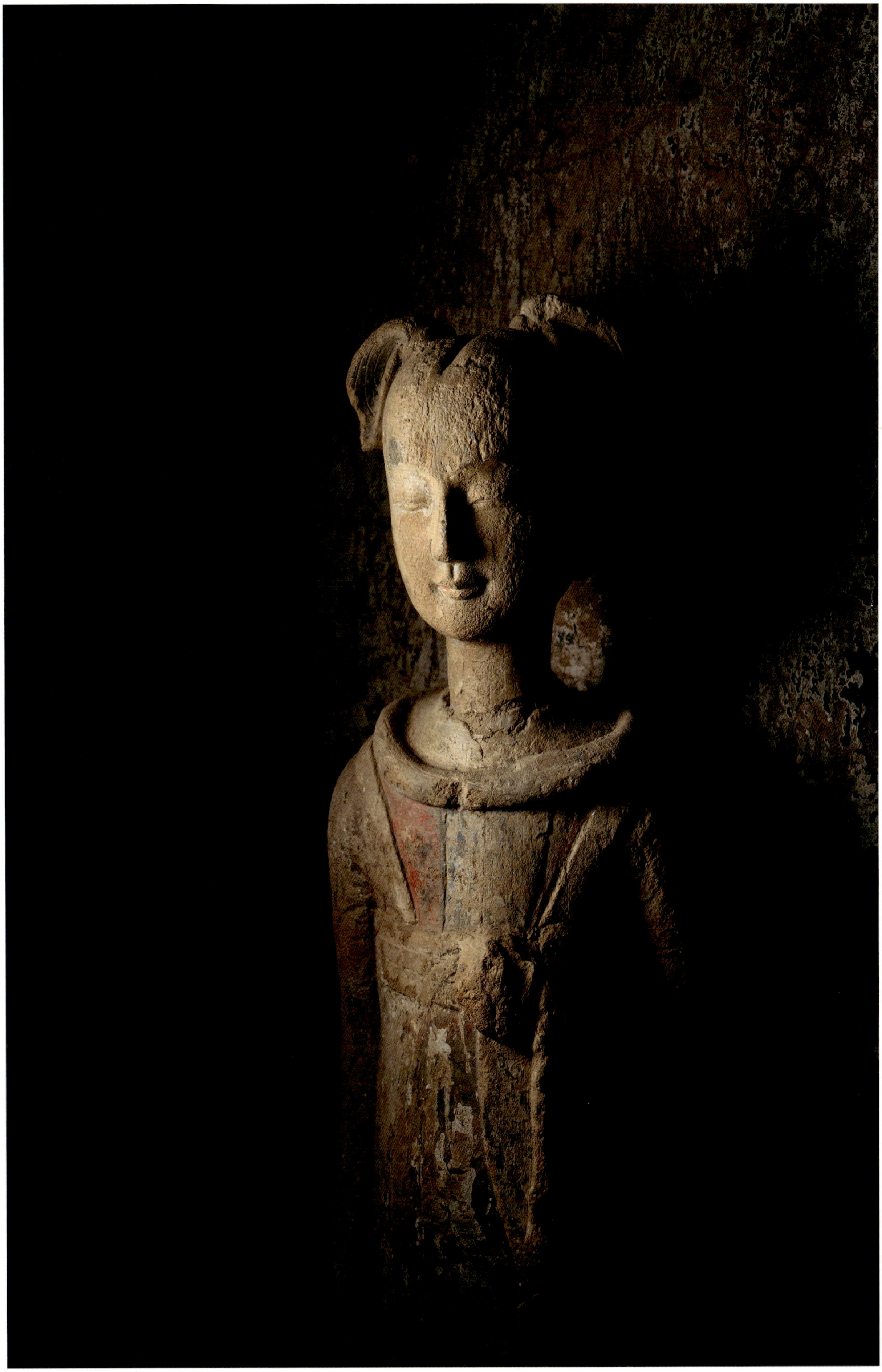

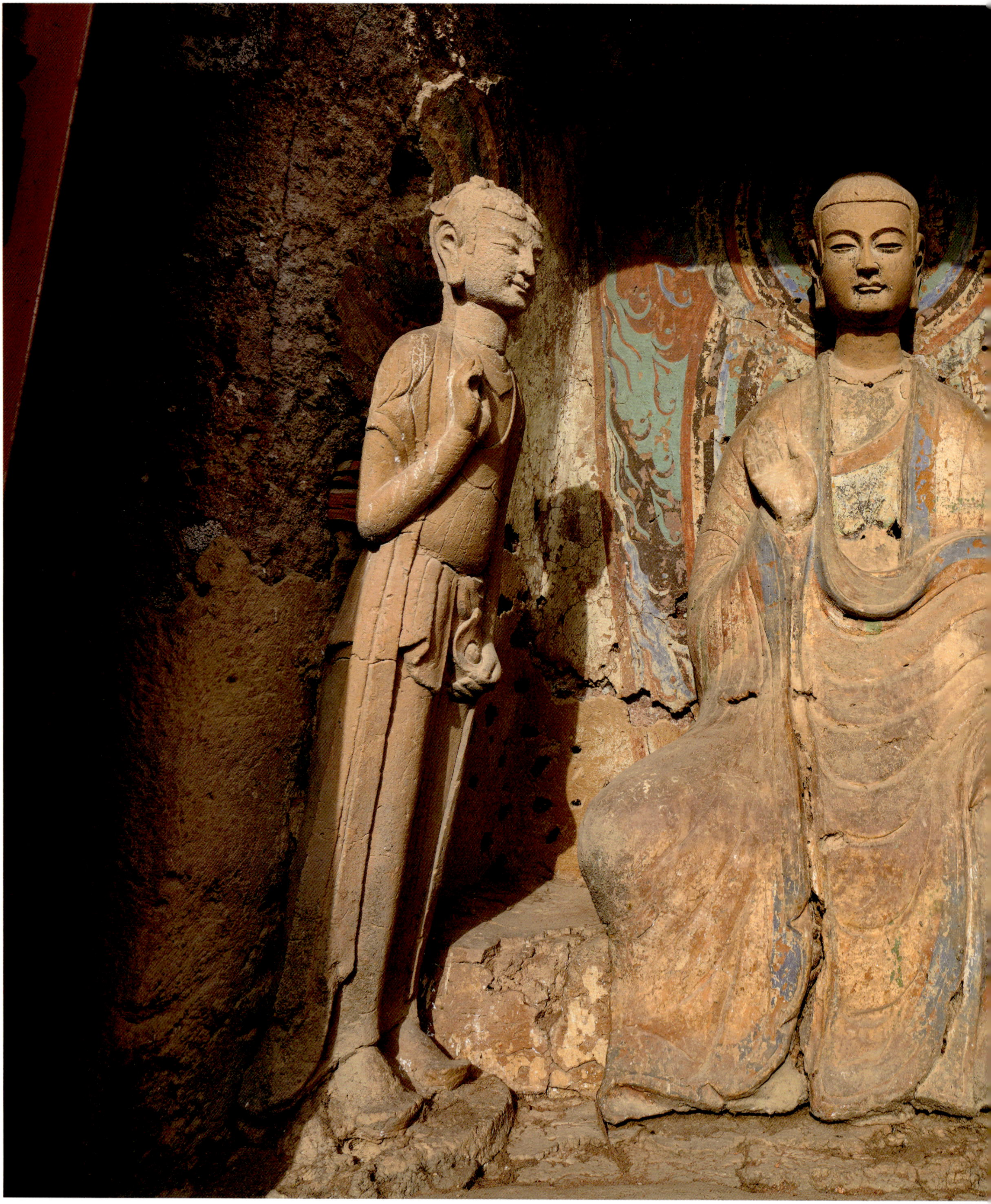

第060窟 西魏（隋重修）

此窟位于西崖下部，平面近方形、平拱顶敞口龛。龛外上方有尖瓣形龛楣。龛通高2.14米，其中龛内高1.46、宽1.35、进深1.07米。窟内现存一佛二胁侍菩萨。正壁主佛高1.26米。头部为隋代补塑。低平肉髻，脸型方圆，双目下视。身体为西魏原作，平胸削肩，内着僧祇支，外着双领下垂袈裟，衣纹为阴刻线，左手抚膝；右手施无畏印，结跏趺坐于坛基上。左壁胁侍菩萨高1.04米。头部隋代补塑。束花蔓冠，细颈削肩，肩有圆形配饰和垂带，内着圆领衣，外着宽领大袖交领衣，双手拢袖于胸前，下系长裙，立于莲台上。右壁胁侍菩萨残高1米。隋代重塑。发髻残损，脸型方圆，面带微笑，颈戴桃形项圈。内着僧祇支，外披贴体帛带，帛带裹双肩经臂弯内侧顺体下垂。左臂自然下垂，手握火焰宝珠于左腿前；右臂屈肘上举，手握莲蕾于胸前，下系长裙，立于莲台上。

第060窟 一佛二菩萨 西魏（隋修）

第 060 窟
正壁主佛及右壁胁侍菩萨 西魏（隋修）

第 060 窟
左壁胁侍菩萨 西魏（隋修）

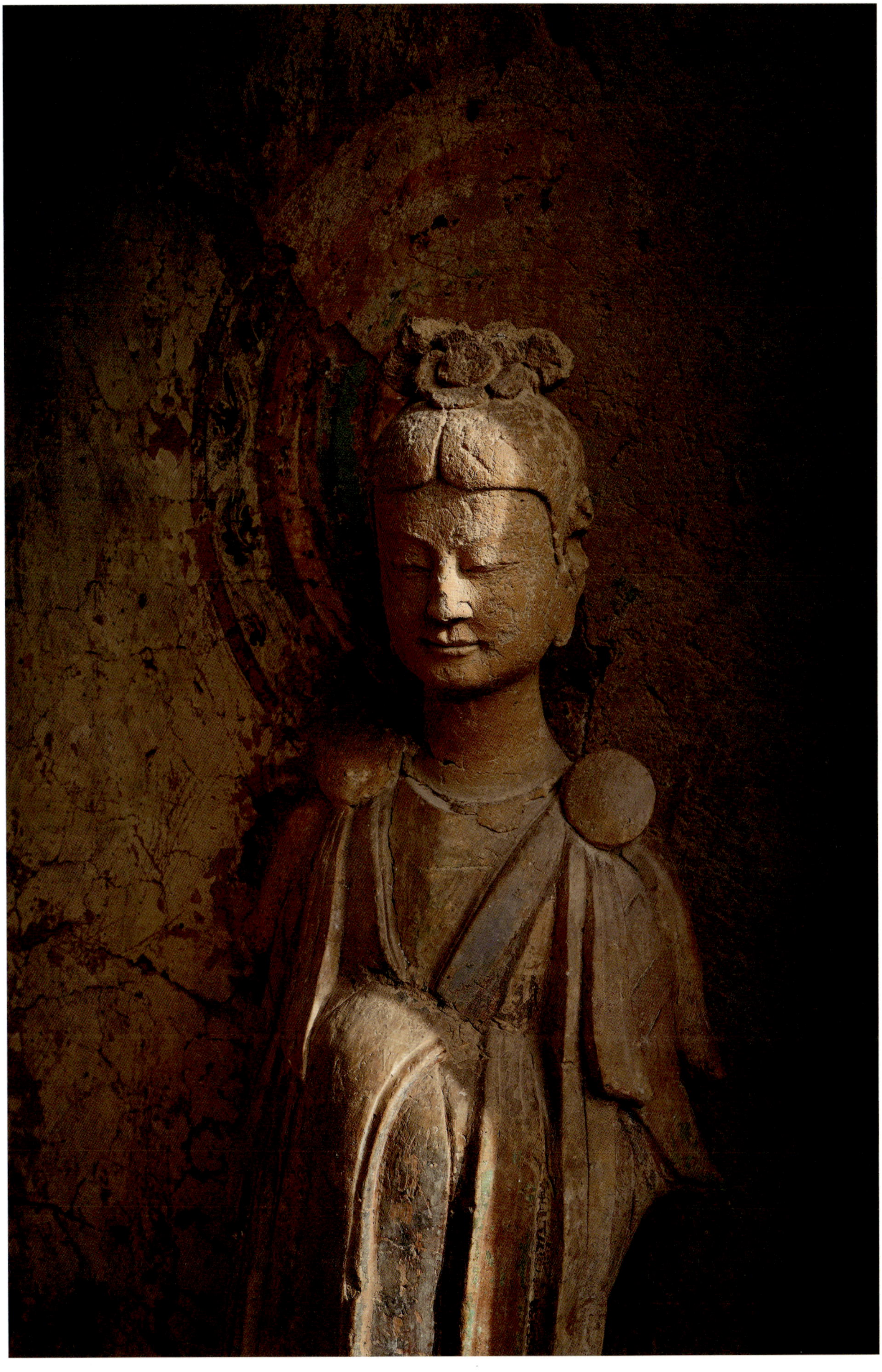

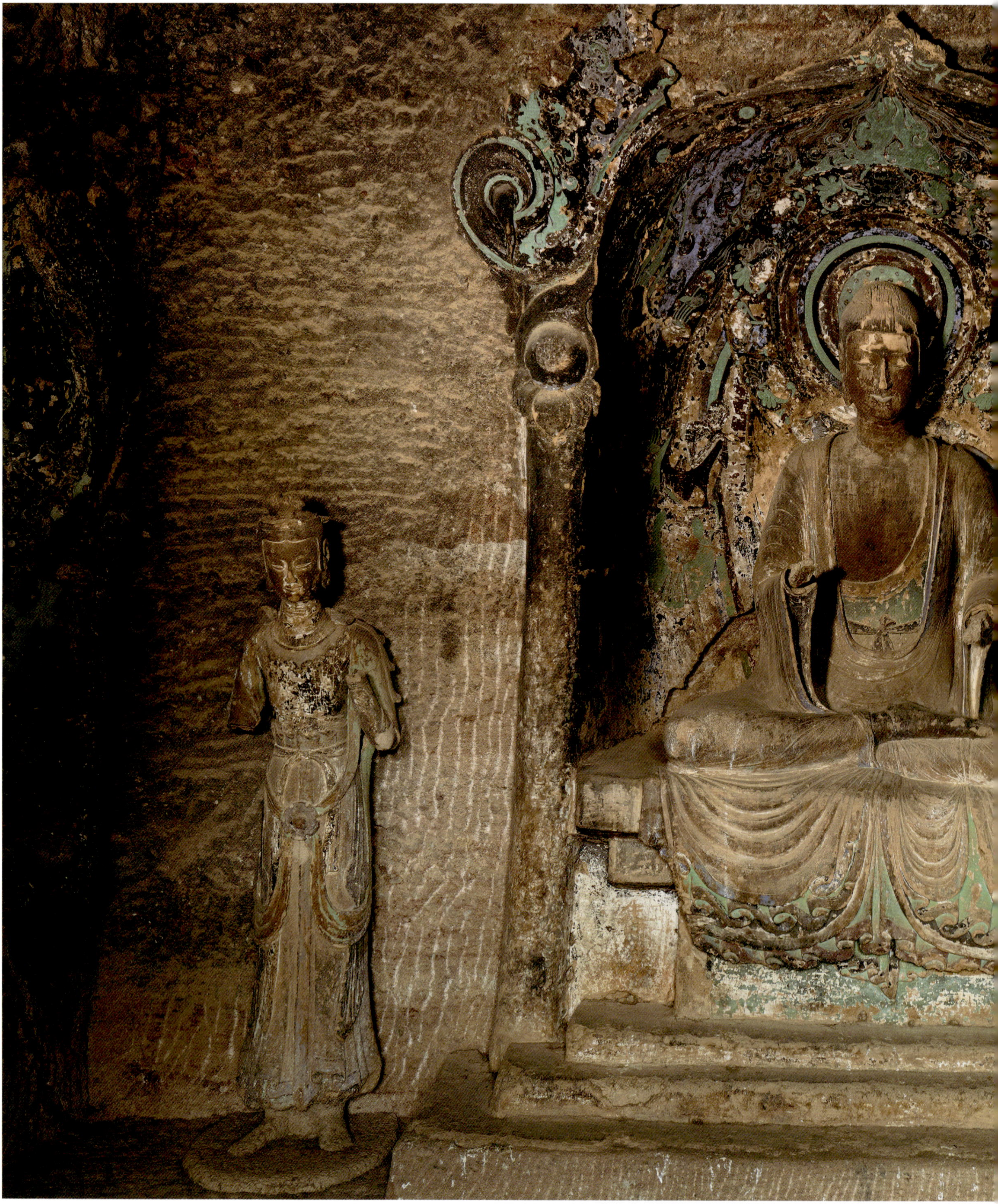

第 141 窟 北周

此窟位于西崖东上部，平面方形覆斗顶，窟前壁有方形甬道，窟顶正中雕刻一大莲花。窟高 2.67 米、宽 3.03 米、进深 2.93 米。三壁七龛窟，为七佛布局，正壁龛内一坐佛，龛外左、右两侧各一胁侍菩萨，左、右壁各三坐佛，现左、右壁中龛内的坐佛均缺失。正壁龛内坐佛高 1.34 米。磨光低平肉髻，脸型圆润，内着僧祇支，外着双领下垂袈裟，袈裟单薄贴体，衣纹细密，双臂屈肘前伸，双手已失，右脚外露脚心朝上，结跏趺坐于台座上。身后有莲瓣形背项光，项光左、右下方各绘有一弟子，画面斑驳。龛外两侧各侍立一身菩萨。左侧菩萨高 1.25 米。束高髻，戴花蔓冠，长圆脸，五官清秀，身材修长，颈戴项圈，披帛带于胸前呈圆领状搭向双肩，顺身体两侧垂于膝际上绕，衣着轻柔并紧裹身体；左手曲于肩前，手持圆形供品，右臂残毁；下系翻边长裙，跣足立于莲台上。右侧菩萨高 1.20 米。与左侧菩萨大体相似，外披帛带自双肩垂至腹下十字穿环垂于膝际后又上绕臂弯顺体飘下，下系翻边长裙，腰系带并下垂佩环，上身微微向右倾斜，跣足立于莲台上。左、右两侧壁各开三龛，龛内各塑一佛，与正壁龛内的佛组成七佛，可惜两壁中间龛内造像已毁，且右壁中间龛被凿透与 140 窟相通。左、右壁龛内主佛均双目微闭，面容沉静，双手结禅定印，结跏趺坐。

第 141 窟 正壁造像 北周

第 141 窟
正壁左侧胁侍菩萨 北周

第 141 窟
正壁龛内主佛局部 北周

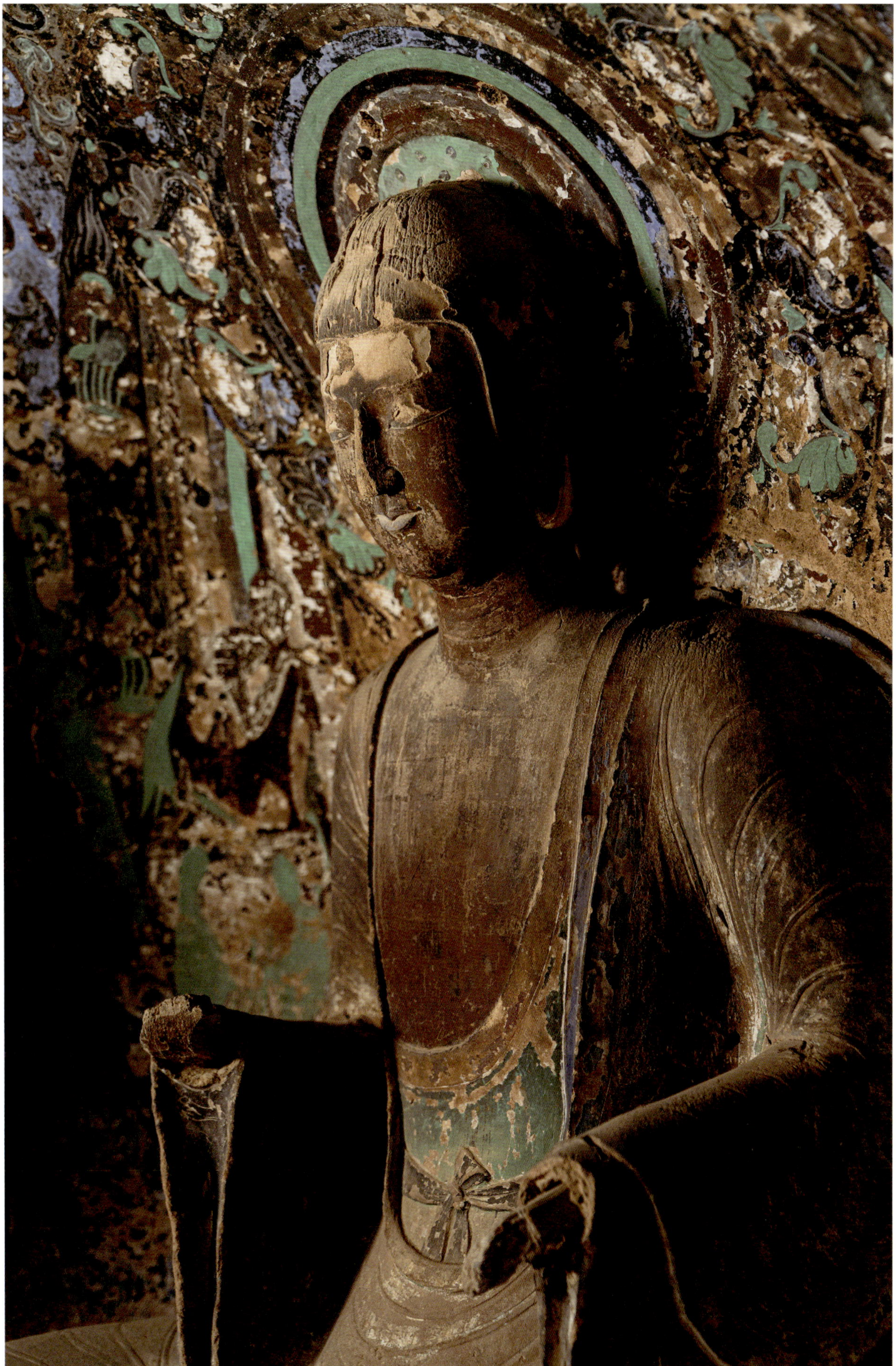

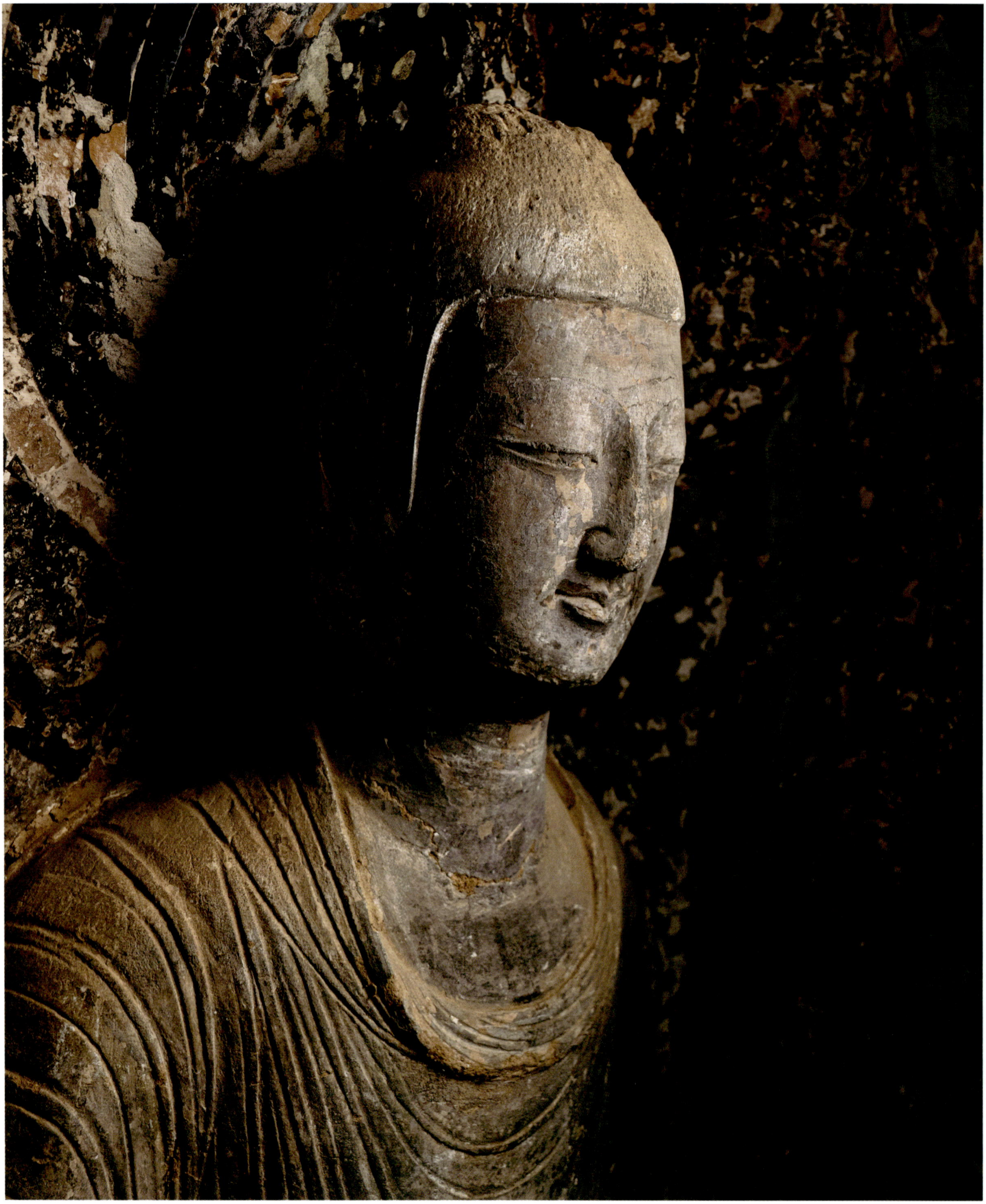

第 141 窟
右壁龛内主佛局部 北周

第 141 窟
左壁龛内主佛 北周

第026窟 北周（宋重修）

此窟位于东崖中区，平面方形四角攒尖顶窟，前部塌毁，窟高3.68米、宽3.24米、残进深1.73米。正壁龛内塑一身坐佛，龛外两侧各塑一身胁侍菩萨，左、右两壁原各塑三坐佛，现左壁存一身、右壁存二身。左、右壁坛台正面现存浮雕伎乐天人六身。共计12身。此窟是东崖中部一个典型的北周帐形窟，窟顶绘有涅槃经变壁画。佛经后代重修。两菩萨为北周原作，正壁右侧胁侍菩萨高1.75米，体态丰腴秀长，神情含蓄。头戴花蔓冠，上身着僧祇支，下着长裙。璎珞环绕于腹部和膝前，并有花结相连，璎珞吊带重叠搭配，繁缛华丽，使菩萨显得风姿绰约，雍容华贵。

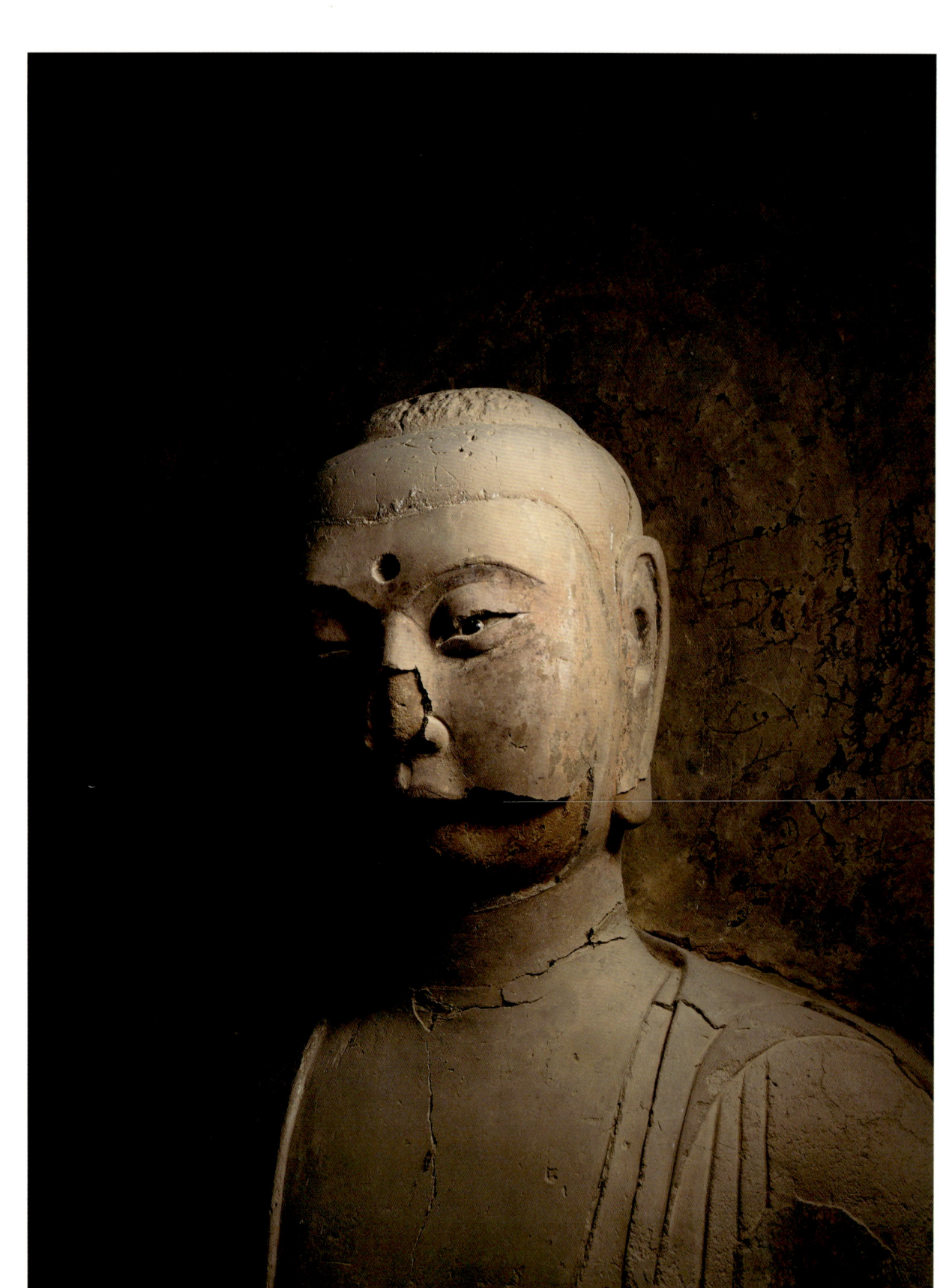

第026窟
左壁龛内主佛 北周

第026窟
左壁坛台正面浮雕伎乐 北周

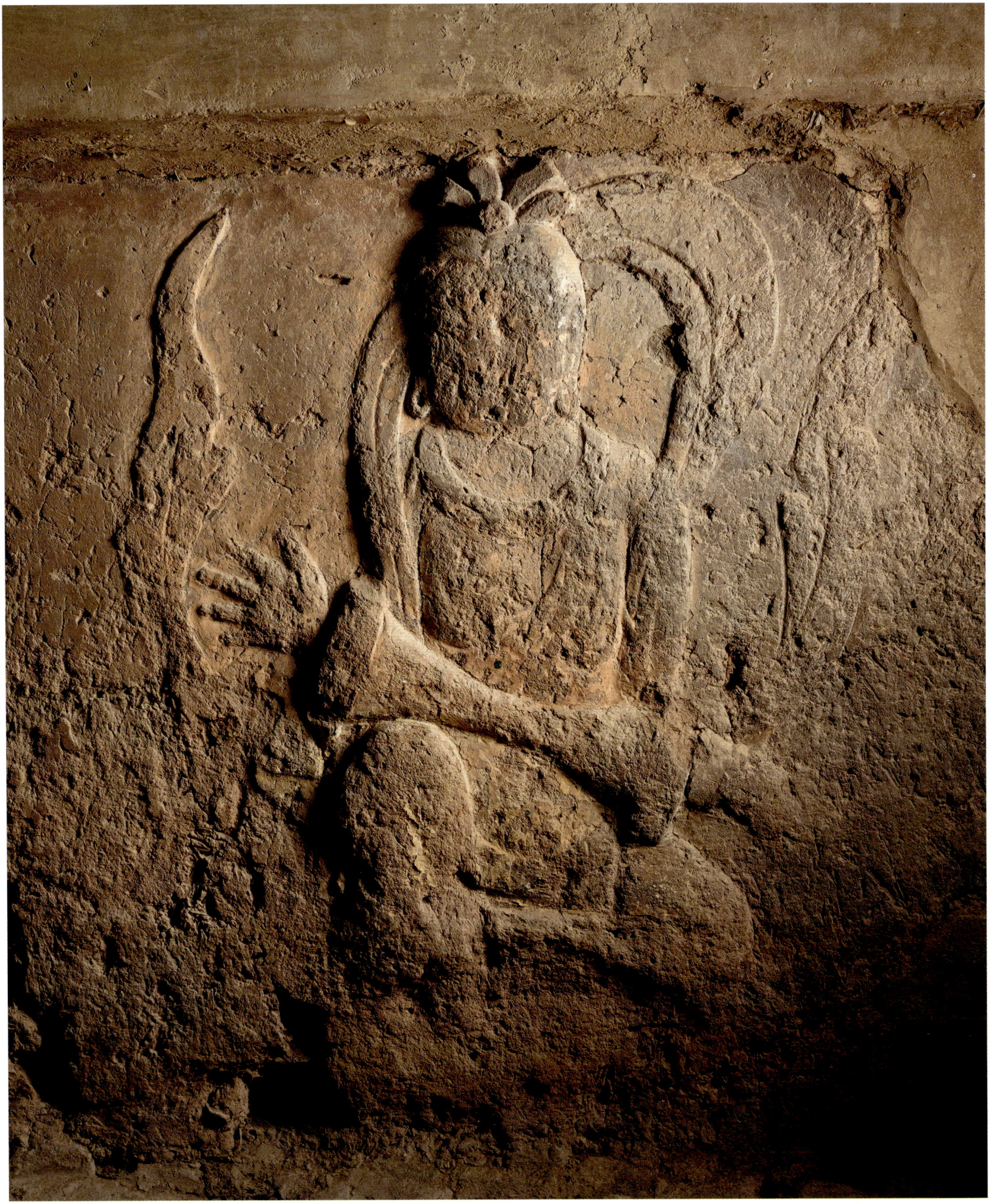

21

第 026 窟
正壁右侧胁侍菩萨 北周

第 026 窟
正壁右侧胁侍菩萨头部特写 北周

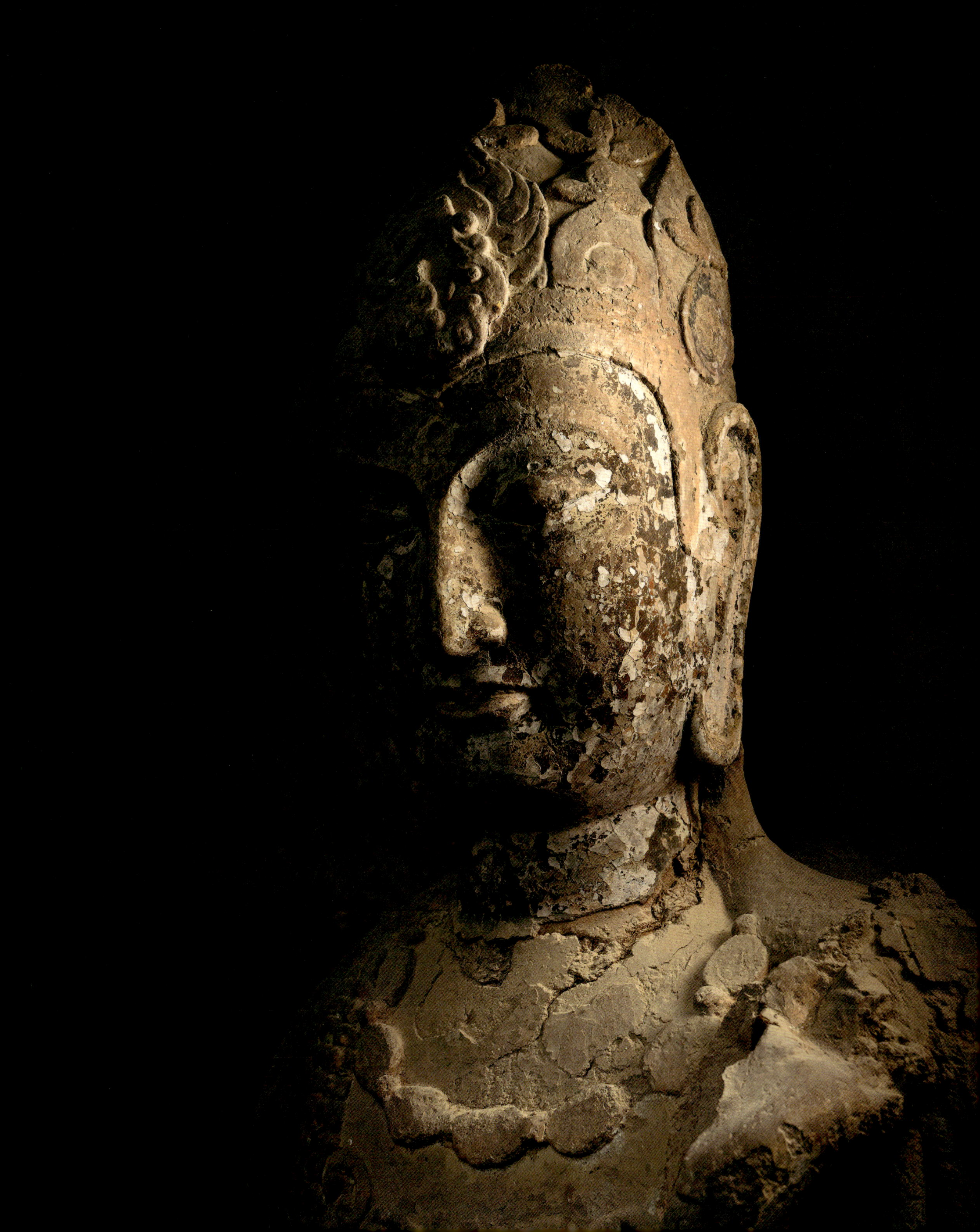

第012窟 北周（明重修）

此窟位于东崖东端，平面方形四角攒尖顶帐形窟，高2.30米、宽1.76米、进深1.74米，是北周时期保存较为完整的一小型洞窟。窟内三壁一龛，供七佛，造像均为北周原作，表面色彩经后世重修妆彩。正壁主佛塑于龛内，二胁侍菩萨侍立于龛外。左、右壁各塑三身主佛，在前壁窟门两侧各塑一站立弟子像。共计11身。正壁主佛高1米。磨光低平肉髻，脸型方圆，双眼微启下视，嘴唇上下绘有胡须；内着僧祇支，腰间系带打结下垂，外着双领下垂袈裟，左手掌心朝内贴于胸前，右手手背贴胸做说法状，结跏趺坐于高坛台上。左、右壁六坐佛，均高0.80米。神情姿态与正壁佛基本相同。两壁正中坐佛，内着僧祇支，腰间束带，外着双领下垂袈裟；两侧坐佛，着通肩袈裟，袈裟上有明代沥粉堆塑牡丹、菊花等花卉装饰图案并彩绘。六坐佛双手均交叠置于腹前，结跏趺坐于通长台座上。正壁左、右两侧的胁侍菩萨高0.96米。头戴花冠，束发披肩，眉弯目细，微微下视，绘胡须，面部圆润，神情安详。双手持供品举于肩部，披帛自肩部飘下，璎珞垂至胸腹间。跣足立于莲台上，身躯略有扭动，仿佛正欲起步而行。前壁左、右侧弟子高0.90米。圆脸弯眉，双眼微启下视。内着僧祇支，外着袒右"田相"袈裟。左弟子双手合十于胸前，右弟子双手交叠于腹前，手掌贴腹。均足穿云头履，立于半圆形覆莲台上。

第012窟
窟内全景 北周

第012窟
正壁龛内主佛局部 北周

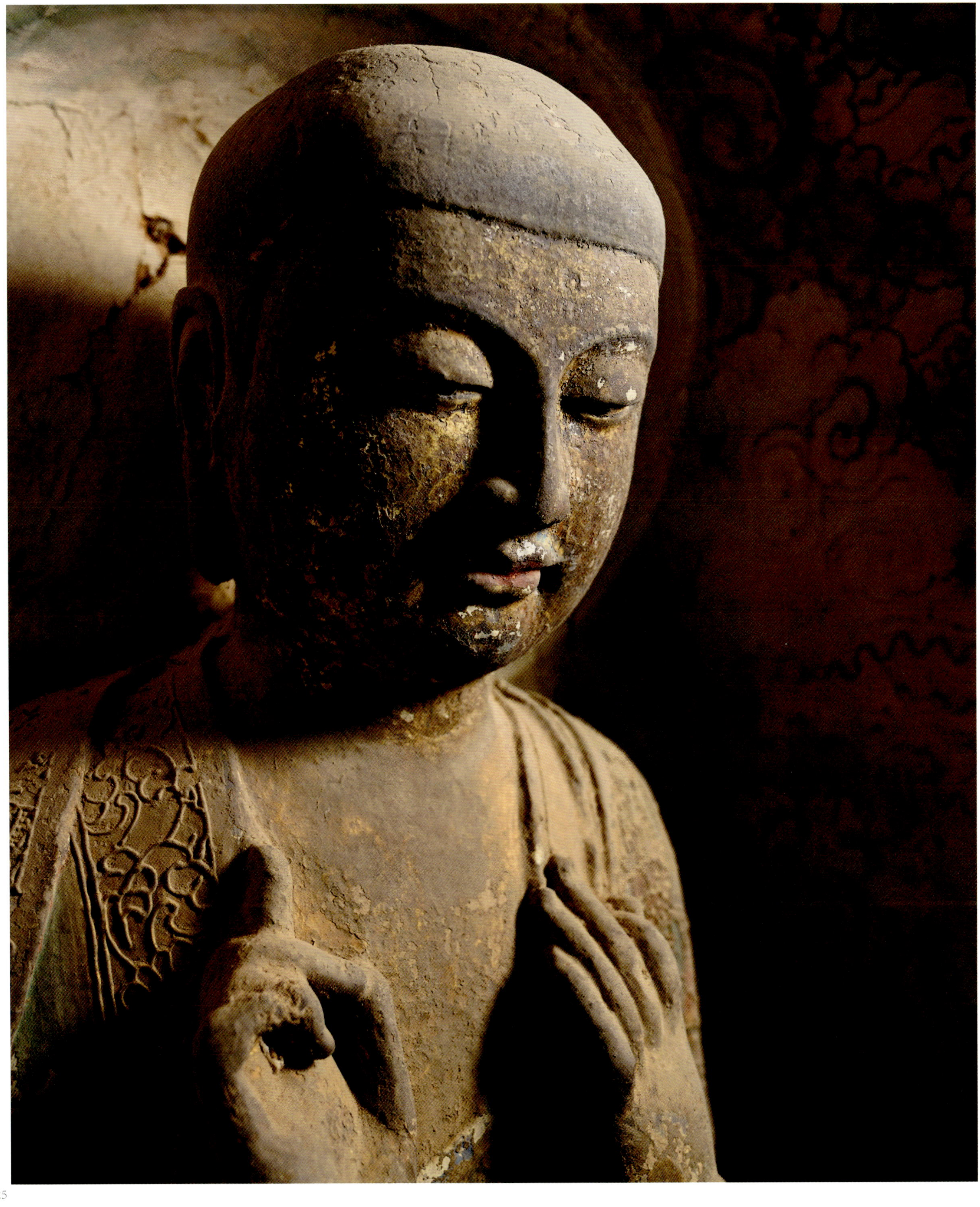

第 012 窟
正壁右侧胁侍菩萨 北周

第 012 窟
正壁左侧胁侍菩萨 北周

第 012 窟
正壁左侧胁侍菩萨局部 北周

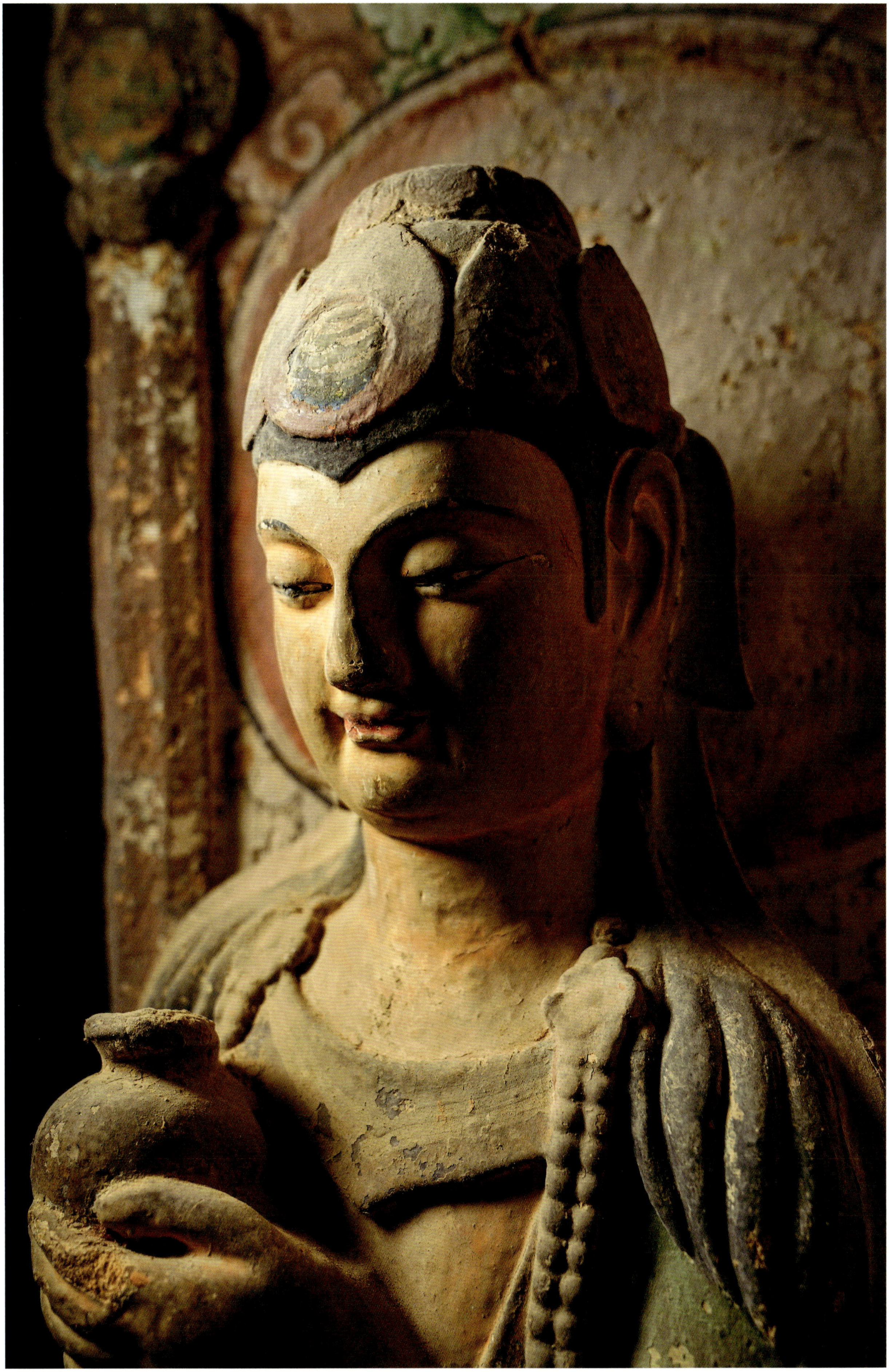

第012窟　正壁左侧胁侍菩萨头部特写　北周

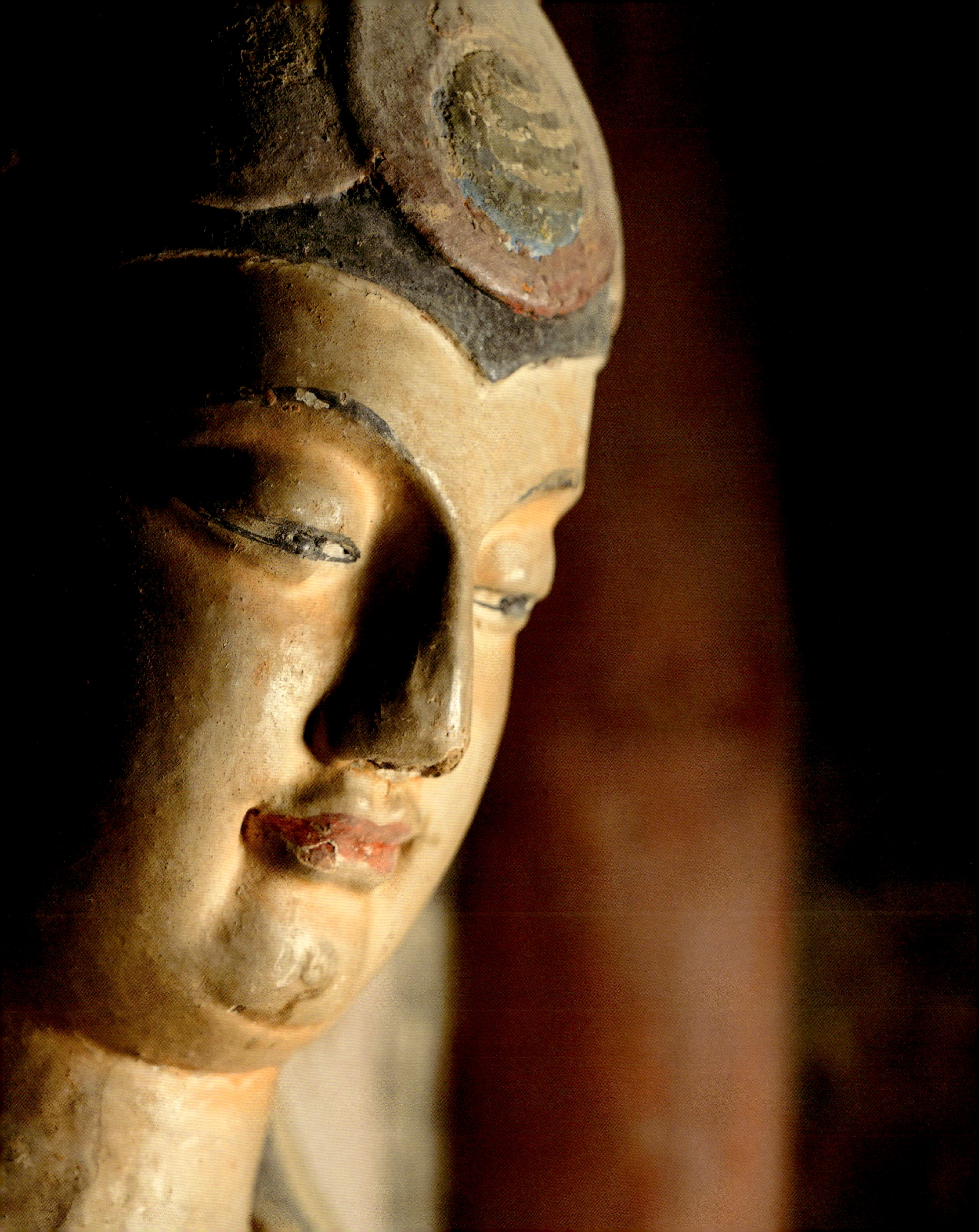

第012窟
前壁右侧弟子 北周

第012窟
前壁左侧弟子及右壁右侧坐佛 北周

第012窟
前壁左侧弟子头部特写 北周

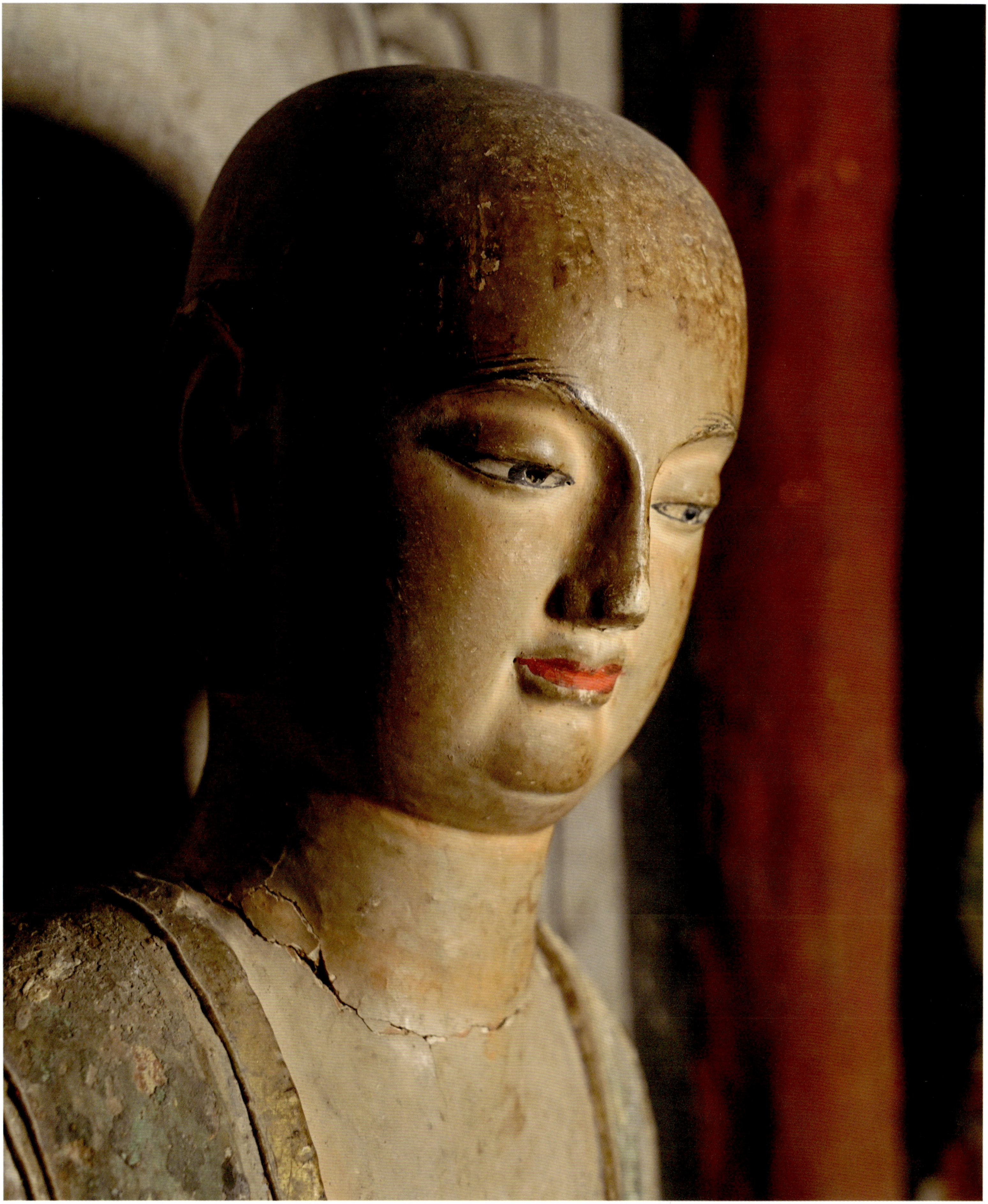

第 062 窟　北周

此窟位于西崖下部，窟门下沿距栈道地面垂直高度1.42米。平面方形，四角攒尖顶帐形窟，高1.84米、宽1.70米、深1.70米。窟内三壁三龛，供三佛，龛外两侧各塑胁侍菩萨一身，前壁两侧各塑弟子一身，窟门外左侧残存一身力士，右侧力士已毁。全窟共保存塑像12身，是北周时期保存较为完整而又未经后代重修的洞窟，也是北周洞窟中唯一一个供奉三佛的洞窟。正壁主佛高0.92米。磨光低平肉髻，脸型方圆，双眼微启下视，高鼻薄唇，短颈宽肩；内着僧祇支，中着对襟衣并在胸前系带下垂，外着袒右袈裟，双手做说法状，结跏趺坐于台座上。袈裟下摆垂于台座前，层层叠叠，如一朵盛开的花朵。左、右壁主佛，均高0.90米。面形、体态、背光等与正壁佛相似。身着通肩袈裟，双手前后交叠结禅定印于腹前，右脚显露在外，结跏趺坐于台座上。窟内六身菩萨，皆身体修长，束发戴冠，颈戴项圈，上臂戴臂钏，双腕戴镯，披帛和璎珞硕大厚重，下着翻边长裙，跣足立于坛基上。从正壁左侧及左壁右侧菩萨，可以看出塑者在表现同一题材时不同的塑造手法。正壁左侧菩萨的璎珞、飘带呈弧线状摆动，阴刻的线条也多呈弧线。微扭的身姿、浑圆的面庞等，都体现出菩萨的亲切、文雅。左壁右侧菩萨直立平视，裙带作垂直的线条，阴刻线条多呈竖线等，恰到好处地刻画出菩萨刚健肃穆的特征。前壁左、右二弟子，均高0.94米。头微侧，内着僧祇支，外着双领下垂袈裟，足穿云头履，立于坛基上。

第 062 窟
正壁龛内主佛　北周

第 062 窟
右壁龛内主佛　北周

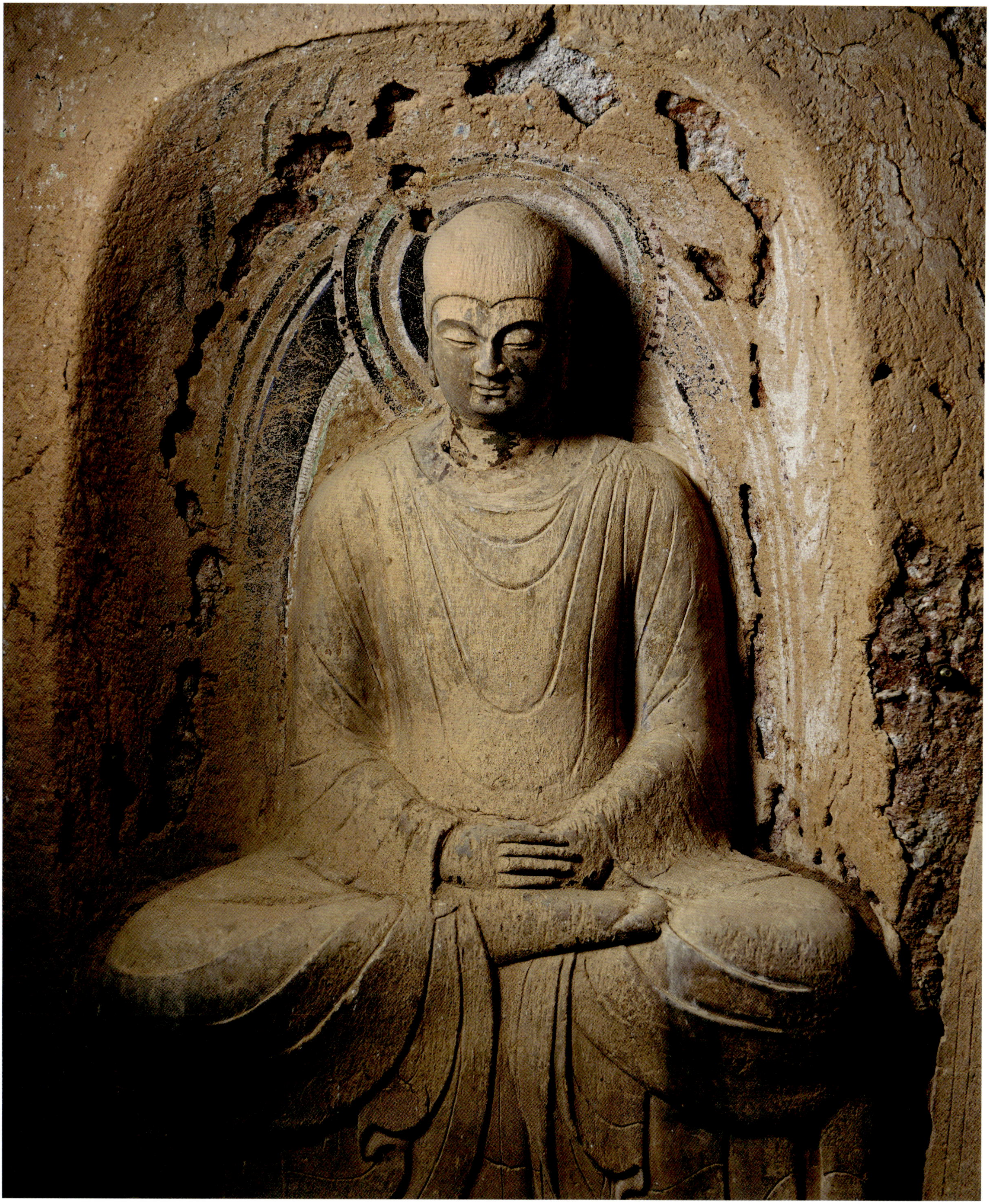

第 062 窟
正壁右侧及右壁左侧胁侍菩萨 北周

第 062 窟
正壁左侧及左壁右侧胁侍菩萨 北周

第 062 窟
正壁右侧胁侍菩萨头部特写 北周

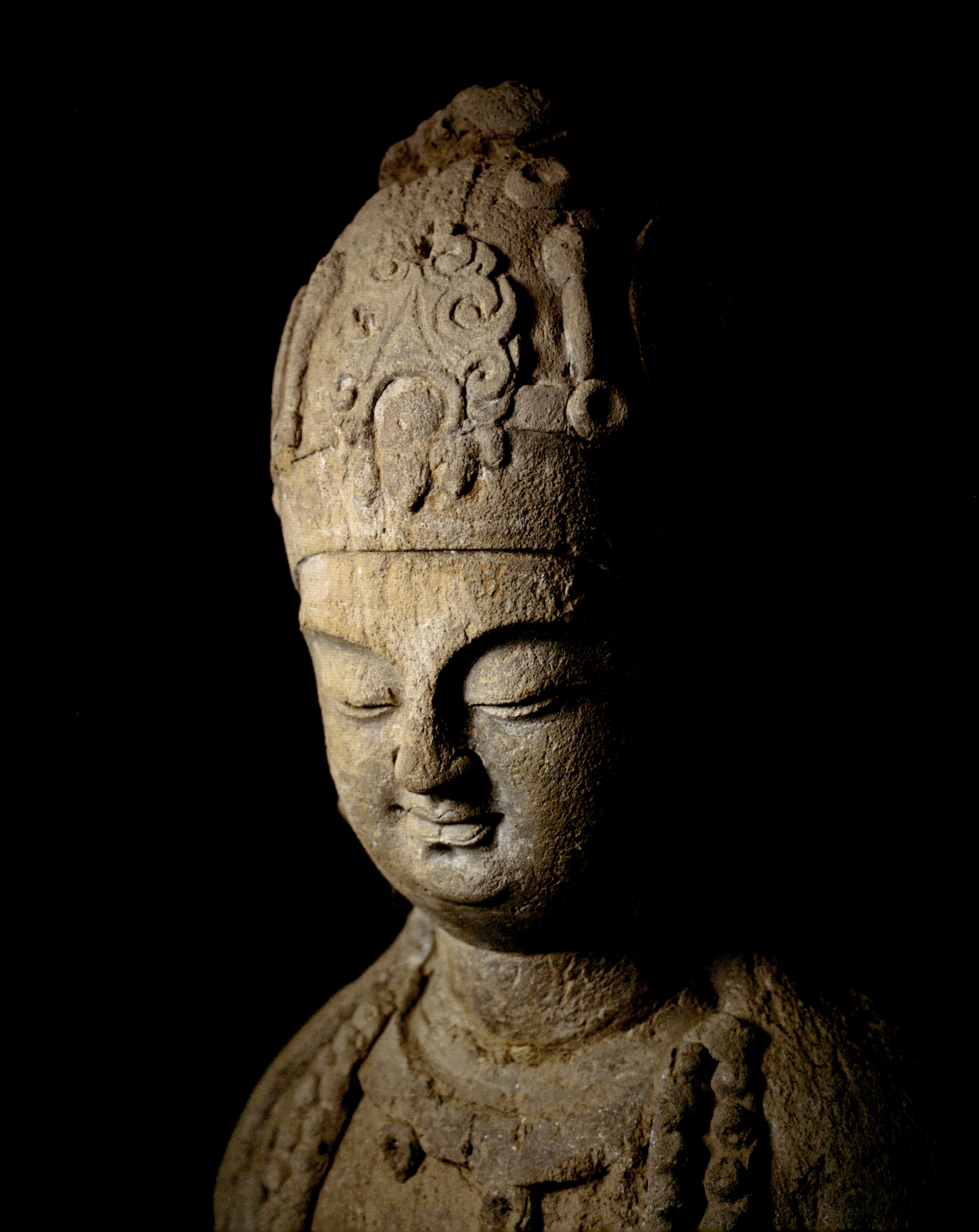

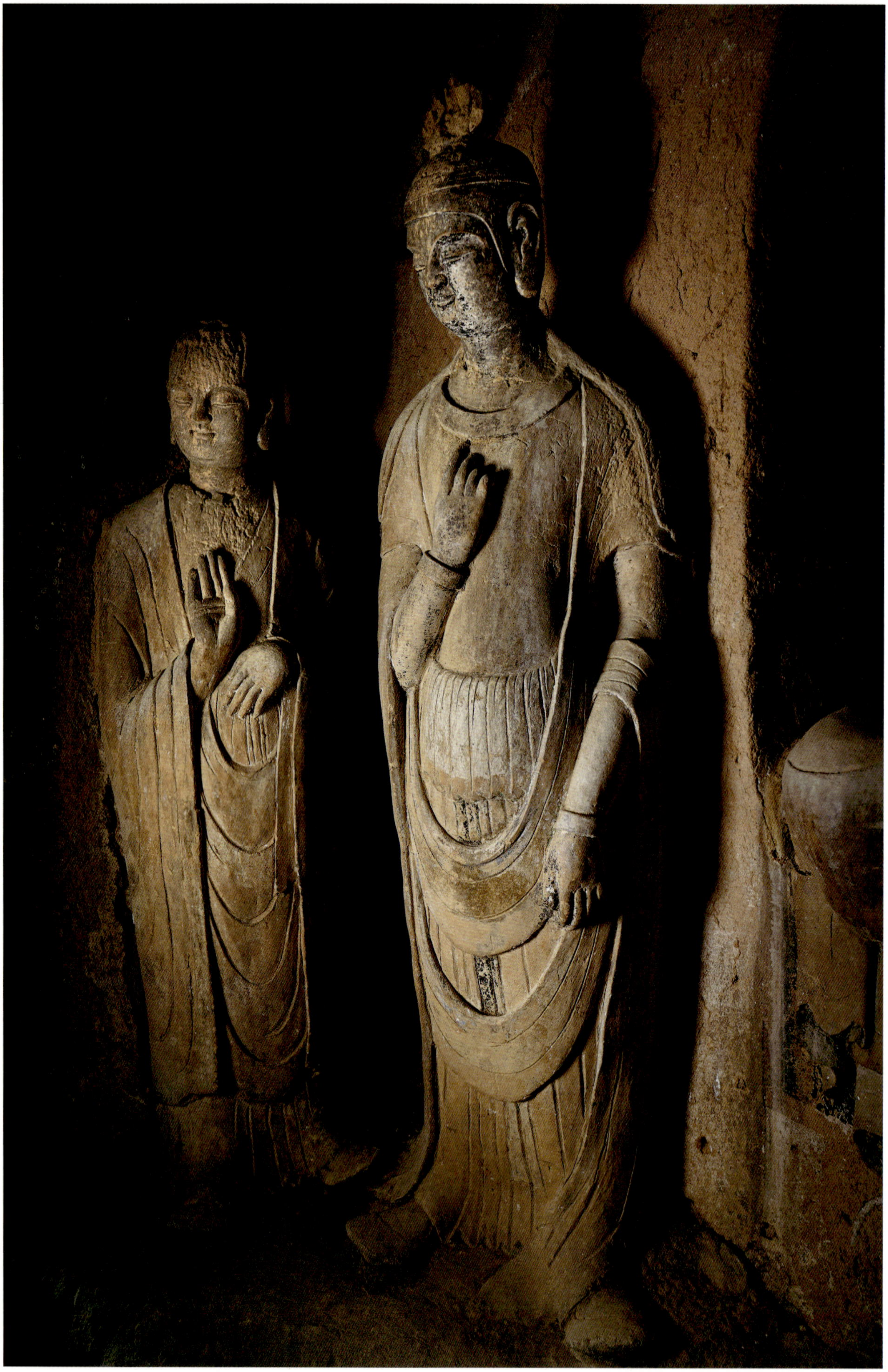

第 062 窟
前壁左侧弟子及右壁右侧胁侍菩萨 北周

第 062 窟
右壁右侧胁侍菩萨局部 北周

第 062 窟
前壁右侧弟子局部 北周

第 022 窟 北周

此窟位于东崖中区，前部塌毁，原为平面方形平顶窟，高 2.30 米、宽 2.35 米、残进深 0.75 米。窟内现存正壁龛内一身坐佛，龛外左侧坛基上一身弟子、一身菩萨。共计 3 身。正壁开圆拱形龛，龛楣两端浮雕云头纹饰，地面作低坛基。龛内佛高 1.50 米、低平肉髻，脸型方圆，眉间白毫相；内着僧祇支，外着通肩袈裟，双手施无畏印和与愿印，跏趺坐于台座上。龛外左侧坛基上弟子高 1.11 米。身材修长，头微微转向龛内，似做侧耳聆听状；内着僧祇支，外着袒右袈裟，左手握左肩衣巾，右臂弯曲，手提一小布袋于腿侧，足穿圆头履侧身向佛立于坛基上。菩萨高 1.19 米。梳扇形发髻，圆脸，戴项圈，肩饰圆形物并有垂带，身材修长，上身袒露，披帛自双肩垂于腹前十字形穿环绕弯垂下，臂戴钏，左手下垂轻提帛带，右手持莲于胸前，下着翻边长裙，跣足立于坛基上。

第 022 窟
正壁龛内主佛 北周

第 022 窟
正壁龛内主佛头部特写 北周

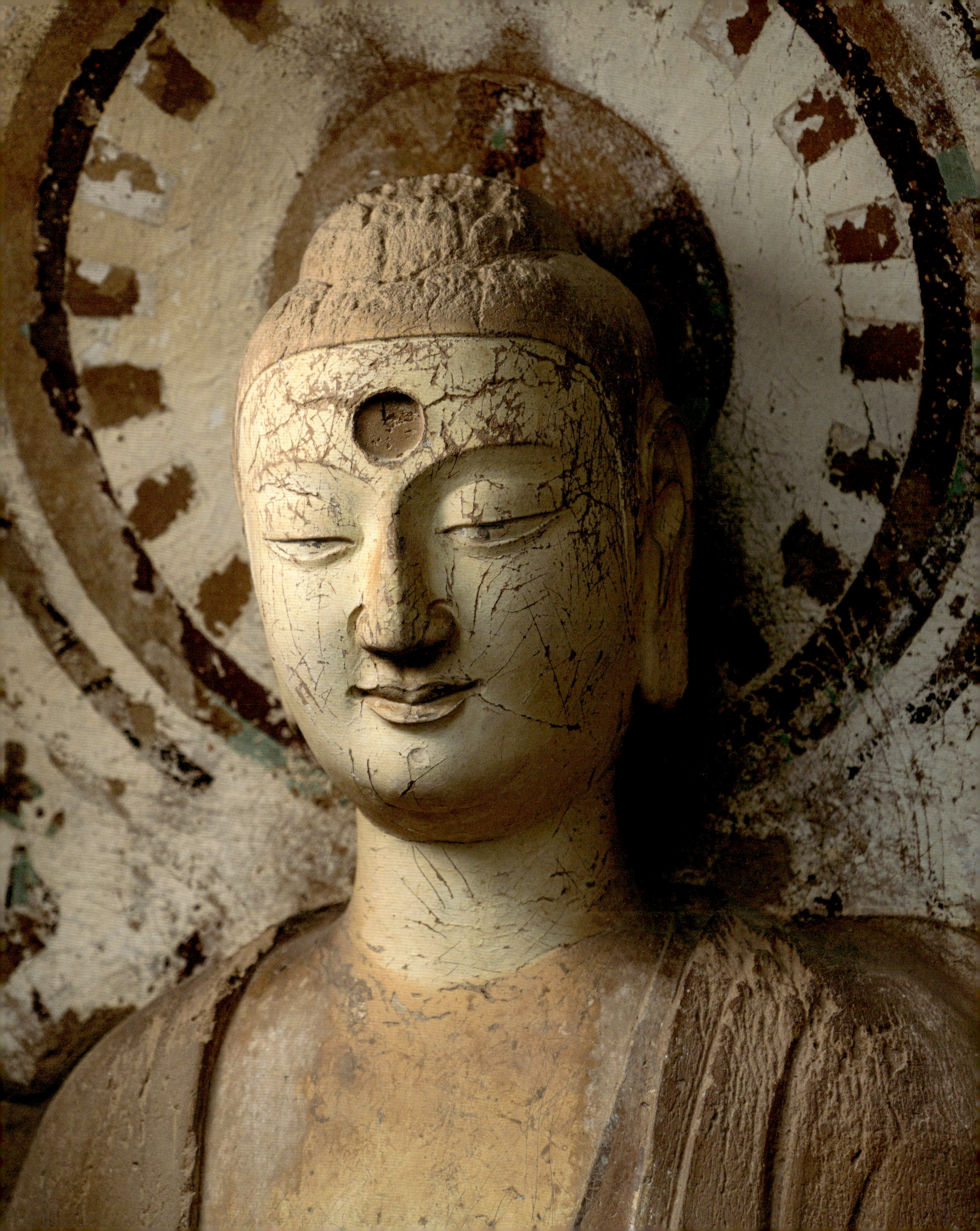

第 022 窟
正壁左侧弟子及左壁右侧菩萨 北周

第018窟 北周

此窟位于东崖中区，平面梯形敞口圆拱形龛，窟前部在地震中坍塌，仅存后部。窟高 1.62 米、宽 1.14 米、进深 0.68 米。造像仅存正壁主佛，残高 0.98 米。佛低平肉髻，脸型方圆饱满，弯眉细目，神情沉静安详；内着僧祇支，外着双领下垂袈裟；右手残失，左手屈肘抬至腹部、拇指和食指相捻，后三指头微微弯屈。结跏趺坐于坛基上，双膝以下部分基本残毁。手指动作塑造得十分生动，细腻地表现出佛恬静怡然的心境，使佛像显得温和宽厚、平易近人。

第 018 窟
正壁主佛 北周

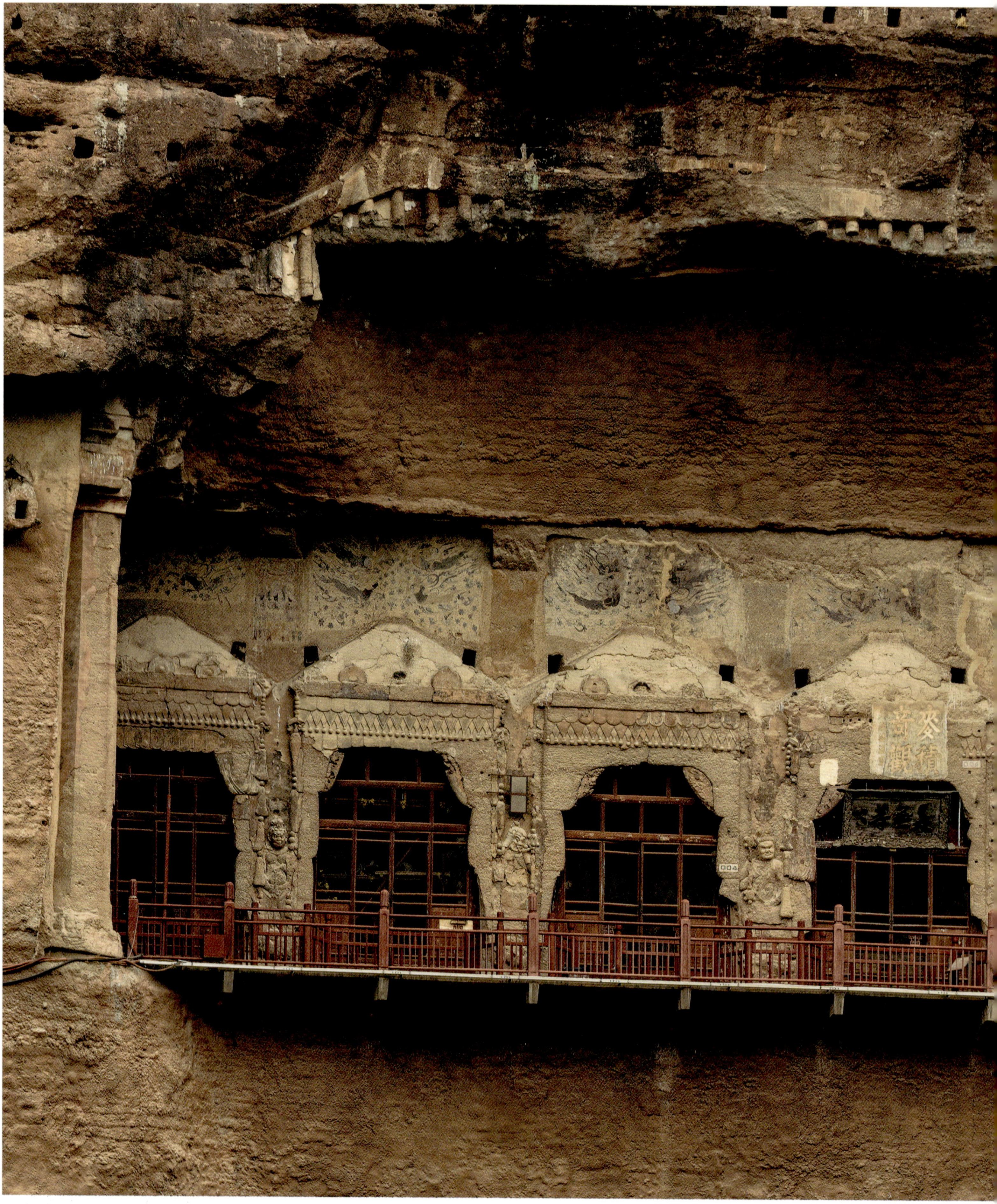
麥積奇觀

第004窟 北周（唐、宋、明、清重修）

此窟位于东崖最上层，距地面约80米，是麦积山位置最高和最大的窟，俗称"上七佛阁""散花楼"。平面长方形，单檐庑殿顶式崖阁，前廊后室结构，面阔七间，全长31.40米，廊高8.65米，进深4.10米。前方原有一横排八根八面檐柱，中间六根因历次地震全部塌毁，现仅存东、西二根。后室为一字排开的七个仿帐形佛龛，龛形一致，平面方形四角攒尖顶龛，龛门上方雕龙、凤、象首等动物形象。七个龛内各有一尊主佛，组成七佛，因此被称为"七佛龛"。窟内现存泥塑佛、弟子、菩萨、力士、文殊、维摩诘等计75身，石胎浮雕天龙八部护法8身和影塑小千佛757身，共计造像840身。这些造像多经后代重修、重塑及妆銮。

浮雕石胎的天龙八部，形体壮硕敦厚，手持兵器，造型夸张，形象生动。前廊左壁龛内的维摩诘像，精神矍铄，倚坐在方几上；右壁龛内的文殊菩萨像，梳桃形高发髻，脸型圆润丰满，倚坐在莲台上。两龛位于前廊两端的上部，遥相呼应，表现"维摩诘经变"。龛下各塑一力士，高约4.50米，为宋代作品。力士肌肉凸起，双目怒视，孔武有力。在前廊龛帐的上部有7幅大型飞天壁画。这些飞天采用绘塑结合的方式，脸部、手臂等肌肤裸露部分用细泥塑造而成，衣裙、乐器等直接以彩绘的形式表现，塑绘巧妙地结合在一起，被称为"薄肉塑"，是国内独一无二的壁画精品。在窟顶左、右两侧残留有北周壁画，虽有漫漶，但构图疏密结合、造型多变，神态如生，属于壁画中的精品。在窟龛的门楣上，现存"西来圣人""菩提场""慧光普照""是无等等"四块匾额。

据碑记，此窟为北周大都督李允信为其亡父修凿，北朝文学家庾信为之作铭，其建筑是全国各石窟中最大的一座模仿中国传统建筑形式的洞窟，真实地表现了南北朝后期中国化了的佛殿的外部和内部面貌，在中国古代建筑史中占有重要地位。

第004窟 全景 北周—宋

第 004 窟
前廊左壁力士 宋

第 004 窟
前廊右壁力士 宋

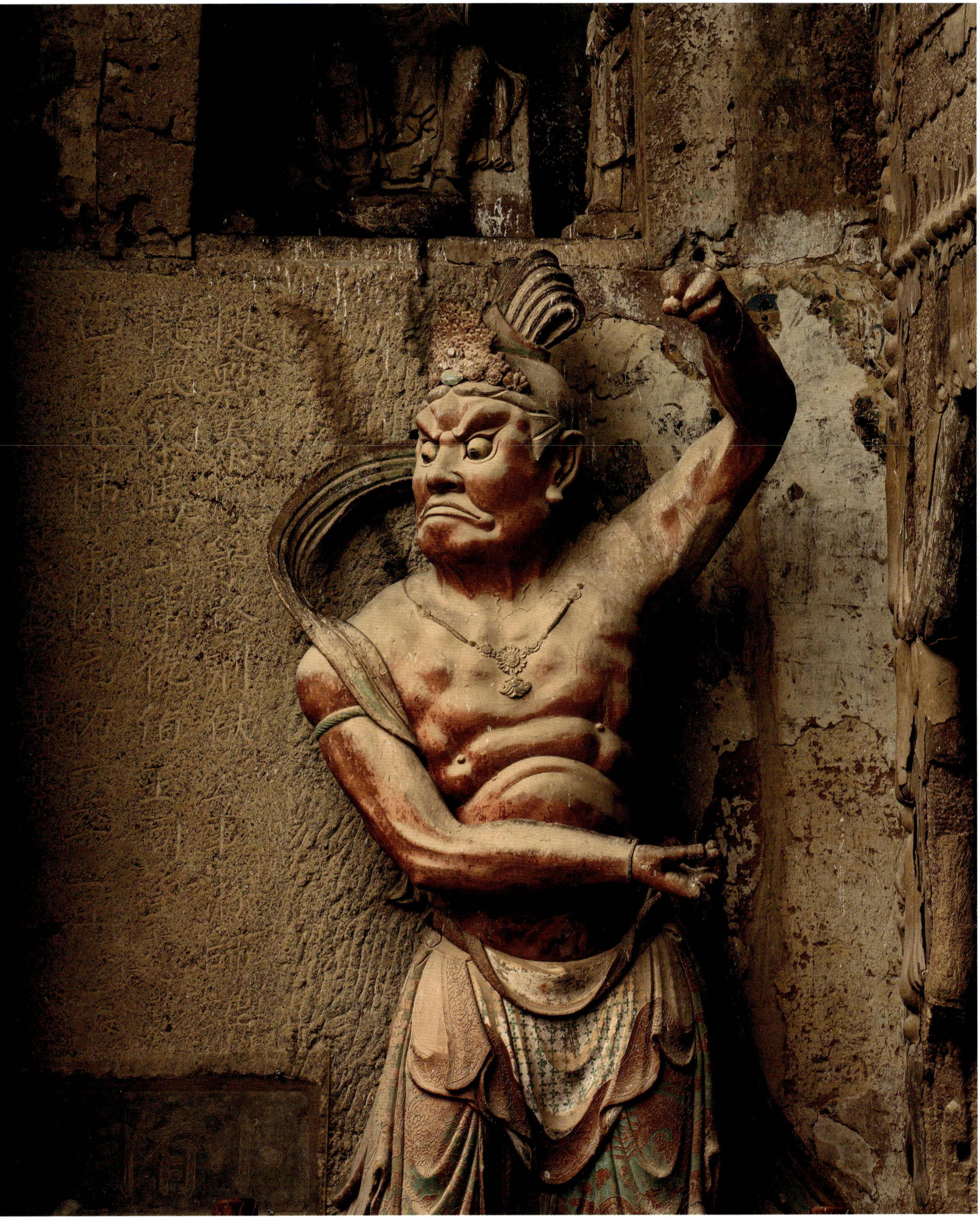

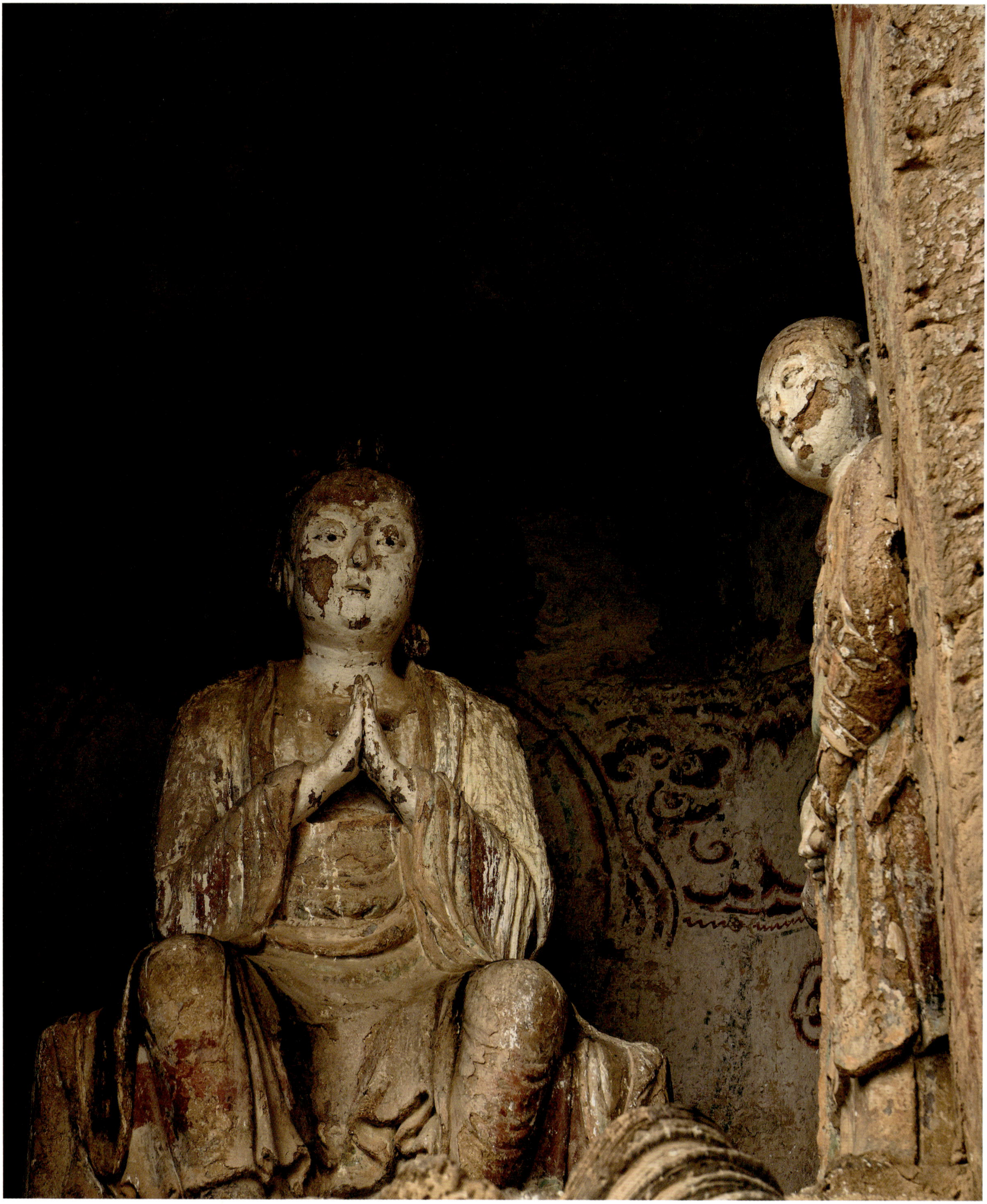

第 004 窟
前廊右壁上部文殊龛 宋

第 004 窟
前廊左壁上部维摩诘龛 宋

第004窟 前廊正壁天龙八部造像 北周

天龙八部

天龙八部是佛经中常见的『护法神』，也称作八部天龙或八部众，指八种似人而非人的众生，分别是天众、龙众、夜叉、乾达婆、阿修罗、迦楼罗、紧那罗、摩睺罗伽。在这八部众之中，以天众和龙众最为重要，因此合称为天龙八部。依据许多大乘佛经的描述，佛陀当年向诸大菩萨、比丘讲经说法时，天龙八部也时常前来参与听法。如《法华经·提婆达多品》中云：『尔时娑婆世界，菩萨、声闻、天龙八部、人与非人，皆遥见彼龙女成佛，普为时会人天说法，心大欢喜，悉遥敬礼。』

第004窟 前廊正壁天龙八部造像特写 北周

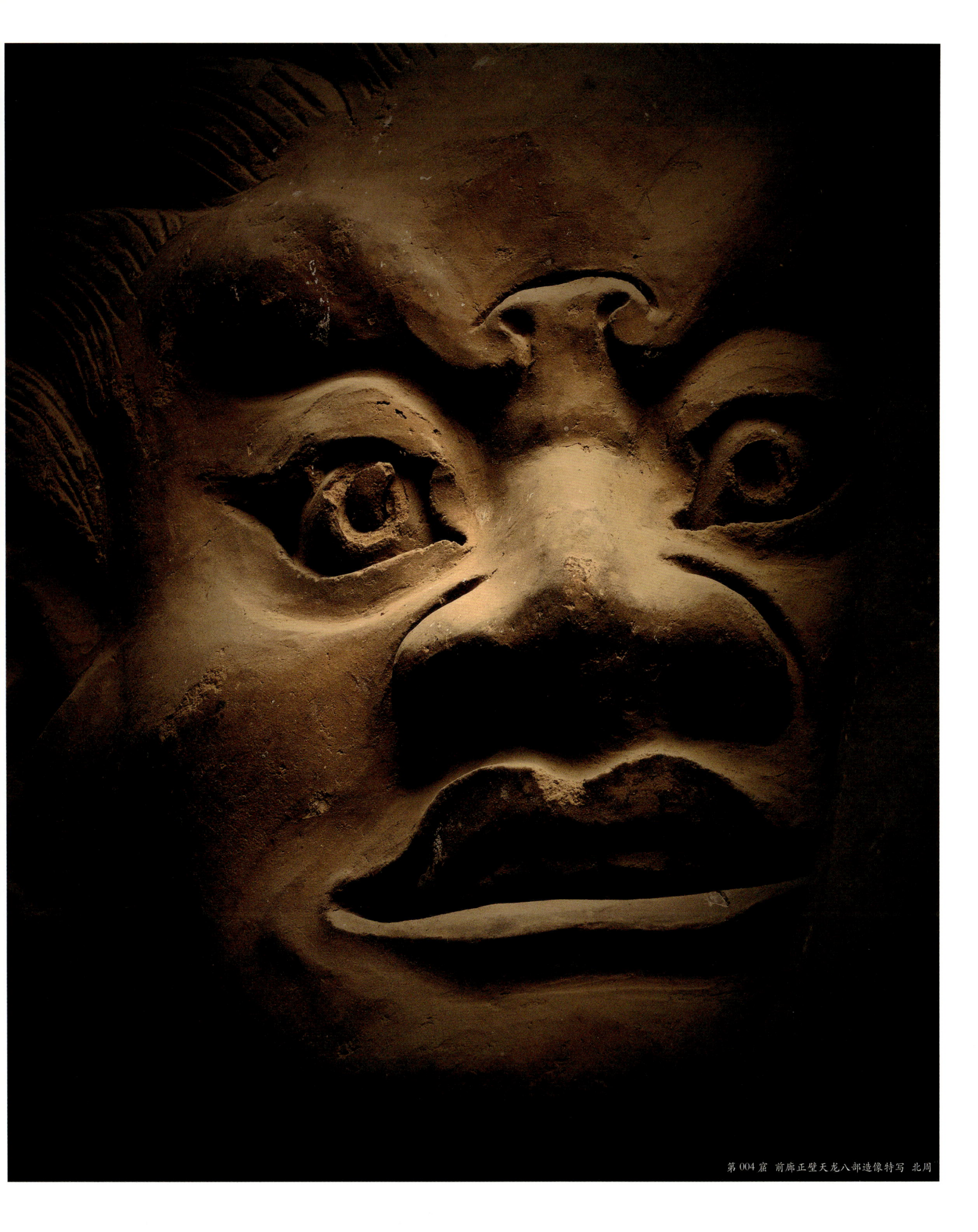

第 004 窟 前廊正壁天龙八部造像特写 北周

第 004 窟
7 号龛正壁造像 宋

第 004 窟
5 号龛正壁造像 宋

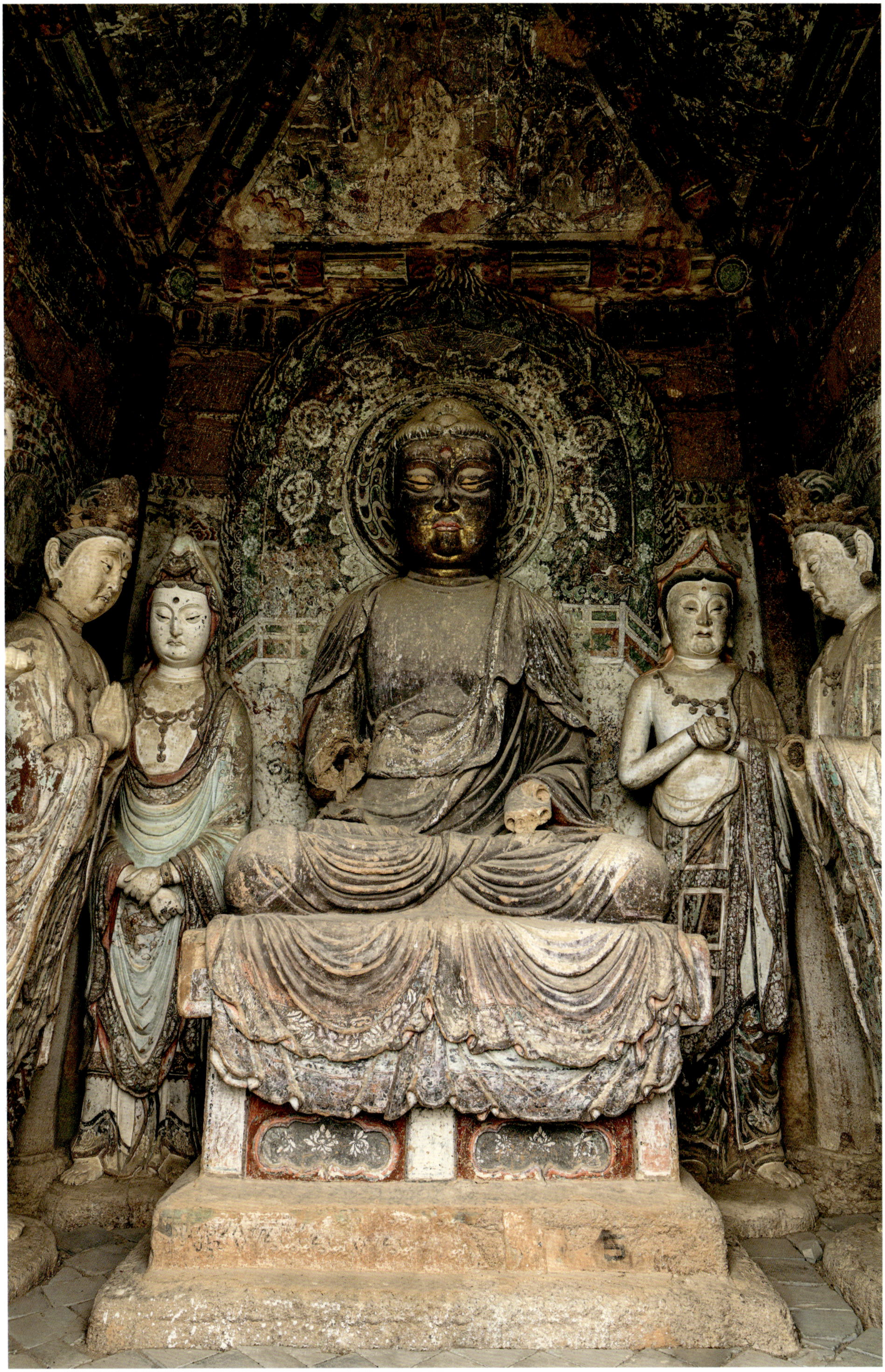

第 004 窟
2 号龛正壁造像 宋

第 004 窟
2 号龛右壁菩萨 宋

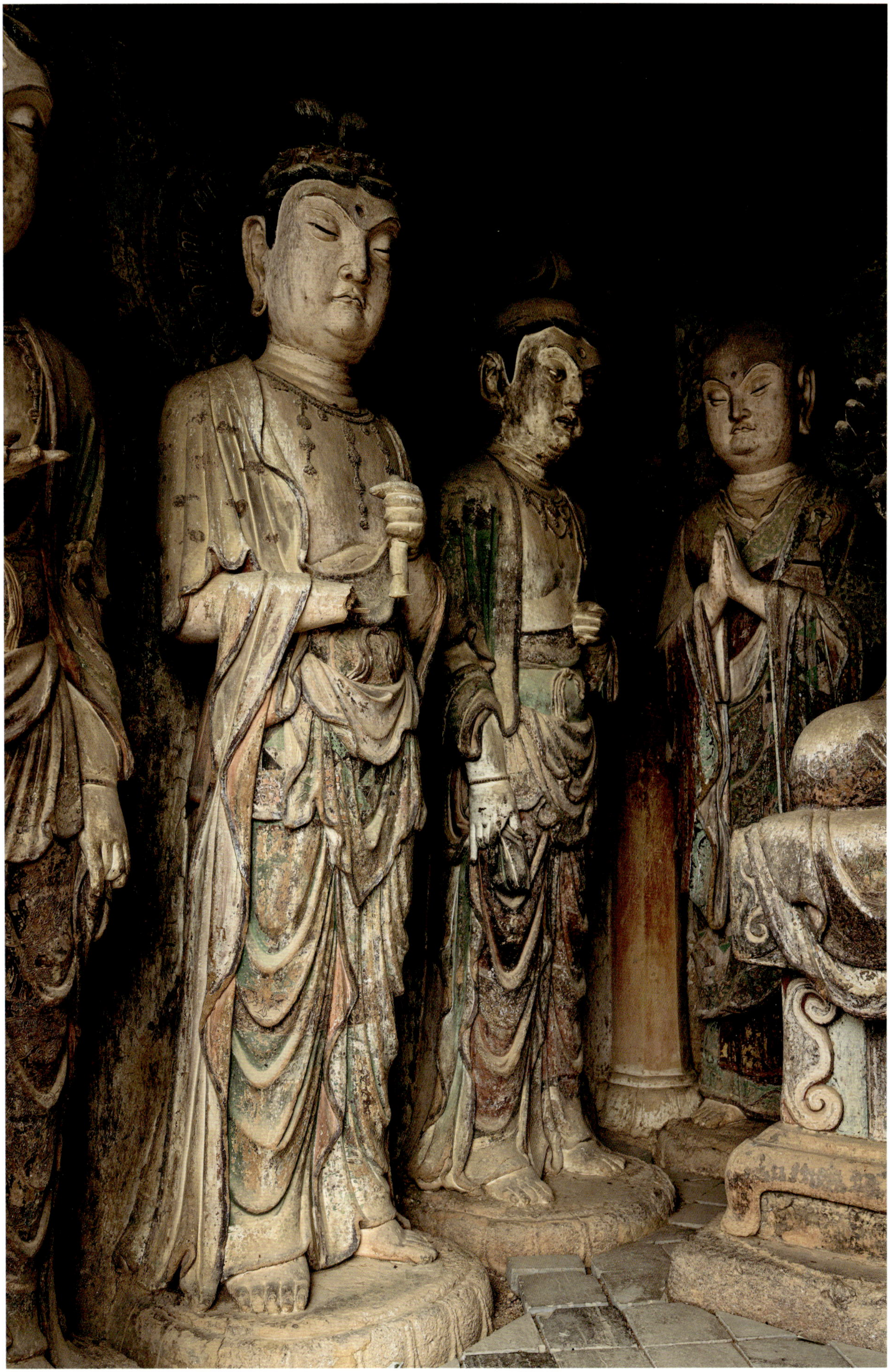

第 004 窟
3 号龛正壁造像 宋

第 004 窟
3 号龛正壁主佛头部特写 宋

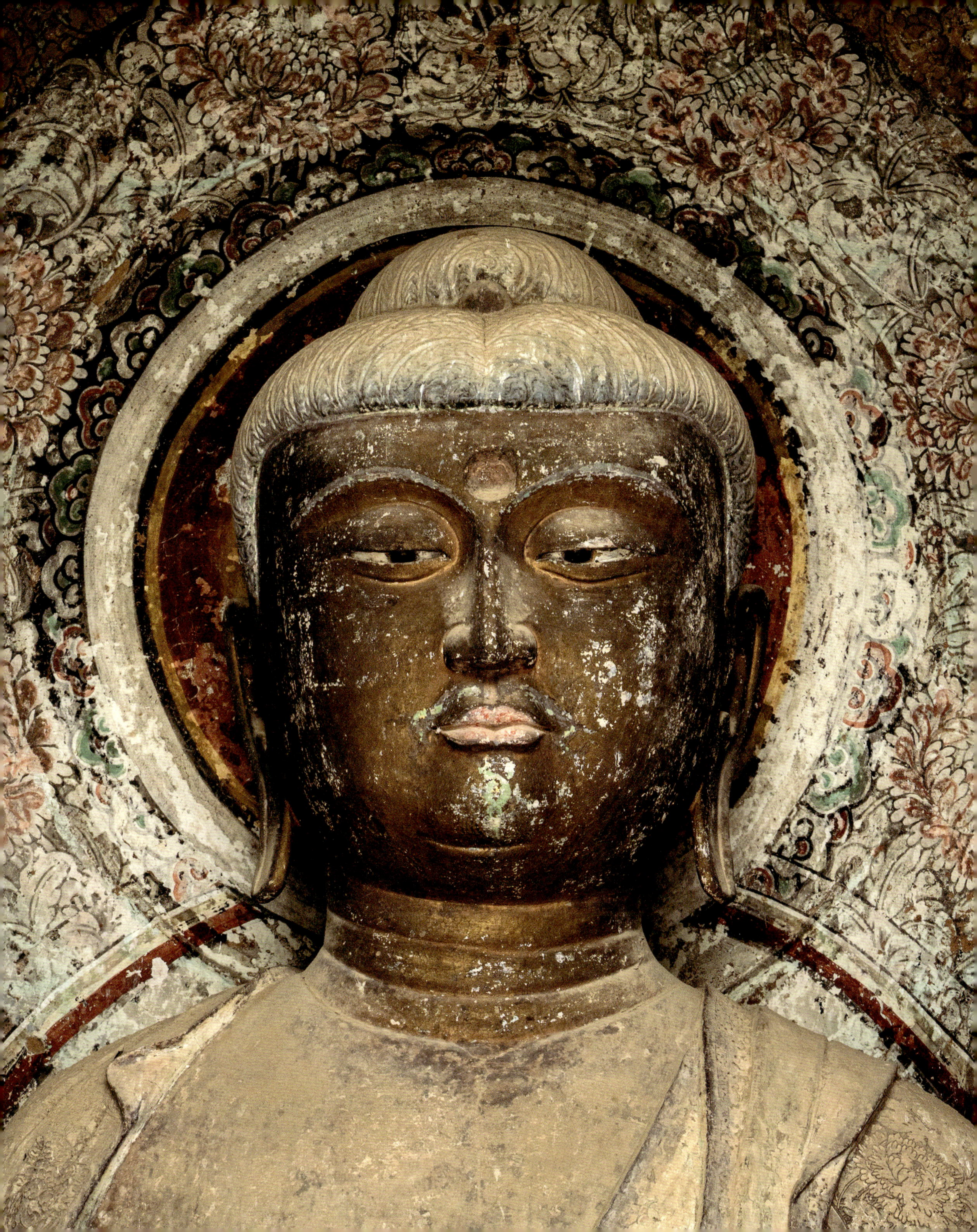

第 004 窟
7号龛右壁菩萨 宋

第 004 窟
7号龛右壁菩萨头部特写 宋

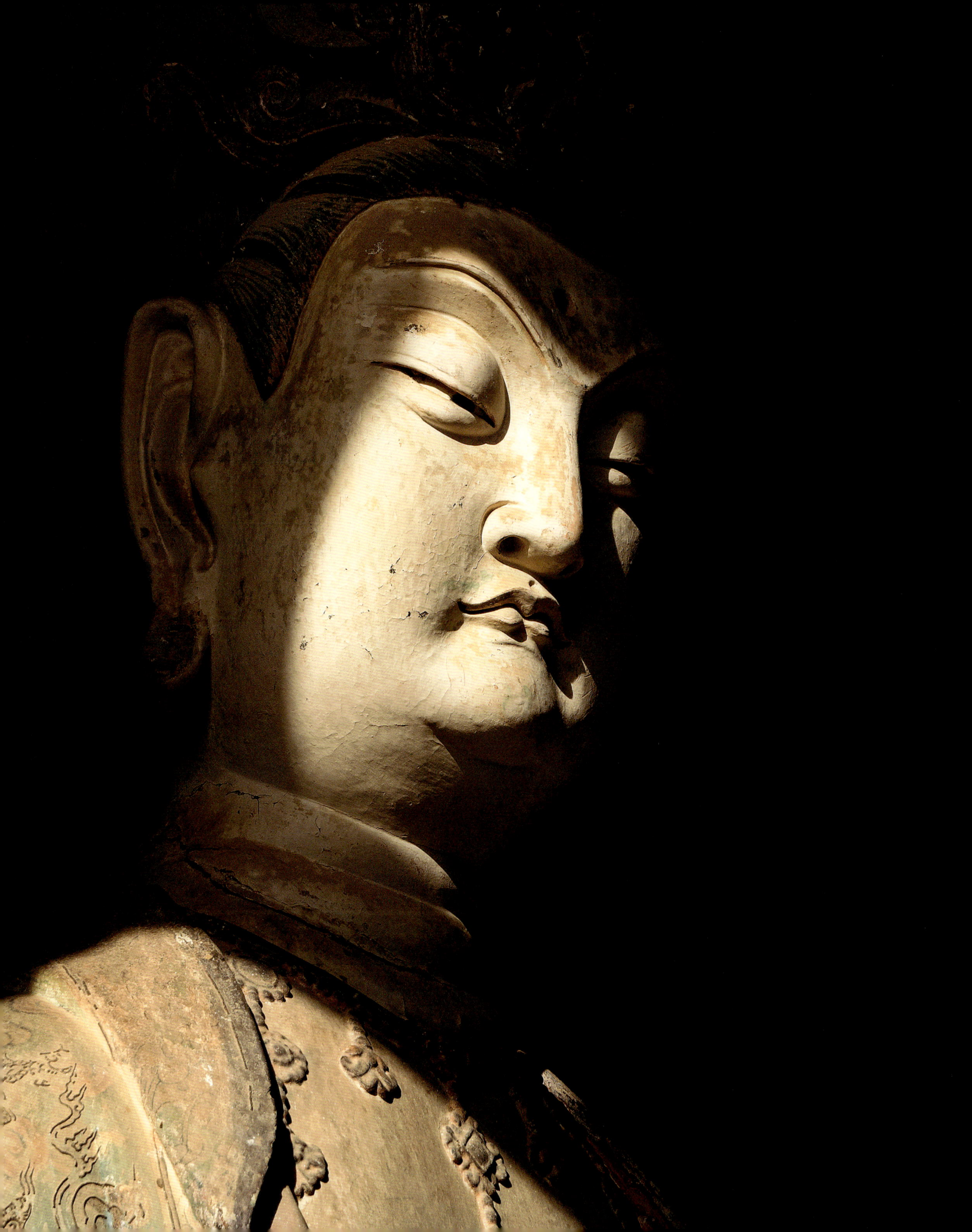

第004窟
4号龛右壁菩萨局部 宋

第004窟
5号龛右壁菩萨局部 宋

第004窟
5号龛正壁右侧菩萨局部 宋

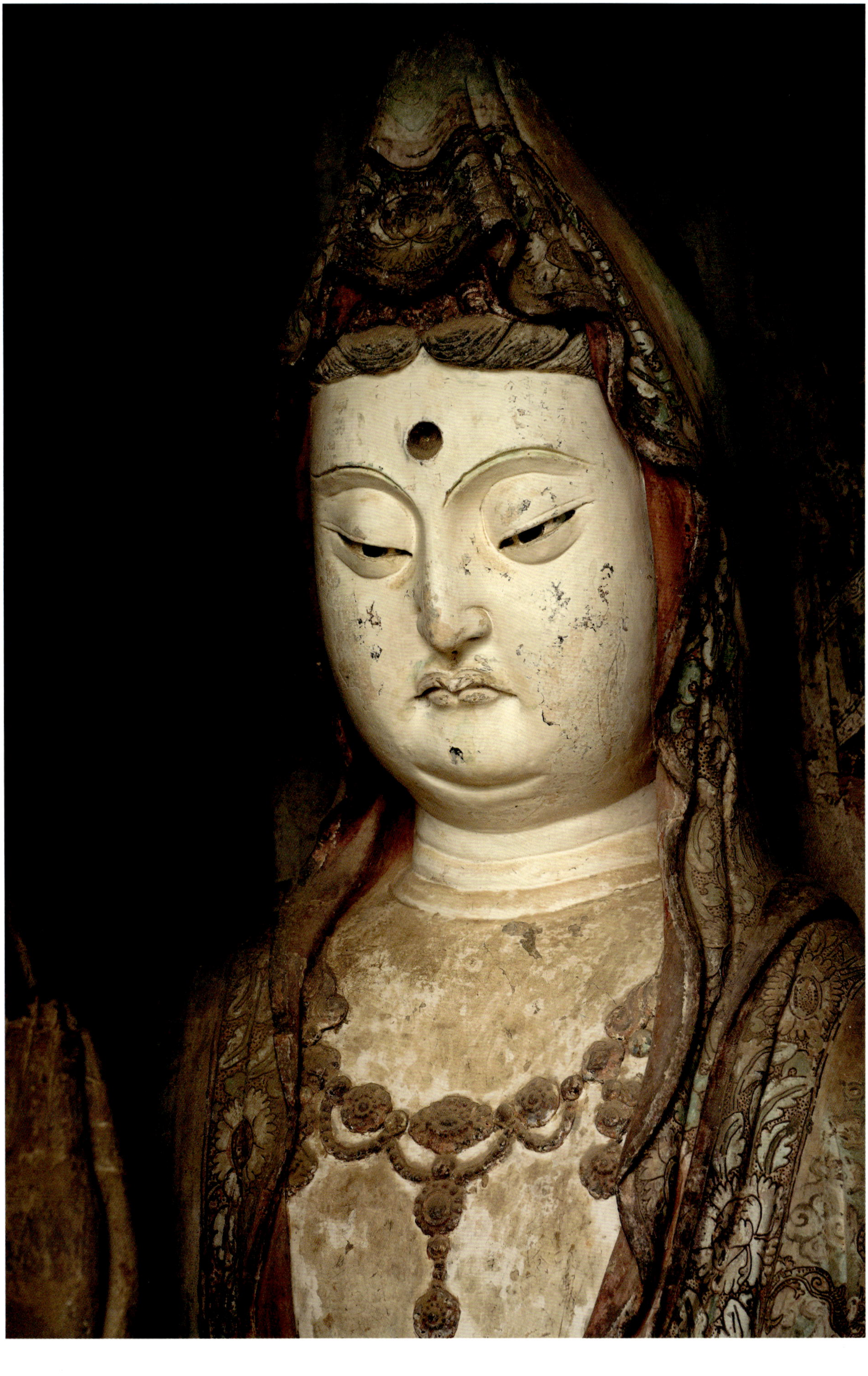

第 004 窟
6号龛左壁菩萨局部 宋

第 004 窟
6号龛右壁菩萨 宋

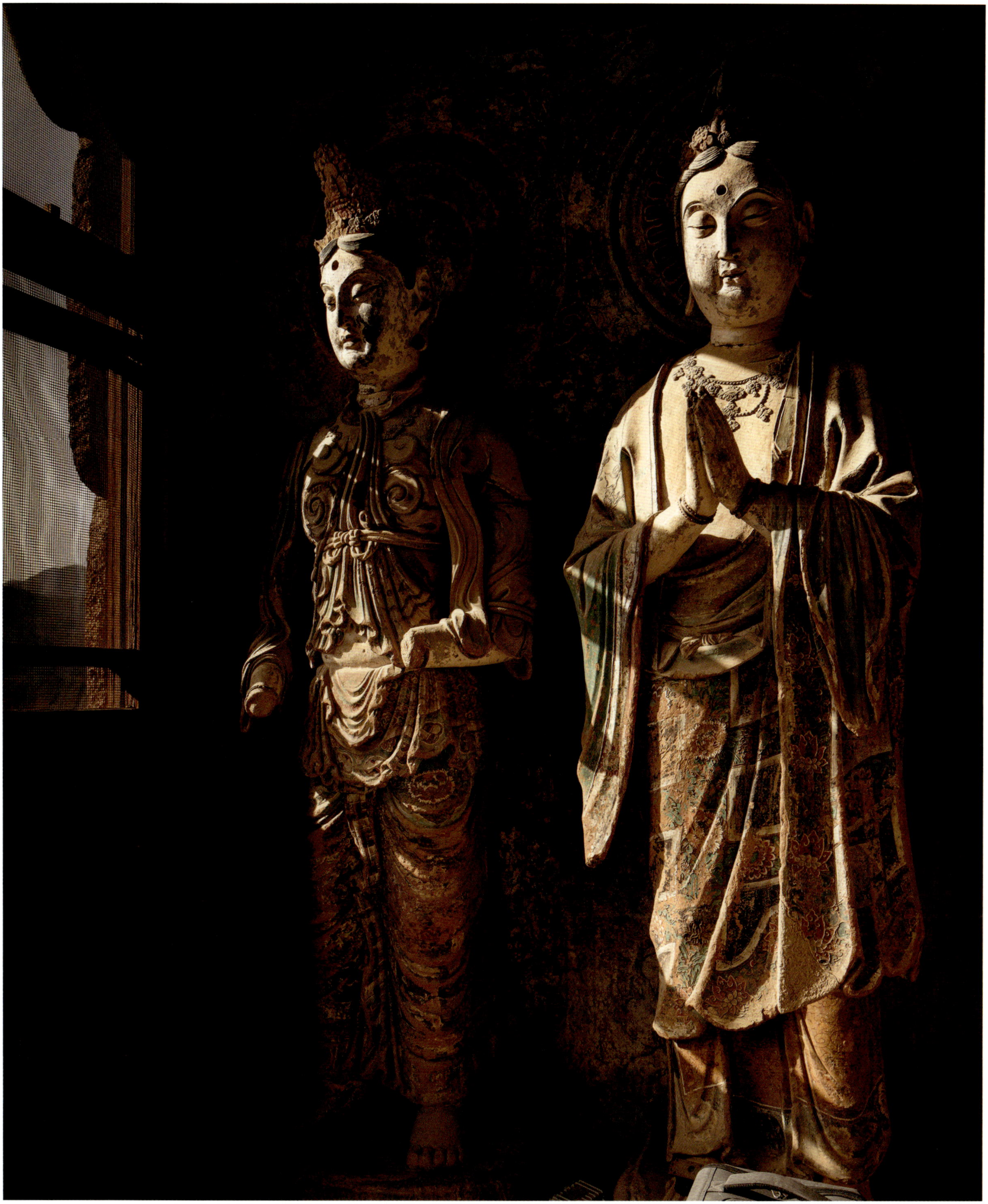

第 004 窟
5号龛左壁菩萨 宋

第 004 窟
7号龛正壁右侧弟子局部 宋

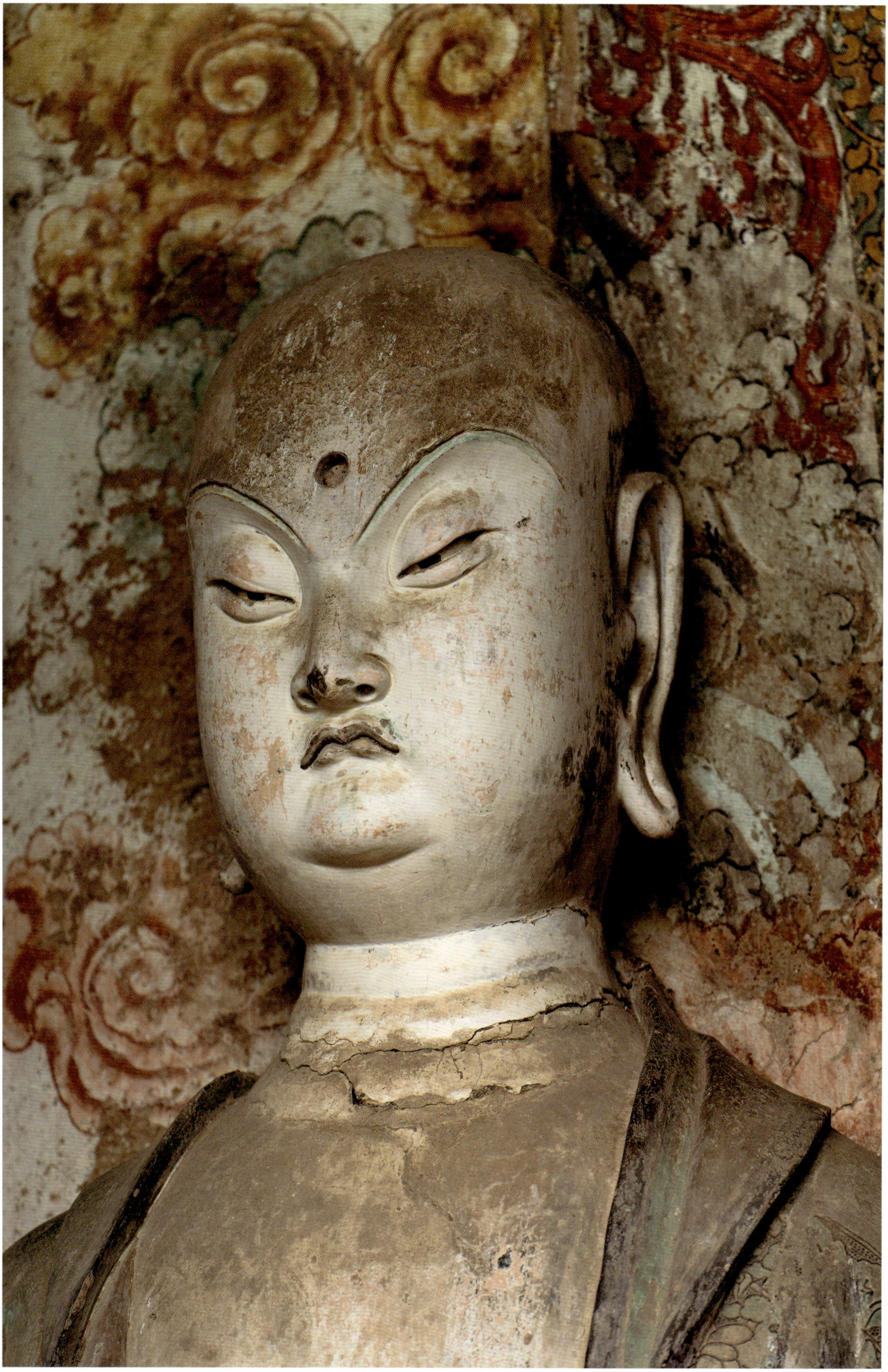

第 004 窟
6号龛正壁右侧弟子局部 宋

第 004 窟
6号龛正壁左侧弟子局部 宋

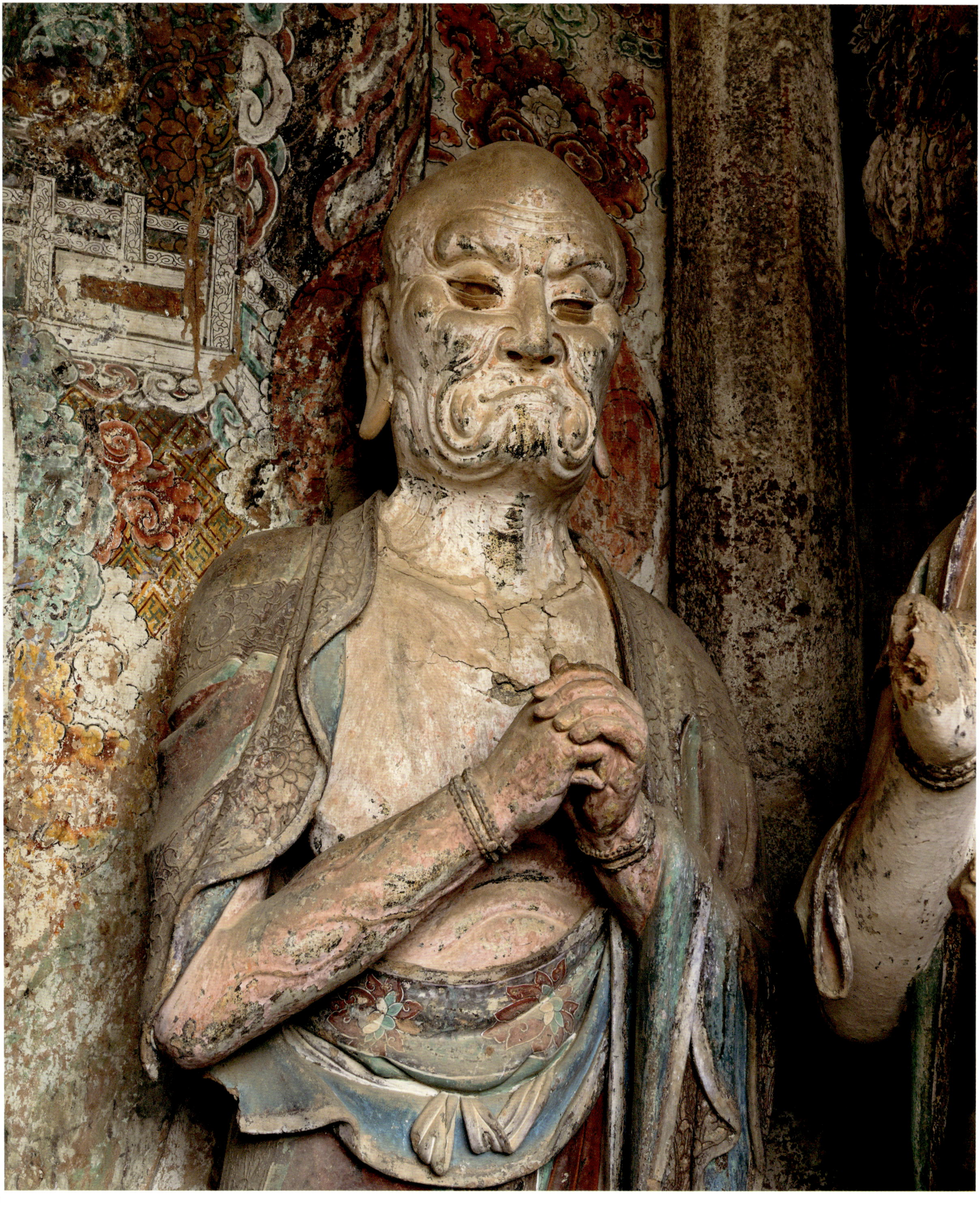

第031窟 北周

此窟位于东崖中区,平面横长方形,平顶敞口龛,高0.90米、宽0.93米、进深0.40米。这是一个屋形小龛,龛上塑出庑殿顶。龛内正壁分上、下两排共有十身影塑坐佛。影塑佛均通高0.27米,虽然大体相同,但华盖、背光、着装、手印等各有差异。这种模制影塑千佛,是北周出现的新形式。左、右两壁分上、下两层共有四身站立的影塑菩萨,每壁两身,现仅存右壁下侧一身,其余三身仅存粘贴痕迹。

第 031 窟
龛内全景 北周

第 031 窟
下排右侧第一尊佛像 北周

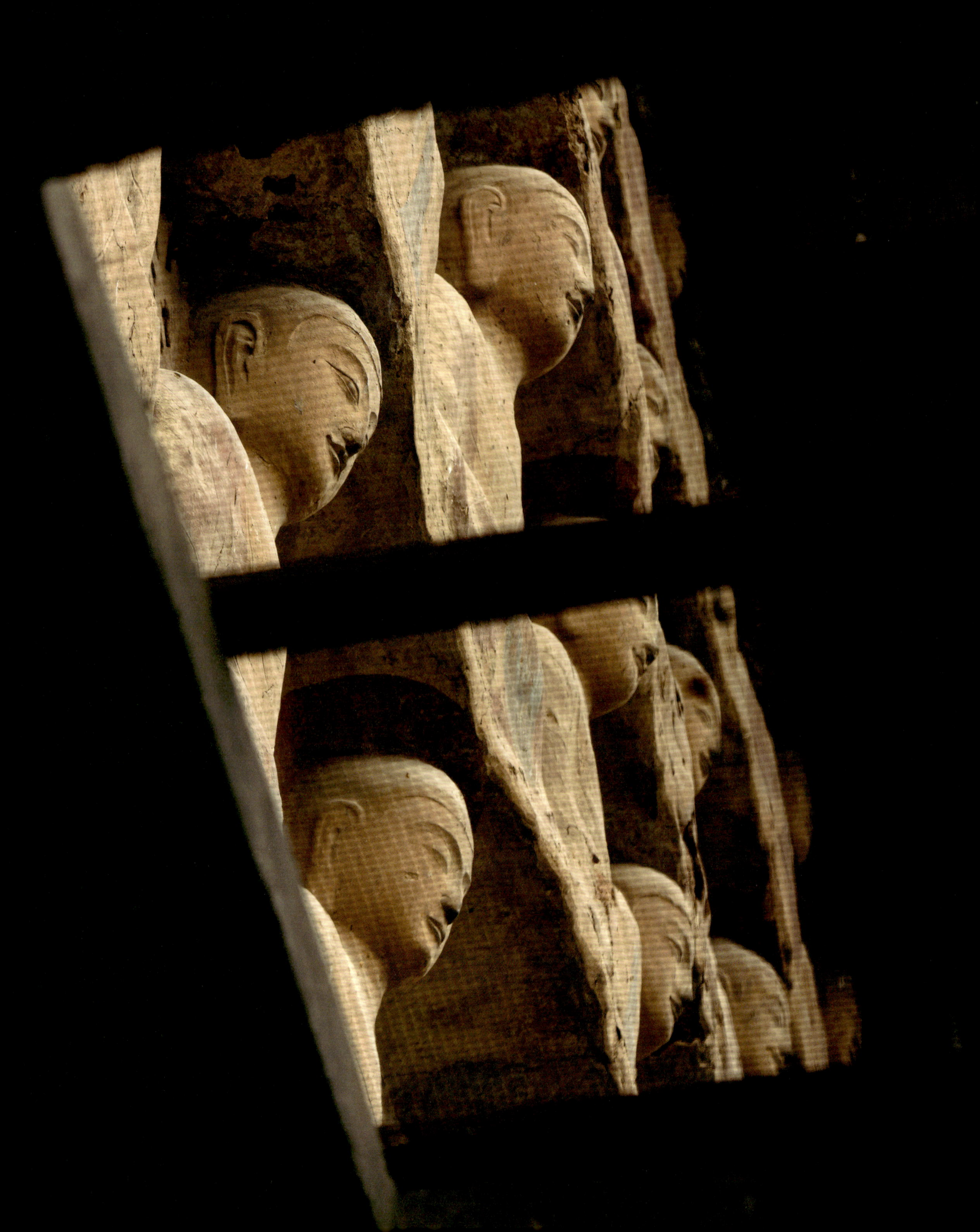

第003窟 北周（宋重修）

此窟位于东崖中上部，俗称"千佛廊"。大型人字披顶长廊式崖阁，全长36.50米。是早期木石混合结构建筑形式，也是麦积山唯一一座长廊式阁道。现存千佛297身，分上下6排，结跏趺坐，高约0.90米，均为石胎泥塑。几百尊佛虽坐姿相同却神态各异，宏伟壮观。

第003窟
千佛局部 北周

第003窟
千佛 北周

第013窟 隋（宋重修）

此窟位于东崖中部，俗称"东崖大佛"。系摩崖浅龛，立面近方形，高15.70米、宽17.80米。在摩崖上高浮雕一佛二菩萨石胎泥塑造像，是麦积山现存最大的一铺石胎泥塑造像。主佛高15.70米。螺纹肉髻，脸型丰满，弯眉细长目，两眼下视，短颈端肩，内着僧祇支，腰间束带打结下垂，外着双领下垂袈裟，倚坐于方形台座上。两侧菩萨高度均约13米。右胁侍菩萨，头戴花冠，面容饱满，袒上身，胸饰璎珞，下着翻边长裙。左手自然下垂提一净瓶。右手于胸前持一莲叶及莲蕾，跣足立于仰莲台上。左胁侍菩萨装束、神态与右侧菩萨相似，左手上扬至颔下，掌心托一圆莲。三尊造像形体壮硕，身材比例较短，具有隋代造像结实敦厚的特点。

据资料记载，此窟开凿于隋代。唐开元二十二年（734）因秦州大地震部分受损。南宋绍兴二十七年（1157）秦州甘谷城信徒高振同对大佛进行了重新修缮。1982年，麦积山石窟艺术研究所对东崖大佛面部进行重修时，在主佛的头部发现两件珍贵文物：一件是带有题记的宋代定窑白瓷碗，位于主佛的白毫相处；另一件是一卷手抄楷体字迹的佛经，内容为《金光明经》的第四卷，位于主佛右侧脸颊内。

第013窟 一佛二菩萨 隋（宋修）

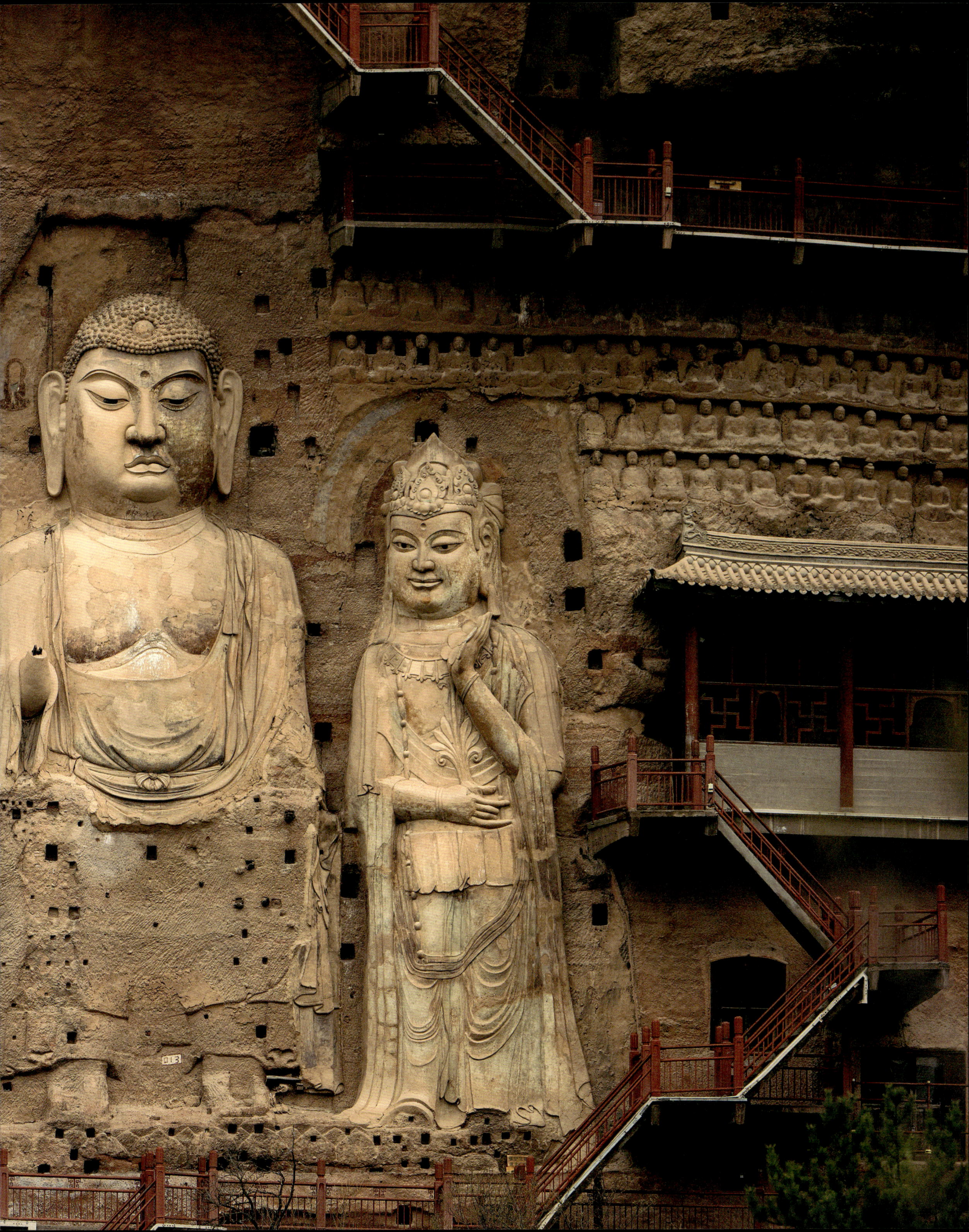

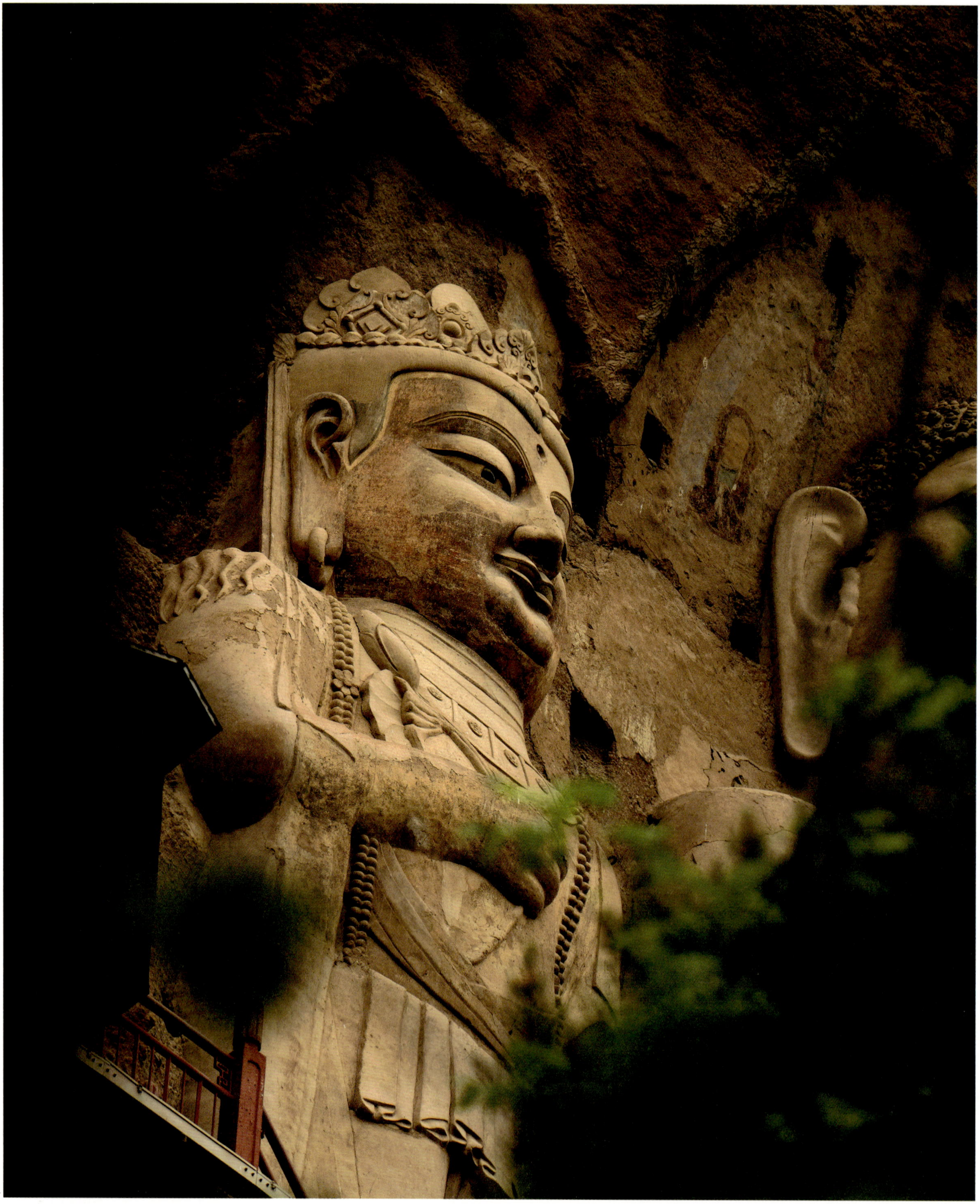

第 013 窟
右侧菩萨局部 隋（宋修）

第 013 窟
大佛局部 隋（宋修）

第024窟 隋

此窟位于东崖中区,平面马蹄形穹窿顶,窟高 2.84 米、宽 2.90 米、进深 2.13 米。现存泥塑一佛二菩萨一弟子及一木雕菩萨,共计 5 身。主佛高 1.63 米。低平肉髻,脸型方圆,眉目疏朗,内着僧祇支,腰系带,外着双领下垂袈裟,结跏趺坐于台座上。正壁左侧菩萨高 1.56 米。头束扇形发髻,内着僧祇支,帛带自双肩下垂,下着长裙,跣足立于圆形莲台上。左侧木雕菩萨因经千年风雨剥蚀,形象不清,仅剩下木雕轮廓。正壁右侧弟子高 1.55 米。"国字脸",内着僧祇支、外着双领下垂袈裟,左臂屈肘前伸,右手下垂牵衣角,足穿圆头履立于覆莲台上。右侧菩萨高 1.52 米。由发丝排列而成的发髻或细密的鳞片状覆于头上,脸型丰圆,双目平视;衣饰厚重,手法写实,造像风格淳朴。此窟造像均未上过彩,泥质细腻,这种做法称为"甜泥塑",相对于彩塑而言,给人一种清新自然、淳朴无华的美感。

第 024 窟
正壁造像 隋

第 024 窟
正壁左侧胁侍菩萨及木雕 隋

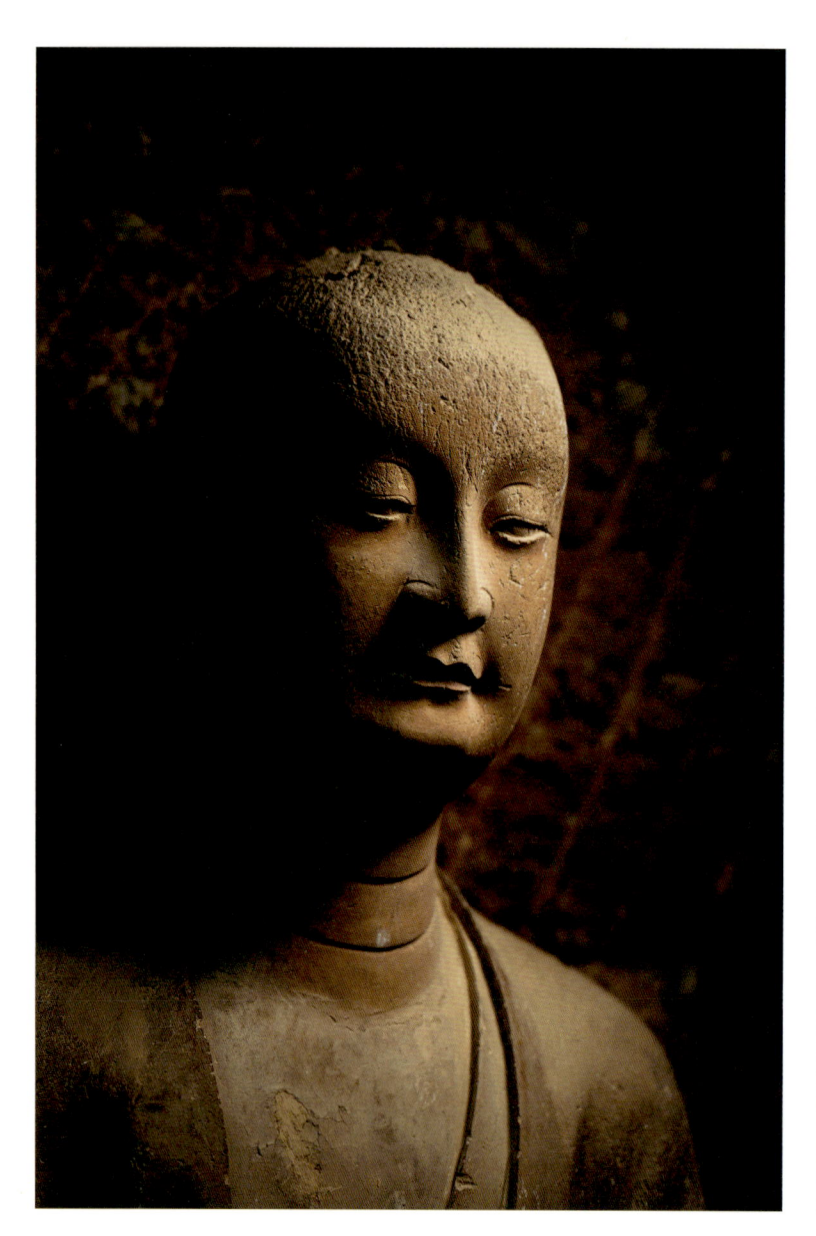

第 024 窟
正壁右侧弟子局部 隋

第 024 窟
正壁右侧胁侍菩萨局部 隋

第 024 窟
正壁左侧胁侍菩萨局部 隋

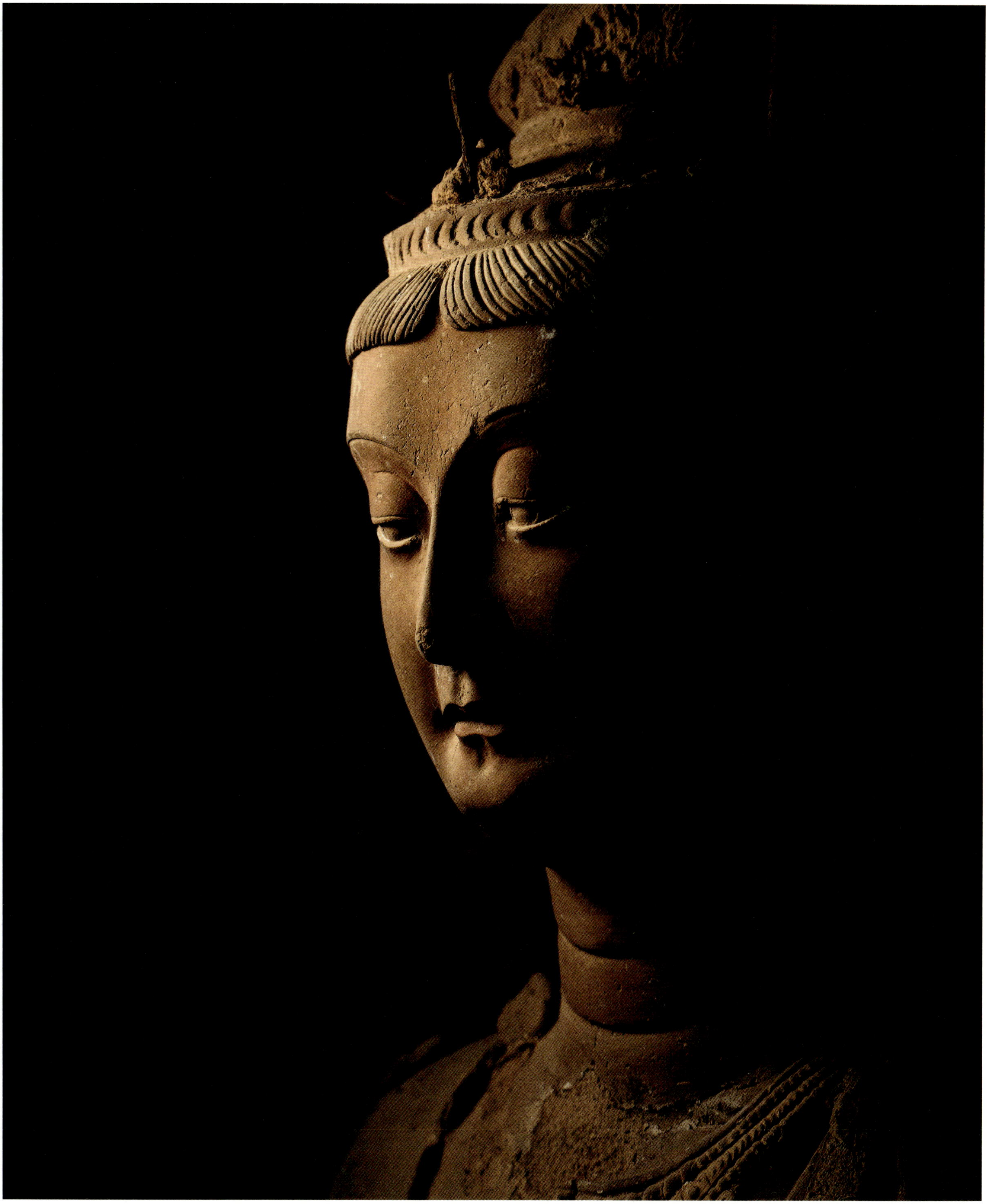

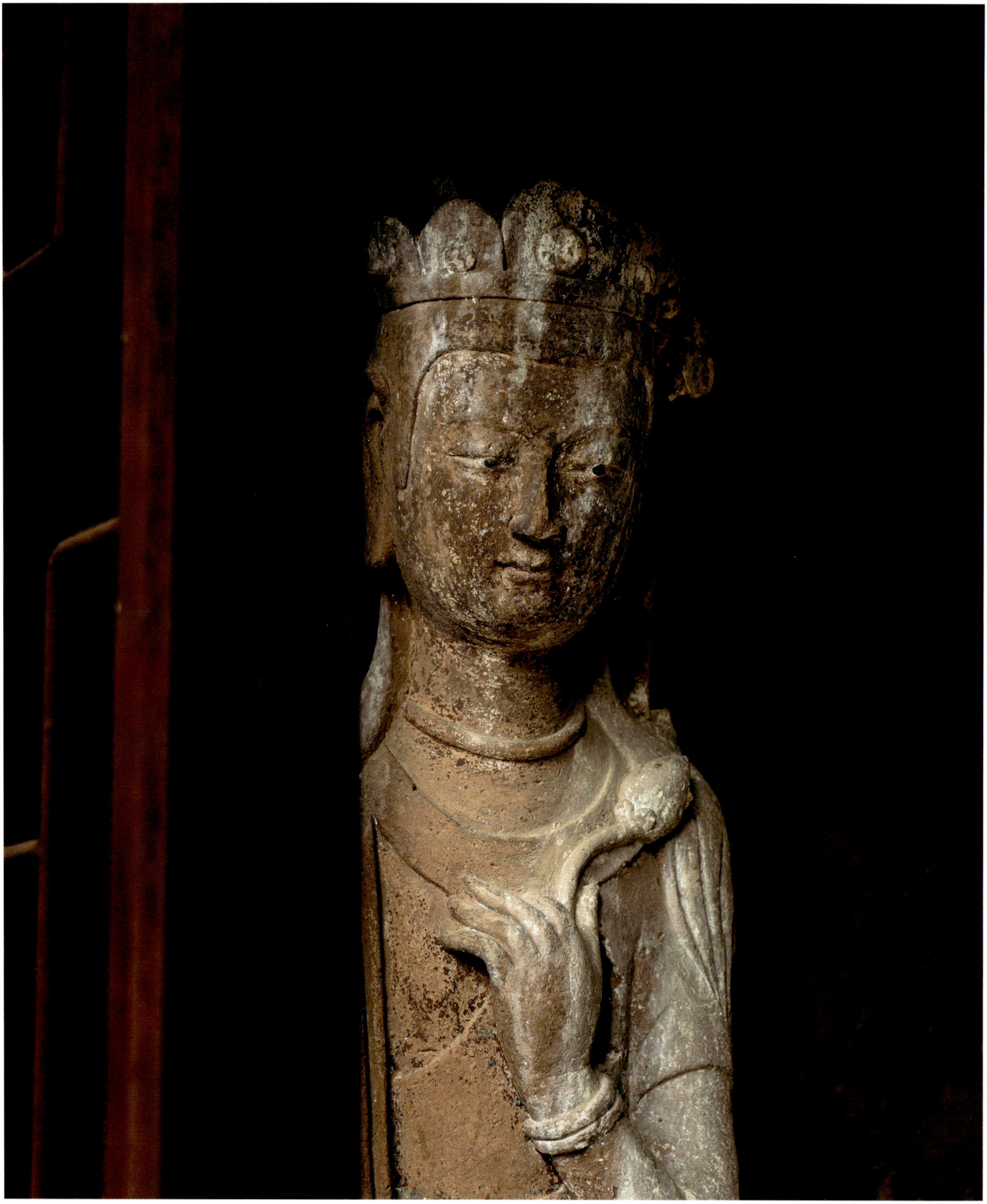

第 008 窟 隋

此窟位于东崖东端，第 009 窟（中七佛阁）左侧。平面长方形，穹窿顶小龛，高 1.50 米、宽 1.46 米、进深 0.75 米。龛内塑倚坐佛一身，左、右各塑一身胁侍菩萨。主佛高 1.18 米，磨光低平肉髻，眉毛细长，两颊饱满丰润。内着僧祇支，外着双领下垂袈裟，左手握袈裟一角贴于胸前，右手自然下垂，掌心贴于右膝，倚坐于台座上。左、右壁菩萨，均高 1.16 米，跣足立于圆形台座上。右壁菩萨头戴花冠，面庞丰满而柔和，左手于胸前持一莲蕾，右手下垂提净瓶。帛带右肩斜垂至腹前呈"U"形，一端搭左肘外侧下垂，姿态柔美生动。

第 008 窟
右壁胁侍菩萨局部 隋

第 008 窟
正壁主佛 隋

第014窟 隋

此窟位于东崖中上部，平面方形，四角攒尖顶帐形窟，前部已塌毁，窟高3.41米、宽3.70米、残进深2.18米。现窟内仅存正壁一佛二菩萨及左壁一力士，共计4身。正壁为一圆拱形落地龛，龛内方形高台座上塑一结跏趺坐主佛，高1.22米。低平肉髻，方圆脸形，嘴角内敛上扬；颈短粗，端肩挺胸；内着僧祇支，外着双领下垂袈裟，左手掌心向上置于腹前腿上，右臂屈肘，施无畏印或做说法状。龛外左侧菩萨高1.62米。头微右偏，发髻后翻，发辫与宝缯搭于双肩，发髻及宝缯残断；脸型长圆，嘴角上扬。腹部微鼓，内着僧祇支，双肩披帛带，帛带呈两道"U"字形下垂，双臂戴臂钏，左手自然下垂于左腿侧；右臂屈肘向龛侧，双手残失。下着贴身长裙，右腿屈膝，左胯向左侧微顶出，跣足立于圆形莲台上。龛外右侧菩萨高1.63米。发髻后翻，发辫及宝缯搭于双肩，脸型长圆，目视前方，嘴角内陷上扬；削肩鼓腹，衣饰略同于左侧菩萨。左臂屈肘举于胸前，手残失，右臂贴胯垂于右腿侧，右手仅存拇指，铁筋外露；左腿屈膝，右胯向右顶出，跣足立于圆形莲台上。力士塑于左壁后部，高1.88米。力士怒目圆睁，鼻翼微张，裸露上身，展现出健美的肌肉，左腿向前，右腿支撑重心，造型粗犷豪放、生动浑厚。

第014窟
正壁右侧胁侍菩萨 隋

第014窟
正壁龛内主佛 隋

第014窟
正壁左侧胁侍菩萨及左壁力士 隋

005

第005窟 隋唐（明、清重修）

此窟位于东崖最上层，与第004窟"散花楼"通过一小洞连通。隋代始凿，唐初完成，俗称"牛儿堂"。原是仿木构形式的三间四柱殿堂建筑，前檐在大地震中塌毁。窟前部为廊，高9米、宽15米、进深6米。正壁开三龛，内容为三世佛题材。中龛较大，平面马蹄形穹窿顶深龛，内塑一坐佛二弟子四菩萨，为隋代作品。正壁两侧为拱券形浅龛，龛内各塑一佛二菩萨，为唐初塑造，造型匀称、技艺精湛、刻画手法细腻，是麦积山为数不多的唐代作品。左侧龛为倚坐弥勒佛及二菩萨。右侧龛为迦叶佛及二菩萨。前室两端和中龛门外原有四身天王，现只存一身踏牛天王，高鼻深目，赤须虬髯；身着铠甲，腰系战裙，双臂屈肘手握拳于腹前两侧；跣足踩着一卧牛。牛卧于半圆形台上，昂首扭头，鼻翼张开，似要昂首奋起。整组塑像动静结合，出神入化。前廊正壁右侧龛之上绘有唐代壁画，廊顶平棋与第004窟相仿，壁画仅存右侧后部一方，属洞窟同时期作品，其余均为明代补绘。

第005窟 外景 隋—唐

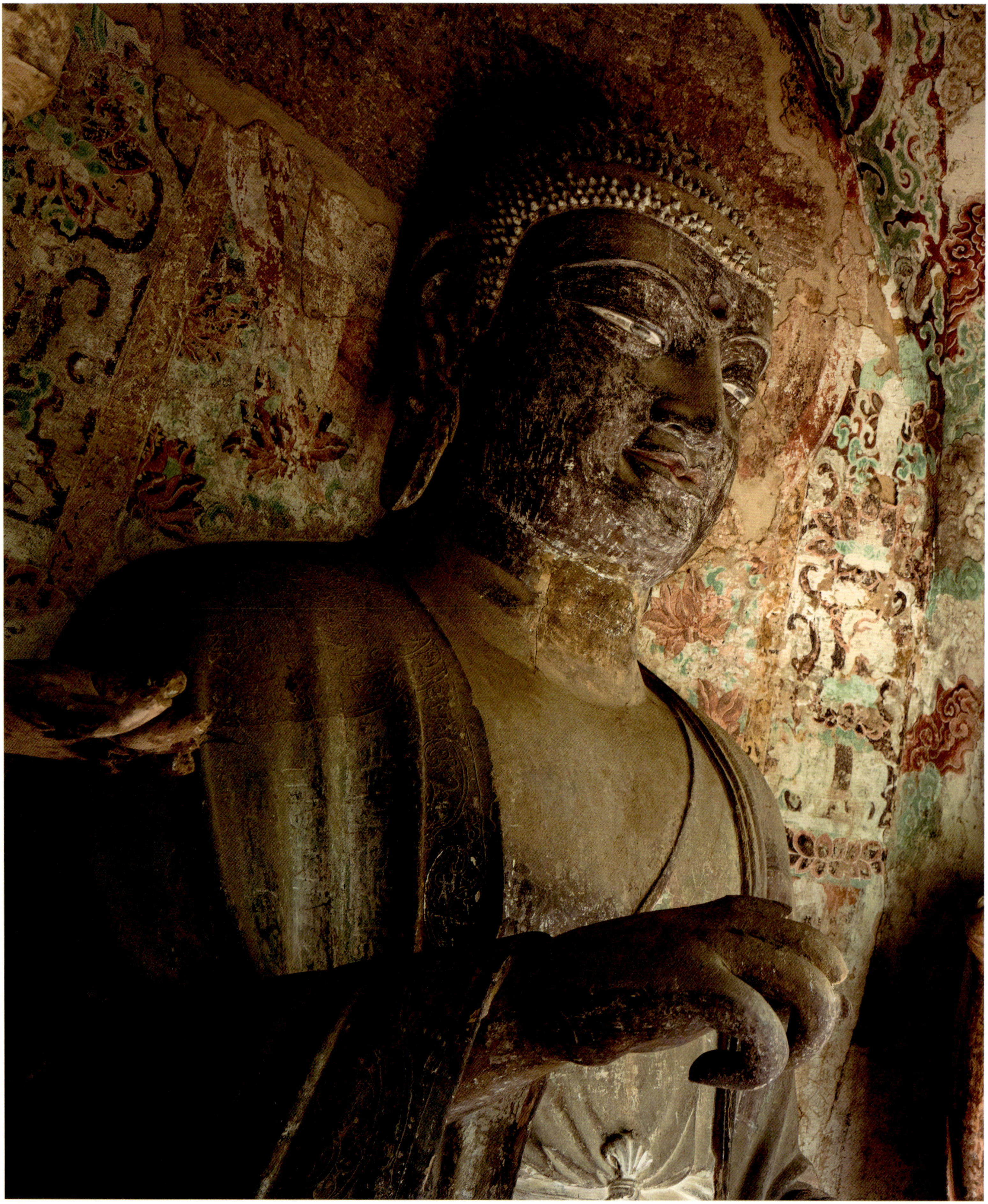

第 005 窟
中龛正壁主佛局部 隋

第 005 窟
中龛左壁弟子及胁侍菩萨 隋

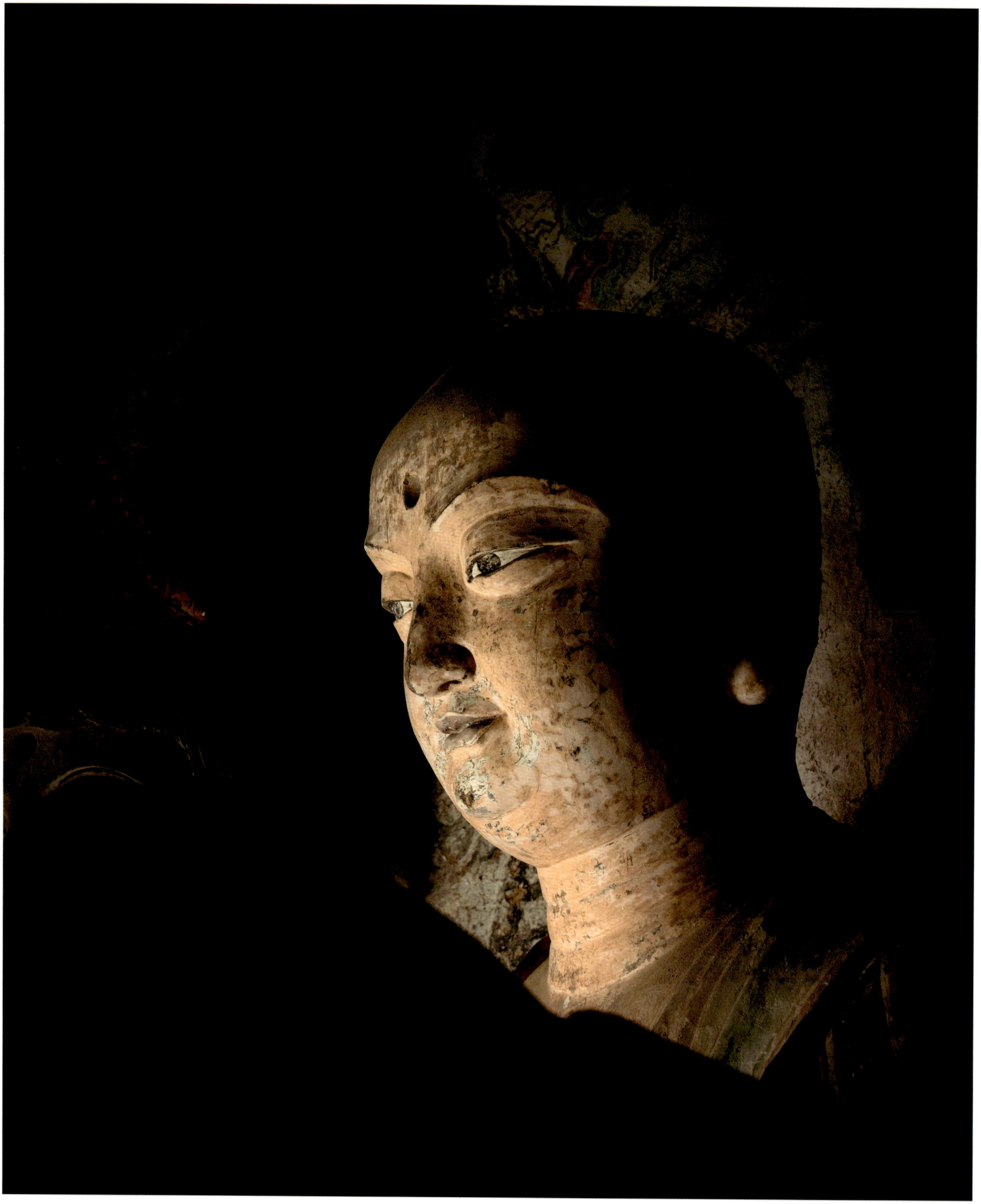

第 005 窟
中龛右壁弟子头部特写 隋

第 005 窟
中龛右壁胁侍菩萨局部 隋

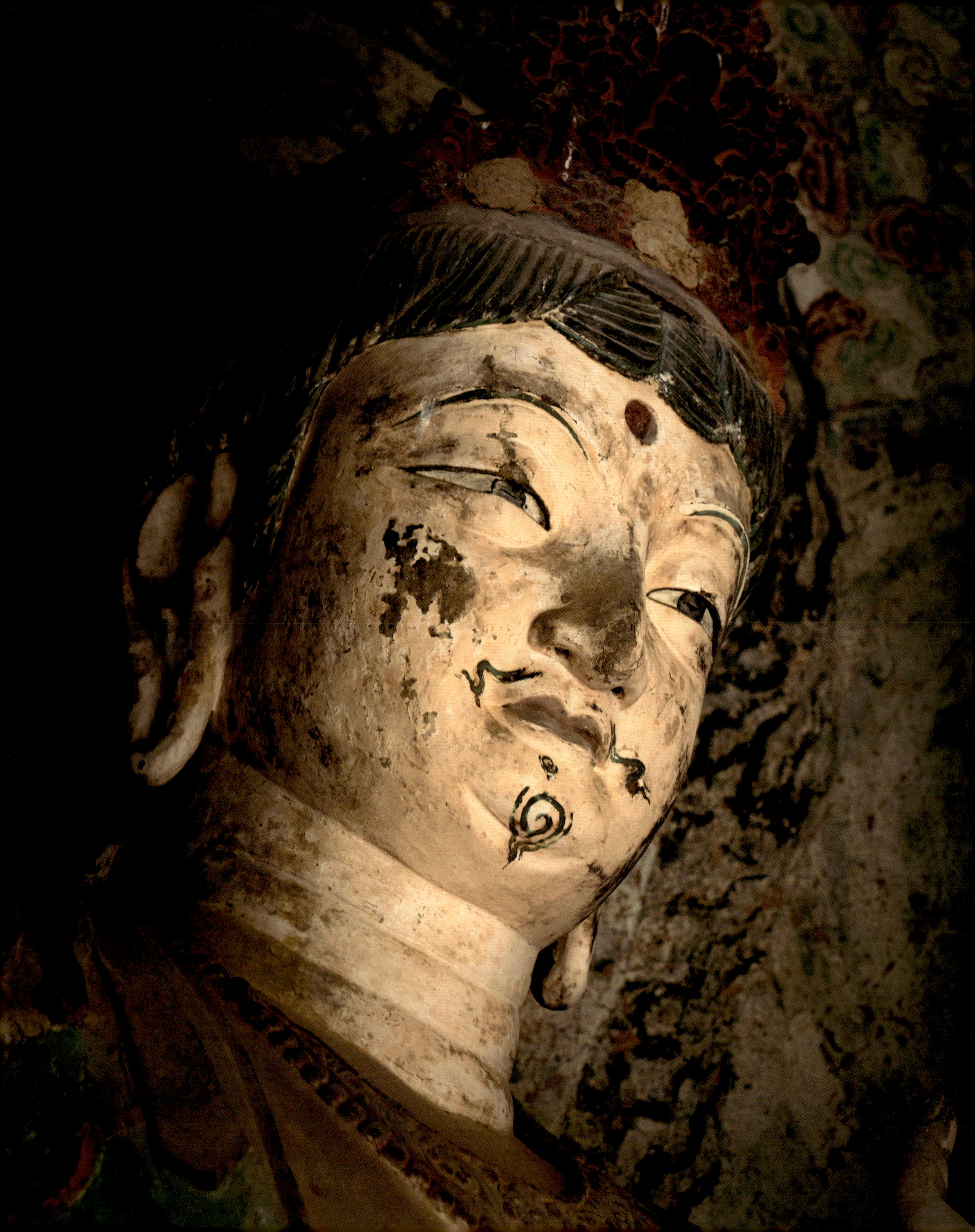

第 005 窟
中龛右壁胁侍菩萨头部特写 隋

第 005 窟
中龛右壁胁侍菩萨局部 隋

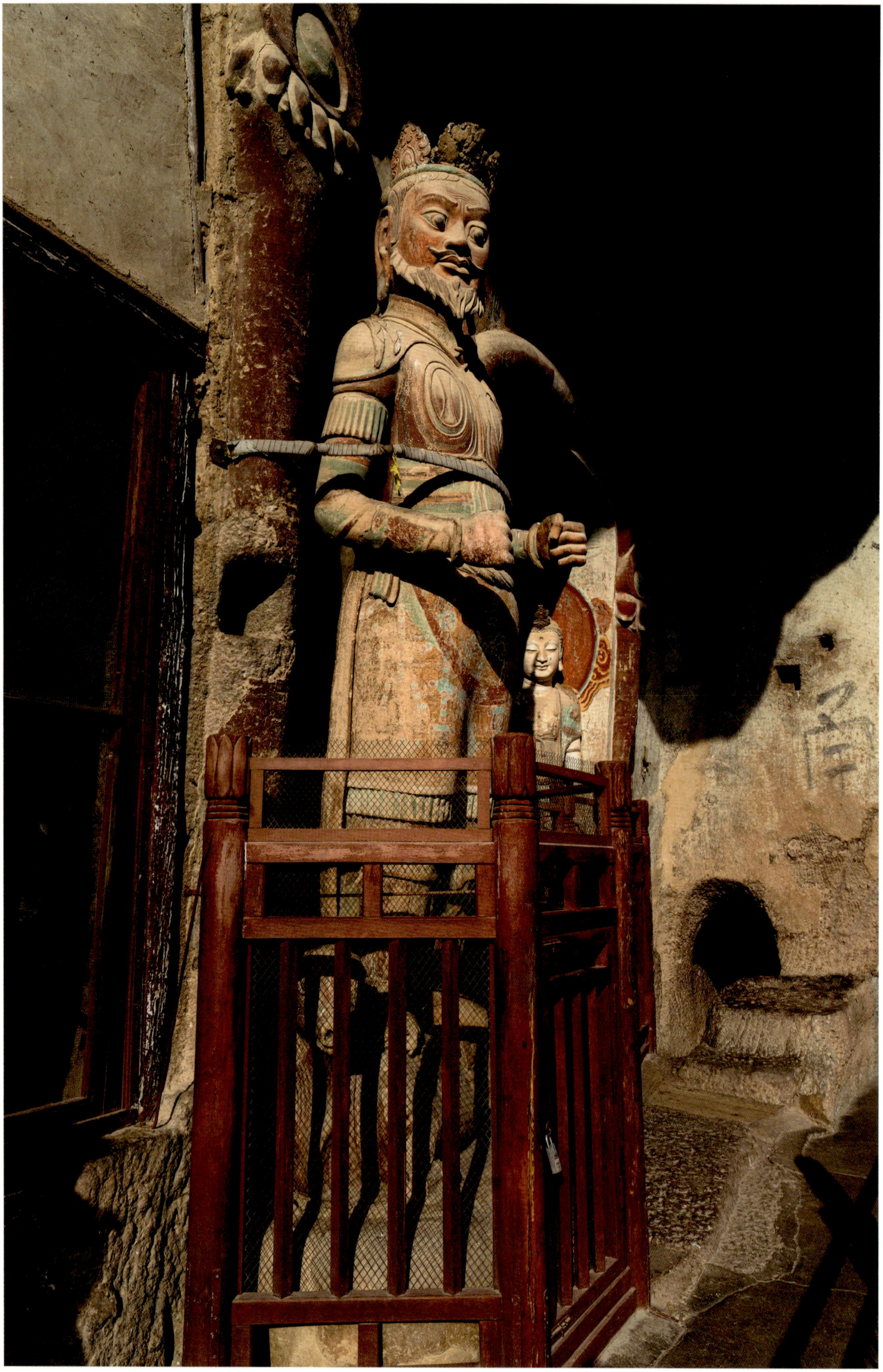

第 005 窟
中龛外左侧踏牛天王 唐

第 005 窟
左侧龛内倚坐佛及胁侍菩萨 唐

第005窟 右侧龛内坐佛及左壁胁侍菩萨局部 唐

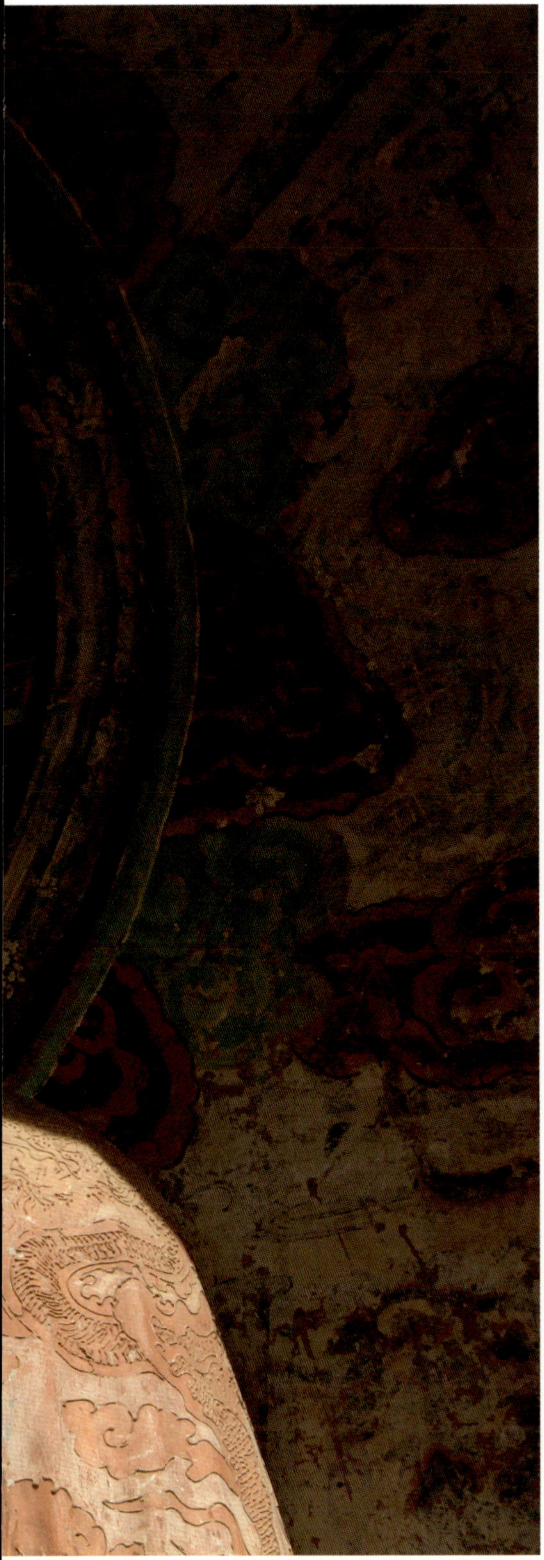
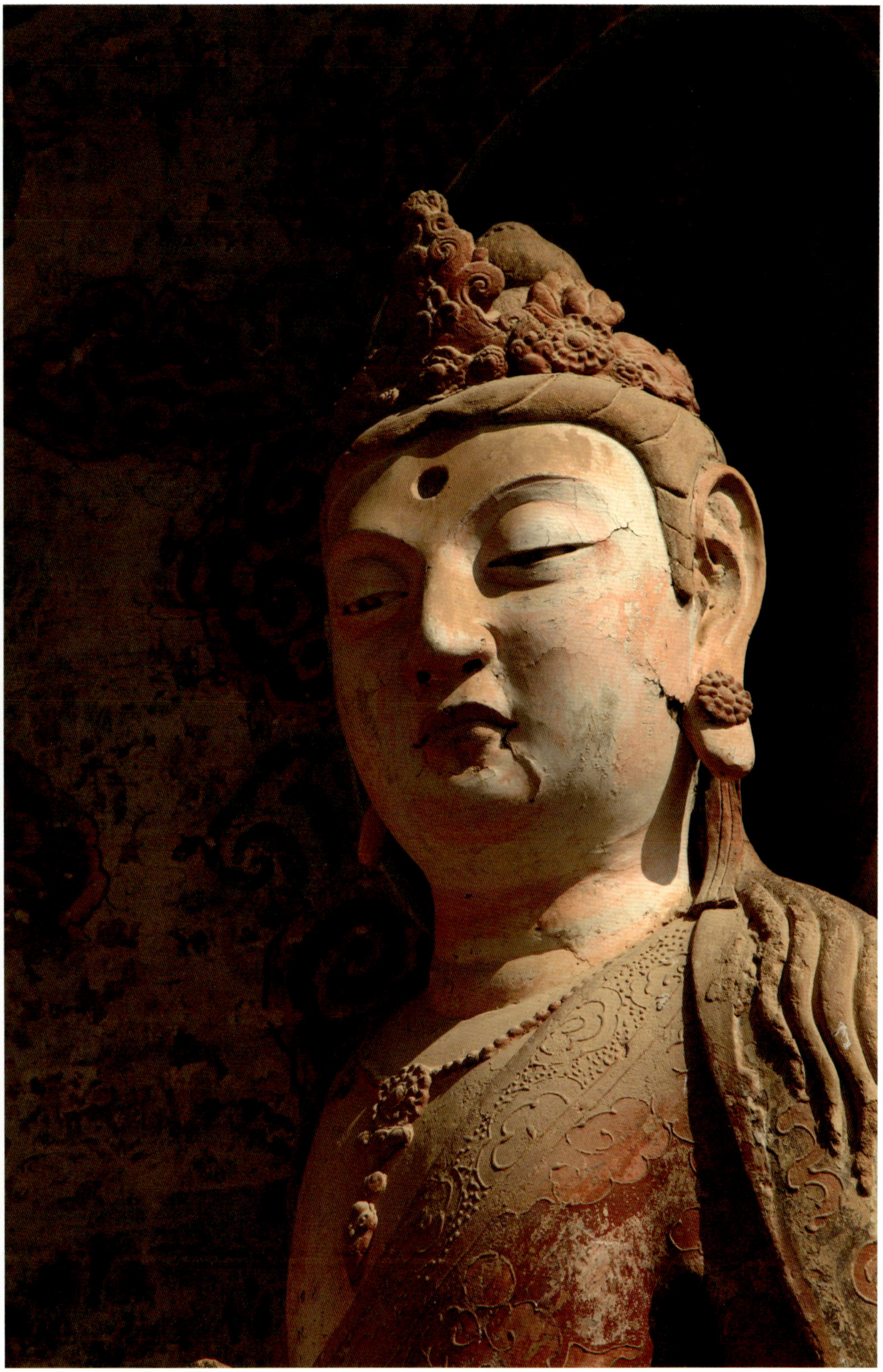

第005窟 右侧龛内右壁胁侍菩萨局部 唐

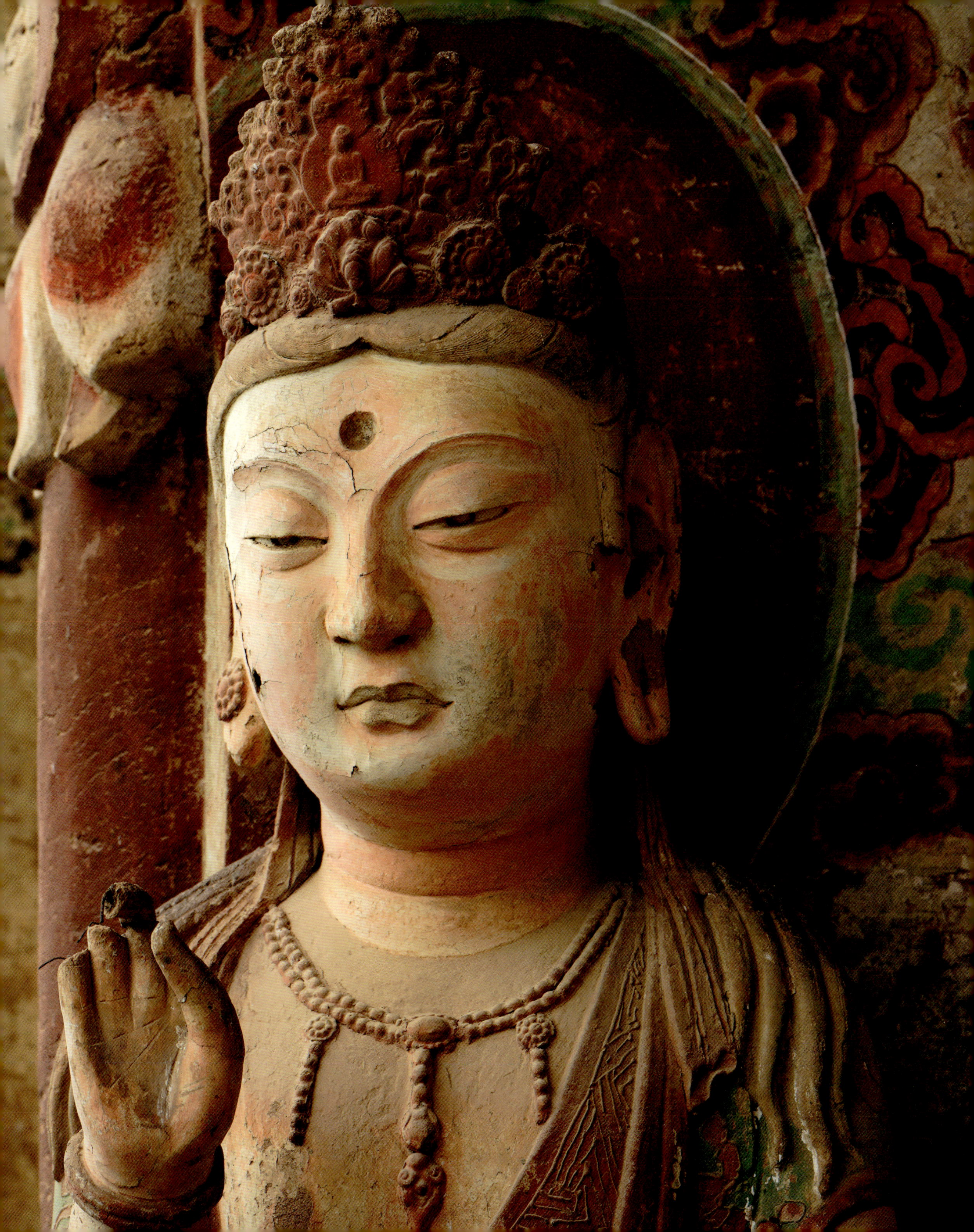

第098窟　北魏（宋重修）

此窟位于西崖崖面中心部位，是西崖最大的一铺摩崖造像，俗称"西崖大佛"。立面整体呈竖长方形，窟通高14米、宽10米、进深1米。由石胎泥塑的一佛二菩萨组成，内容为"西方三圣"，即西方极乐世界的主佛阿弥陀佛和左侧观世音、右侧大势至菩萨。造像系北魏早期开凿，北周、宋、元、明、清历代均有修缮，原貌已基本无存。正中阿弥陀佛高12米。现佛像发髻为低平细密的螺发，正中置肉髻珠，为宋元时期特征。面部敷红色重彩，前额宽颐，下颌消瘦；双眉弯曲，上有三重弧线，眼角略下撇，嘴角下敛，面色悲悯凝重；短颈粗肩；袒胸鼓腹，内着僧祇支，外着通肩袈裟，跣足立于如意祥云之上。左侧菩萨除裙裾尚存外，其余部分已全部剥落无存，石胎外露，依稀可辨大形。右侧菩萨面部侧向主佛，头戴三瓣式高花冠，宝缯于耳后垂及肩部；面容方圆饱满，弯眉细长目，双眼微启下视；内着僧祇支，双肩披帛带，下着长裙，帔帛于胸腹之际做两道弧形下垂，搭肩绕臂后，贴双膝垂至脚面，帔帛表面缀饰华丽的璎珞。左手执桃形玉环，右手上举于肩处托一莲蕾，跣足立于悬空云朵之上。整组造像高大威严，似乎在俯视芸芸众生。

值得注意的是，1982年修缮时，在大佛胸部发现一幅幡状钱币璎珞，钱幡长1.23米、宽0.28米，由292枚不同时期的钱币用麻绳串联而成，最早的为西汉五铢钱，其中以宋钱居多。自上而下分别扎束成等腰三角形、长方形、菱形、圆形、方形和六边形等几何图案，十分精美，较为罕见。

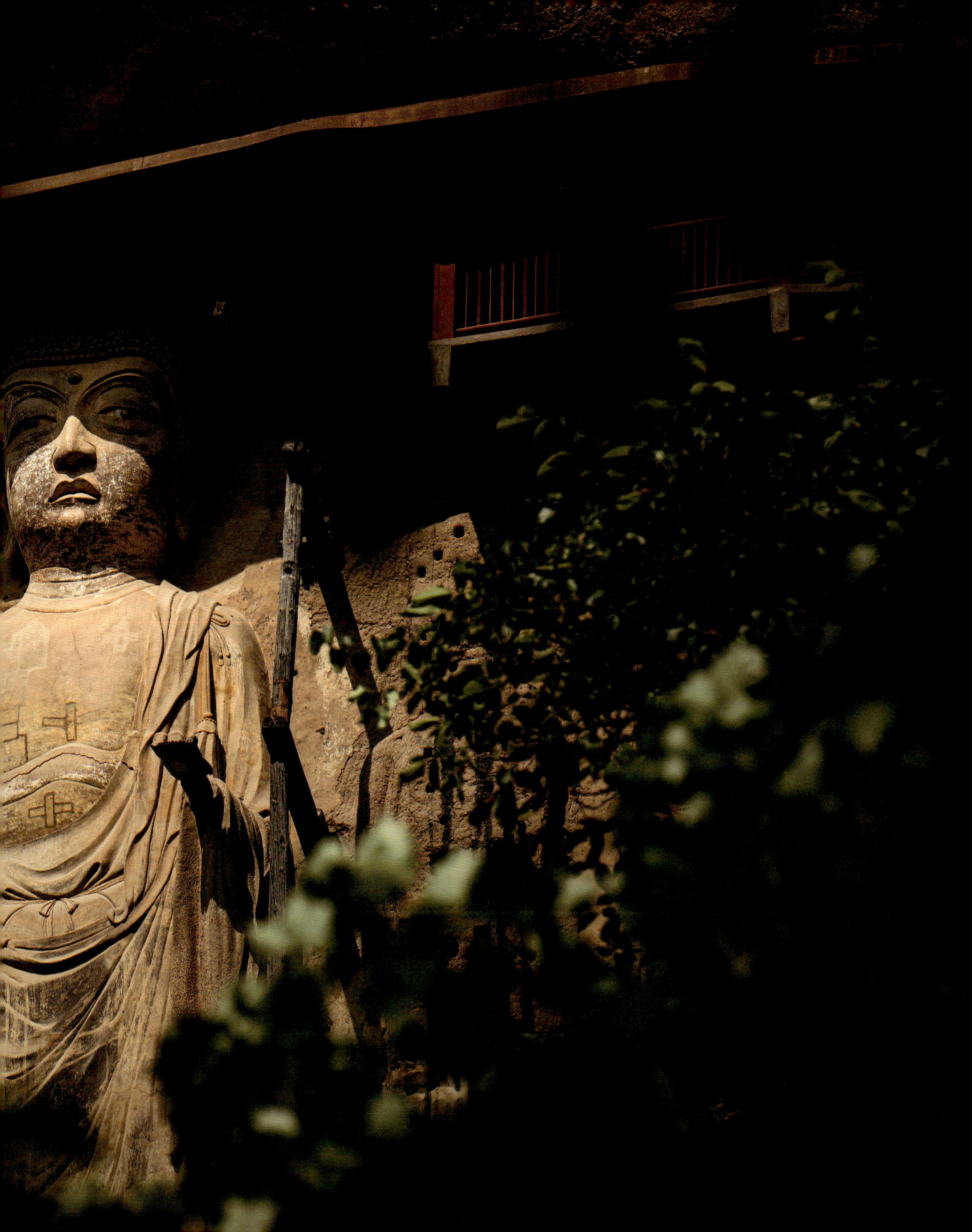

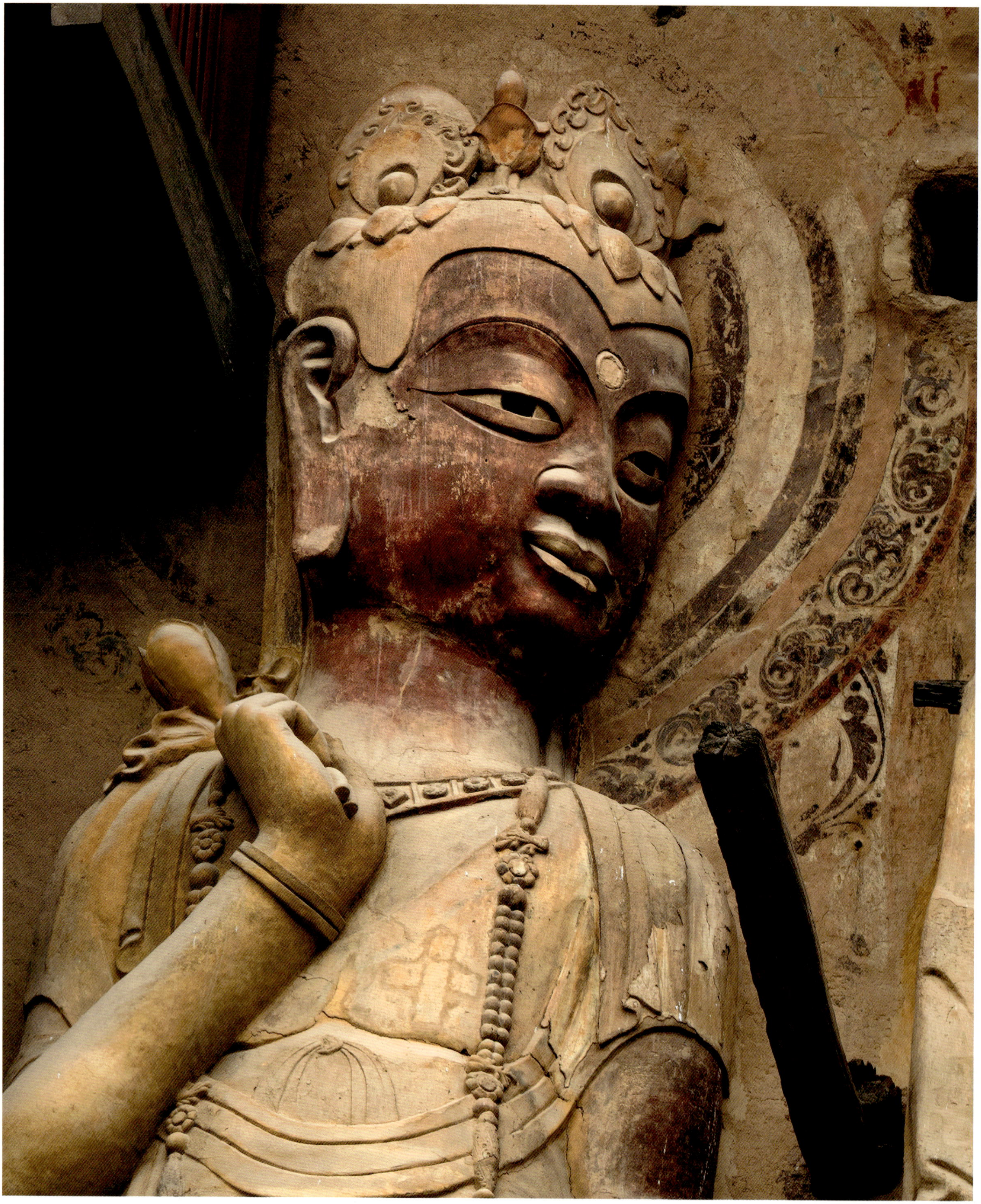

第098窟
右侧菩萨局部 宋

第098窟
大佛头部特写 宋

第043窟 西魏（五代、宋重修）

此窟位于东崖中区，开凿于西魏，是一座佛龛和墓窟相结合的大型单檐庑殿顶崖阁式窟。外观为仿木结构建筑，前檐三间四柱，檐柱内有廊。平脊两端处的平行线脚上翘并内弯成鸱尾形，是麦积山现存的9个北朝石雕崖阁建筑之一。窟通高6.10米、通面阔6.65米、通进深7.30米。窟内分为前廊及前、后室，前廊进深1.60米；前室为平面马蹄形穹窿顶，窟高3米、宽3.70米、进深2.30米；后室呈长方形，高1.80米、宽3.40米、进深3.40米，因其结构特殊，被断为是西魏皇后乙弗氏安厝的墓室。这座墓窟和佛龛相结合的大型单檐庑殿顶崖阁称"寂陵"，俗称"魏后墓"。第043窟开凿的时间，据《后妃列传》推断，应当为西魏大统六年，也就是公元540年。

现窟内前室后侧正中塑一倚坐弥勒佛，后壁上方高浮塑双龙椅背及两供养菩萨；左、右侧前方各塑一身胁侍菩萨；前廊左、右侧各塑一身力士；后室内左侧前方立一尊石雕倚坐佛像，左、右两侧各有一身弟子，穿袈裟、双手拢于腹前。此窟前室彩塑倚坐弥勒佛在造型风格上与133窟的释迦会子主佛造型样式相近，应是同时期所塑；二胁侍菩萨造型特别，保留着唐代丰满圆润的特点，身躯扭曲成"S"形站立，据说为五代所塑，其服饰与第004窟第6龛内罩门的盔甲菩萨形制相似。前廊两侧的金刚力士双目圆睁，袒露上身，肌肉结实，披帛飞扬，威武无比，是宋代雕塑中杰出的作品。

第043窟
正壁倚坐佛 宋

第043窟
正壁倚坐佛头部特写 宋

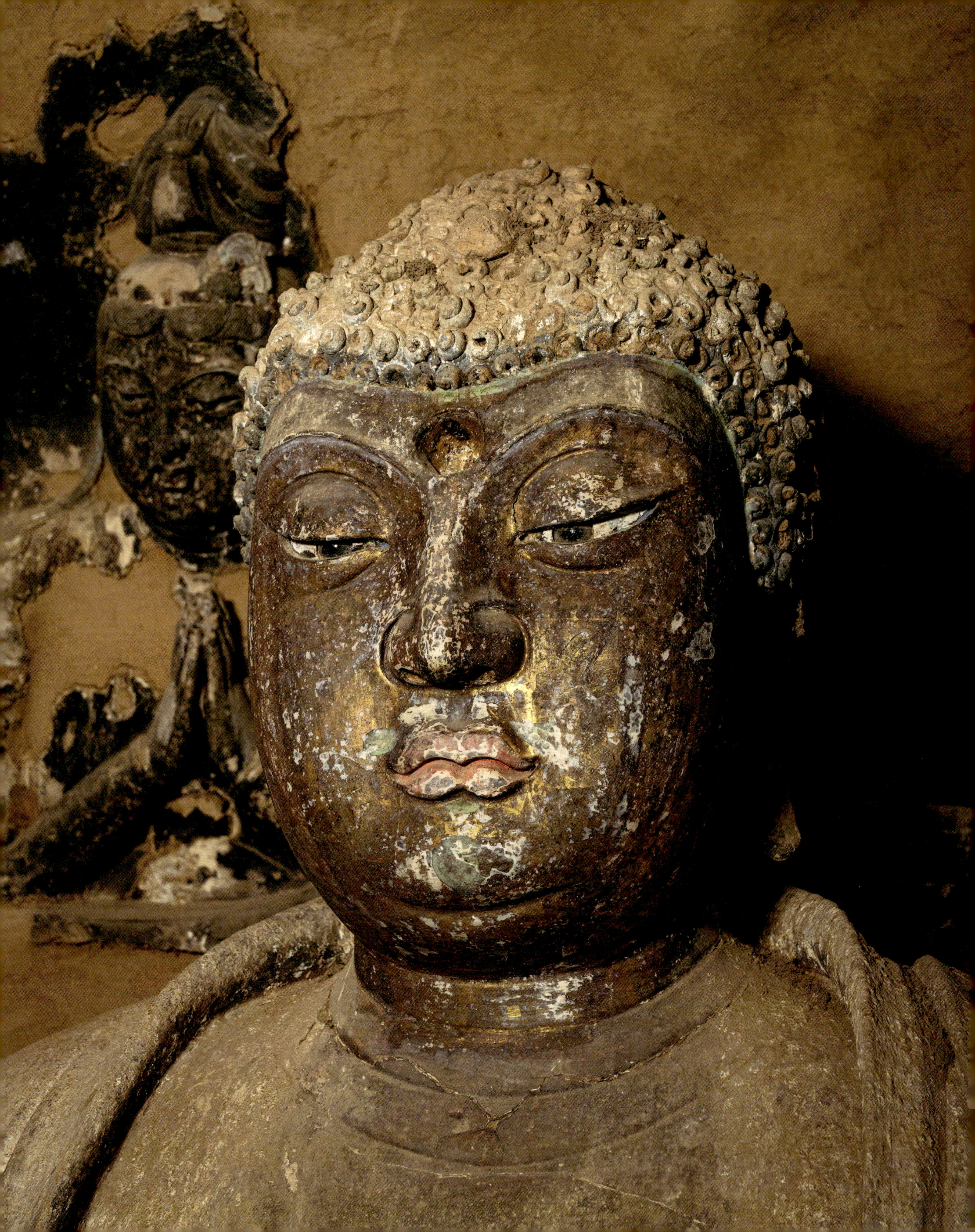

第 043 窟
正壁右侧胁侍菩萨 五代

第 043 窟
正壁右侧胁侍菩萨头部特写 五代

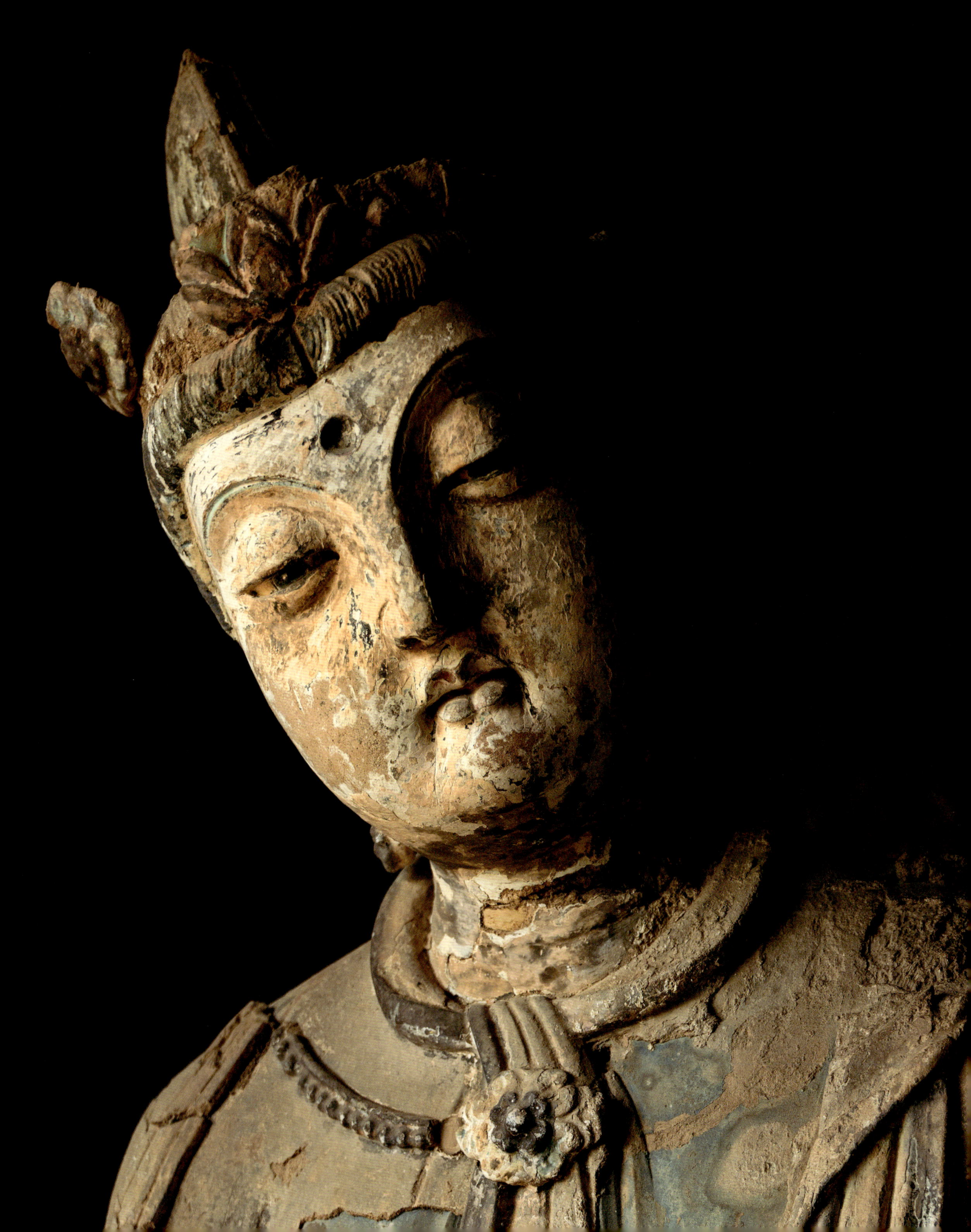

第 043 窟
正壁左侧胁侍菩萨 五代

第 043 窟
正壁左侧胁侍菩萨头部特写 五代

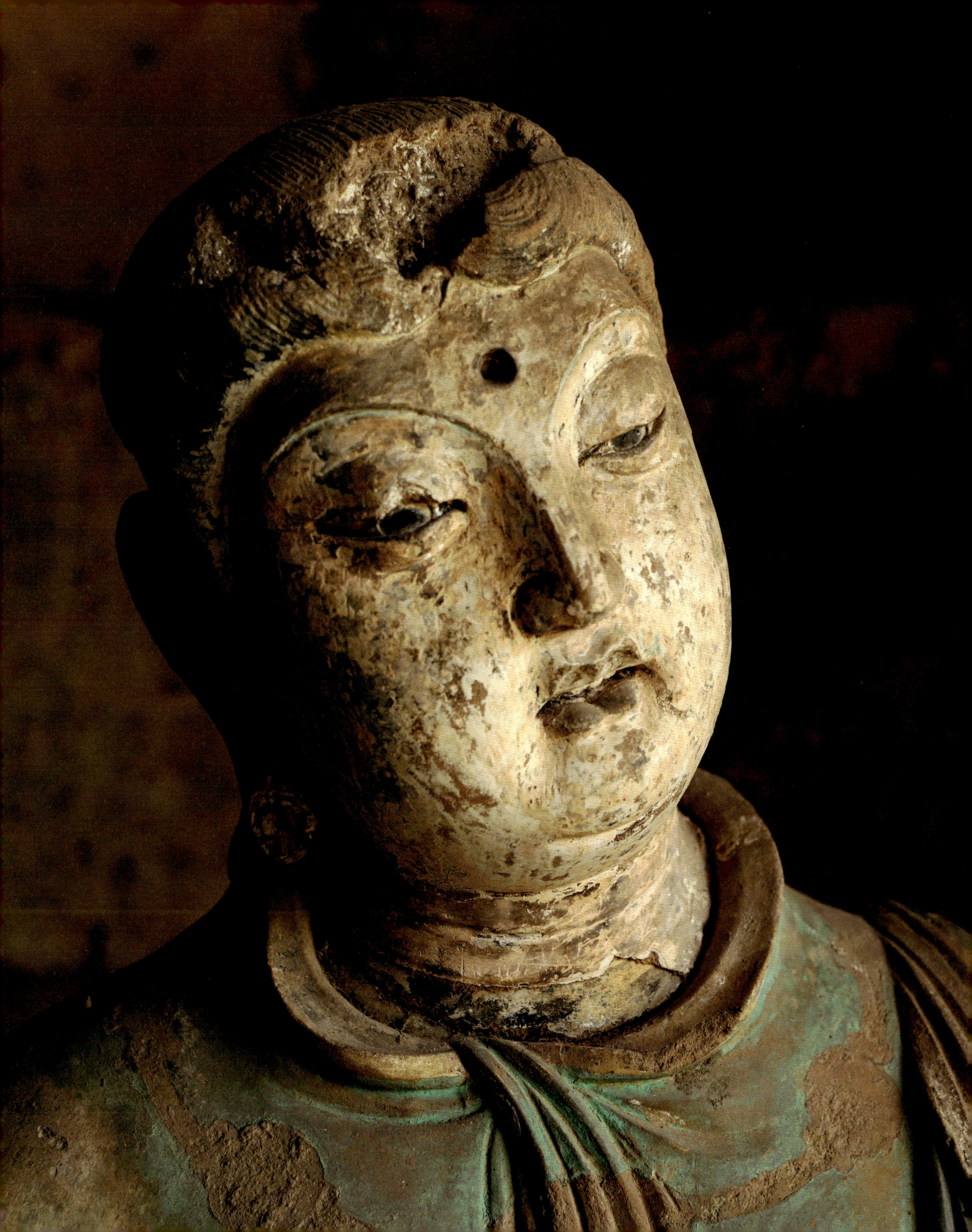

第043窟 正壁左侧浮雕龙及菩萨 五代

注：

龙女应该是五代时期的作品。龙椅上的二龙是西魏开窟造像时的原作。现存的龙椅背下部在迁葬时被破坏，从遗痕观察，它与前面后代重塑的高坛座上的佛没有直接的关系，或许可认为原龙椅上的造像，即现在位置的坐佛，是乙弗氏比丘尼的造像。皇后座背用龙装饰，符合中国传统文化理念。

内容引自项一峰《麦积山第43窟研究》。

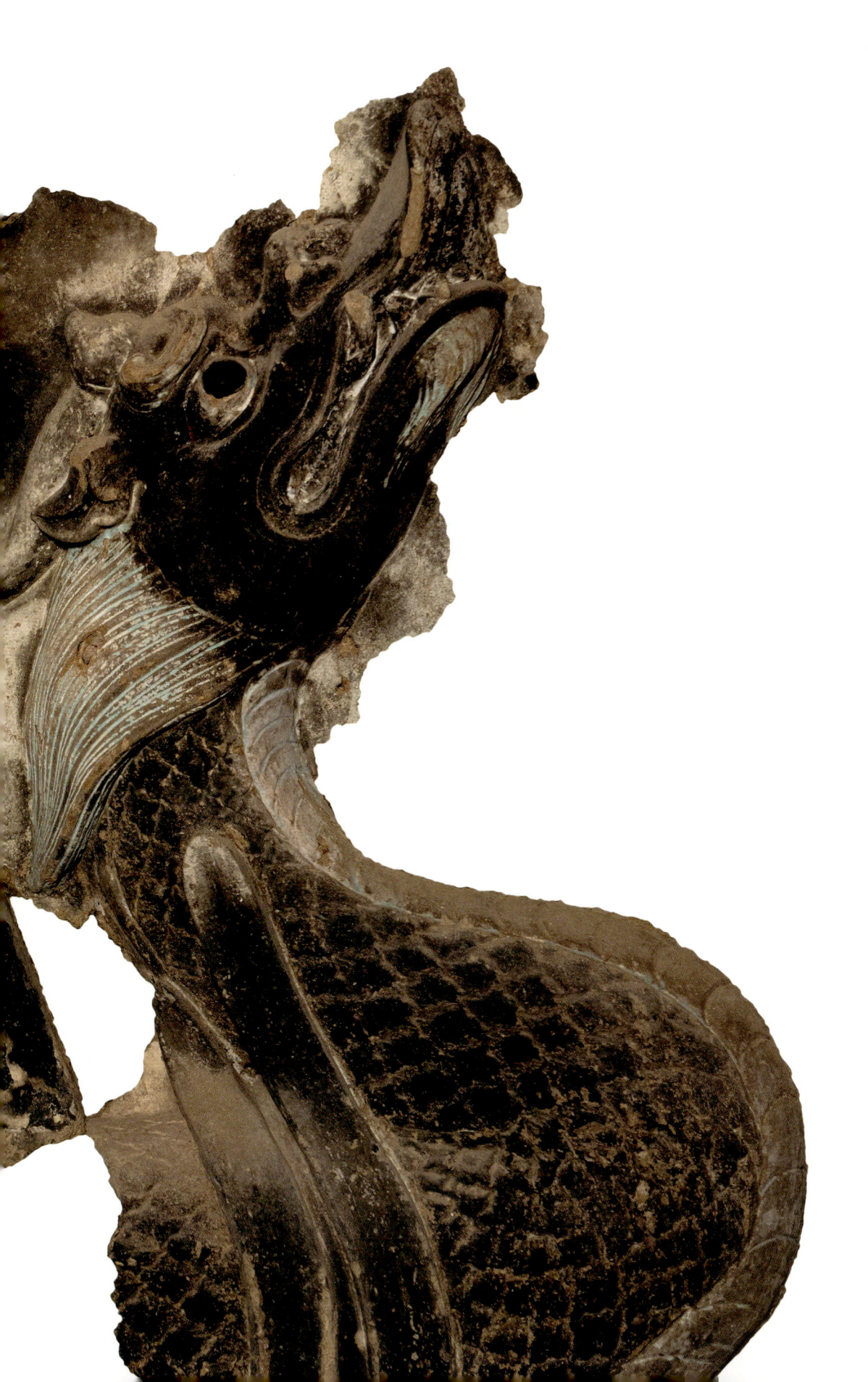

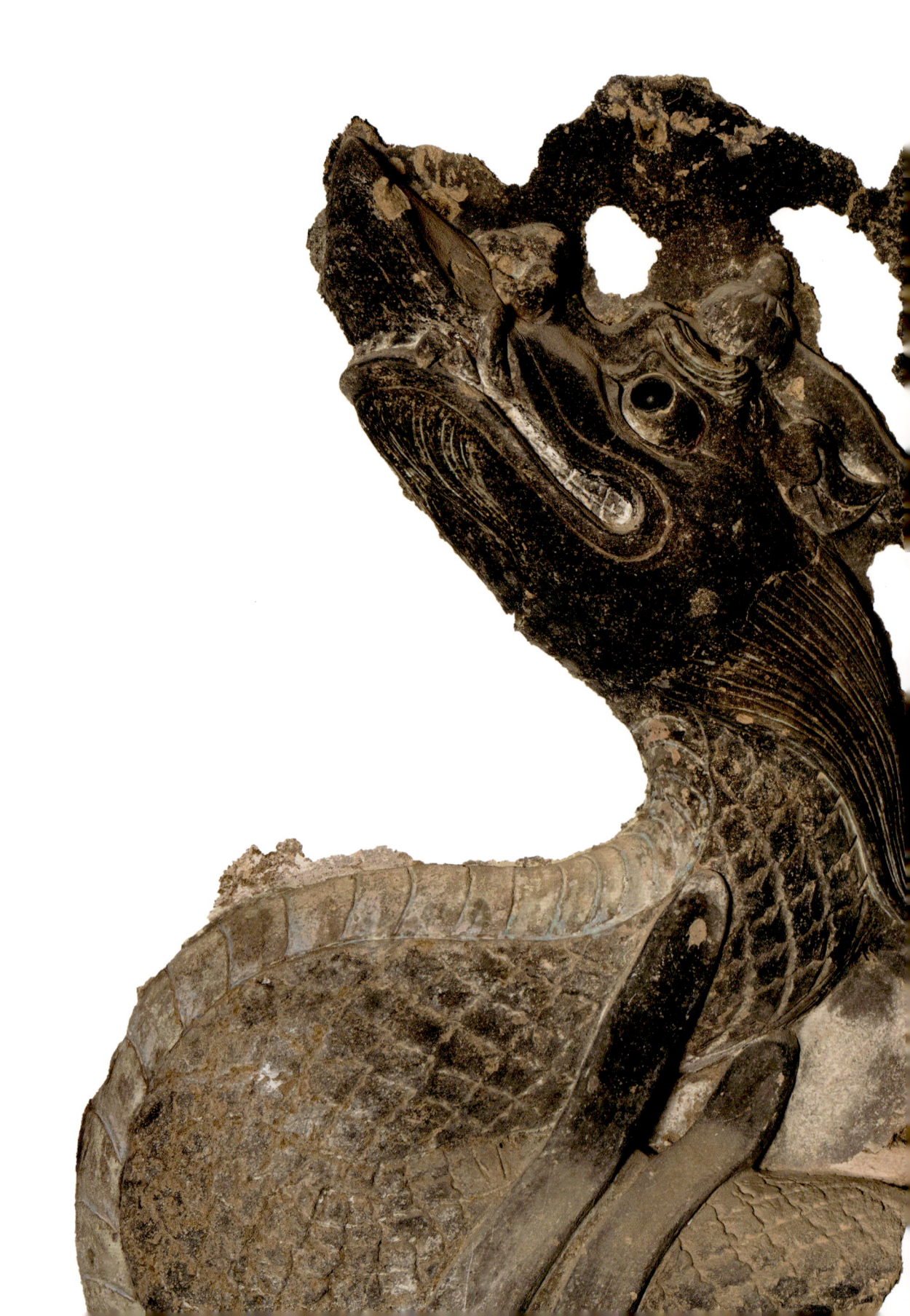

第 043 窟　正壁右侧浮雕龙及菩萨　五代

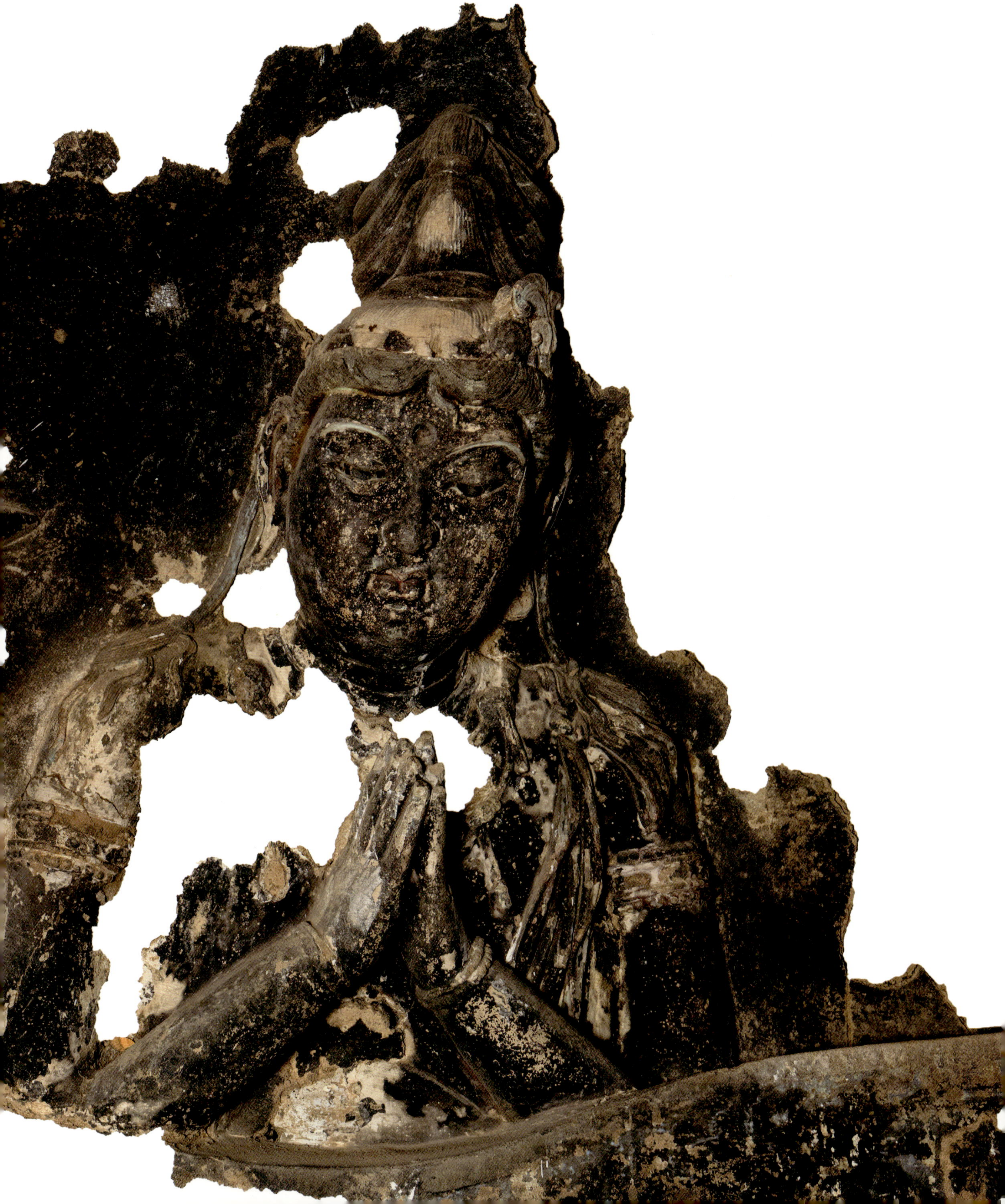

第 043 窟
前廊右侧力士 宋

第 043 窟
前廊右侧力士头部特写 宋

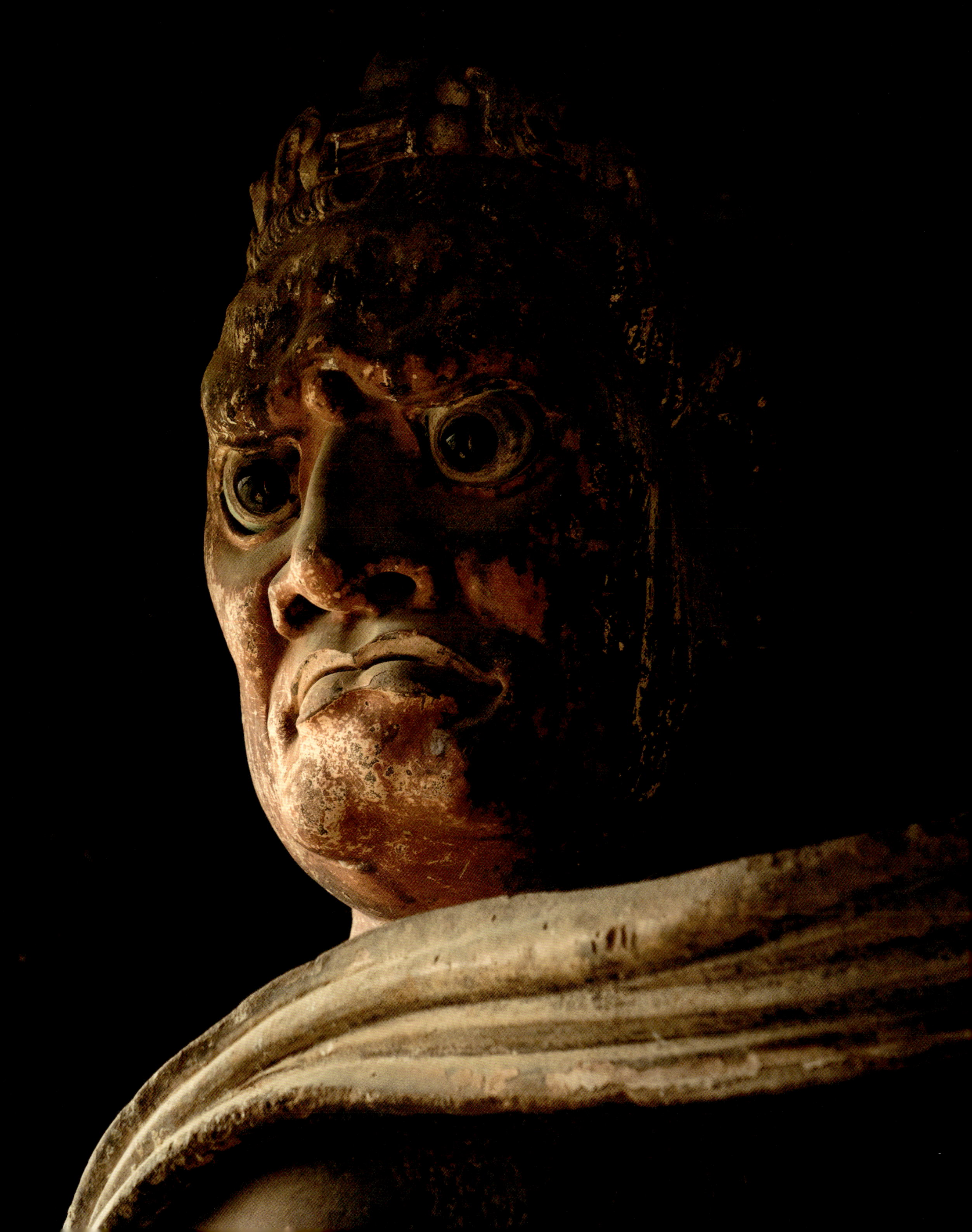

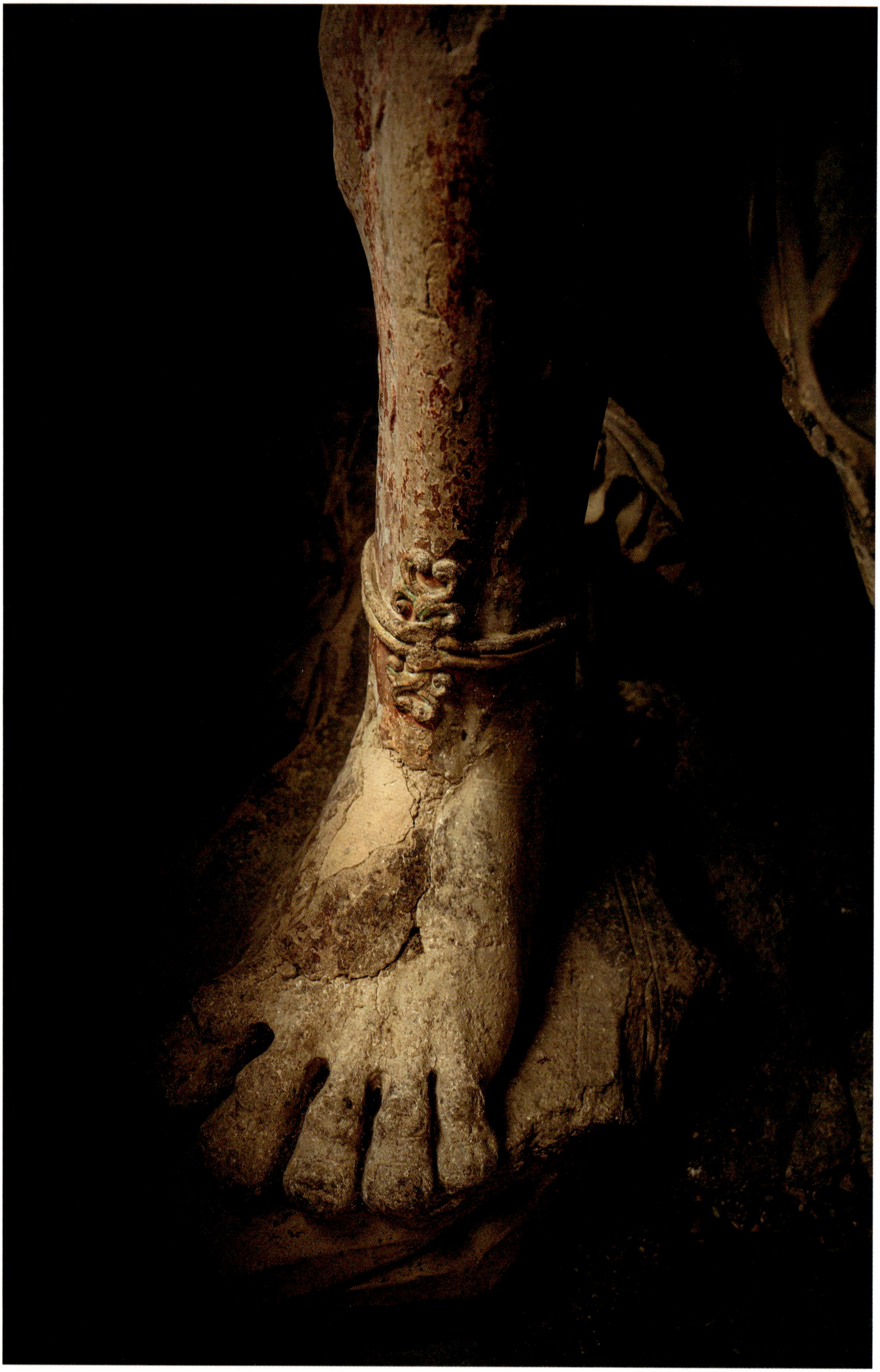

第043窟
前廊右侧力士局部 宋

第043窟
前廊左侧力士局部 宋

第043窟 前廊左侧力士头部特写 宋

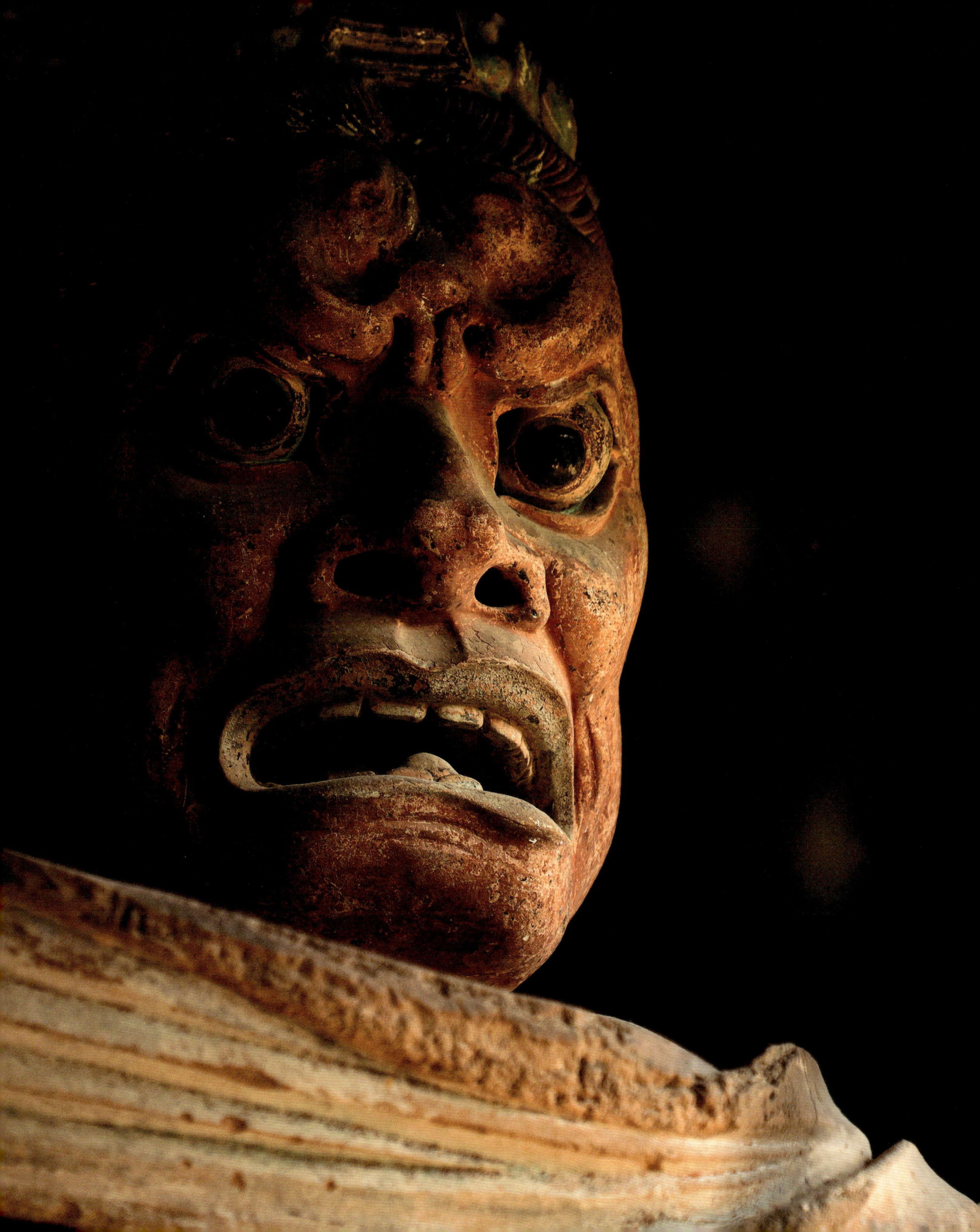

第009窟 北周（宋、明、清重修）

此窟位于东崖东端，千佛廊的下部，俗称"中七佛阁"。原为北周时期栈廊式崖阁，现有木构廊檐为1980年山体加固时重修。廊长约20米，正壁开圆拱形敞口大龛七个，每龛内塑坐佛一身、胁侍二身，共计造像19身，除第四龛为一佛二弟子外，其余均为一佛二菩萨。

七佛题材在北周盛行，七尊佛像均绘有背光，螺发高肉髻，脸型方圆，额间白毫相。袒胸挺腹，内着僧祇支，外着双领下垂袈裟。菩萨像均跣足立于圆形莲台上，束高髻，脸型长圆，弯眉细目，颈戴项链，形象端庄秀美，有的内着僧祇支，腰间系带，外着双领下垂袈裟；有的袒露上身，斜披络腋于腹前打结下垂。第四龛左侧弟子面容消瘦，老成持重，双手抱拳于胸前；右侧弟子脸型长圆，眉清目秀，双手合十。二弟子均内着僧祇支，外着双领下垂袈裟，立于台座上。此窟造像经宋代重塑、重修，具有明显的宋代特征，原作痕迹仅见于第三龛内佛座上露出的北周悬裳和部分龛上依稀可辨的北周龛楣彩绘。窟内壁画均为明清重新绘制或妆彩，第2、4、6龛的龛顶各有一只鸟翅人面的迦楼罗的形象；第4龛的佛像背光处有一身后长着翅膀的双头童子，也称共命鸟。此窟虽被后代改动，但规模可观。

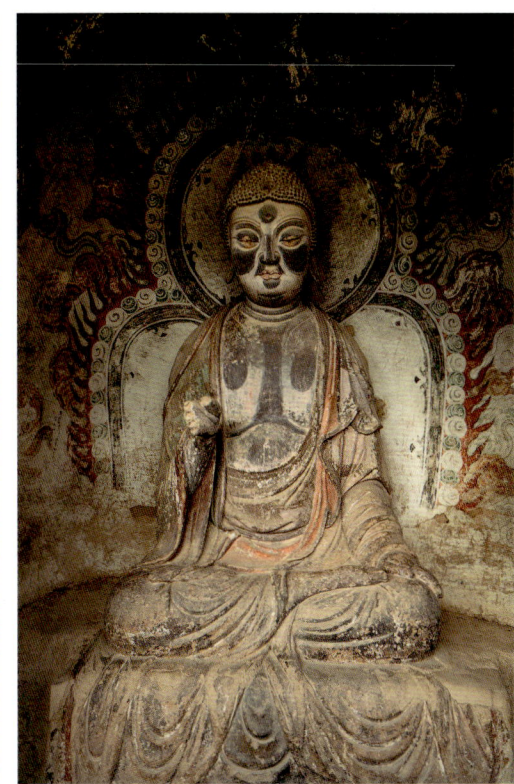

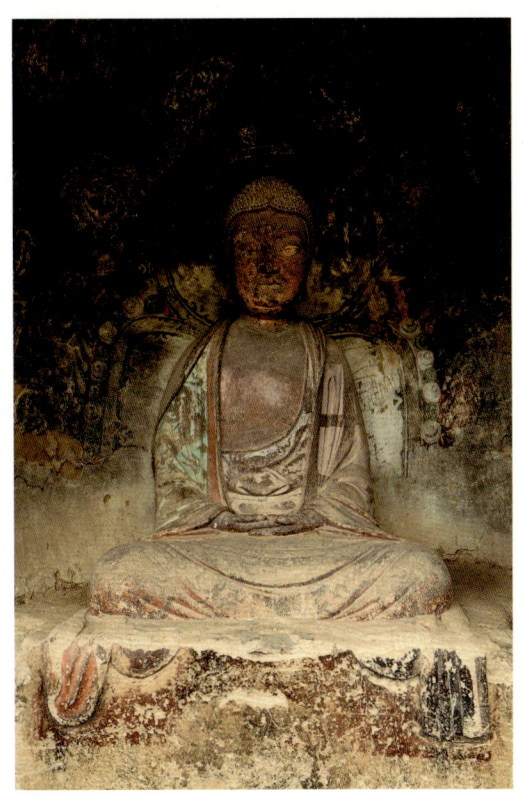

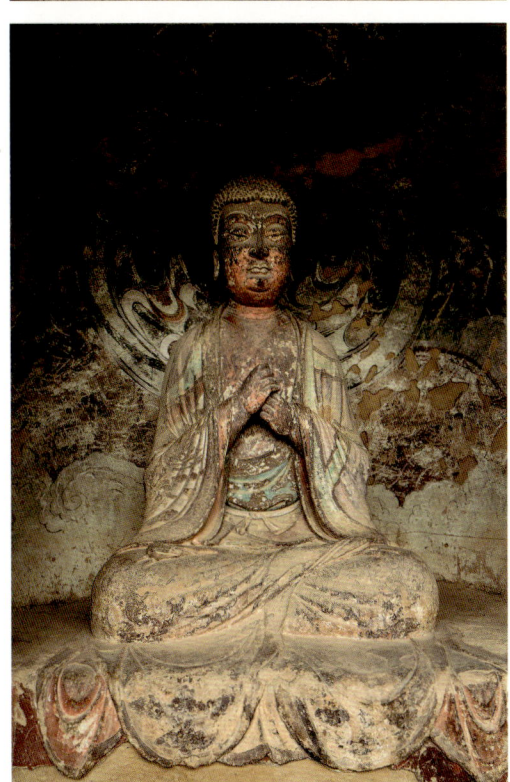

第009窟 七佛 宋

第 009 窟 5 号龛内正壁主佛头部特写 宋

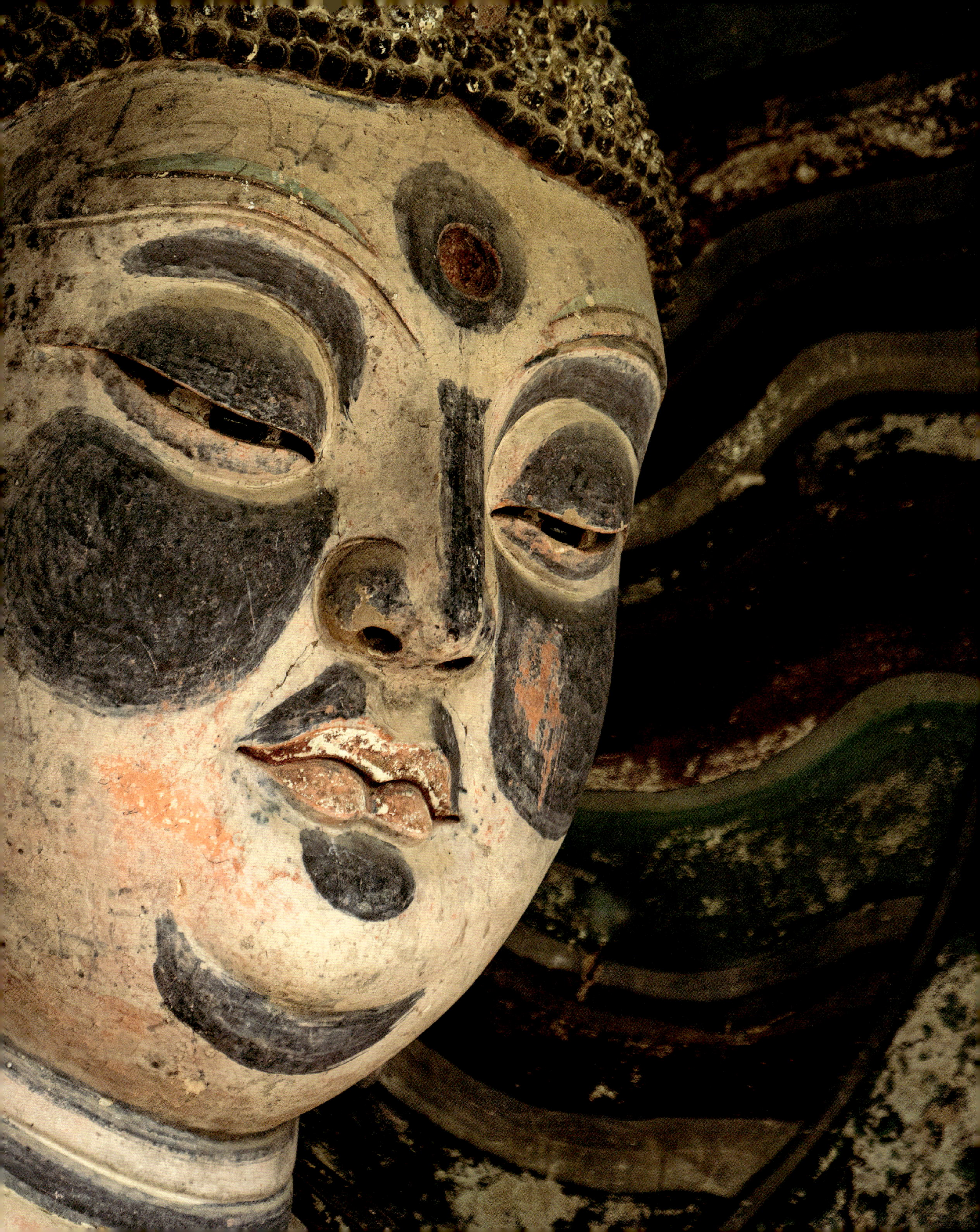

第 009 窟 全景 宋

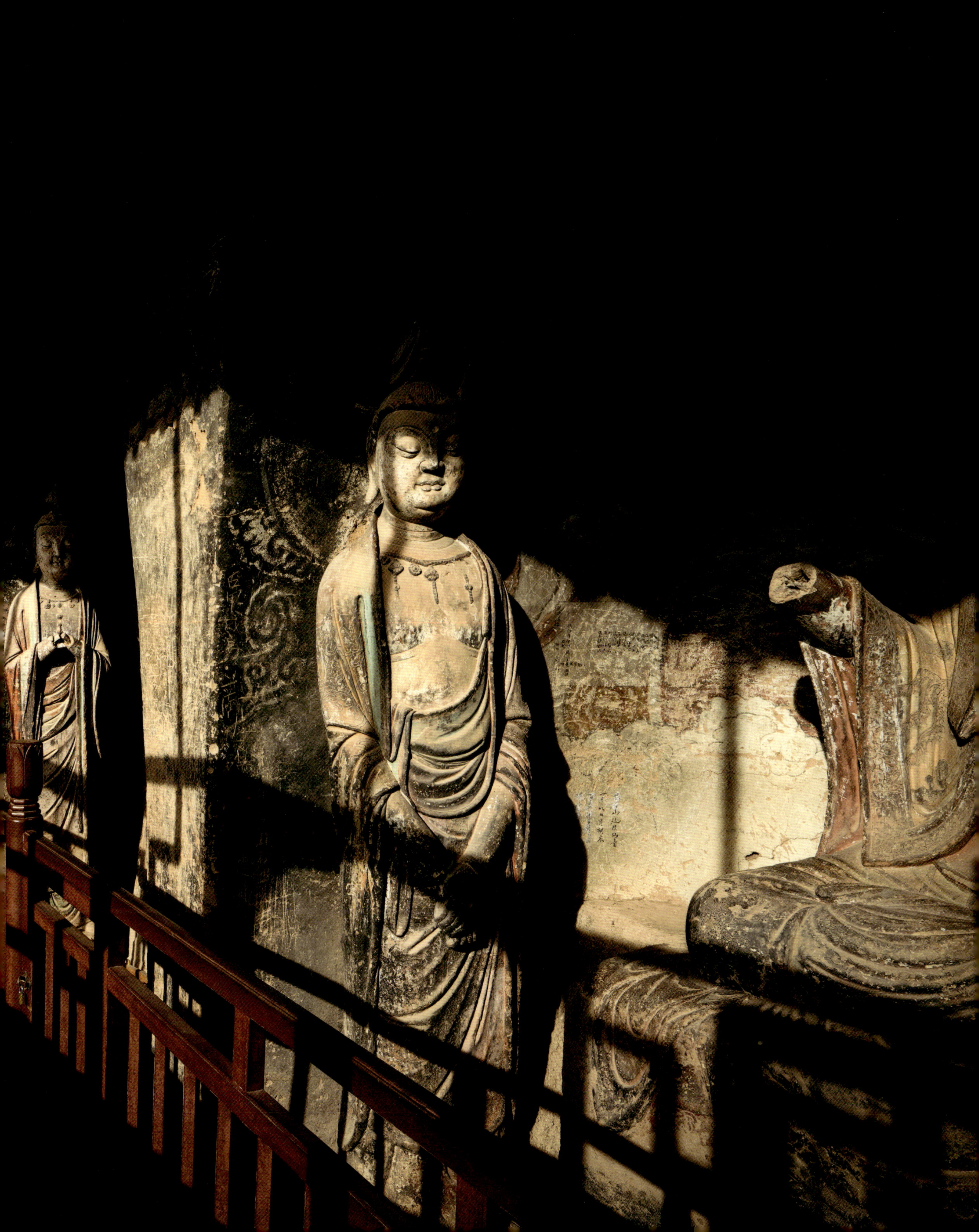

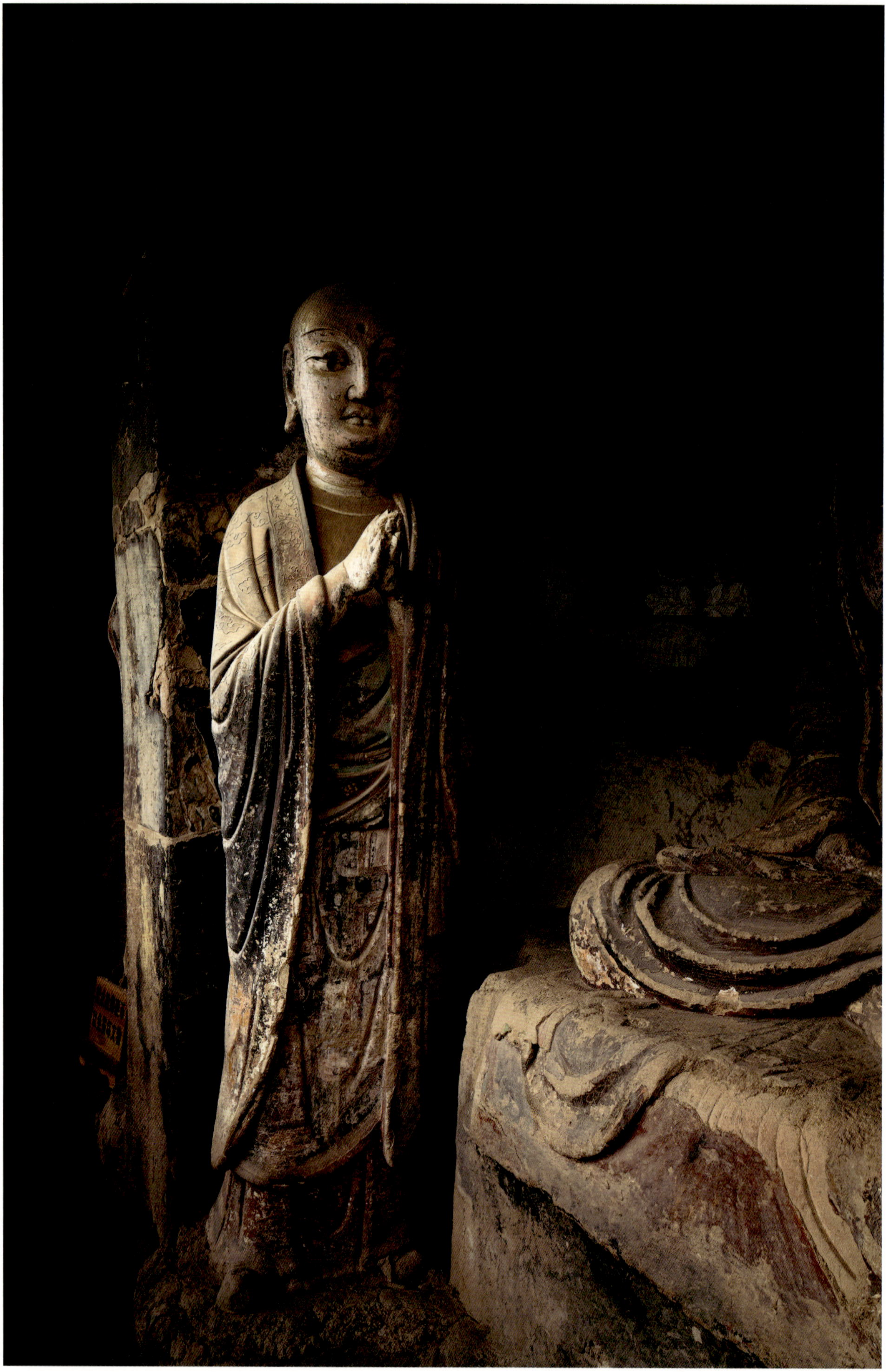

第 009 窟
4 号龛内右壁弟子 宋

第 009 窟
4 号龛内左壁弟子 宋

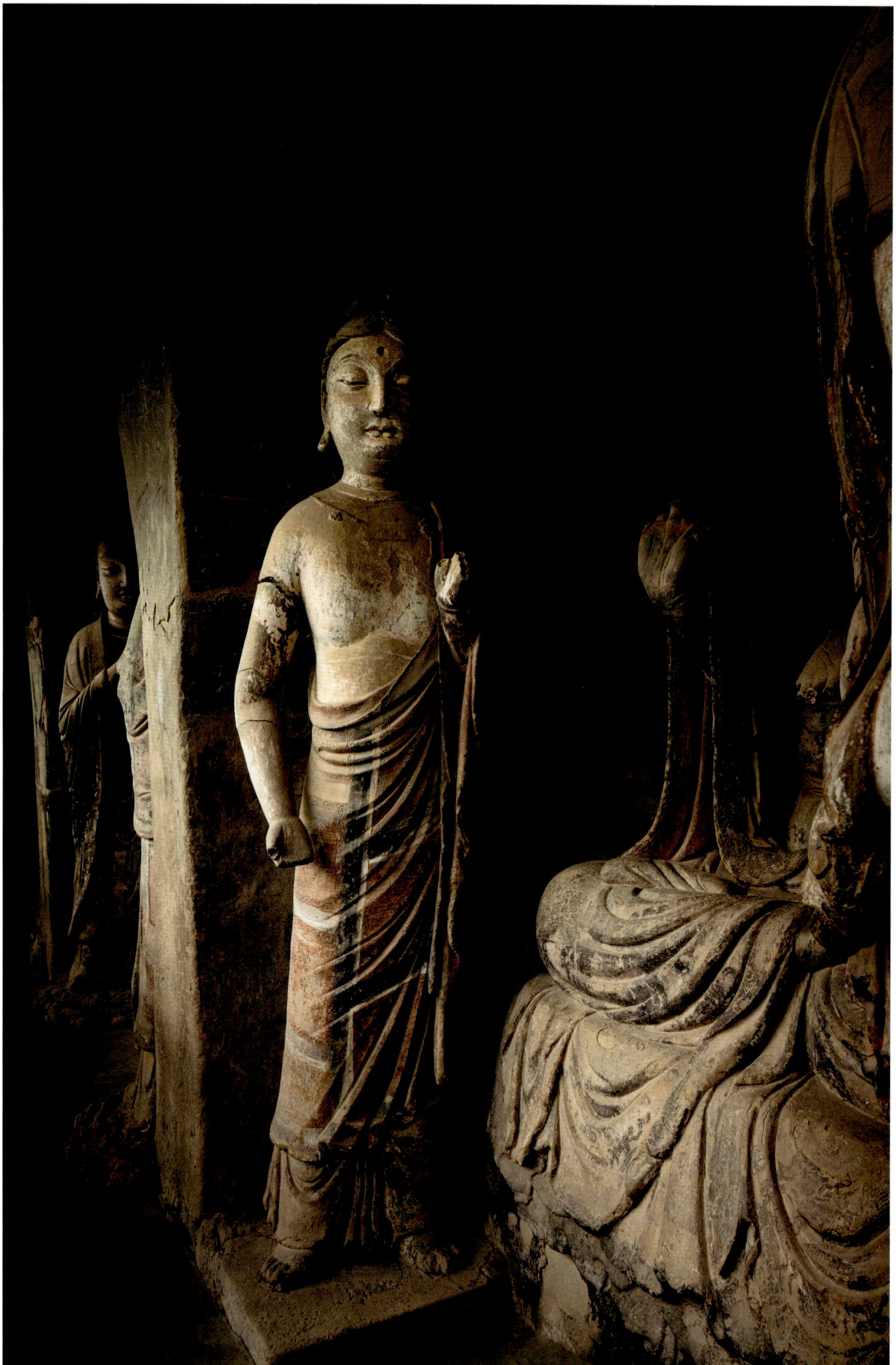

第 009 窟
3 号龛内右壁胁侍菩萨 宋

第 009 窟
3 号龛内左壁胁侍菩萨 宋

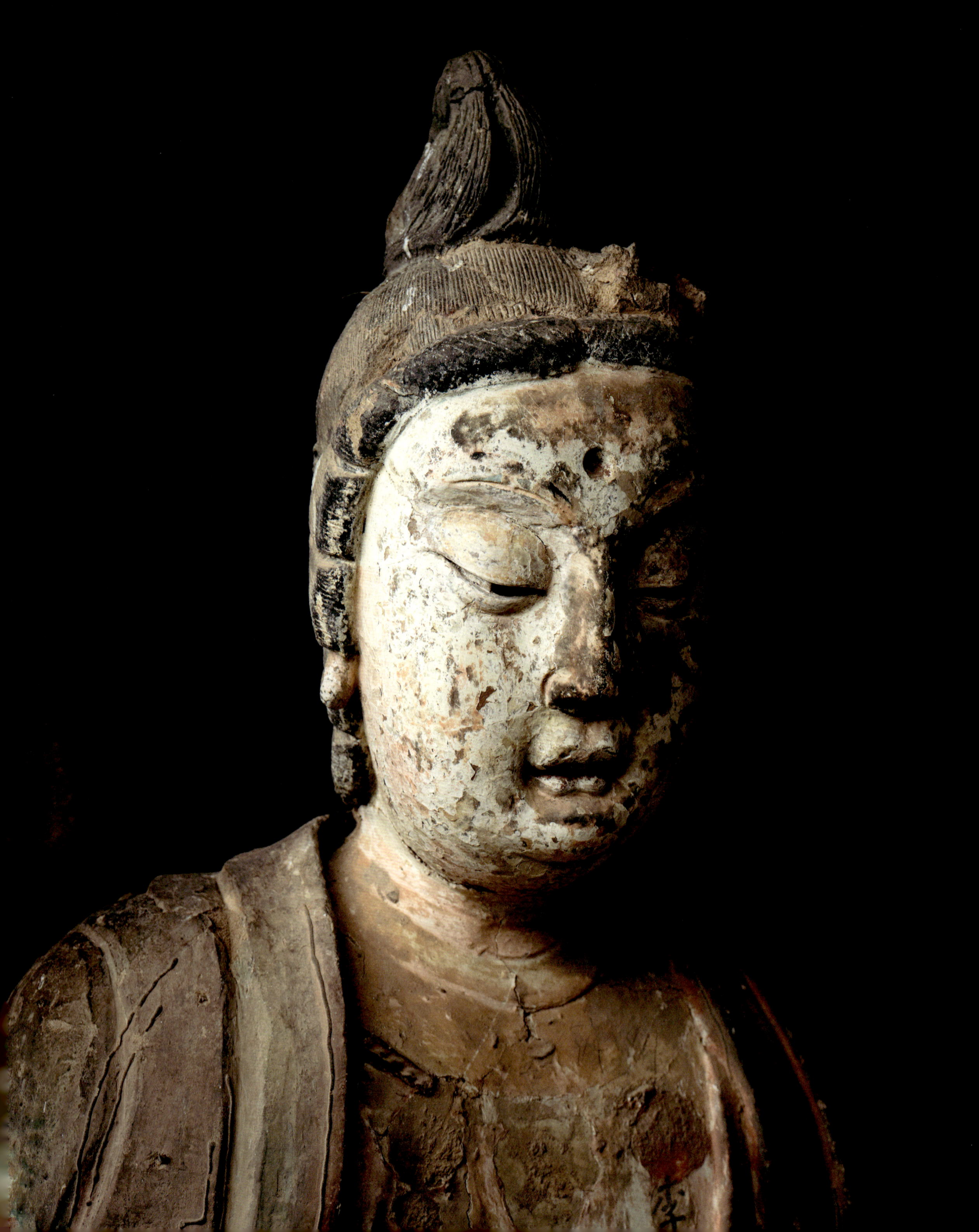

第 009 窟
7 号龛内右壁胁侍菩萨局部 宋

第 009 窟
7 号龛内右壁胁侍菩萨 宋

第030窟 北魏（宋、明、清重修）

此窟位于东崖下部，开凿于北魏，三间四柱单檐庑殿顶崖阁，前部为廊，窟内后壁并排开三个圆拱形龛，每龛高3.35米、宽3.45米、进深2.40米，龛内现存造像均为宋代重修，明、清重妆，三龛内各塑坐佛一身，左、右菩萨各三身。菩萨身高皆两米有余，高发髻，脸型长圆，细眉吊眼，四瓣小嘴，胸前佩项链，内着僧祇支，外着双领下垂袈裟。此窟与第028、029窟合称下"七佛阁"。

第 030 窟
2 号龛内右壁菩萨 宋

第 030 窟
2 号龛内左壁菩萨 宋

第015窟　北周（宋、明重修）

此窟位于东崖西侧中部，洞窟前部因历史上各次地震而塌毁，平面横长方形，人字披顶窟，高4.38米、宽6.20米、进深5.52米。该窟原为北周洞窟，原有造像已无存。宋代在窟内正、左、右三壁各塑一坐佛。明代在正壁坐佛左、右各塑一佛。左壁外侧近门处刻有宋代题记："宋国李琦许无仲□高□(成)章以□圣四年闰二月七日同拜"。

第015窟 窟内全景

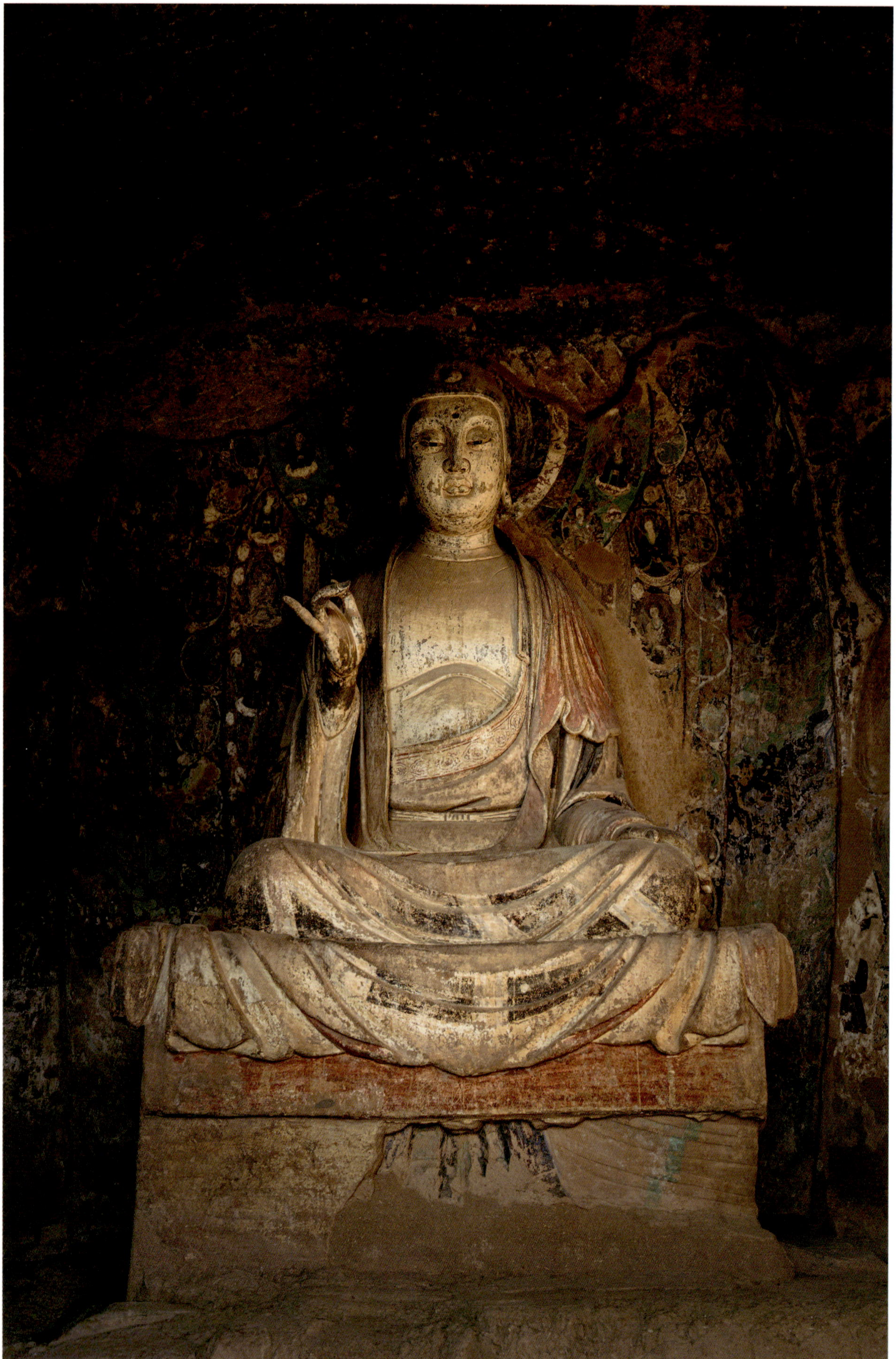

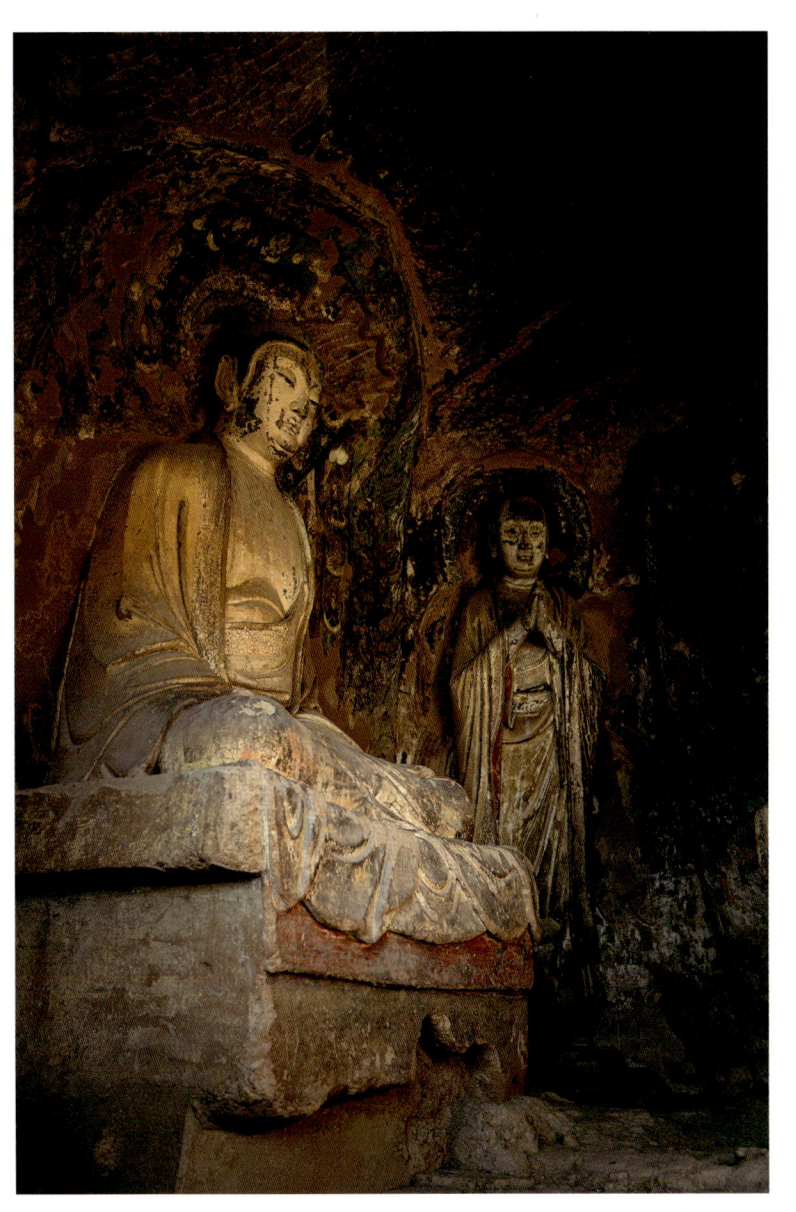

第 090 窟
正壁坐佛 宋

第 090 窟
右壁坐佛及正壁右侧弟子 宋

第 090 窟
左壁坐佛及正壁左侧弟子 宋

第090窟 北魏（宋重修）

此窟位于西崖中部，窟前缘部分略残毁，平面方形，敞口平拱顶窟，高3.30米、宽3.68米、残进深3.10米。此窟是麦积山早期洞窟之一，原有塑像已无存。现存正、左、右三壁正中台座上各一坐佛，正壁坐佛两侧各一弟子，共计5身，均为宋代重塑。正壁主佛高1.56米。低肉髻，额间有肉髻珠，脸部圆润；内着僧祇支，腹部系带，外着双领下垂袈裟；左臂自然前伸，手置于左膝上；右臂屈肘向上，手于肩前施说法印；结跏趺坐于台座上。在台座前方靠下部可见早期造像的袈裟残迹。佛身后绘圆形项光及莲瓣形背光。左、右壁坐佛均施禅定印。正壁左侧弟子高1.75米。面相苍老，内着交领衣，外着双领下垂袈裟，双手于胸前合握，足穿云头履立于双层仰覆莲台上。右侧弟子高1.78米。青年面相，内着僧祇支，外着双领下垂袈裟，双手合十置于胸前，足穿云头履立于双层仰覆莲台上。两弟子身后两侧可见早期菩萨残存的宝缯、帔帛等痕迹。整体造像反映出宋代造像的世俗化特征。

第090窟
正壁右侧弟子 宋

第090窟
正壁左侧弟子 宋

第090窟
左壁坐佛头部特写 宋

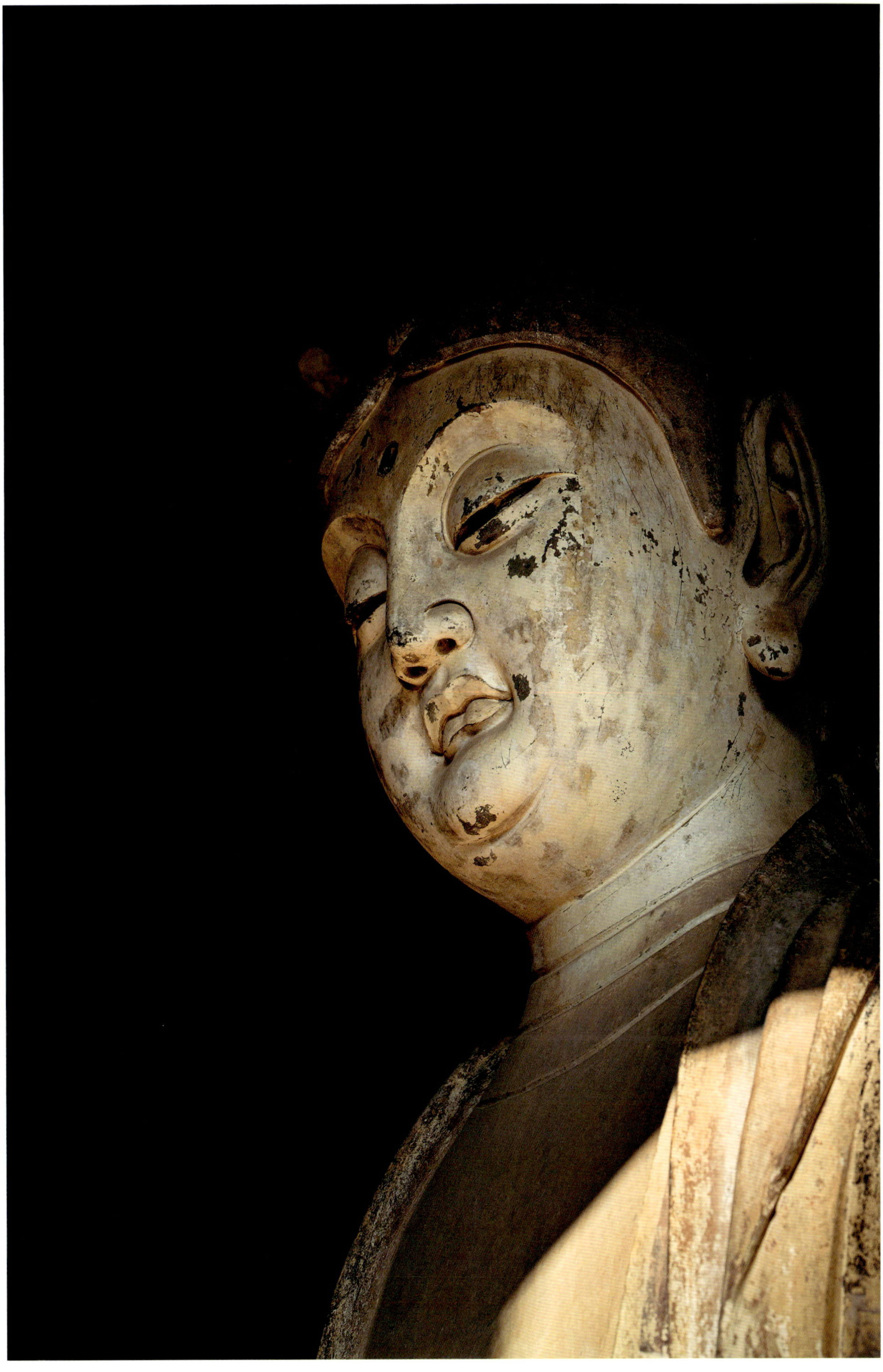

第058窟 宋

此窟位于西崖东下部，平面圆拱形敞口龛，高2.45米、宽1.80米、进深1.45米。窟内现存一水月观音及一侍从，是麦积山石窟唯一一处以水月观音为题材的洞窟。水月观音高1.39米。顶束高发髻，戴花冠，花冠上系宝缯，缯带垂于双肩，面部长圆丰满，眉间有白毫相，双眼俯视；颈戴项圈，双腕戴镯；上身着僧祇支，披帛带覆盖双肩下垂于腹前缠绕两圈后垂于双腿外侧，下系长裙，衣着上有沥粉堆积的花卉、祥云纹饰；菩萨自在坐于台座上圆角长方形的坐垫上。右壁男性胁侍供养人高0.95米。头戴六梁冠，面容清秀，内着交领窄袖衣，外着交领长袍，足穿云头履立于坛基上。

第058窟
窟内全景 宋

第058窟
水月观音头部特写 宋

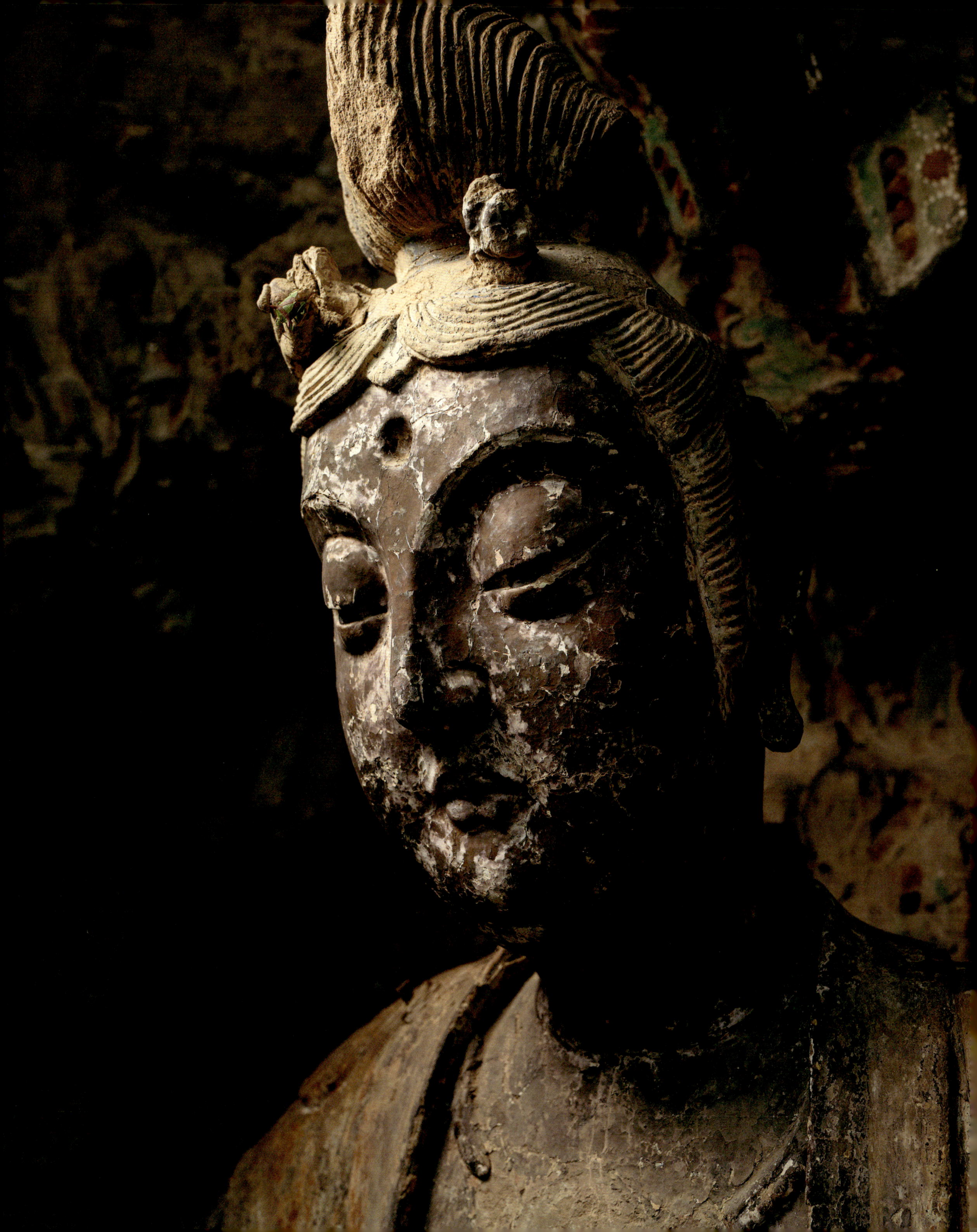

第191窟 西魏（宋重修）

此龛位于西崖下部西端，现游客出口处上方，为一铺摩崖造像，窟高5.60米、宽6.01米、进深1.05米。此龛开凿于西魏，现存造像多为宋代重修和增塑。龛中内容丰富，题材多样，既有庄重的佛陀，又有虔诚的弟子和温婉的菩萨，还有威武的护法神和凶猛的双狮。上部居中开一龛，龛内塑倚坐佛一尊，表情肃穆慈祥，右侧弟子头向外微侧，跣足而立，左侧残失。龛外两侧悬塑交脚菩萨各一身，姿态优美而高雅。龛下塑化生金刚，脸型圆润，表情凶悍，上身似从大莲花中生出，双手托举佛龛，双翅向左右伸展，化作莲花枝叶，翼端莲花成为承托龛侧交脚菩萨的莲台，构思巧妙，难得一见。在龛的下部塑有两身蹲狮，鬃毛卷曲，左侧蹲狮侧首前视，右侧蹲狮昂首仰视，尾巴上扬，雄武而不失可爱。

第 191 窟
龛内倚坐佛 宋

第 191 窟
龛内右侧胁侍弟子 宋

第 191 窟
龛外右侧交脚菩萨 宋

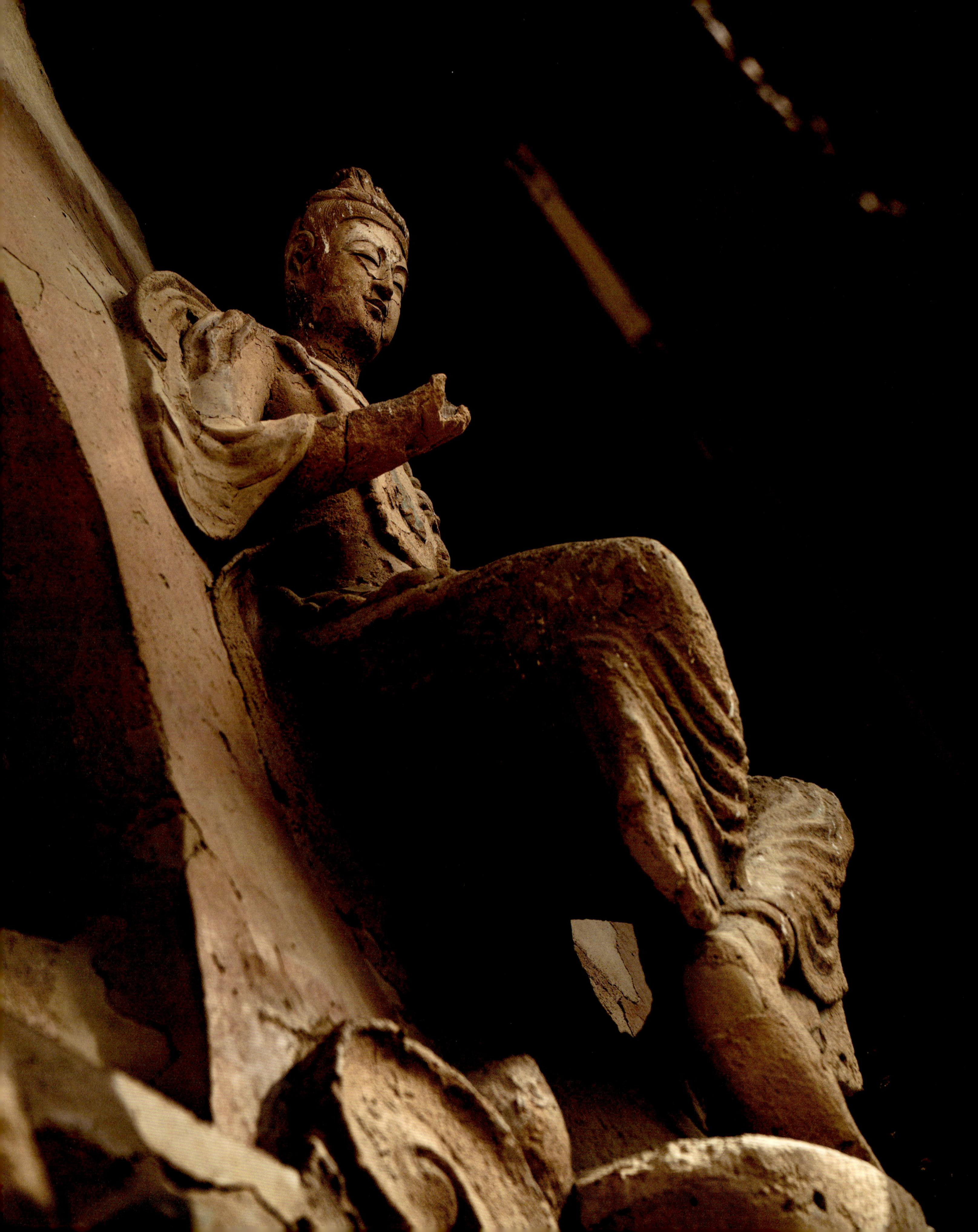

第191窟
龛外左侧交脚菩萨 宋

第191窟
龛外左侧交脚菩萨局部 宋

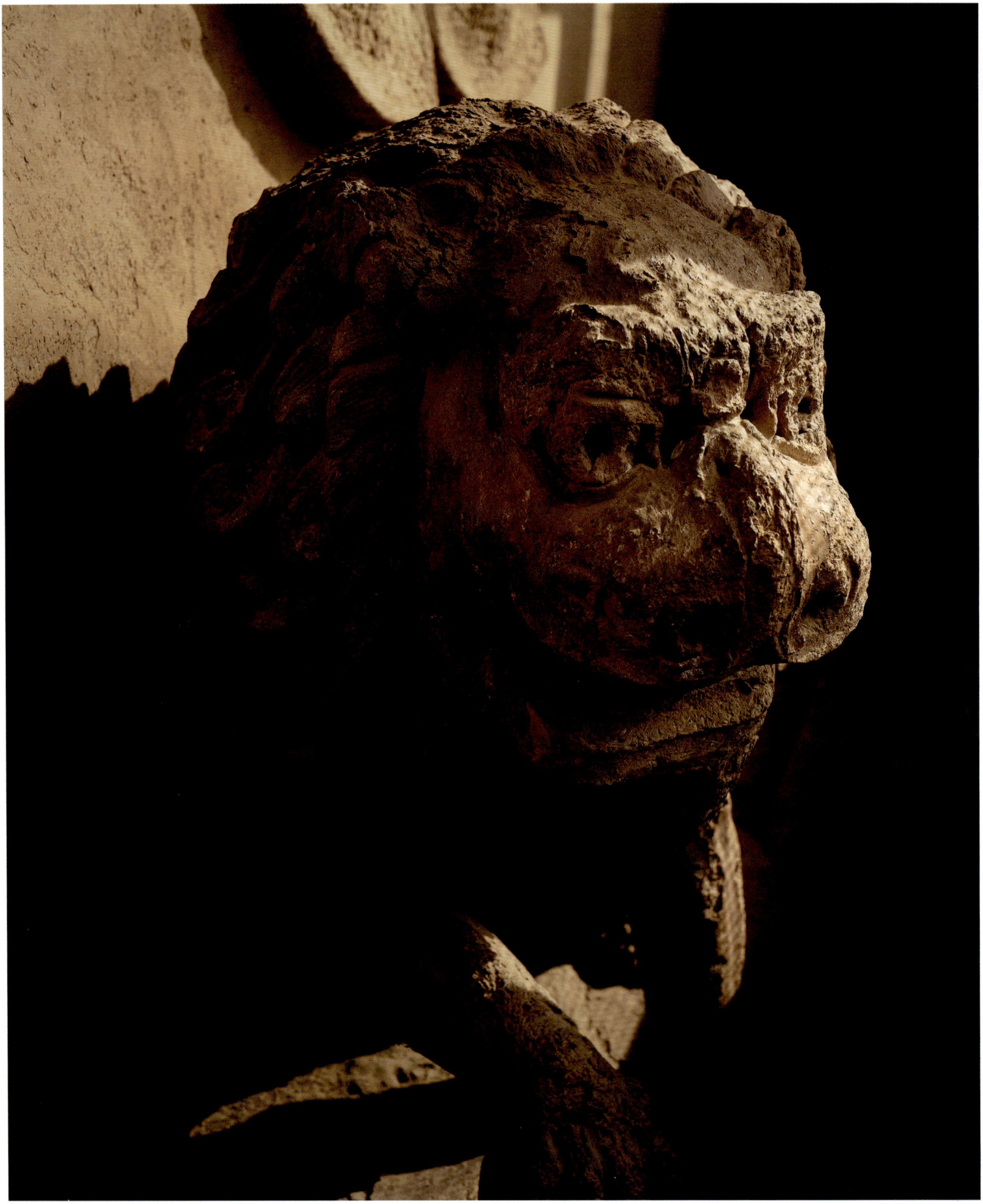

第 191 窟
龛左下侧蹲狮　宋

第 191 窟
龛下侧化生金刚头部特写　宋

第048窟 北周（元重修）

此窟位于东崖中区下方，北周开窟，元重修。浅廊式崖阁，窟高2.28米、宽3.20米、进深0.60米。原为一对并列的双龛，窟前部塌毁。二龛均为平面马蹄形穹窿顶，右龛高1.23米、宽1.02米、进深1.19米。左龛高1.06米、宽1.05米、进深1.23米。两龛外两侧塑有龛柱，上有火焰宝珠莲花柱头，下有覆莲柱础。龛内原作已无存。现左侧龛内塑四臂观音，高0.41米。束宝塔式发髻，上身袒露，肩阔膀圆，前双臂双手合十，手已残；后双臂屈肘向外向上。下着长裙，结跏趺坐于莲台上。右侧龛内塑坐佛，高0.47米。磨光高肉髻，脸型扁圆，双颊丰润，肩阔膀圆，着袒右袈裟，结跏趺坐于莲台上。两佛身后均有背光。两龛外侧尚存力士二身，应为北周作品。两龛之间力士高1.04米。发呈火焰状，怒目圆睁、唇齿外露、獠牙凶煞；颈部筋骨分明，呈倒三角形；凸胸鼓腹，穿外翻边短裙，跣足立于山形座上。正壁右侧力士高1.10米。高发髻，脸型长方，凸眼、高眉骨、颧骨，腮内陷，下唇包上唇，下颌上翘；上身袒露，鼓腹，通体肌肉健硕，左残臂置于腹前，右手握拳屈肘侧身举过头顶；下着过膝长裙，跣足立于山形座上。

第 048 窟
右侧龛内坐佛 元

第 408 窟
左侧龛内四臂观音 元

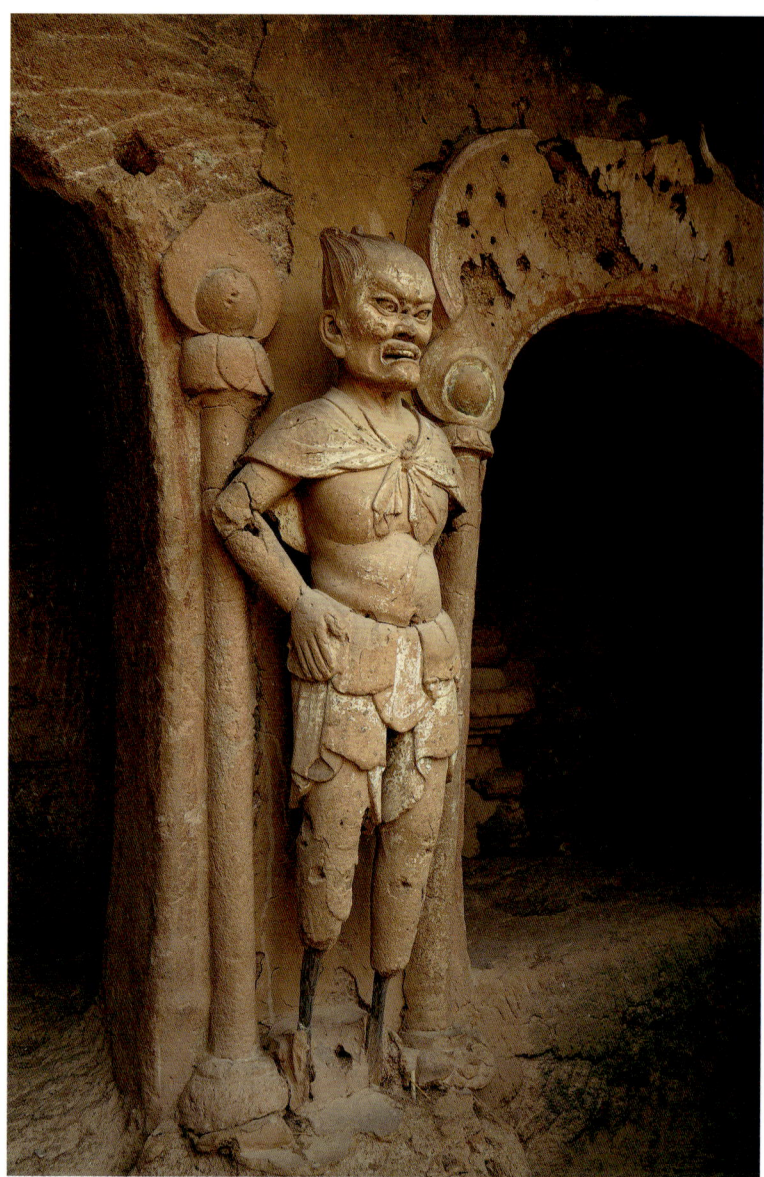

第 048 窟
龛外右侧力士 北周

第 048 窟
两龛中间力士 北周

第 048 窟
两龛中间力士头部特写 北周

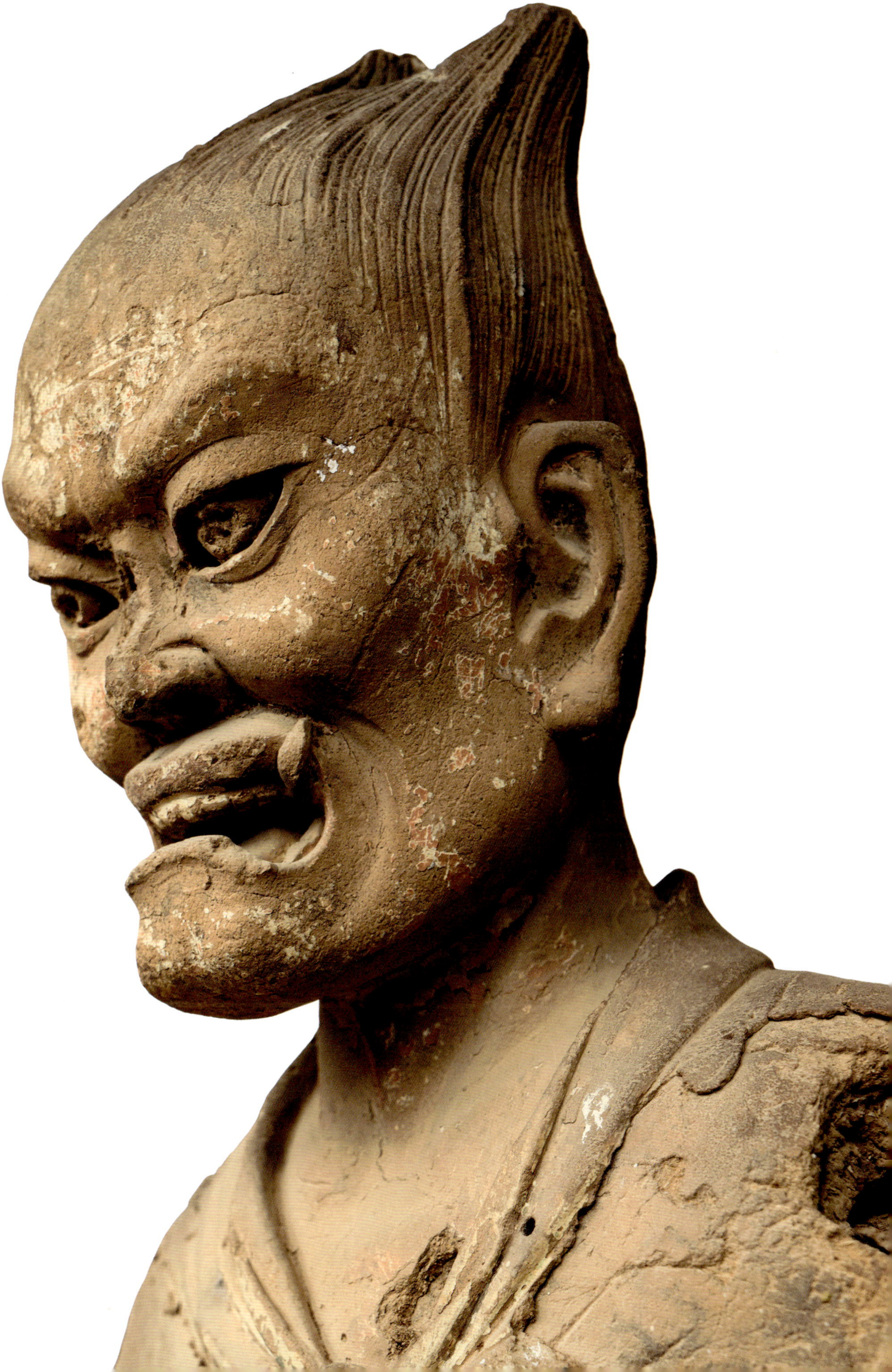

第025窟 隋（明重修）

此窟位于东崖中区，隋代开窟，明重修。平面马蹄形大型摩崖圆拱龛，龛前部已塌毁，仅存后半部，高4.60米、宽3.72米、残进深1.56米。龛内塑菩萨一尊，高2.97米，是明代作品中较大的一尊。菩萨头戴化佛冠，上饰摩尼宝珠，长发披肩，宝缯于双耳上方打结并于两肩堆叠后垂下；脸型方圆，宽额，眉间白毫相；袒上身，颈佩串珠璎珞垂于胸前，帛带自双臂垂下后搭于左右前臂上；下着裙，于腰部系带，裙沿呈折叠状直立至胸际，结跏趺坐于"工"字形壶门须弥座上。须弥座左侧有明天启七年（1627）题记。

第025窟
正壁菩萨局部　明

第025窟
正壁菩萨头部特写　明

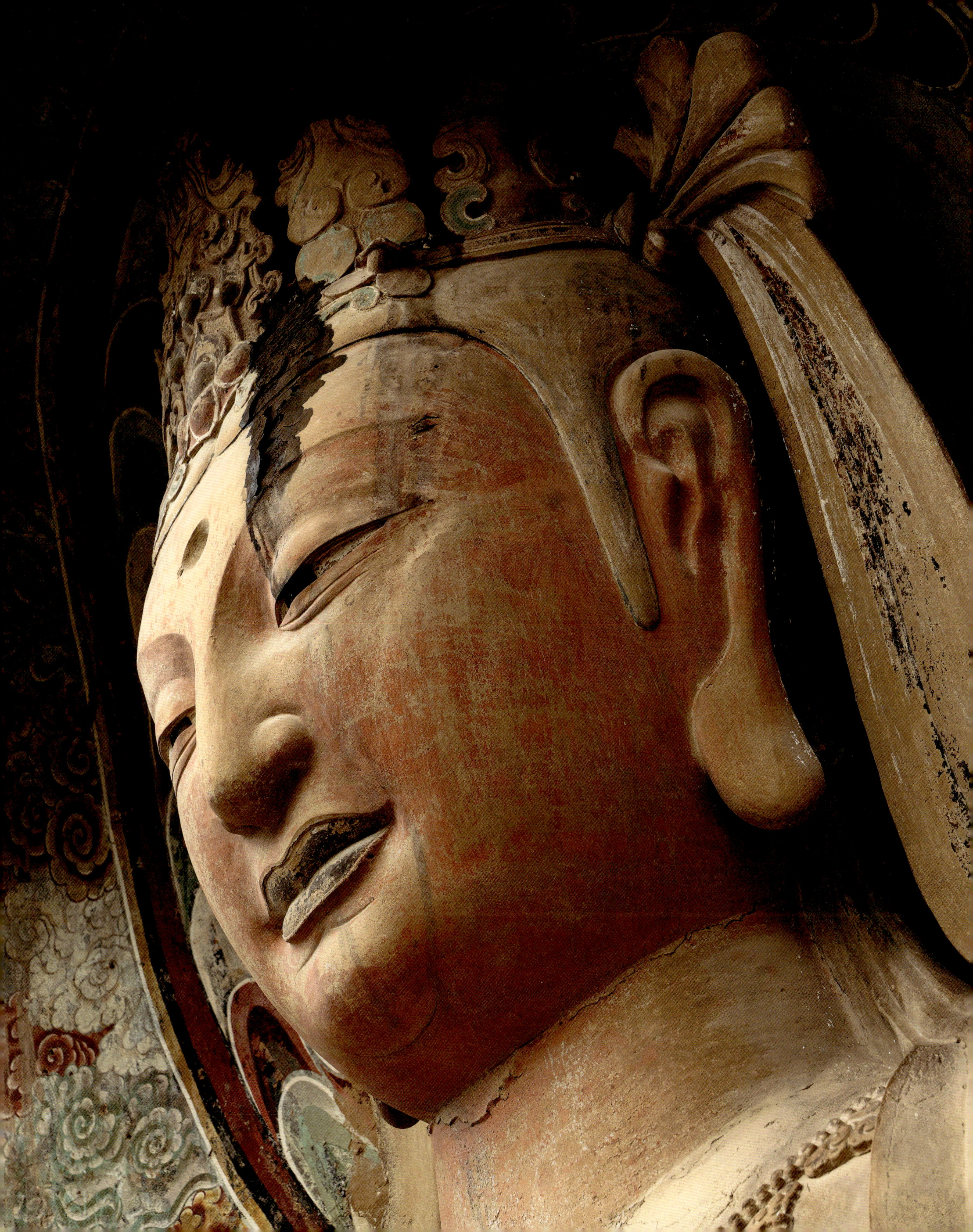

第002窟　北周（明、清重修）

此窟位于东崖东端，北周开窟，明、清重修，俗称"狮子洞""阎罗殿"。长方形拱形窟门，平面横长方形盝顶窟，高3.15米、宽6米、深3.68米。窟内现存造像均为明代重塑。正中偏后塑乘狮文殊菩萨，旁有一牵狮昆仑奴。在正壁右侧是普贤菩萨及闵公，左侧是地藏菩萨及道明和尚。左、右壁前侧各塑五身十殿阎王。窟顶长方形藻井绘坐佛一身，内壁每壁各贴三身影塑坐佛。四披绘菩萨、天王、八卦、龙、凤、狮、云气等，周壁存有十殿阎王等明、清壁画。

此窟尤以昆仑奴最为精彩，是麦积山石窟为数不多的明代造像精品。它头戴毡帽，双目圆睁，鼻梁高挺，满脸虬髯；着紧身短衣，外罩宽衫，穿长筒靴，腹部凸起，双腿作弓箭步，衣袖卷至肘部，一手做牵狮姿态。

第 002 窟
正壁文殊菩萨 明

第 002 窟
正壁左侧昆仑奴 明

Maijishan
Grottoes
The Oriental
Smile

库藏造像选

每一尊造像都承载着千年的沧桑与智慧。

麦积山石窟艺术研究所收藏了北魏至清代的珍贵塑像、壁画、文书及相关出土文物近百件，这些文物大多是石窟旧藏，后期在维修时将部分散落造像整理收集至库房保存。如原位于第117窟的石雕佛坐像、第135窟的交脚菩萨、倚坐佛、第102窟的弟子立像等。另2008年从麦积山山顶舍利塔出土了数尊石雕造像，后存放于第052窟，其中跪坐菩萨和弟子像组合极其少见，具有一定的研究价值。这里特选取部分造像分享。

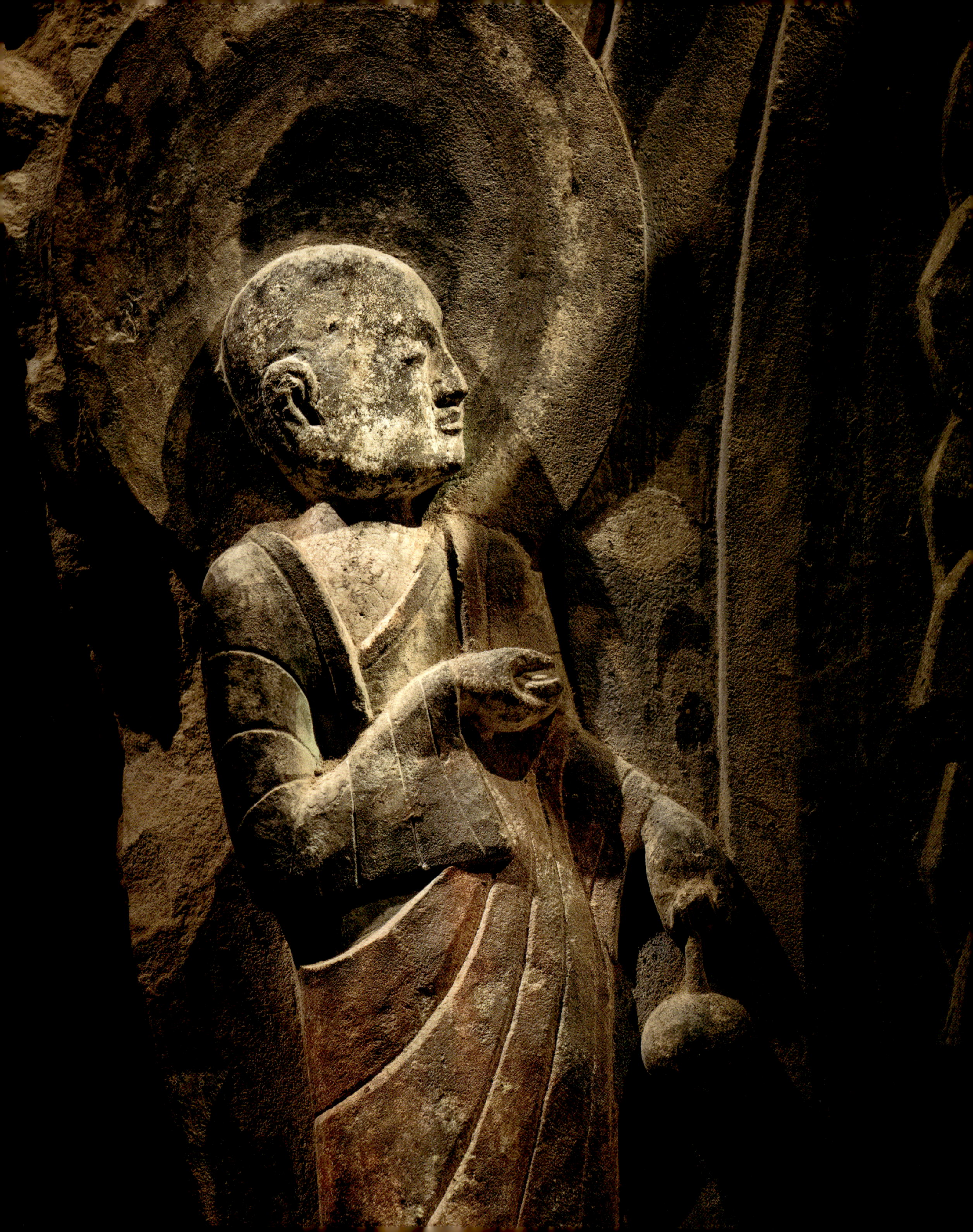

石雕佛坐像 西魏
原位于第 117 窟 高 89 厘米

石雕菩萨立像 北周
原位于第047窟 高145厘米

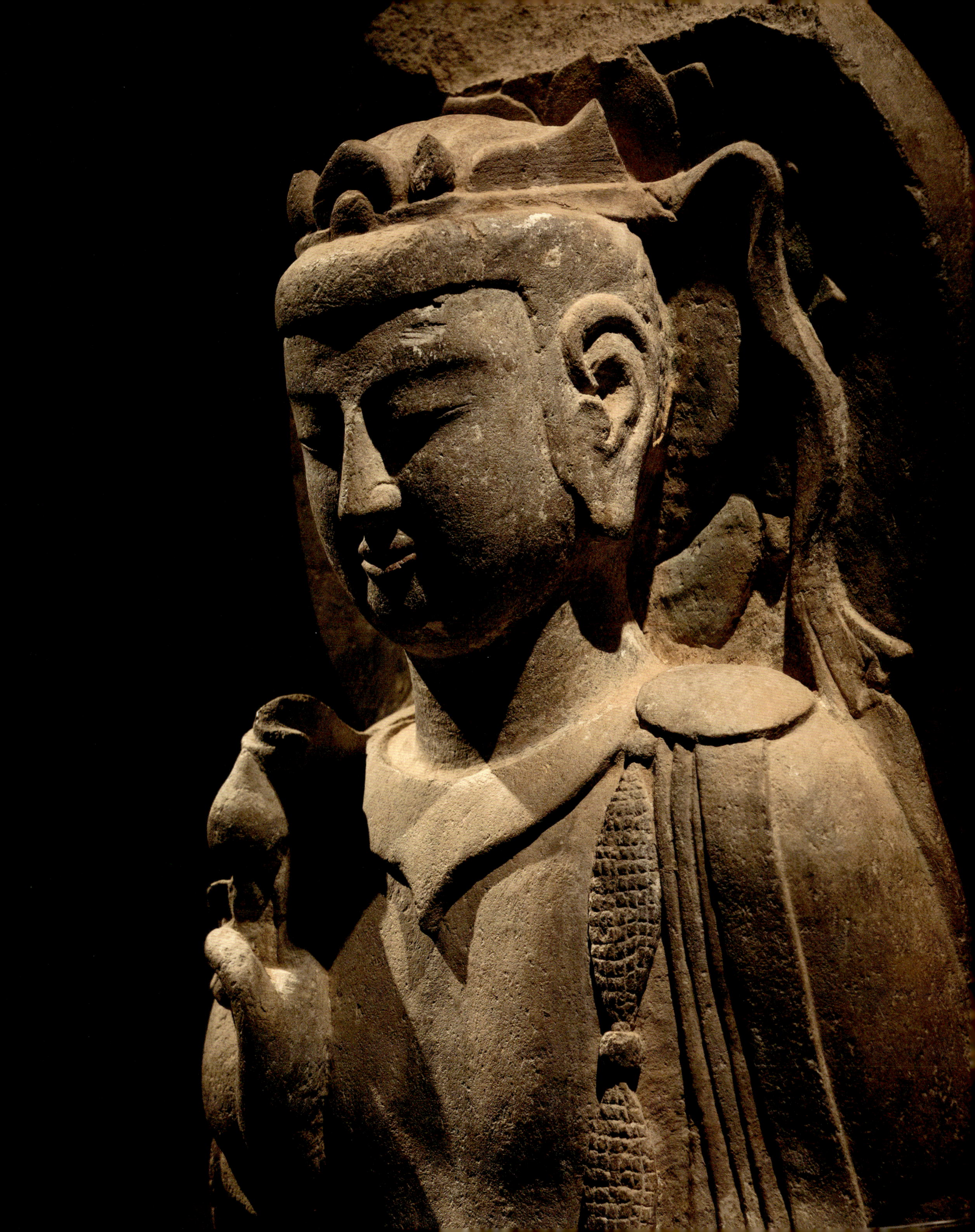

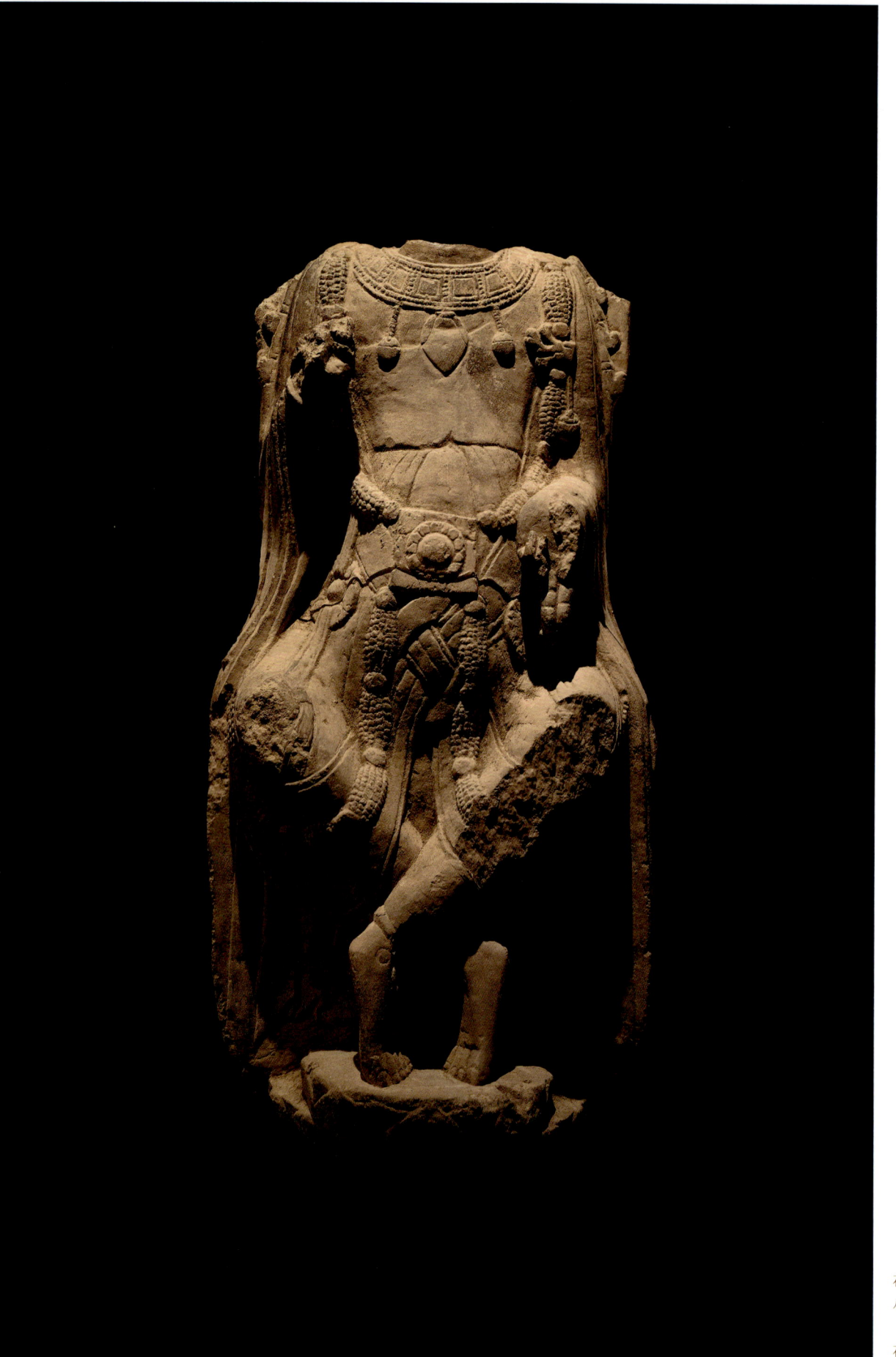

石雕交脚菩萨像　北周
原位于第 135 窟　高 81.50 厘米

石雕佛头像　西魏
原位于第 117 窟　高 21 厘米

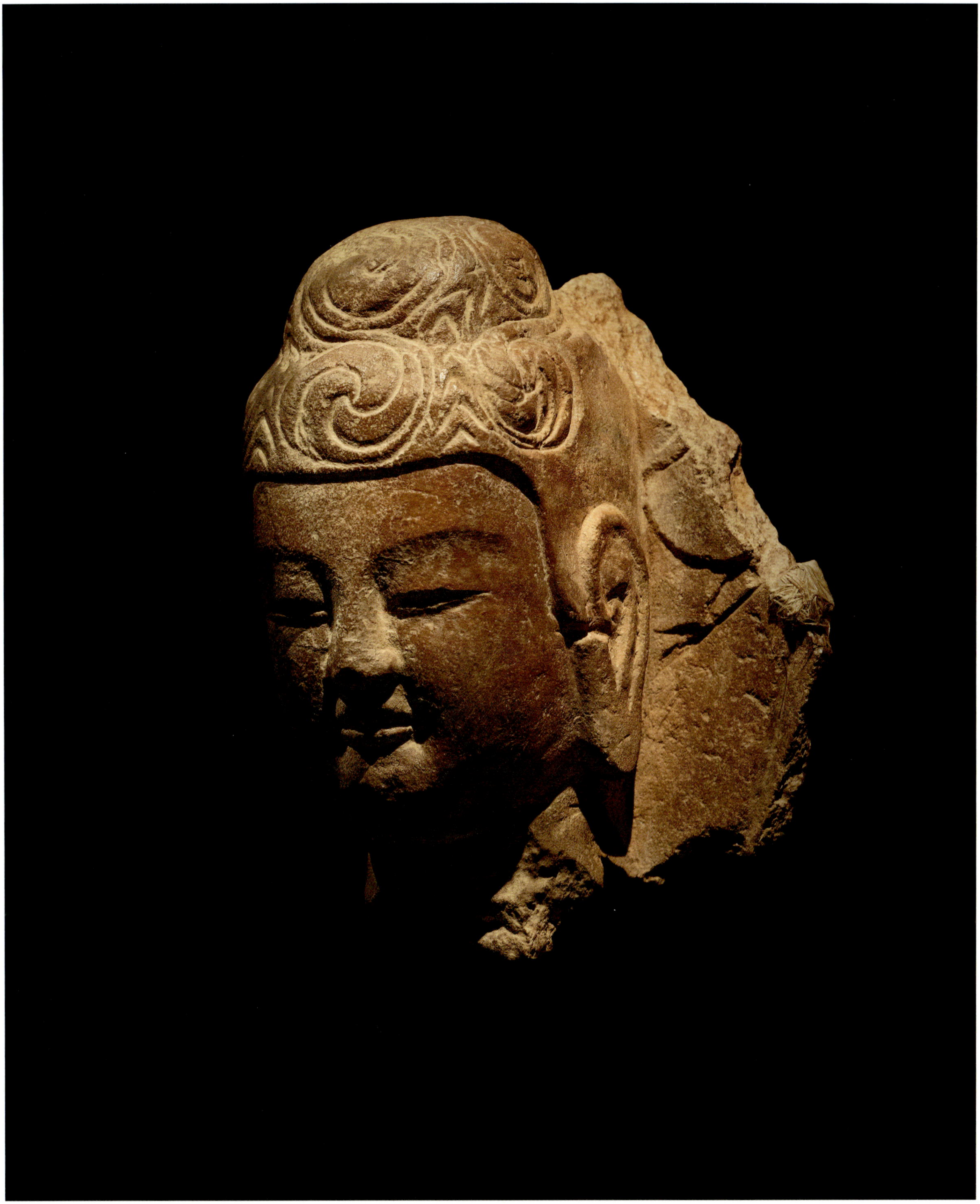

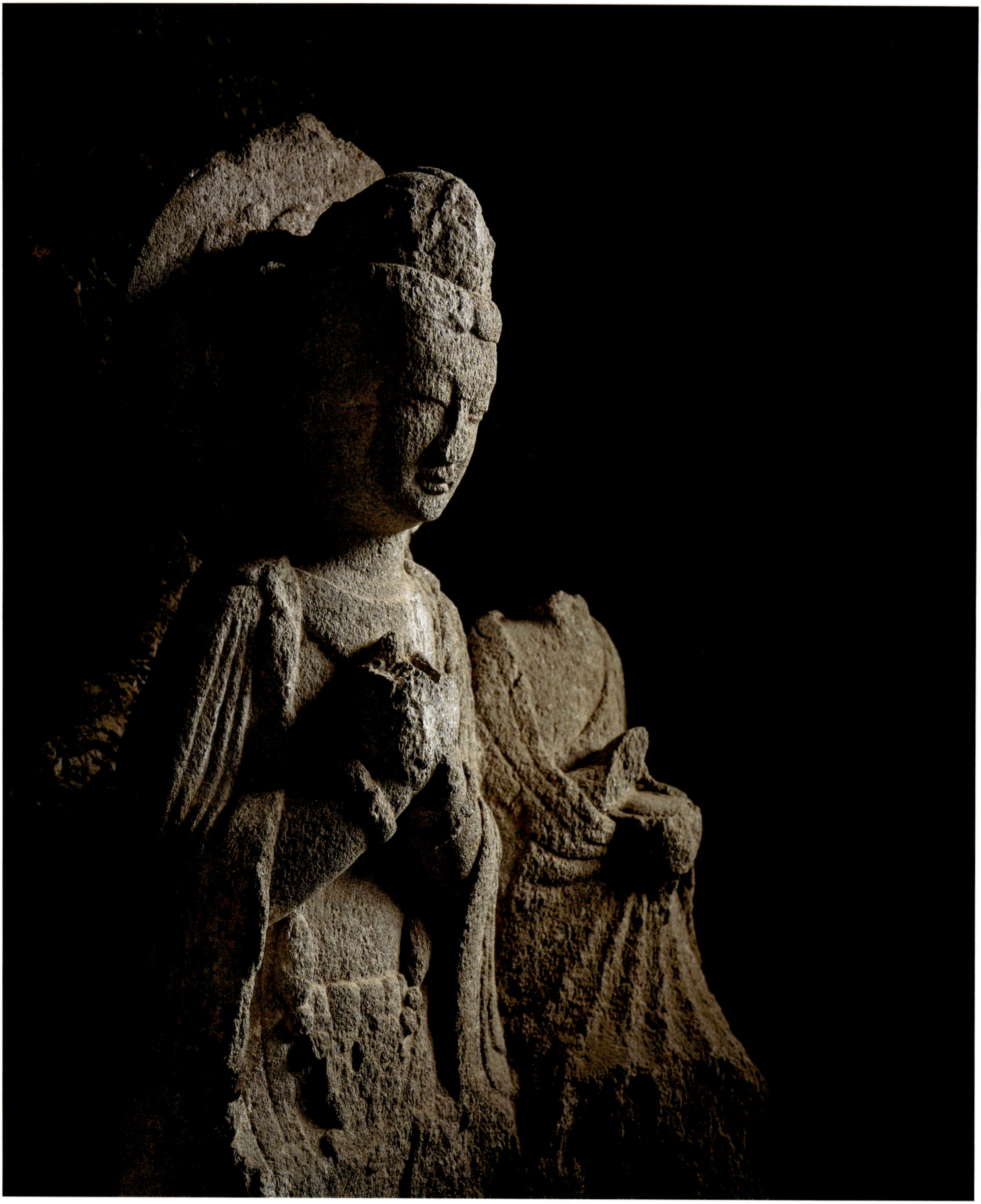

石雕菩萨与弟子跪坐像　北周
麦积山山顶舍利塔出土　高 97 厘米

石雕菩萨与弟子跪坐像　北周
麦积山山顶舍利塔出土　高 93 厘米

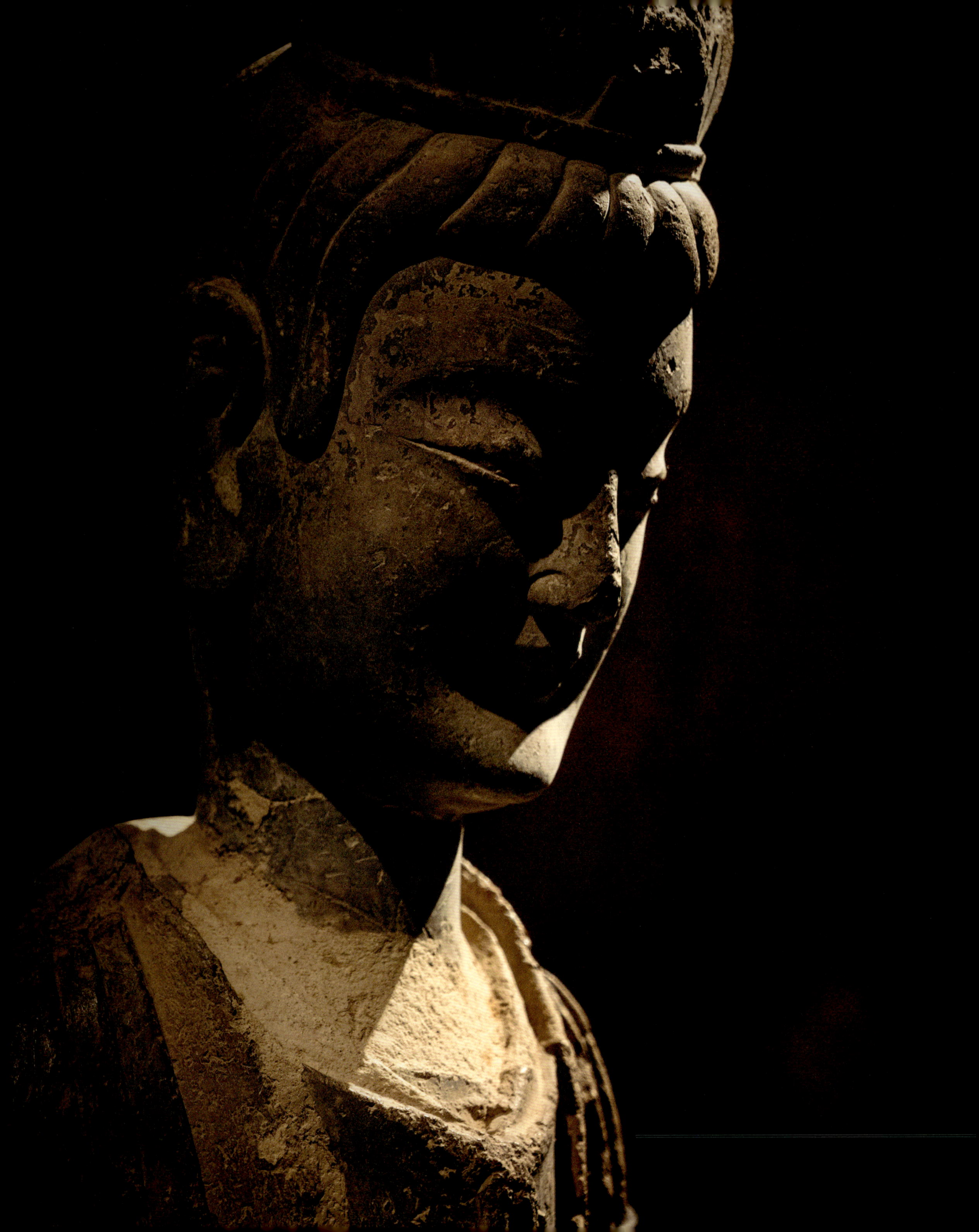

菩萨立像　北魏
原住于第 165 窟　高 90 厘米

菩萨头像　北魏
原位于第149窟　高35.80厘米

菩萨头像　宋
原位于第135窟　高39.50厘米

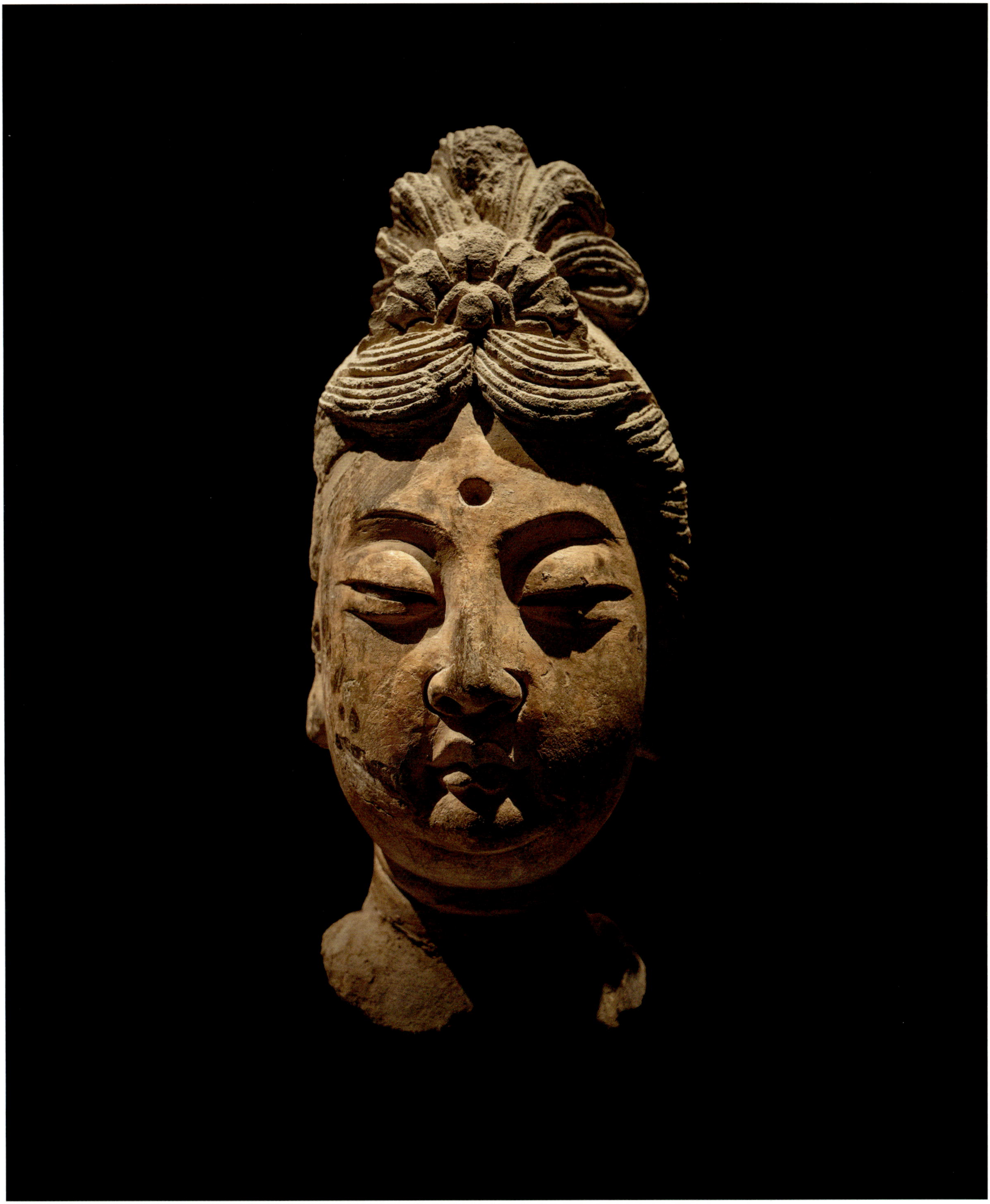

弟子立像　西魏
原位于第102窟　高120厘米

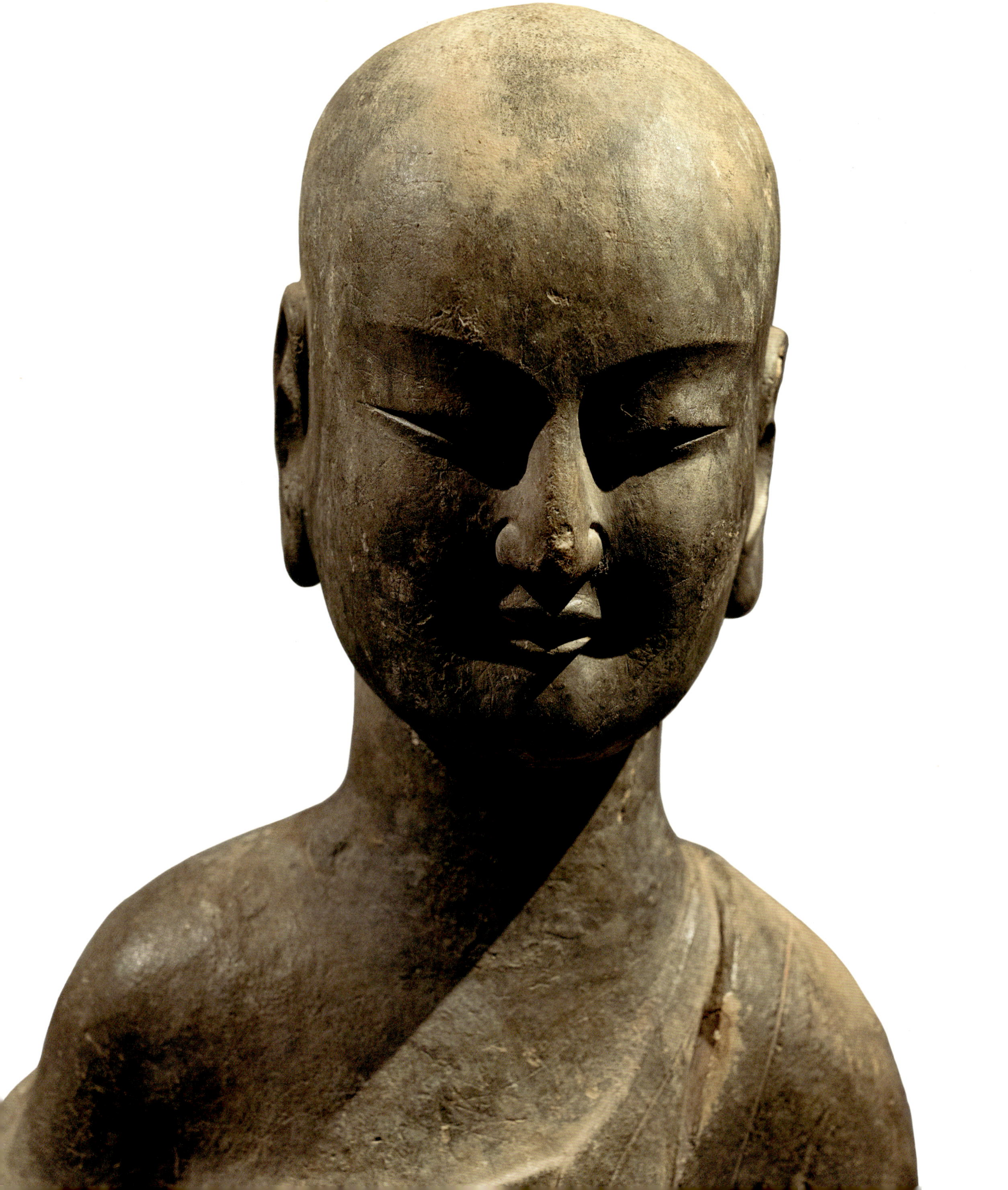

倚坐佛像　北周
原位于第135窟　高93厘米

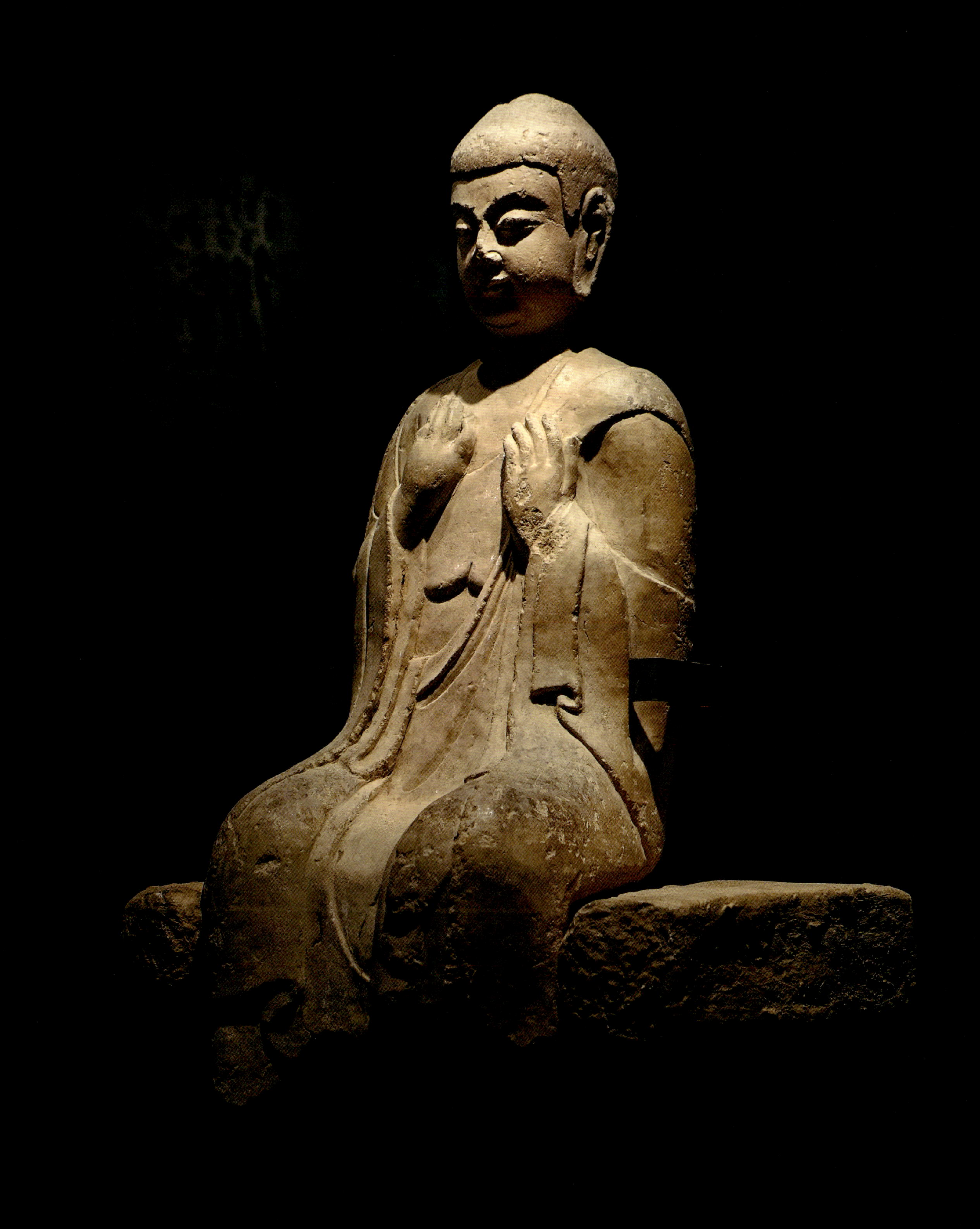

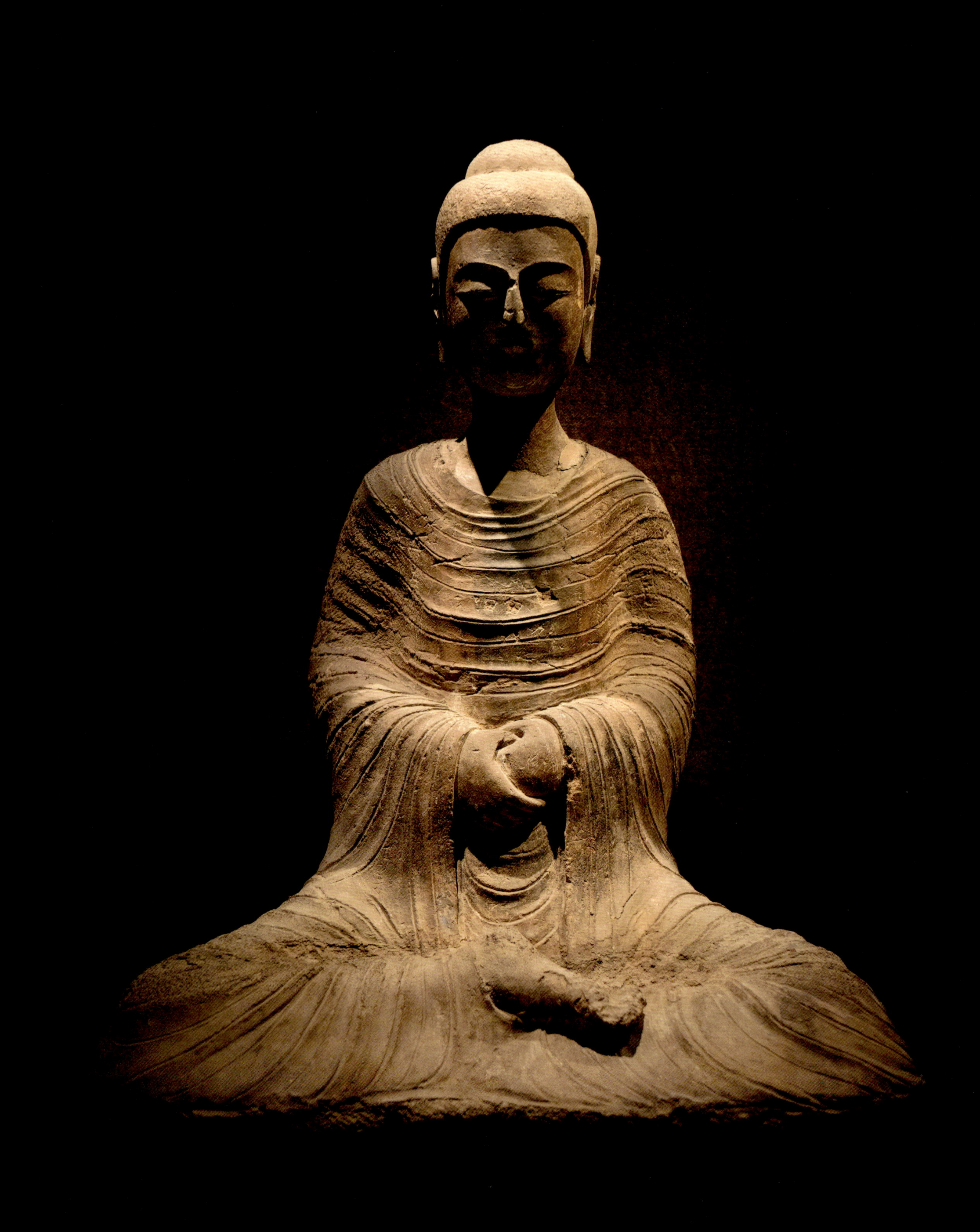

佛坐像　北周
原位于第197窟　高75厘米

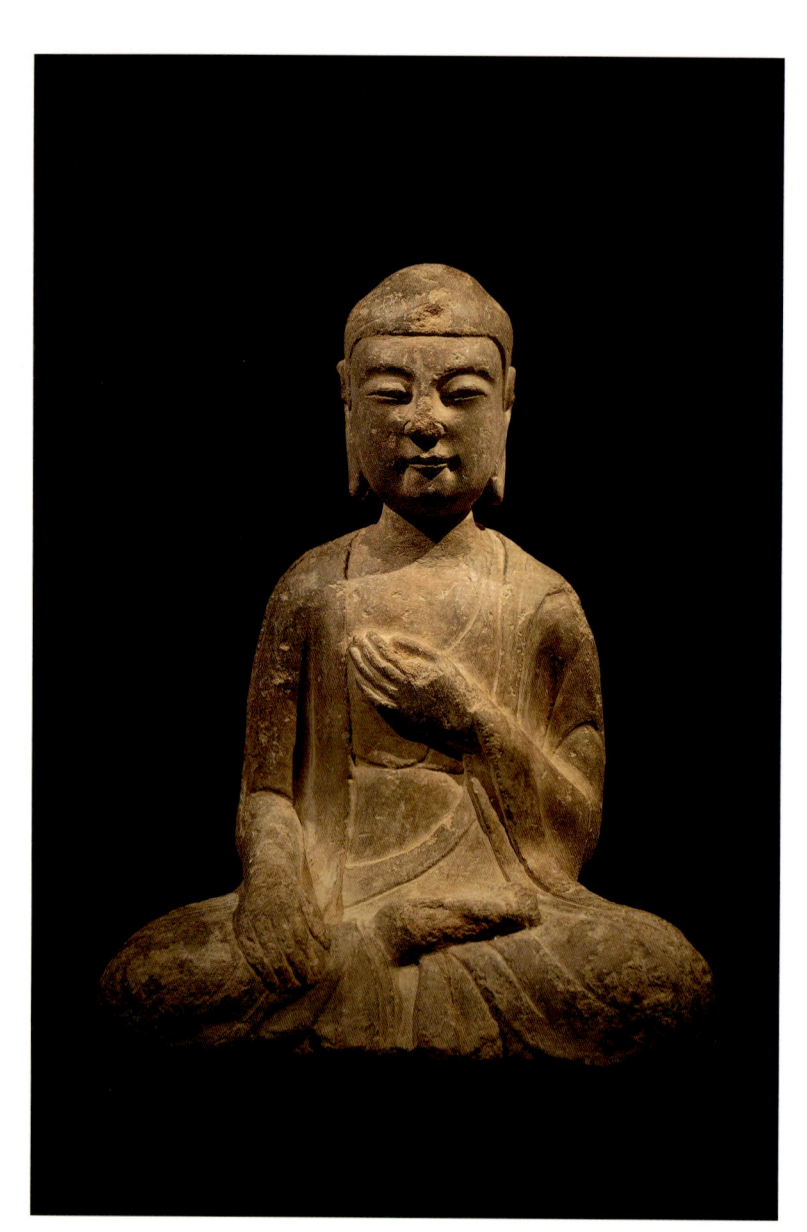

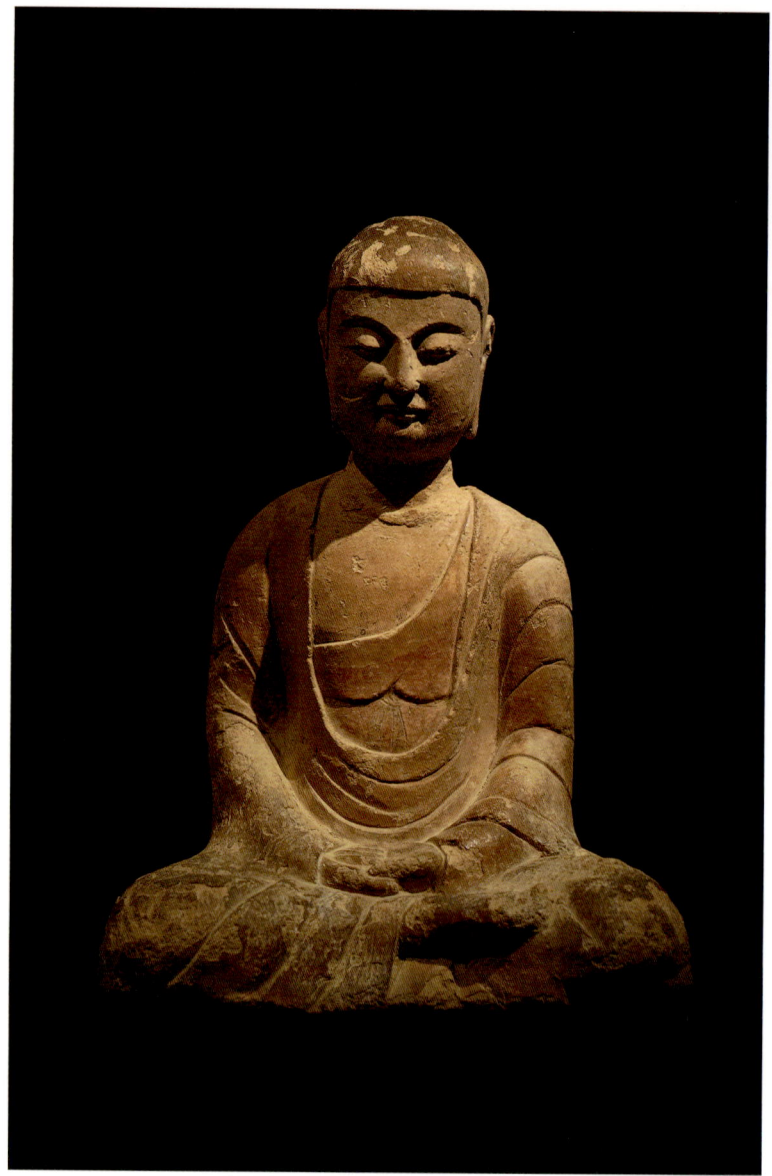

佛坐像　隋
原位于第 141 窟　高 46 厘米

佛坐像　隋
原位于第 166 窟　高 39.50 厘米

佛坐像　隋
原位于第 127 窟　高 38 厘米

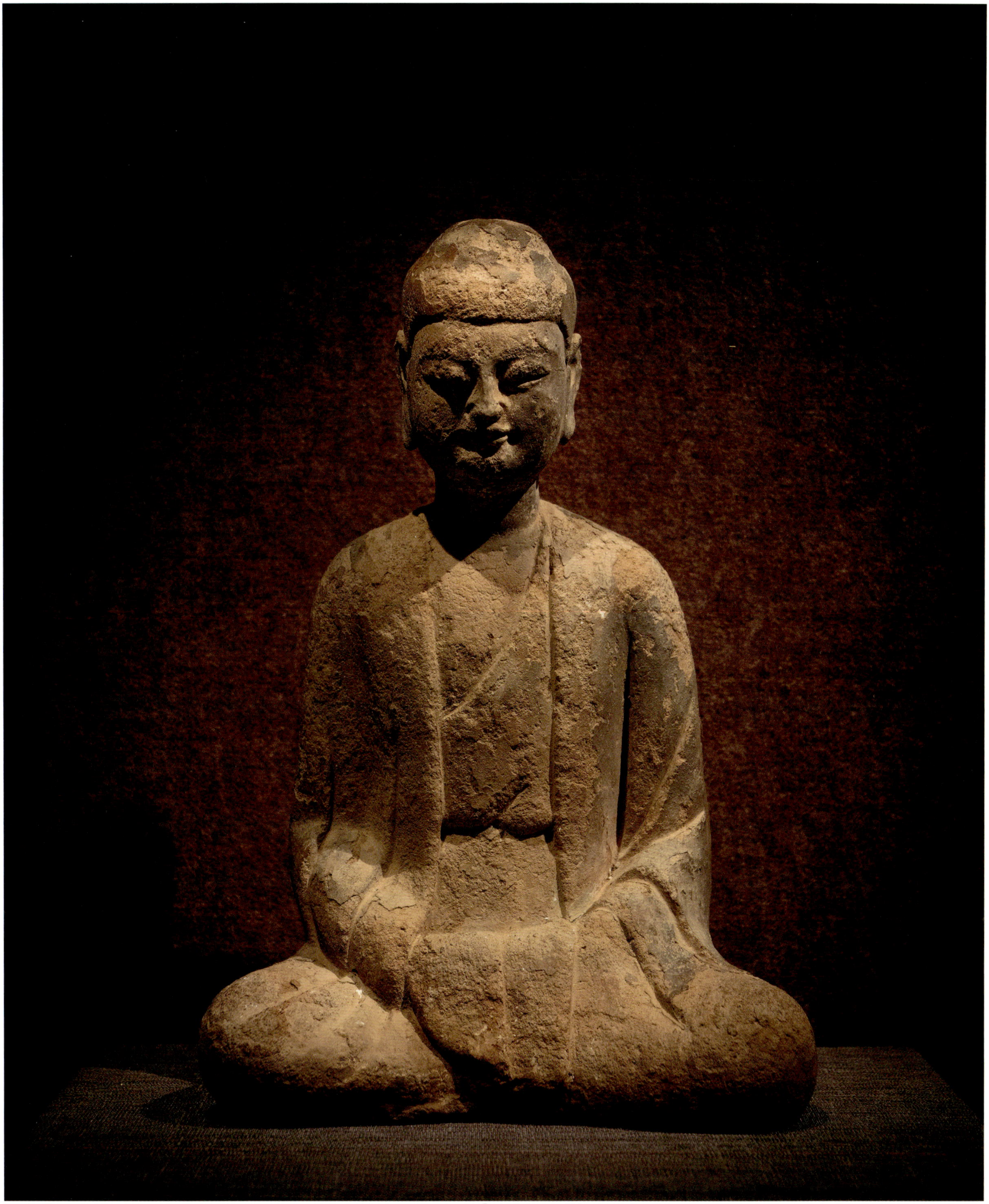

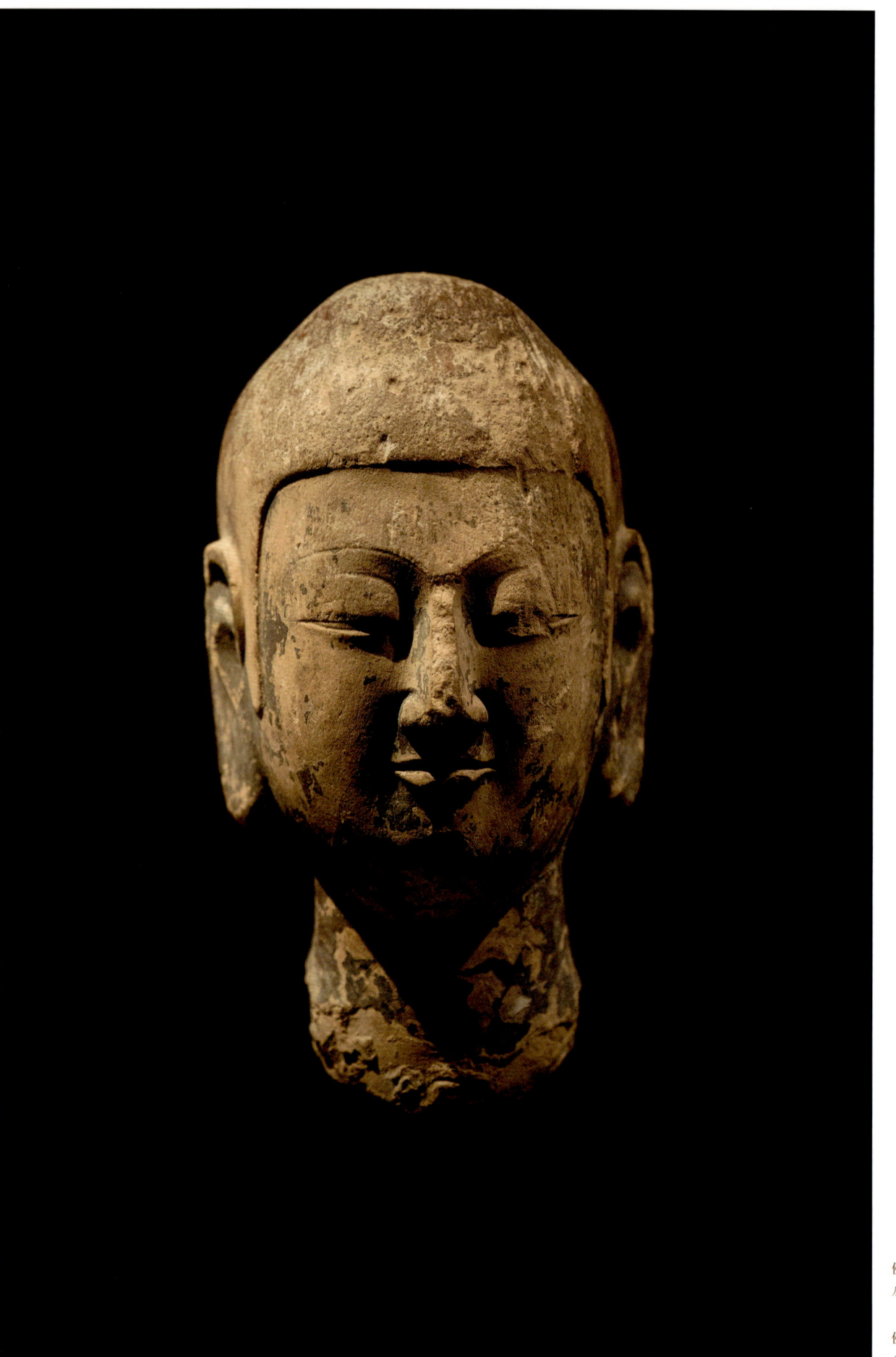

佛头像　北周
原位于第 140 窟　高 25.50 厘米

佛头像　北周
原位于第 025 窟　高 25.50 厘米

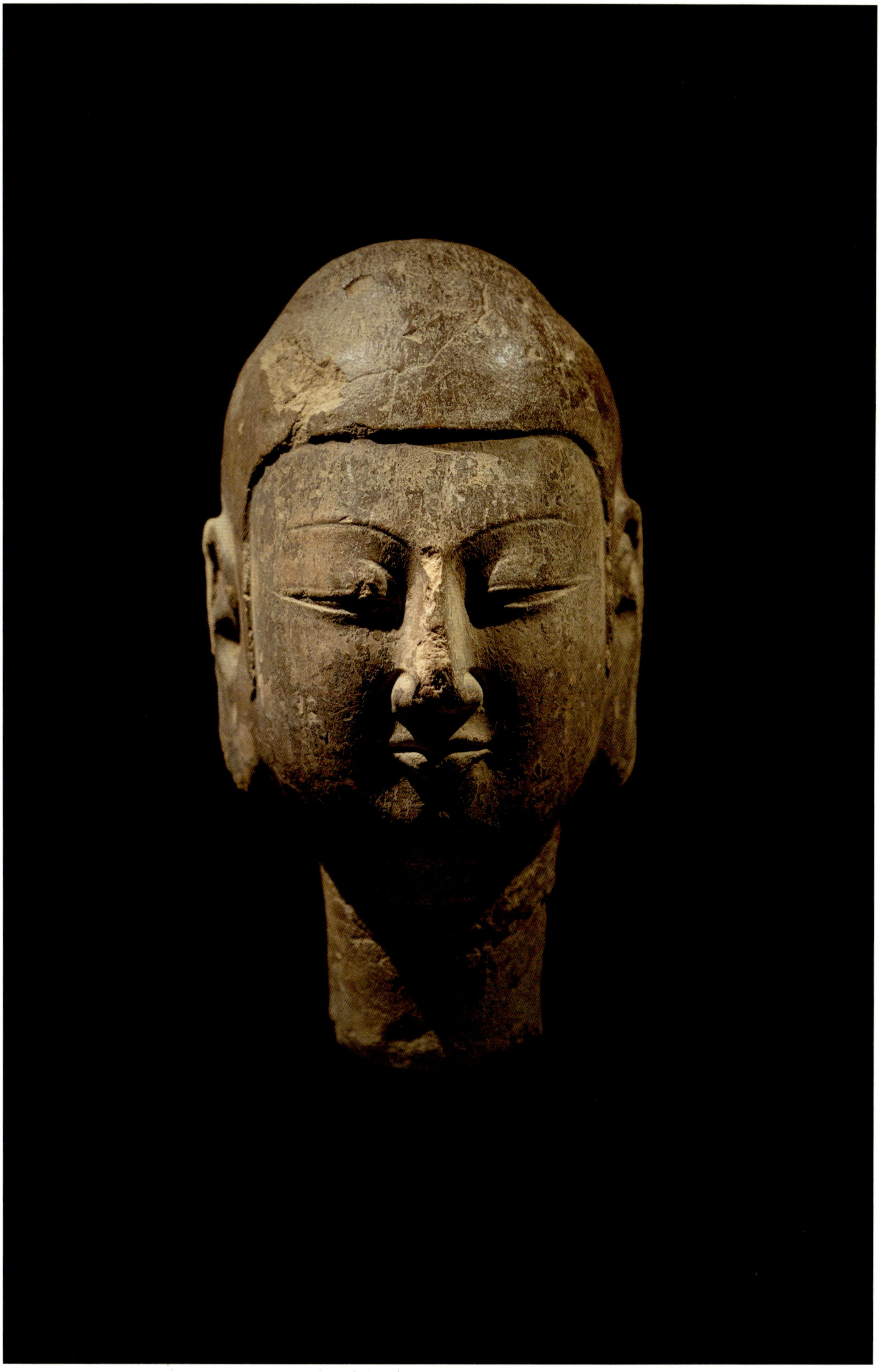

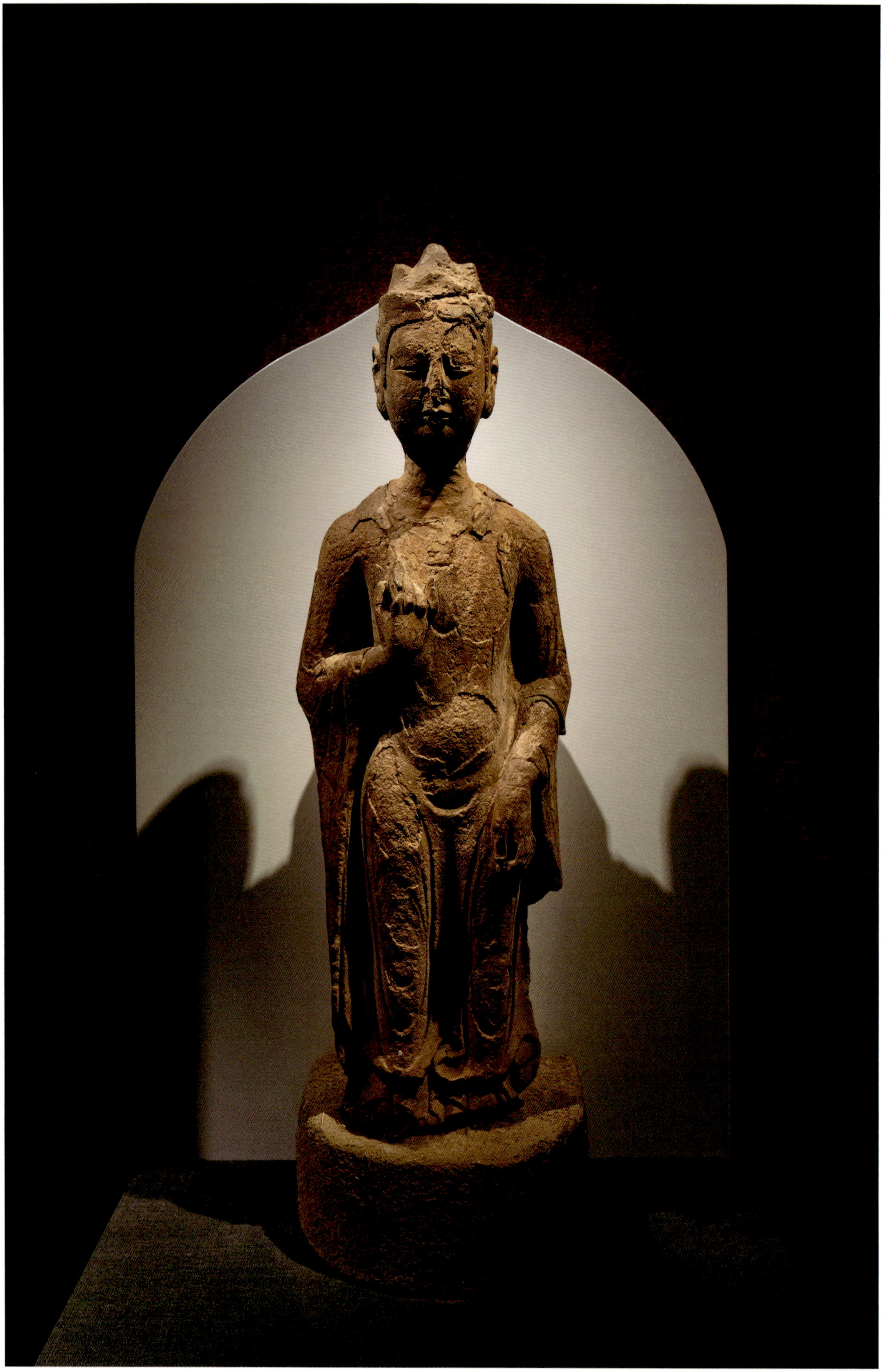

菩萨立像　北周
原位于第100窟　高73厘米

胡跪弟子像　北周
原位于第026窟　高52.30厘米

胡跪弟子像　北周
原位于第026窟　高58厘米

影塑佛坐像　北魏
原位于第 017 窟　高 26.30 厘米

影塑菩萨像　北魏
原位于第 142 窟　高 14.50 厘米

影塑飞天　北魏
原位于第133窟　高22厘米

Maijishan
Grottoes
The Oriental
Smile

壁画选

丹青妙手，巧夺天工。

麦积山石窟因潮湿多雨等自然因素，壁画留存不多，但现存壁画题材丰富、构思精妙、技法娴熟。北魏晚期、西魏、北周至明清的佛教故事和经变画在我国绘画史及石窟艺术史上占有重要位置。大型佛本生故事有睒子孝养双亲、萨埵那太子舍身饲虎等。大型经变画有维摩诘变、西方净土变等。这些佛教故事画场面宏大、内容丰富。特别是经变画，经历了由炳灵寺西秦石窟始现的图解形式的简单画面到大幅表现较复杂的、多种内容的过程。其中第127窟壁画内容丰富，为麦积山诸窟之冠。北周洞窟保存壁画数量也较多，在第004窟前廊上部出现了以绘为主、绘塑结合的『薄肉塑』新形式，在中国艺术史上独树一帜。第005窟外壁净土变是麦积山石窟现存面积最大的一组唐代壁画。后期，在诸多原洞窟中还补绘了大量佛传故事及地狱变等内容的壁画。

睒子本生（部分）　西魏
第127窟　窟顶前披左侧

睒子本生故事，画面大体可分为右、中、左三段。左侧绘伽夷国王和群臣、士卒做狩猎前的各种准备工作；中间绘国王狩猎，误伤睒子的情景。右侧绘国王及侍从探视睒子亡父母以及帝释天施救等情景。

第127窟是麦积山石窟保存西魏壁画最完整、最丰富的洞窟，该窟为盝顶式仿帷帐结构，窟内四壁及顶部满绘壁画，系当时西魏文帝前皇后乙弗氏功德窟。壁画保存基本完整，内容以涅槃变、维摩诘变、西方净土变、地狱变、七佛说法图、舍身饲虎、睒子孝养双亲等佛教经变和本土故事为主，兼有帝后升仙图、礼佛图等。这些经历了近1500年风雨的珍贵壁画构图严谨、技法娴熟、人物众多、内涵丰富，生动见证了外来佛教思想与中国传统文化交流、融汇的历史过程。同时，也是探寻和研究南北朝时期中国绘画艺术传承与演变的重要图像资料。

睒子本生（部分） 西魏
第 127 窟 窟顶前披右侧

睒子本生（部分） 西魏
第 127 窟 窟顶前披中部

萨埵那太子本生（部分） 西魏
第 127 窟 窟顶左披

窟顶正、左、右三披通壁绘萨埵那太子舍身饲虎本生故事。画面以连续多情节的形式从左到右展开。左披壁画为三太子出游、回宫报信等内容。正披壁画内由于泥皮剥落，仅存三块互不相连的壁画，现存车马人物行进图像，当为表现国王闻后率众前往三太子舍身饲虎之地的情景。右披绘萨埵那太子舍身饲虎内容。

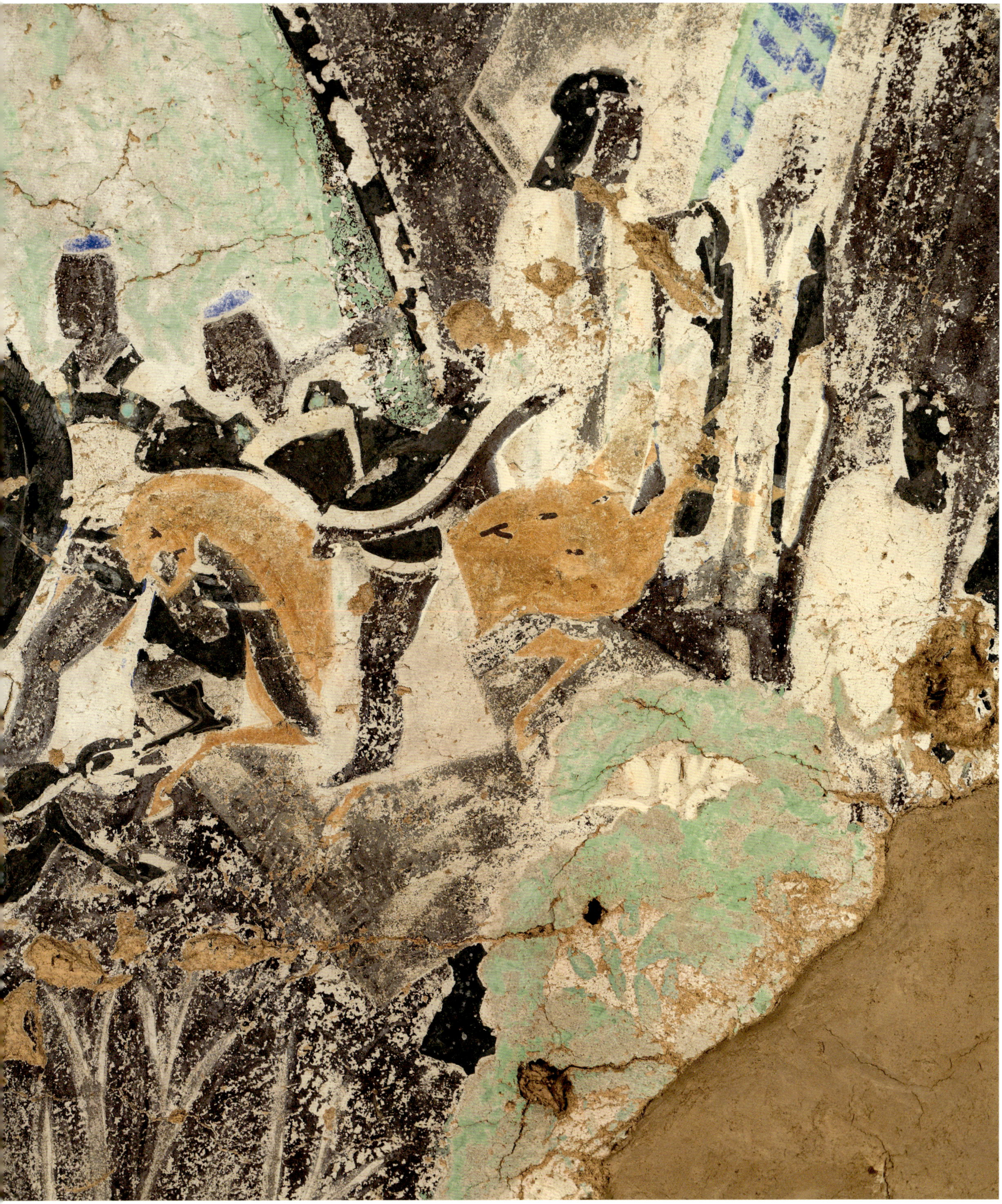

飞天　北魏
第 092 窟 窟顶

因缘故事　北魏
第 115 窟 正壁左侧

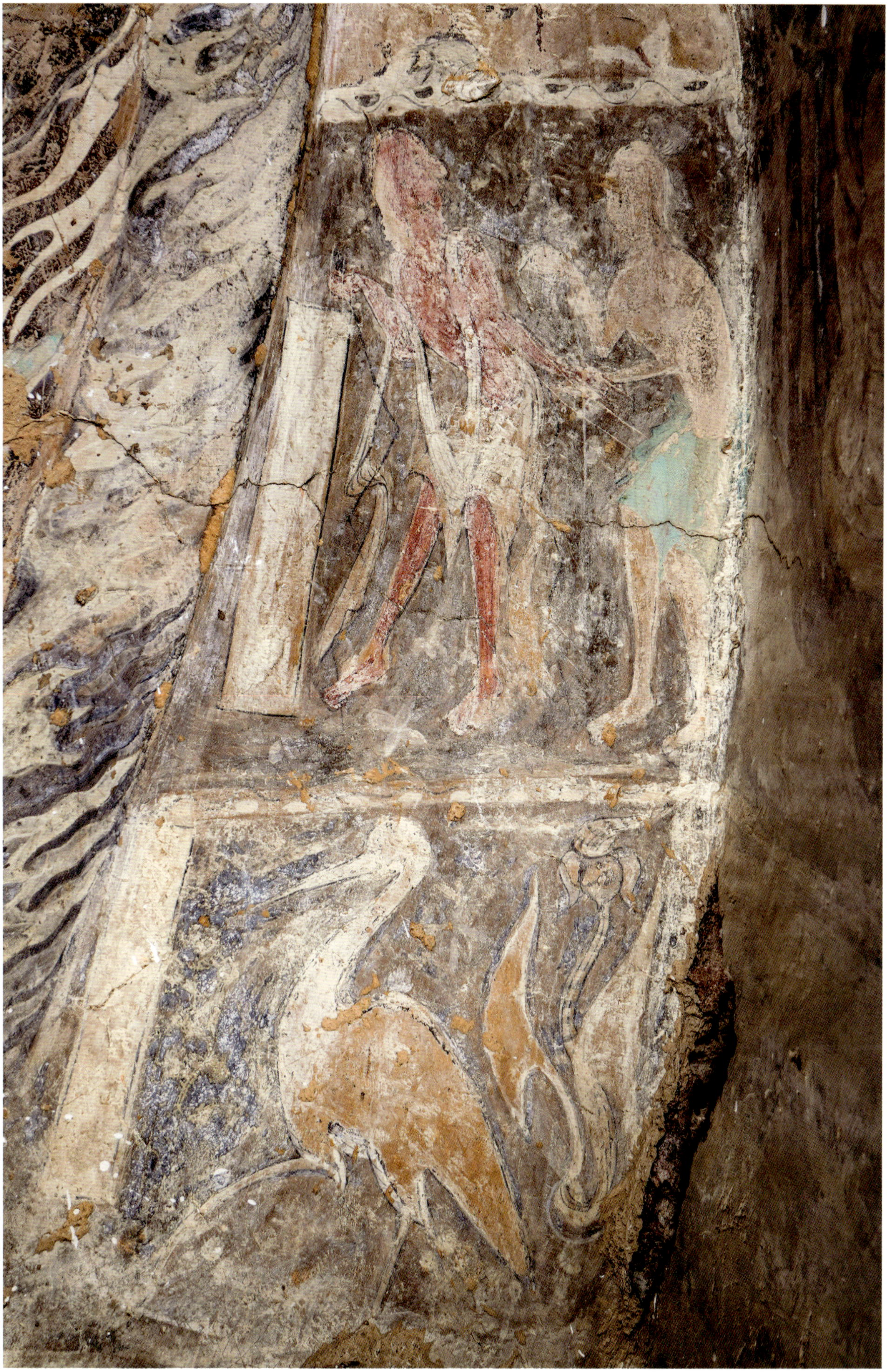

供养比丘　北魏
第 076 窟　左壁

弟子像　北魏
第 071 窟　正壁左侧

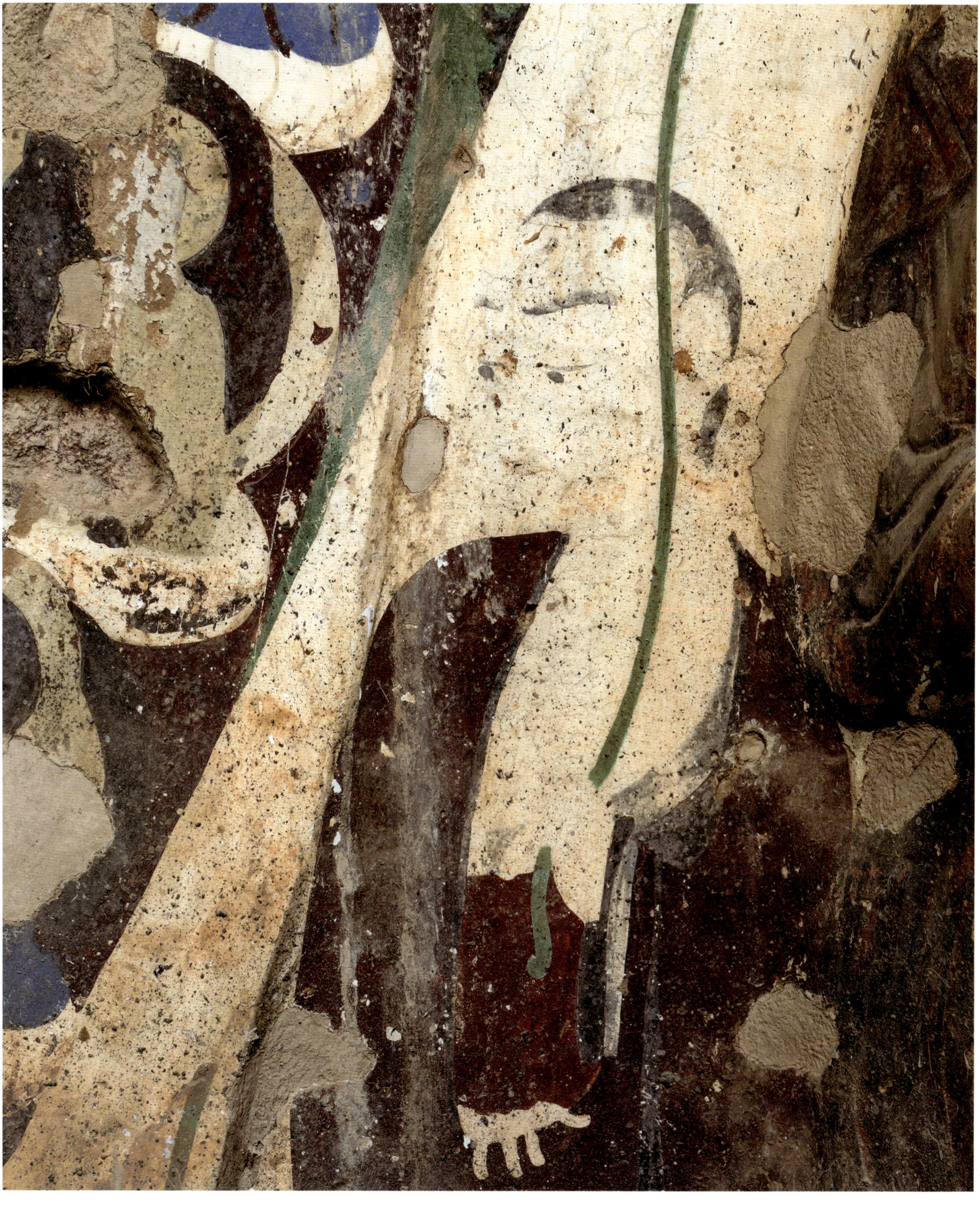

93

骑龙、骑虎仙人图　北魏

第 133 窟　前室东侧窟顶

第133窟前室窟顶残存有部分壁画，绘有骑虎仙人、骑龙仙人、飞天、畏兽等内容，线条飘逸。龙、虎昂首挺胸，健步前行。这些壁画大部分仅用红色勾线而未填色，均属未完成的画稿。

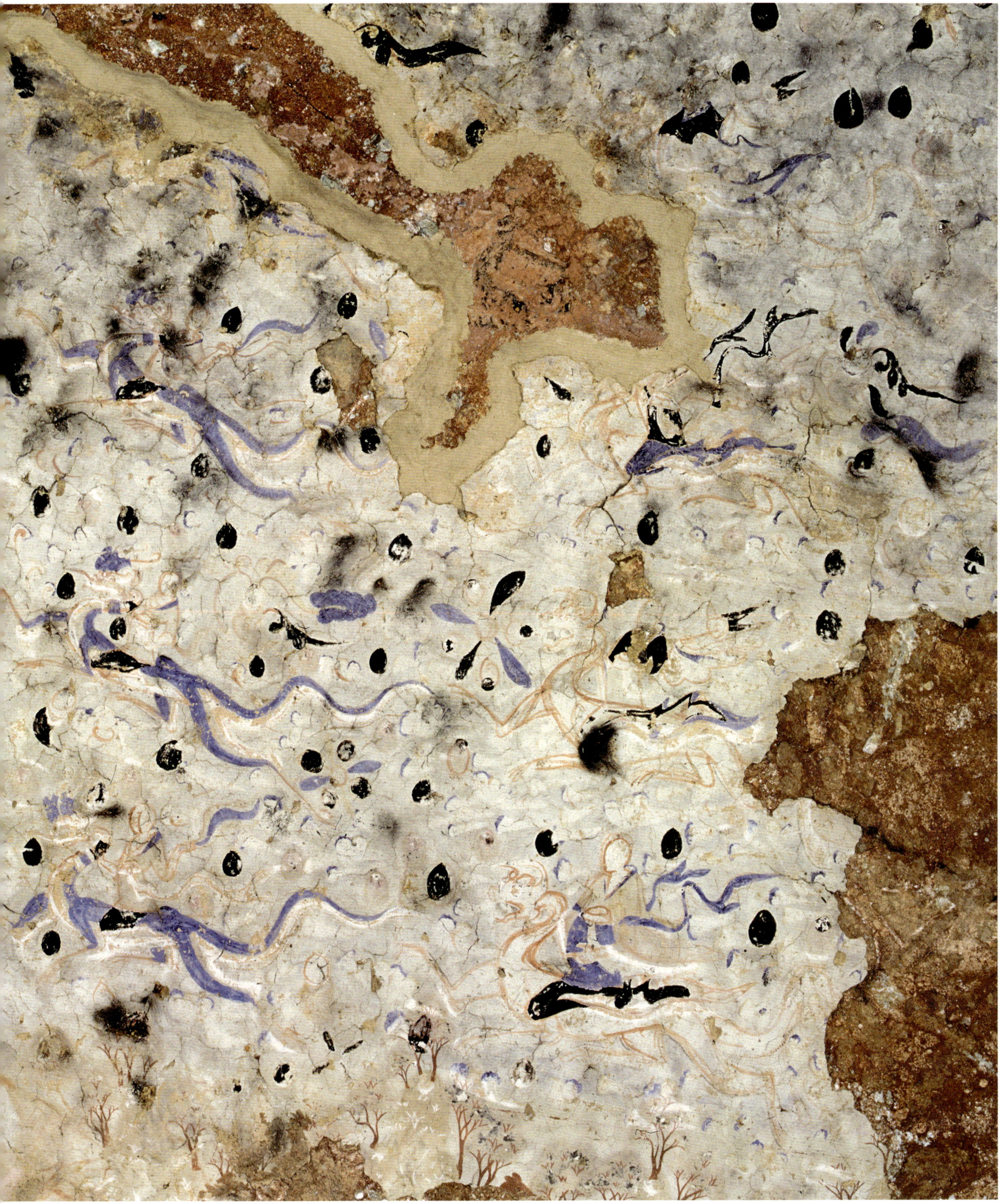

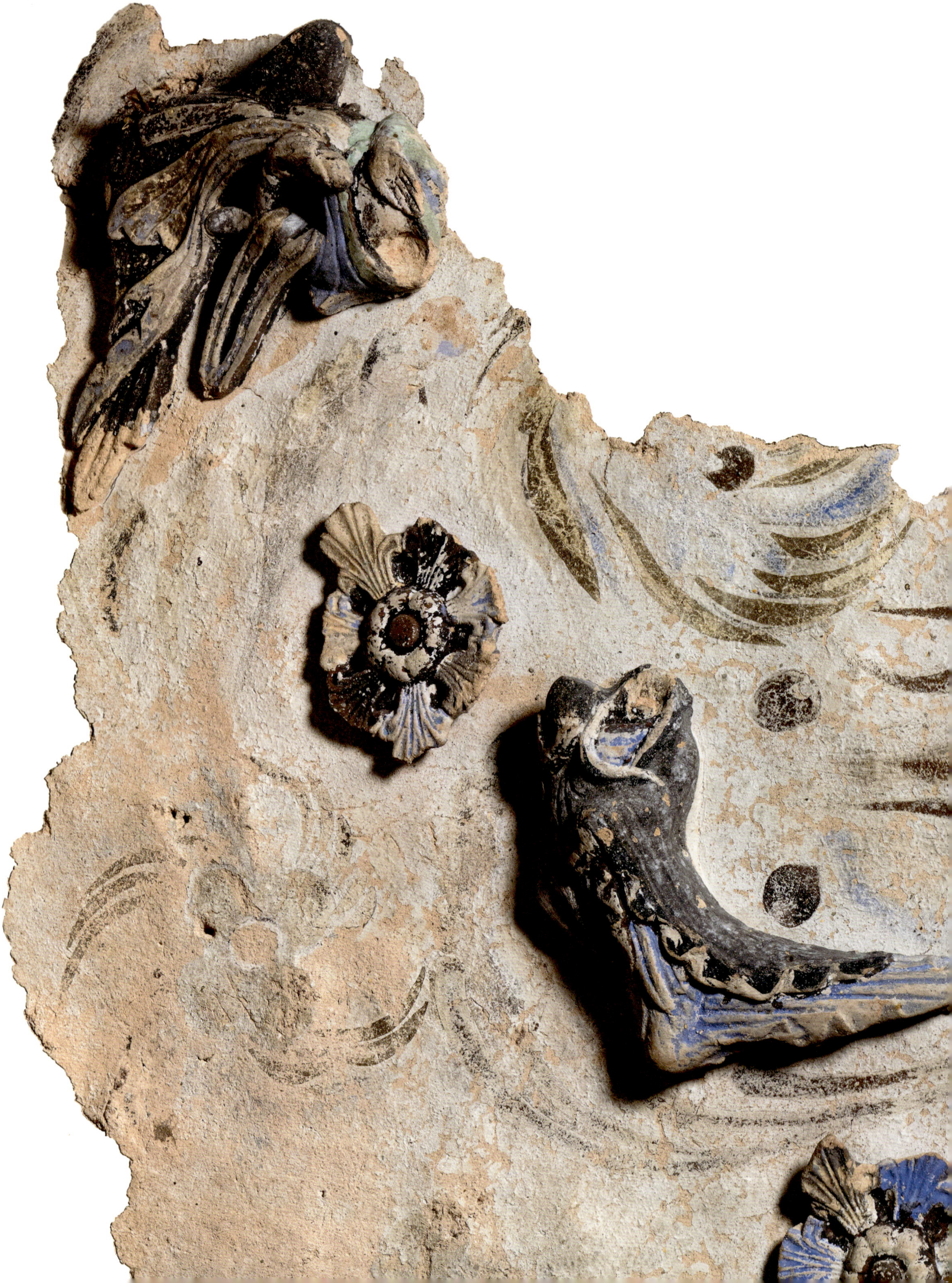

飞天　北魏
第 142 窟　窟顶

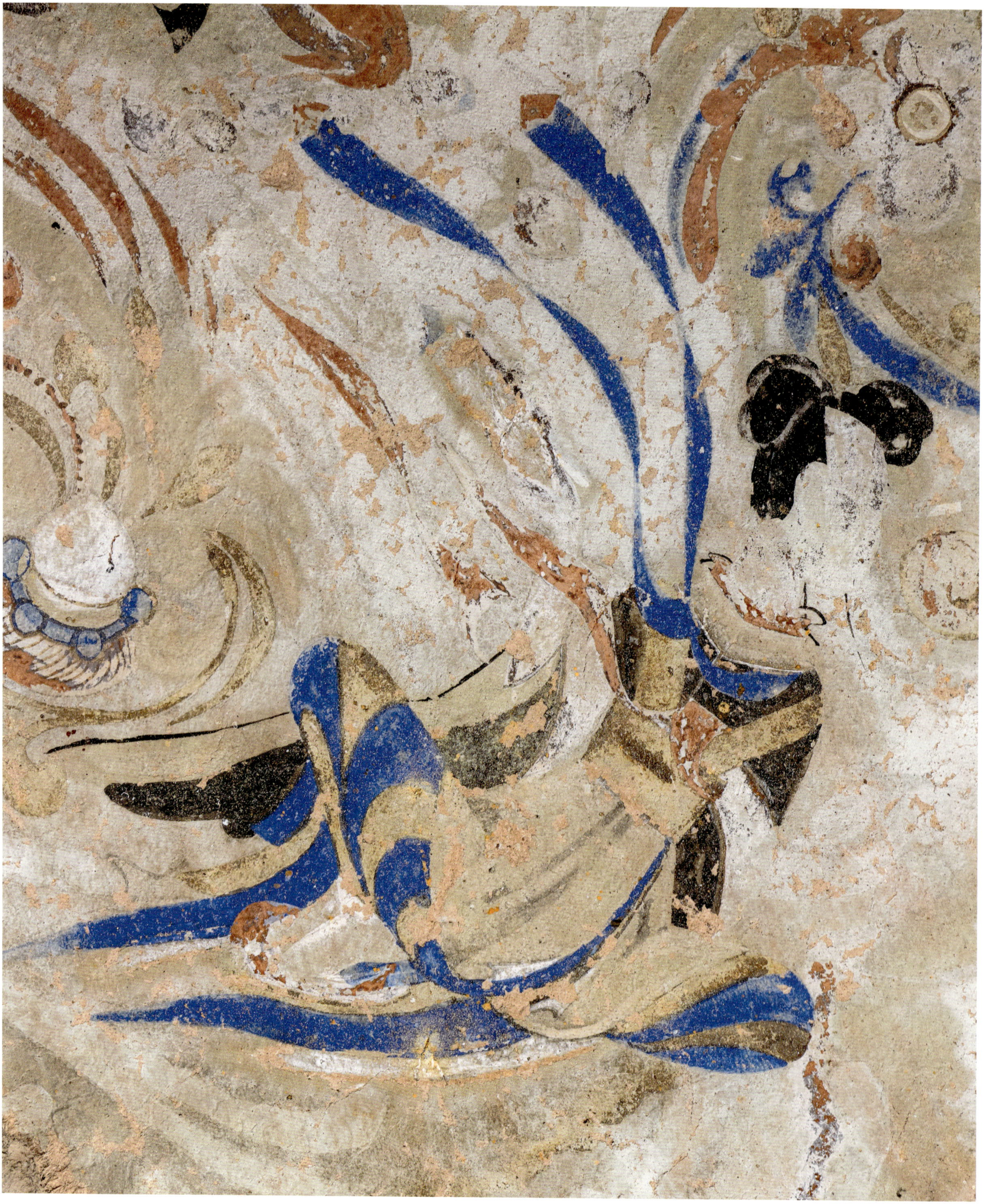

飞天 北魏
第 142 窟 窟顶

力士 北魏
第 142 窟 窟顶

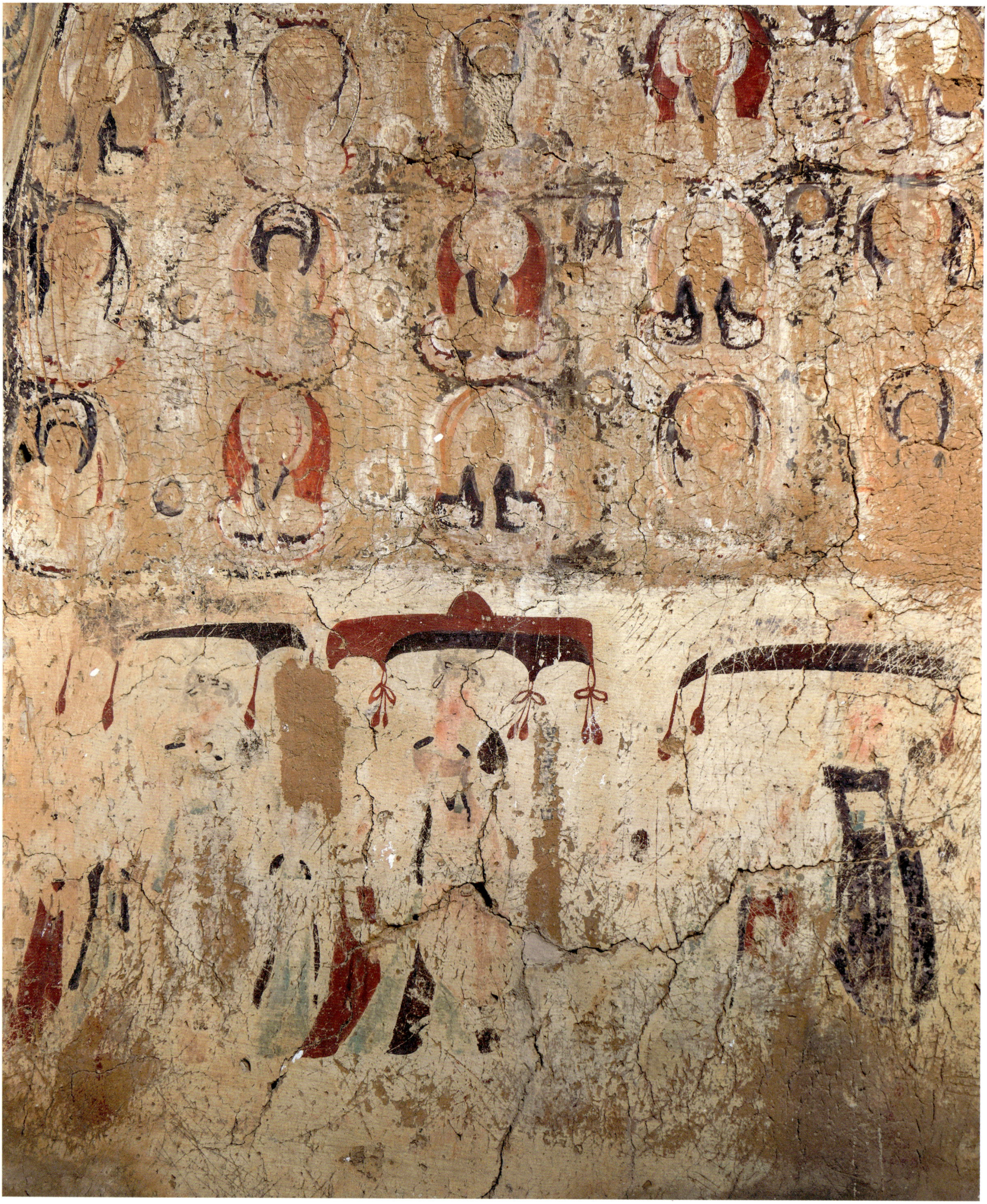

千佛及供养人　北魏
第023窟 正壁右侧

菩萨　西魏
第044窟 龛内右壁

涅槃变　北周
第 026 窟　窟顶正披

这是东崖中部一个典型的北周帐形窟，窟顶绘涅槃变，人物众多，场面宏大。正披左侧绘娑罗双树间释迦最后说法，右侧为释迦于娑罗双树间在七宝床上入般涅槃，众弟子四周围绕举哀。一弟子抚摸佛的双足，是佛涅槃之后向弟子摩诃迦叶示现双足的情景。

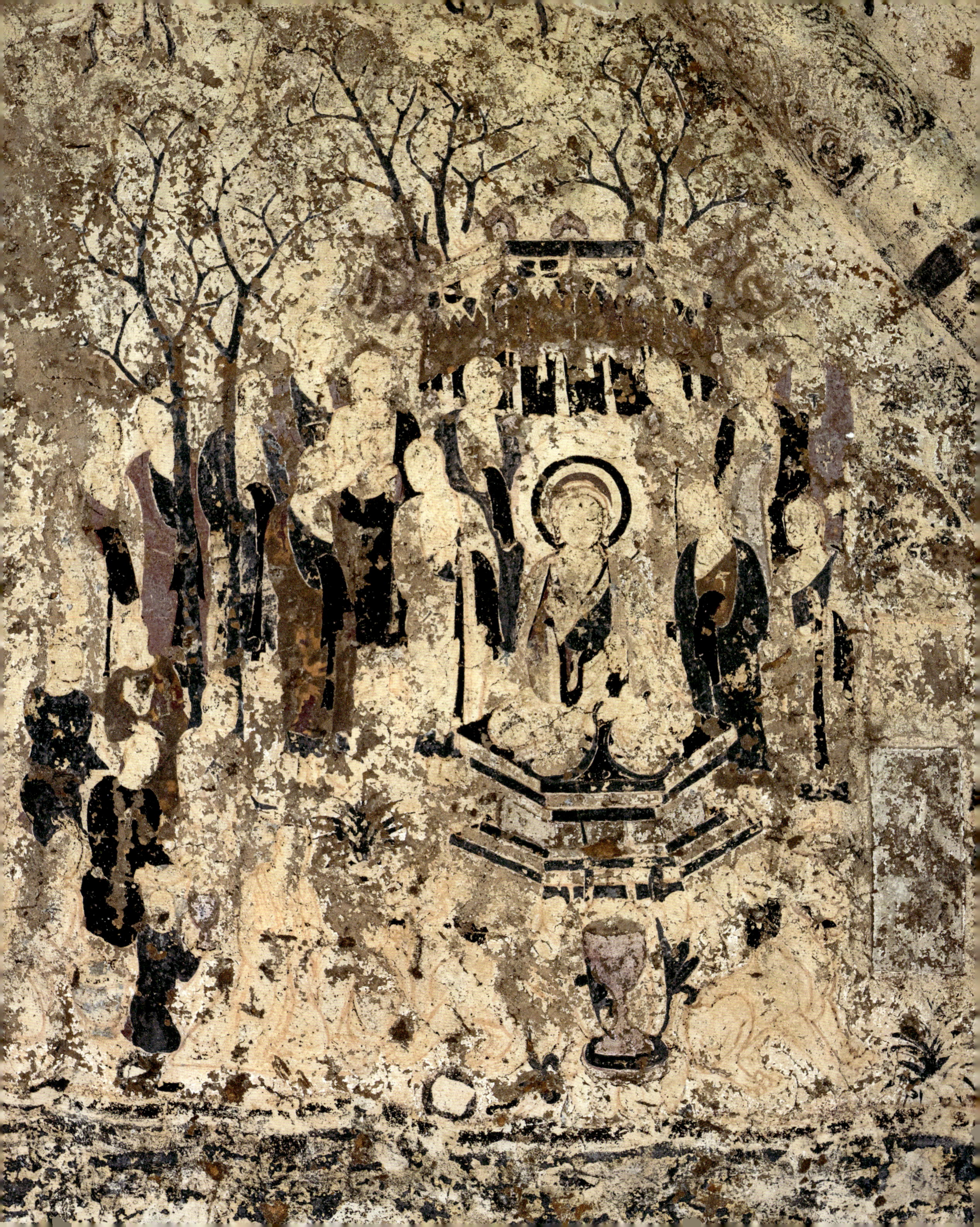

薄肉塑飞天　北周

第 004 窟（散花楼）　3 龛外上壁

此壁画为第 004 窟外上方的一幅薄肉塑飞天。所谓"薄肉塑"是指运用浅浮雕和壁画相结合的形式彩绘而成的具有浮雕效果的壁画。也就是说，一幅画里既可以看到立体的雕塑，又可以看到平面的绘画。麦积山的"薄肉塑"即是将飞天脸部以及手、脚等全部暴露在外的肌体部分由一层薄泥塑出，其余彩绘而成，使画面更加丰满、有立体感。这种作法在全国仅见此处。

405

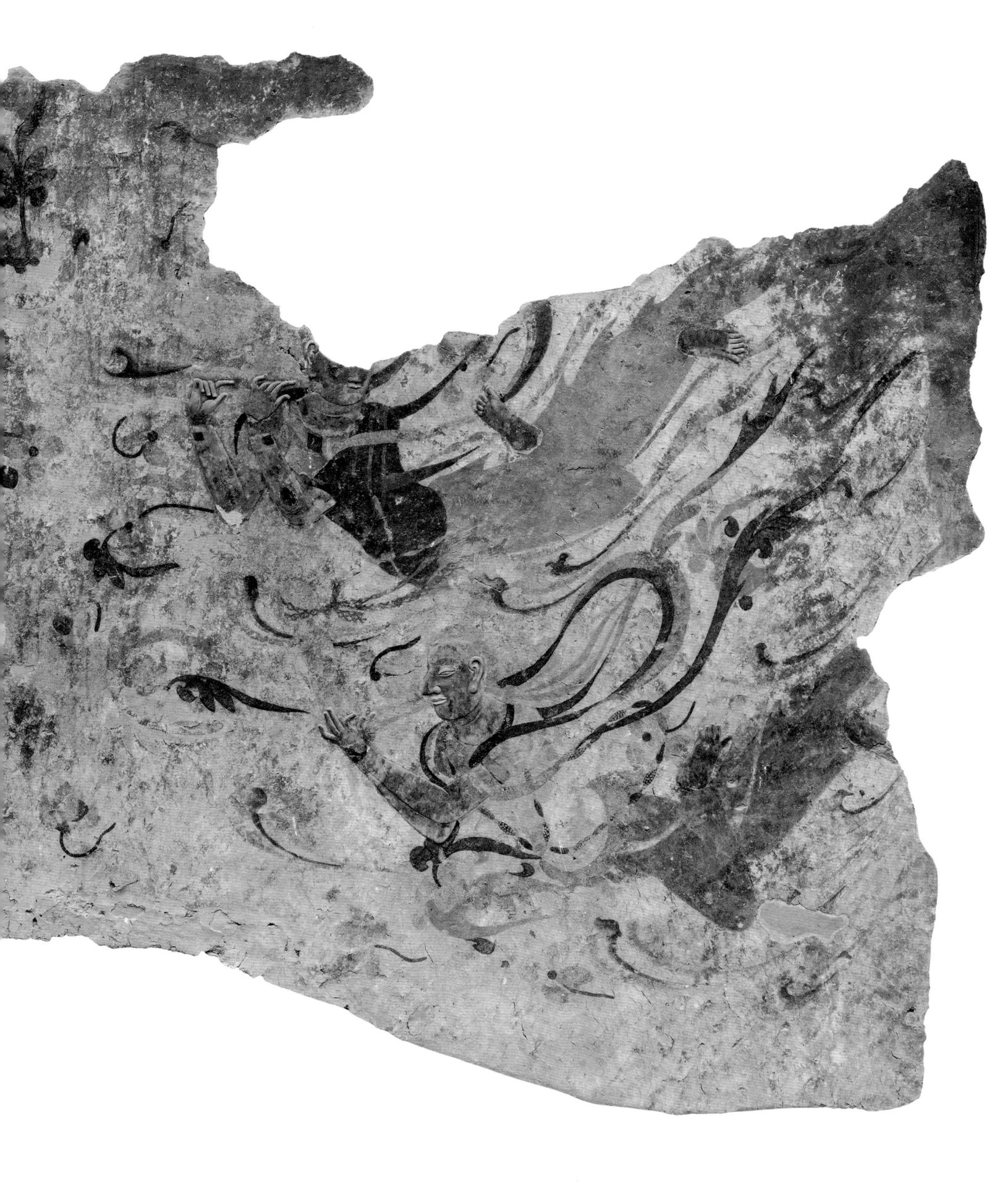

薄肉塑飞天局部　北周
第004窟（散花楼）　4龛外上壁

飞天 北周
第004窟（散花楼）6龛外上壁

出行图　北周

第004窟（散花楼）　前廊平棋内

内容为贵妇出行场景。正中一双轮马车，前端踏板，两侧有护板，饰鸾带，插旌旗。上坐一贵妇，斜领交叉，宽袍大袖，裙腰高提至胸，双手拢于袖中，坐姿端庄；车前四马拉车，左、右各一车夫，扎头巾，穿圆领紧身短袍，一手握缰绳，一手握拳举至胸前，体格健壮魁梧；车左、右及后侧有数名武士骑马护卫，或回首观望，或提缰前行，形态生动。

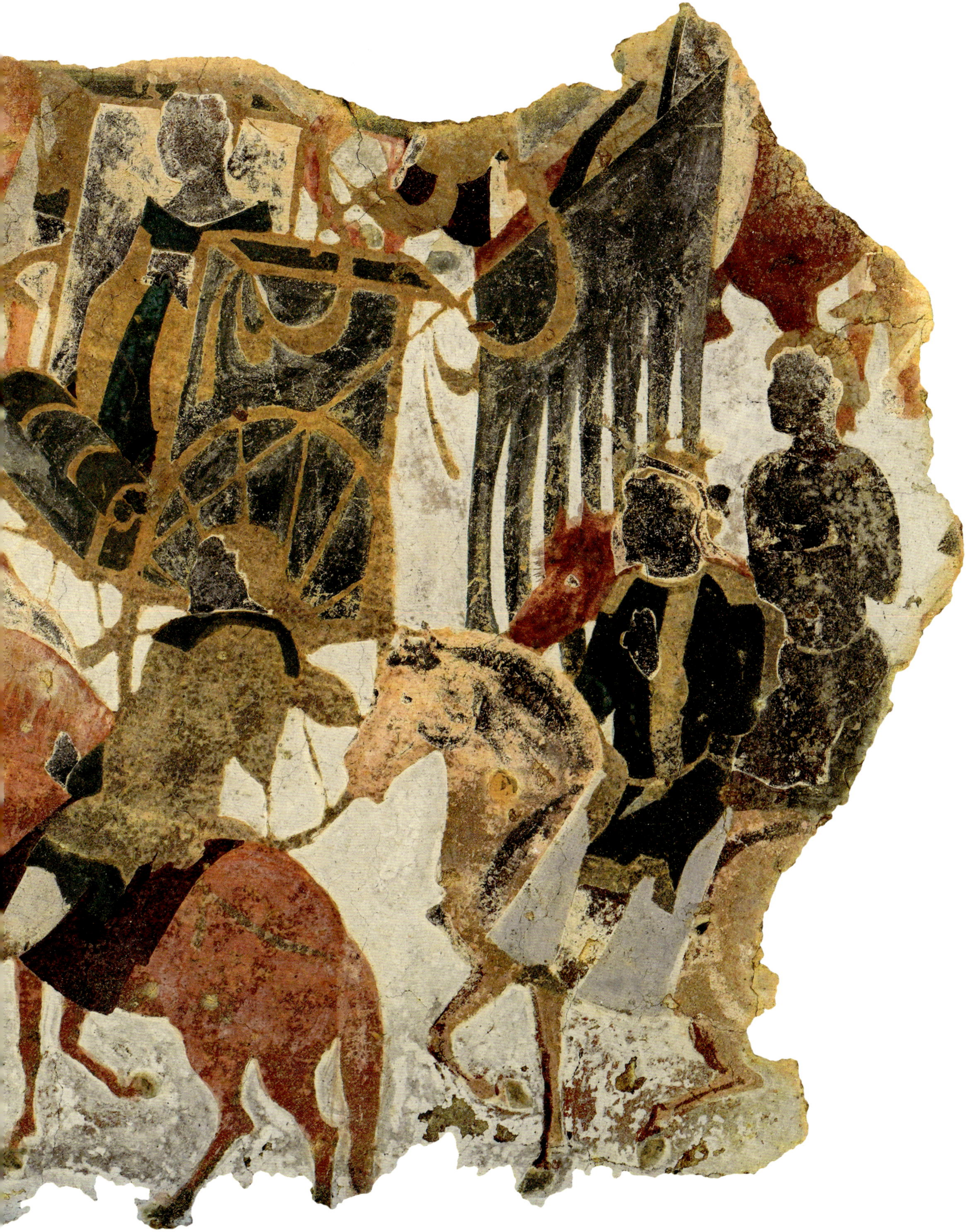

佛传故事　北周
第004窟（散花楼）　前廊平棋内

赴会图　北周
第004窟（散花楼）　前廊平棋内

菩萨弟子赴会图　北周

第004窟（散花楼）　前廊平棋内

此画面共有菩萨弟子及天人十七身。前方四身飞天手托雀尾炉，迎风飞行。中间的一身菩萨，脚踩莲台，周围弟子和菩萨环绕而行。

佛传故事 隋

第 005 窟（牛儿堂） 前廊平棋内

这是前廊残顶平棋内的一幅壁画，画面现存摩尼宝、天马、飞象及飞天，画中的天马体魄矫健，昂首奋蹄腾空而飞，姿态优美，后面绘一大象奔跑。空中天人散花，伎乐天手捧乐器，还有火焰宝珠。

飞 天　隋

第 076 窟　窟顶

此组飞天绘于第 076 窟窟顶，窟顶前半部分塌毁，只剩后半部，正中为一朵硕大饱满的莲花，周围是袒露上身、颈臂饰环钏、手捧供品、腰束带、下身穿裙的飞天，体态飘逸轻盈。飞天周围衬以彩云和天花，颇具韵律感。这是麦积山石窟现存最为完整的一幅藻井飞天。

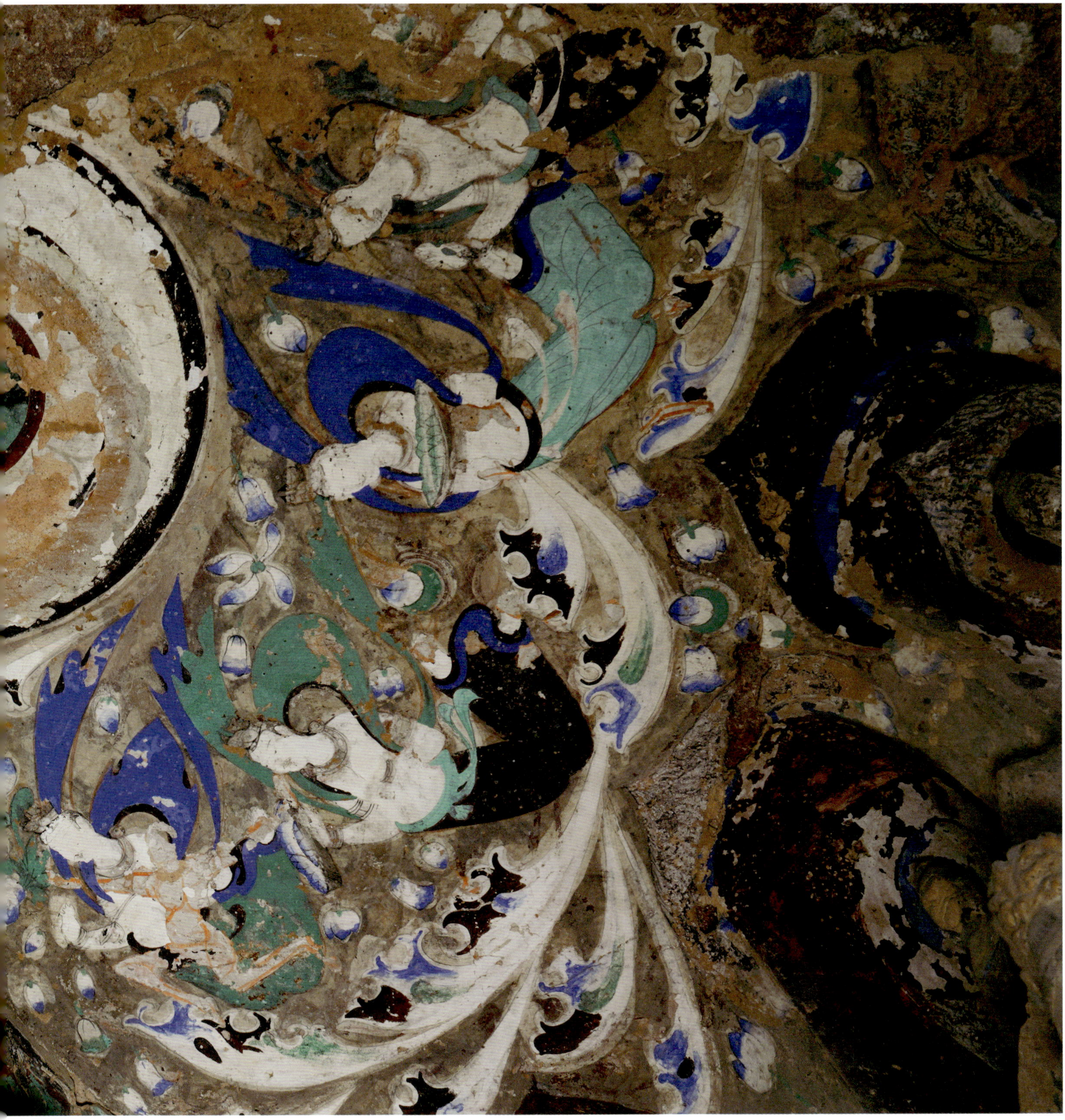

伎乐飞天　隋
原位于第 078 窟　残高 50 厘米

1978 年在第 078 窟清除佛坛周围的泥土和碎石时被发现。画面为一组伎乐飞天。画面上方飞天面部及右臂损毁，身着绿色短袖衫，下着白色长裙，两腿向后弯曲，双足裸露，飘带飞扬，做飞行状。另一飞天，头顶束高发髻，长发披肩，脸型方圆，有八字小须，上身袒露，戴项圈、臂钏、腕钏，穿青色长裙，肩披绿色帛带，怀抱阮咸做演奏状。

火头明王及供养人　隋

原位于第078窟　残高50厘米

1978年在第078窟清除佛坛周围的泥土和碎石时被发现。画面绘有火头明王及天王、比丘、居士等。正中火头明王，头上和双手都燃烧着橘红色的火焰，上身赤裸，通身青黑，胸部隆起，肚腹凸出，双肩披蓝紫色披巾，戴橘红色项圈、手镯，下身着红色长裙。深目高鼻、八字须、山羊胡、横眉怒目、张口呵斥。

在敦煌莫高窟14窟和西南地区的重庆大足石窟及云南大理的剑川石窟也有类似的火头明王，但时代都是在晚唐以后。这幅火头明王是目前唐以前唯一可见的汉地火头明王像。它为研究佛教密宗经典在中原的传播与翻译，以及火头明王形象的演变过程提供了宝贵的实物资料。

净土变及供养人　唐

第 005 窟（牛儿堂）　第 3 龛上部

此壁画绘于第 005 窟第 3 龛上部，其上层绘净土变内容。阿弥陀佛居于画面中心结跏趺坐于佛帐前，观世音、大势至菩萨胁侍两侧，左、右平台上众菩萨围着七宝莲池，远处两侧各有廊榭重阁相对，中间以八功德水相隔，其上架设桥梁以通往来。廊阁之中到处是听法的会众。经变下方，龛楣两侧，画供养人行列，右侧供养人一排，左侧供养人三排，均着宽袍大袖，双手持莲蒂，拱手而立。整幅壁画展现了麦积山金碧辉煌的唐代壁画风采。

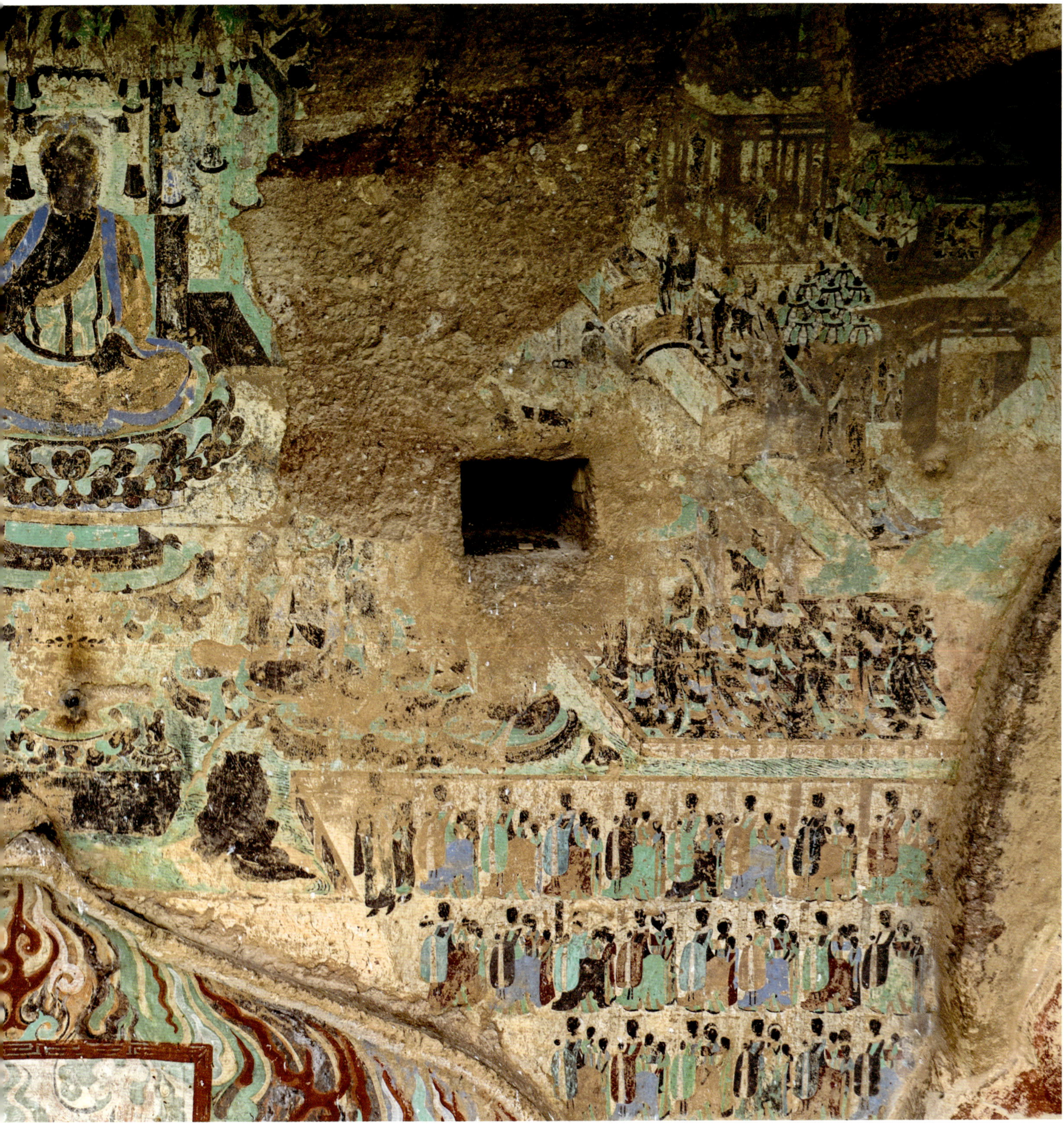

莲花童子　明
第 009 窟（中七佛阁）第 4 龛

共命鸟　明
第 009 窟（中七佛阁）第 4 龛

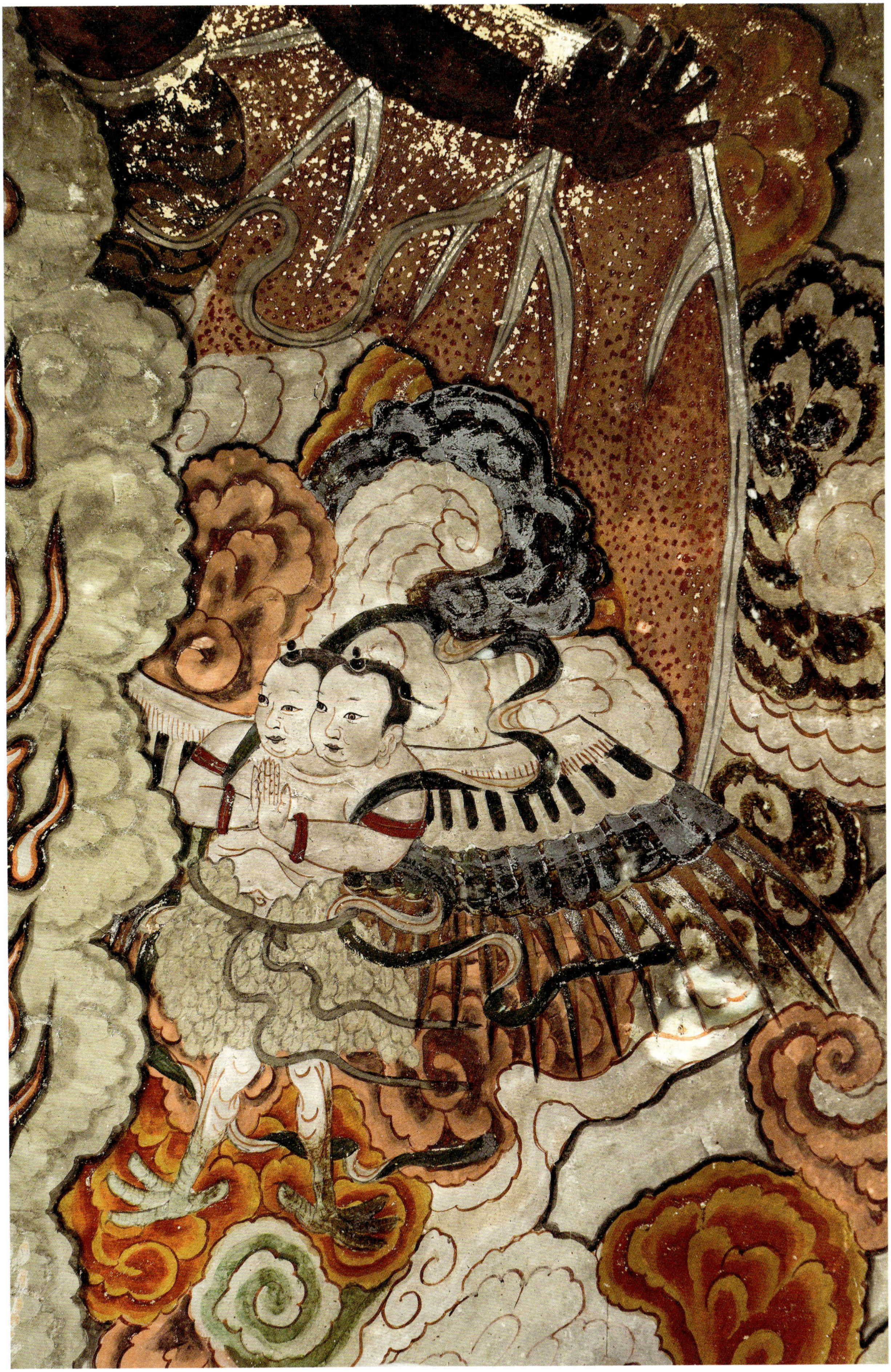

迦陵频伽　明
第 030 窟（下七佛阁）　第 2 龛

菩萨及八卦图 清
第 002 窟 窟顶

地狱变十王图　清

第 002 窟　左壁

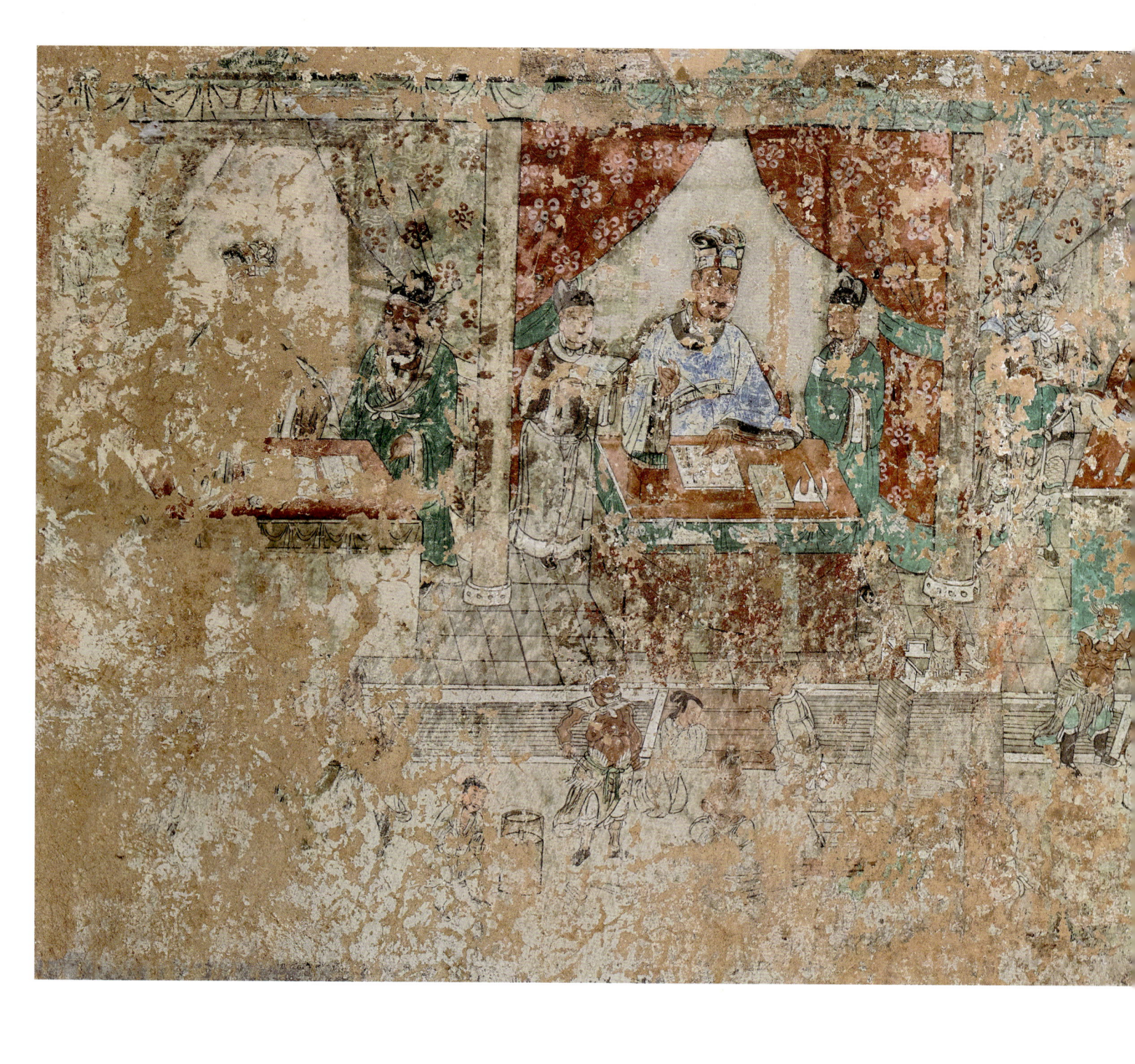

此壁画内容为阎王审案的场景，绘于第 002 窟左、右壁，共计十幅，每幅分为上下两部分：上部为阎王伏案执法，身旁为办案的判官、冥吏；下部是亡灵在地狱经过奈何桥、望乡台、鬼门关、业镜、刀山等酷刑区的历程。此为左壁五幅。

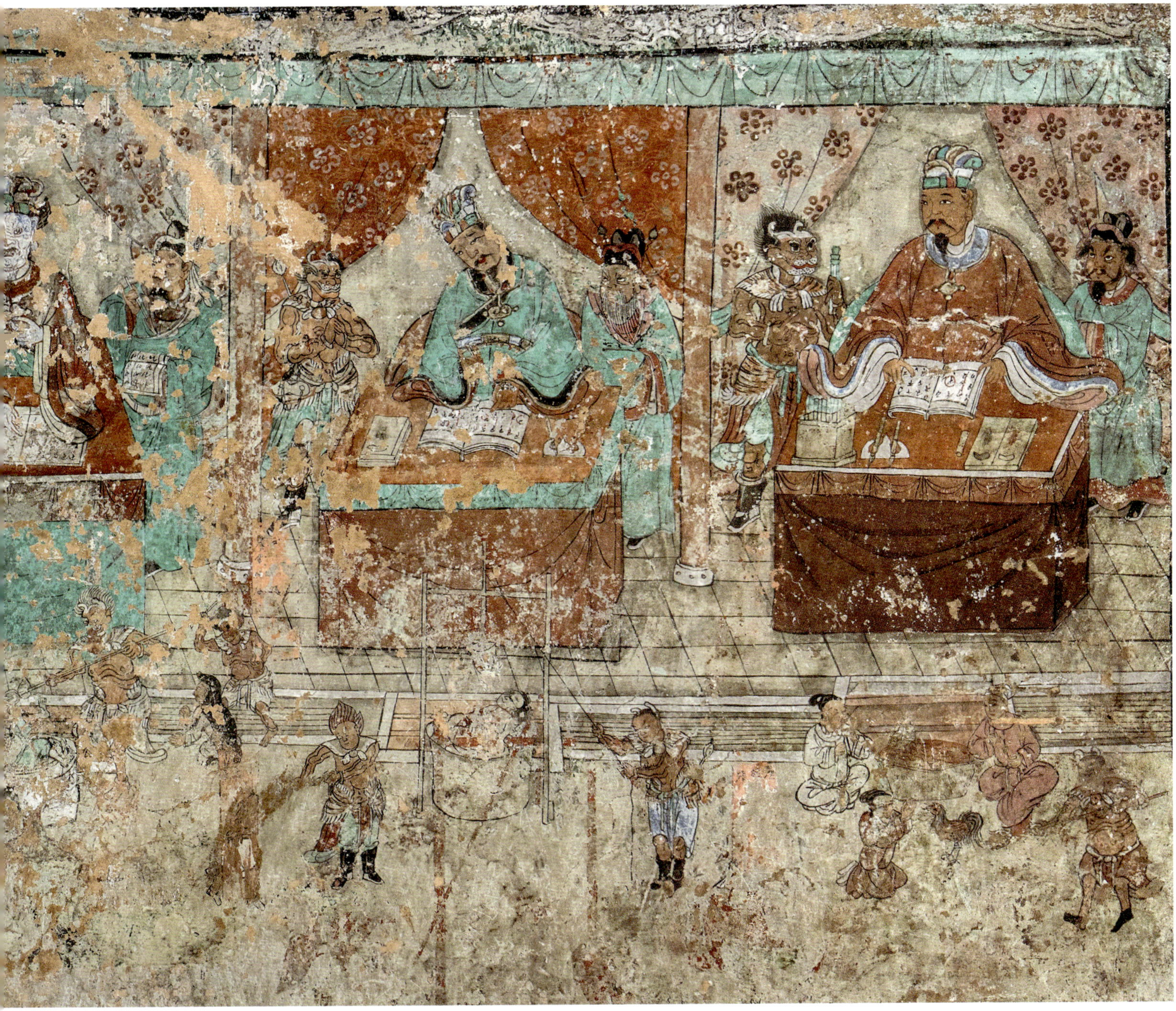

参考资料：

《麦积山石窟》
文化部社会文化事业管理局编 文物出版社，1954

《中国石窟：天水麦积山》
麦积山石窟艺术研究所编 文物出版社，1998

《麦积山石窟志》
张锦秀编撰，麦积山石窟志编撰委员会编 甘肃人民出版社，2002

《东方微笑：麦积山石窟佛教造像艺术的美学意义》
傅小凡、杜明富著 敦煌文艺出版社，2003

《绝壁上的佛国：麦积山石窟艺术导览》
董广强著 甘肃人民出版社，2011

《中国石窟艺术：麦积山》
花平宁、魏文斌著 江苏凤凰美术出版社，2013

《麦积山石窟旧影》
麦积山石窟艺术研究所编 江苏凤凰美术出版社，2019

《不可错过的麦积山》
臧全红、项一峰著 江苏凤凰美术出版社，2023

《麦积山石窟第4窟研究》
张铭著，郑炳林主编 甘肃教育出版社，2023

《麦积山石窟内容总录》
项一峰主编，敦煌研究院麦积山石窟艺术研究所编 文物出版社，2023

《麦积山石窟的历史与艺术》
孙晓峰 《中国文化遗产》，2016.1

《麦积山石窟文物保护工作历程》
李天铭、岳永强 《敦煌研究》，2023.3

后记

Epilogue

2023年12月17日，我由麦积山返家，当晚在梦中还缭绕着细雨蒙蒙中麦积山佛像的微笑。翌日清晨，在睡眼惺忪中恍惚看到甘肃临夏州积石山县发生6.2级地震的新闻，顿时惊醒，睡意全无。在第一时间得知麦积山石窟没有受到损伤后，悬着的心才落了下来。

在过去的一千六百多年里，麦积山石窟经历了太多次地震。在大大小小的地震中，造像被损毁，壁画被剥落；每次被破坏后，又有信徒进行修复、装銮。经过这样一毁一修、再毁再修，崖壁上窟龛的开凿年代有先有后，造像重叠装銮，壁画也有表里几层。往往有的窟是北朝开凿，壁画却是明代重绘；有的窟是北朝壁画，宋代塑像……时光在这里错乱交织，构成一个充满谜题的美学空间。整理麦积山石窟的资料，就像一头扎进时间的漩涡里，每一处转折的衣纹、微翘的嘴角、斑驳的泥层都隐藏着被时光遗漏的历史信息。

作为一名石窟文化的爱好者，我有幸得到麦积山石窟艺术研究所的支持，在李天铭所长与董广强老师的策划下，与研究所孙苑老师合作，将近年在麦积山石窟拍摄的部分照片整理成册。本书以图片展示为主，辅以洞窟信息介绍，增加其可读性。整理过程参考了大量前辈及友人关于麦积山石窟的著作、论文等资料，但难免有疏漏和不妥之处，还望各位学者、专家予以包容并批评指正。为增强互动性，使读者可以多角度了解麦积山石窟造像之美，书中还增加了部分洞窟的线上展示，希望以一种多元的方式让大家感受最美的麦积微笑。

本书能顺利出版，要特别感谢麦积山石窟艺术研究所李天铭所长、董广强老师、张铭博士的支持；感谢孙苑、化雷、赵海祥等友人在拍摄过程中的陪同与协助；感谢三晋出版社莫晓东社长、张婷女士在出版、编辑上给予的帮助；尤其感谢恩师金申先生长期以来对我的悉心栽培和照顾，并为本书题字；还要感谢一直以来关注和支持"南山供秀"的各位师友。

最后，希望本书的出版能为麦积山石窟文化的宣传贡献一份微薄之力。

千佛护佑

麦积烟云舒卷聚散,丝路往来步履不停。凿塑于绝壁崖间的佛陀,慈目低垂,仍在冥想三界、照见人间。

图书在版编目 (CIP) 数据

东方微笑：麦积山石窟 / 侯楠山，孙苑著．
太原：三晋出版社，2024.9
ISBN 978-7-5457-2980-1

I. K879.242

中国国家版本馆 CIP 数据核字第 2024KJ0192 号

东方微笑：麦积山石窟
DONG FANG WEI XIAO MAI JI SHAN SHI KU

侯楠山 孙苑 / 著

策　　划：	李天铭 董广强
顾　　问：	金申
出　　品：	南山供秀 问弗文化工作室
支持单位：	麦积山石窟艺术研究所
责任编辑：	张婷
助理编辑：	王宇 周瑞程
责任印制：	李佳音
内容整理：	焦雪菁
书籍装帧：	南山禅
出 版 者：	山西出版传媒集团 三晋出版社
地　　址：	太原市建设南路 21 号
电　　话：	0351-4956036（总编室） 0351-4922203（印制部）
网　　址：	http://www.sjcbs.cn
经 销 者：	新华书店
承 印 者：	北京雅昌艺术印刷有限公司
开　　本：	889mm × 1194mm　1/16
印　　张：	28.75
字　　数：	300 千字
版　　次：	2025 年 1 月第 1 版
印　　次：	2025 年 1 月第 1 次印刷
书　　号：	ISBN 978-7-5457-2980-1
定　　价：	398.00 元

如有印刷质量问题，请与本社发行部联系
电话：0351-4922268

问弗 NO.27